本研究和出版获得上海市规划和自然资源局项目

上海大都市圈蓝皮书

2022—2023

- 主　编／熊　健
- 副主编／孙　娟　屠启宇

上海社会科学院出版社

上海大都市圈规划研究中心

以习近平新时代中国特色社会主义思想为指导，为深入贯彻落实长三角一体化发展国家战略，支撑上海大都市圈协同发展，由上海市城市规划设计研究院、中国城市规划设计研究院上海分院、上海社会科学院三家单位合作共建上海大都市圈规划研究中心。以"资源共享、优势互补、服务区域、共谋发展"为原则，以开展高水平规划研究、咨询服务、信息传播、人才培养为主线，上海大都市圈规划研究中心对标国际最高标准，打造国内领先、具有核心竞争力和广泛影响力的跨区域、跨领域新型智库，为上海大都市圈规划、建设和管理提供强有力的智力支撑。

欢迎关注公众微信号："上海大都市圈规划"

上海大都市圈规划研究联盟

以习近平新时代中国特色社会主义思想为指导，为深入贯彻落实长三角一体化发展国家战略，上海大都市圈规划研究联盟是以支撑上海大都市圈协同发展为导向，以"资源共享、优势互补、服务区域、共谋发展"为原则，以开展高水平规划研究、咨询服务、信息传播、人才培养为主线，共创非营利、开放性的区域发展平台，以国内领先的理论与理念，为上海大都市圈规划、建设和管理提供强有力的智力支撑。

规划研究联盟的主要宗旨是促进大都市圈主要规划部门间的理念、成果、信息交流，探索大都市圈规划的前沿理论，着力形成都市圈发展的智力引领。

联盟单位：
上海市城市规划设计研究院
中国城市规划设计研究院上海分院
上海社会科学院
无锡市规划设计研究院
常州市规划设计院
苏州规划设计研究院股份有限公司
南通市规划设计院有限公司
宁波市规划设计研究院
湖州市城市规划设计研究院
嘉兴市国土空间规划研究院
舟山市城市规划设计研究院有限公司

上海同济城市规划设计研究院有限公司
江苏省规划设计集团
南京市城市与交通规划设计研究院股份有限公司
浙江省国土空间规划研究院
太湖流域管理局水利发展研究中心
深圳市城市交通规划设计研究中心股份有限公司

目 录

Ⅰ 主报告

B1 跨域协同中的上海大都市圈：治理创新实践与模式 …………… 3
B2 国内都市圈规划的演进历程与实践特征 ………………………… 23

Ⅱ 上海大都市圈主要领域发展篇

B3 上海大都市圈经济发展特征与展望（2022—2023） …………… 39
B4 上海大都市圈社会发展特征与展望（2022—2023） …………… 76
B5 上海大都市圈文化发展特征与展望（2022—2023） …………… 106
B6 上海大都市圈生态发展特征与展望（2022—2023） …………… 135

Ⅲ 上海大都市圈分层次空间格局篇

B7 整体性与关联性视角下上海大都市圈横向比较研究 …………… 157
B8 上海市域跨城通勤现状特征与策略研究初探 …………………… 179
B9 虹桥国际开放枢纽共建下沪苏嘉协同研究 ……………………… 189

Ⅳ 上海大都市圈专项协同篇

B10 多维协同多镇共构生态旅游度假区的规划战略与
实施路径探索 …………………………………………………… 201

B11 南通沿江生态修复的实践
——基于长江口地区协同发展行动 …………………………… 213

B12 长三角生态绿色一体化发展示范区水乡客厅近零碳专项规划
研究 ……………………………………………………………… 222

Ⅴ 上海大都市圈跨界项目实践研究篇

B13 上海大都市圈背景下的沪嘉轨道"一张网"协同发展策略 ……… 243

B14 打破行政壁垒 打造"无界园区"
——来自苏州工业园区的实践探索 …………………………… 249

B15 城市滨水地区多层次协同规划探索
——以苏州大运河文化带为例 ………………………………… 258

Ⅵ 上海大都市圈市域一体化协同篇

B16 常州东部地区空间协同发展规划研究 …………………………… 271

B17 沪浙合作视角下宁波市余慈地区统筹发展策略研究 …………… 280

Ⅶ 国内外都市圈比较篇

B18 基于人口流动视角的宁波都市区一体化发展测度研究 ………… 293

B19 南京都市圈交通发展战略研究 ·················· 312

B20 新时期深圳都市圈发展趋势与交通发展策略 ·················· 325

B21 爱丁堡-苏格兰东南部城市区域发展战略与一体化举措 ·········· 338

B22 约翰内斯堡大都市圈面向2026的一体化发展战略 ············· 349

B23 大曼彻斯特规划"人人共享"的都市圈空间 ·················· 362

B24 美国典型都市圈"健康公平"导向的规划特点与实施策略 ········ 369

B25 大温哥华地区推进城市可持续发展与韧性建设的规划策略 ······ 378

上海大都市圈蓝皮书（2022—2023）

Ⅰ 主报告

B1 跨域协同中的上海大都市圈：治理创新实践与模式

"跨域协同中的上海大都市圈"课题组

随着全球城市化发展进程的不断加速，超越城市行政区划边界，以大城市或超大城市为核心，重塑由多个城市共同发展的都市圈、城市群，日渐成为全球城市化发展的新形态和主阵地。打破行政区划的刚性约束，创新性实施跨域协同治理，打造更高质量、更具竞争力的大都市圈，成为国内外城市区域化发展的共同战略选择。自党的十八大以来，党中央高度关注中国的都市圈建设进程，做出了诸多重大政策设计，全国"十四五"规划纲要为全国都市圈规划、建设和管理明确了总体基调与顶层设计，明确提出要加快建设上海大都市圈步伐。过去两年，上海大都市圈充分发挥国家制度优势和市场优势，多主体跨界协同完成了全国第一个跨区域、协商性的国土空间规划——《上海大都市圈空间协同规划》（以下简称《规划》），为全面打造具有全球影响力的世界级城市群提出了全方位的目标愿景，开创了全球大尺度、高密度城市区域空间协同治理的中国智慧和中国方案。党的二十大报告提出以中国式现代化全面推进中华民族伟大复兴，站在新的历史方位和新的视角，全面审视和回顾性评价上海大都市圈的跨域协同治理的最新动态和实践进展，并根据全球趋势演变态势和中国式现代化发展的新要求，分析上海大都市圈跨域协同治理体制机制面临的主要问题，进而提出继续深化改革与持续创新的方向和路径，是上海大都市圈建设走深走实、加快构筑新发展格局、全面加快社会主义现代国家步伐的重大战略议题。

一、全球大都市圈跨域协同治理的崭新理论观点

跨越城市行政区划边界，旨在处理好行政区和经济区之间关系的"城市区域治理"或"都市圈跨域协同治理"，是国际学术界长期以来关注并持续研究的一个热点议题，已经形成较为成熟的"大都市政府理论""多中心公共选择理论""新区域主义理论"等重要理论流派，观点各异，争论不断。与此同时，西方学者围绕大都市圈的空间形态演变，近些年在"世界城市""全球城市""网络城市"等基础上，又不断提出"城市区域理论""大都市区域主义""巨型城市区域""多中心城市区域""多中心-巨型城市区域""全球城市区域""全球城市网络"等多种解释性理论和发展主张。这些理论以政府与市场、政府与政府、地方与全球之间关系之间以及区域均衡公平发展等为核心，分别提出了针对促进大都市圈发展的不同跨界治理思路和策略。如斯科特（Scott）于2019年再次发表题为"城市区域的重新思考"的文章，认为"功能空间"新思想对大都市圈超越城市辖区发展具有十分重要的指导意义，即大都市圈内城市之间地理位置虽然分散，但是围绕着一个或多个大的中心城市，有密集的人流和信息流通过高速公路、铁路和电信网络在城市之间形成流动空间，从而形成功能性城市区域。这是新兴的知识文化经济所推动的发展，是经济因素在集聚过程、交易关系和城市内部空间价值化中的表达。目前，这些成熟理论体系及其跨界协同治理主张，已被国内外学术界共同知晓，可以说是一些相对陈旧的理论探索成果，本文不再赘述。

大都市圈作为一种全球共识性的城市地理现象，因国情、制度、文化等方面的差异，其跨域协同治理始终是国际学术界持续关注和深入探索的一个重大理论议题，近年来也产生了一些具有崭新观点的治理理论主张。尤其是随着全球新技术、新经济、新模式、新业态的蓬勃发展，以及新冠疫情、气候变化、冲突危机等对全球经济的深度影响，如何更好创制符合全球经济发展趋势要求的跨域协同治理制度，重振都市圈经济的包容性和整体竞争力，成为国外学术界关注的新话题。综观已有研究发现，针对大都市圈的跨域协同治理，有学者提出了大都市圈治理的基本模型和四个关键变量的新

主张。

巴塞罗那大学政治学教授马里奥娜·托马斯·法内斯(Mariona Tomàs Fornés)提出,大都市圈治理是政治议程上反复出现的问题,全球大都市圈主要存在着集权统一型、低制度协作式、中制度部门式、垂直协调式四种基本治理模型。在实践中,因意识形态、利益和理解大都市圈空间的不同方式会发生冲突,所以导致关于应该应用哪种治理模型,往往是有争议的。大都市圈治理模式因合作传统、政治联盟、政府领域之间的关系以及公共和私人利益相关者的地方配置而异,这些要素的组合形成了随着时间的推移而演变的不同跨域治理模型。每个大都市圈都有其各自的特点,因此没有单一、通用的跨域协同治理模式。但无论如何,解决大都市圈治理问题需要所有相关利益相关者之间的共同愿景,所有跨域协同治理模式都应涵盖四个关键变量:能力、资金、民主代表和公民参与以及多层次(纵向和横向)关系。

第一,以权力为依托的大都市圈治理能力。在政治上承认大都市圈,赋予大都市圈应对城市区域挑战的必要权力和能力,是大都市圈跨域协同治理成功的必要条件。事实上,在大多数情况下,一些大都市圈治理机构缺乏制定硬政策(城市规划、公共交通、基础设施、环境)和软政策(教育、卫生、社会服务、经济发展)的权力与能力。此外,与此紧密相关,大都市圈治理的另一个关键变量是大都市圈治理机构所做决策的约束性或非约束性。如果没有排他性和约束性。就很难在大都市圈范围内提供解决方案。

第二,资金在很大程度上决定了自治程度。这不仅指资金数量,而且指资金来源(自有资金或通过其他方式)。大都市圈面临的问题之一是缺乏应对城市区域跨界治理挑战的财政资源。在实践中,一些大都市圈治理机构几乎没有财政自主权,大部分资源是从其他行政区调来或共同出资的,而且往往具有财政性质(提供特定服务)。此外,很少有大都市圈拥有必要的财政工具来制定基于可持续性和团结的包容性政策,例如大都市圈地区的税基共享或财政再分配。

第三,民主代表和公民参与的问题。城市具有三个维度:城市(物理环境)、政治(政治机构)和社会(公民)。这些维度是不平衡的,因为在比居住地更大、人们过着日常生活的大都市圈,往往没有代表机构。在少数情况下,大都市圈有直接或间接选举产生的大都市政府。一般来说,间接选举模式占主导地位,市长和议员在各自的市镇当选为政治代表,构成大都市政府结构的一部分(如意大利、葡萄牙和法国的大都市政府结构),并不能真正有效代表整个大都市圈的公共利益。即便存在一些直接选举的大都市圈政府,但选民投票率并不高,区域公共利益的代表仍然不足。

第四,大都市圈存在的纵向和横向关系的多层次治理环境。在横向关系中,大都市圈必须考虑其他地方当局、城市政府和私营部门的关系方式,尤其是在注重城际关系重构的同时,还要积极考虑与私人力量之间的关系。如跨域旅游、智慧城市等行业发展,对大都市圈治理的能力提出考验。大都市圈如何更好地吸引社会力量参与,改善民主机会和民生水平,直接决定着大都市圈治理的能力。此外,大都市圈治理还受到纵向关系的影响,换句话说,就是如何处理好大都市圈与其他各级政府(州、省和国家)之间的关系等,在这方面,大都市圈的政治和法律地位至关重要,如它是否一个重要的政府级别(有权力和资金),它是否在该国发挥突出的政治作用(选举投票率高)等情况。实际上,在大都市圈地区,拥有强大权力(法律和财政自主权)和民主合法性(直接选举其代表)的大都市政府机构,是在已经存在的分散政治结构上重组调整产生的。当发生这种情况时,他们在非常具体的领域(尤其是交通、环境、空间规划和经济发展)被赋予有限的权力(管理、实施和规划)。

总之,大都市圈治理包含范围广泛的变量:大都市圈地区如何融入地区或国家的政治和行政结构;市政当局及其政治领导人的作用,以及大都市圈不同利益相关者(当局、公司、大学、公民、协会等)之间的合作。围绕跨域治理模式及其应用的辩论往往是有争议的,因为它们与意识形态、利益和理解大都市圈空间的不同方式发生冲突。大都市圈治理是关于了解如何在所有相关利益者之间建立共同愿景。不同治理形式的成功或失败取决于中心大城市代表的心态,以及寻找符合公共利益的最低限度共同点的合作意愿,最关键的是,在大都市圈层面开展合作并配备必要的体制、政治和金融工具,这些对大都市圈切实提高应对 21 世纪重大挑战的治理能力至关重要①。实际上，这个新观点、新主张，对全球各大都市圈的跨域协同治理具有非常重要的借鉴和启示意义。

二、上海大都市圈跨域协同治理的重大实践与成效

2018 年 4 月，由上海、江苏、浙江三省份的规划部门开始启动组织编制《上海大都市圈空间协同规划》的筹备工作，于 2019 年 10 月 17 日正式启动编制工作，规划范围包括上海、无锡、常州、苏州、南通、宁波、湖州、嘉兴、舟山在内的"1+8"市域行政区域，旨在进行跨区域、精准化的都市圈建设，作为探索更深层次、更多领域协同，引领长三角高质量一体化发展的示范样板。经过三年多的共同努力，2022 年 9 月 28 日，上海、江苏、浙江三地政府联合发布了《上海大都市圈空间协同规划》，这既是全国首个跨区域、协商性的国土空间规划，更开创形成了大尺度、高密度城市区域实施跨界协同治理的中国智慧和中国方案。《上海大都市圈空间协同规划》方案的制定出台，为上海大都市圈跨域协同治理提供了最有力的依据和抓手。同日，《上海大都市圈空间协同规划》实施推进会举行，沪苏浙三省份领导和八个成员城市政府共话商议大都市圈规划的落实推进方法，形成进一步增强"一盘棋"意识，加强领导、强化统筹，凝聚共识、统一行动，推动各方主体同向发力联动推进协同规划和近期行动计划实施落地的行动共识，拉开了 9 个城市"大合唱"的序幕。过去一年，上海大都市圈各成员城市将自身"十四五"规划和《上海大都市圈空间协同规划》的贯彻落实有机结合，在次区域协同规划、基础设施、公共服务、产业创新、生态保护中开展了卓有实效的协同实践行动，取得显著成效。具体而言，主要体现在以下几个方面：

（一）多尺度战略空间单元规划行动逐渐得到落实落地

面对差异化、平面化的广泛空间地域，选择一些具有地理区位突出、经

---

① Mariona Tomàs Fornés, Models and key variables of metropolitan governance, https://www.barcelona.cat/metropolis/en/contents/models-and-key-variables-metropolitan-governance, 2023 年 4 月 19 日。

济要素集聚的战略空间,实行重点打造,是国家或区域促进发展的一个重要方法。从全国来看,上海大都市圈就是国家发展、长三角城市群的一个"战略空间",而在大都市圈内部,也同样具有类似长三角生态绿色一体化发展示范区这样地位更加突出的"战略空间"。为此,《上海大都市圈空间协同规划》建构了"大都市圈(全域)-战略协同区(次分区)-协作示范区(区县级)-跨界城镇圈(镇级)"四层级的空间协同框架,旨在围绕创新、交通、生态、人文四类关键协同要素,聚焦不同空间尺度协同重点。近两年来,大都市圈相关成员城市规划部门在《上海大都市圈空间协同规划》的总体引领下,协同开展了多层次空间单元的协同规划实践,进一步推动《上海大都市圈空间协同规划》方案落地、落实。

其中,最具有战略意义的规划成果,当属历时三年多完成的《长三角生态绿色一体化发展示范区国土空间总体规划(2021—2035年)》(以下简称《示范区总规》),于2023年2月4日正式获得国务院批复。这是国务院批复的中国首个跨省域法定国土空间规划;是中国多规合一的国土空间规划体系形成后,首个由国务院正式批复的地方性国土空间规划;是党的二十大以后,中国首个由国务院批复实施的国土空间规划。这也意味着,这份总规是示范区规划、建设、治理的基本依据,是示范区空间发展的指南、可持续发展的蓝图,也是编制实施下层次国土空间规划的法定依据。《示范区总规》明确重点抓好以"水乡客厅"为主的集中示范,由三地在两省一市交界处,合力打造"江南庭院、水乡客厅",集中实践和示范城水共生、活力共襄、区域共享的发展理念。与之相配套,长三角生态绿色一体化发展示范区执委会牵头两区一县制定《长三角生态绿色一体化发展示范区存量土地盘活工作方案》,统一两区一县"存量盘活"概念,并建立了"项目库",加大低效建设用地腾退力度,实现生态空间提质扩容。根据《示范区总规》,到2035年,区内单位建设用地GDP要不低于15亿元每平方千米。截至2023年1月,示范区已累计推出制度创新成果112项,持续推进108个重点项目,沪苏浙两省一市的交界区域正从边缘地带逐渐变成改革前沿和价值高地。据称,2023年示范区"1+1+N+X"的系列规划有望陆续落地。第一个"1"是示范区总规,第二个"1"是示范区先行区国土空间总体规划,"N"是水利、生态环境、交通、产业、文旅、市政基础设施等若干专项规划，"X"是各项目的控制性详细规划。这一系列规划正在齐头并进推动中。与此同时，通过示范区刚上线的智慧大脑，示范区先行启动区已有46个控制性详细规划编制及审批通过线上办理，实现跨省域国土空间的高效协同治理①。

为贯彻落实上海大都市圈规划提出的"战略协同区"建设，相关牵头城市政府将此行动计划正式列入了"地方两会"的议题中，由党政最高领导开始组织推动战略协同区行动稳步前行、落地落实。如早在2019年上海市崇明区和江苏省南通市签订全面战略合作框架协议，双方将以东平-海永-启隆跨行政区域城镇圈共建为重点，共同建设长江口生态保护战略协同区。根据协议，崇明、南通双方将共同参与编制并认真执行《东平-海永-启隆跨行政区域城镇圈协同规划》，共同研究建立崇明世界级生态岛跨区域规划管理机制，控制东平-海永-启隆三镇建设用地比例，实施建筑高度、建筑风貌以及人口规模管控②。2022年《上海大都市圈空间协同规划》发布后，为了推动由南通市牵头的长江口战略协同区行动，在2023年市第十六届人代会政府工作报告中，南通市长提出南通要"宽领域融入苏南，深层次接轨上海，高质量推进苏通跨江融合，合力打造长江口战略协同区，更好发挥长三角一体化发展重要支点作用"。南通市委书记在上海大都市圈空间协同规划实施推进会上也表示，南通将以此为契机，提高政治站位，坚决服务国家战略，强化协同协作，全力落实重点项目，主动担当作为，充分彰显支点作用，更大步伐接轨上海，融入苏南，加快建设深层次推动长三角一体化发展标杆城市，努力让"上海北"成为"北上海"，在上海大都市圈建设中展现更大作为。青浦、昆山、吴江、嘉善早在2018年就开始打造"环淀山湖战略协同区"，已形成近百项对接事项清单，涉及规划布局、基础设施、产业创新、旅游文化、社会治理、生态环境等领域，轨道交通跨省对接、跨省公共交通接驳等取得诸多实质性进展，毗邻区域间的经济社会联系更加密切。

除此之外，上海大都市圈成员城市的规划管理部门，根据《上海大都市圈

---

① 这一次，上海、江苏、浙江又被画在一张纸上[EB/OL].上观新闻，2023-2-23.
② 茅冠隽.崇明南通签约，打造东平-海永-启隆跨行政区域城镇圈[EB/OL].上观新闻，2019-3-1.

空间协同规划》倡议,积极行动、自愿抱团,开展不同形式、不同领域的规划对接与跨界合作行动,旨在进一步整合资源,推动共同发展。如2022年11月2日,苏州和无锡两个城市的自然资源和规划局开展互动走访,就空间规划协同和市政交通互联等事项进行对接协商,加强跨区规划协同,推动两市城市快线、轨道交通的联通,并将形成的共识纳入苏锡协同发展战略合作协议。

(二)跨区域基础设施工程建设与交通一体化步伐明显加快

2022年5月13日—16日,起自既有金山铁路金山卫站,向西经过平湖市、嘉兴港区至海盐县的沪平盐城际铁路(浙江段)初步设计方案获得通过。该城际铁路是长三角地区首条跨省份快速市域铁路,兼顾通勤、旅游、商务等多种出行需求,是浙沪两省份贯彻落实长三角一体化发展国家战略的标志性重大工程,建成后海盐1小时内抵达上海南站,能更好地支撑虹桥开放枢纽南向拓展带,促进长三角区域更高水平的协同开放。2022年5月26日,沪苏湖铁路湖州段最长连续梁东苕溪特大桥连续梁顺利合龙,标志着该铁路建设迈入新的阶段。沪苏湖铁路正线全长约163.5千米,建成后对促进长三角地区一体化发展和苏南地区经济社会发展具有重要意义。2022年7月13日,"2022年长三角生态绿色一体化发展示范区开发者大会暨首届示范区全链接大会"举办,沪苏嘉城际铁路在青浦、吴江、嘉兴三地同步正式开工。该铁路全长170千米,总投资约940亿元。该项目作为长三角地区首条跨两省一市的快速通勤铁路,是示范区基础设施规划、建设、运营跨域一体化的探索实践,是纵深推进"轨道上的长三角"建设的具体举措,将实现全线路系统制式、技术标准、建设时序、贯通运营"四个统一",为进一步增强上海、苏州、嘉兴1小时生活圈活力,实现交通出行的"同城化",推动区域一体化发展提供坚强支撑。2022年8月6日,连通江浙四个城市——南通、苏州、嘉兴、宁波(甬城)的通苏嘉甬铁路(全线正线长度约310千米,其中江苏段135千米、浙江段165.9千米)工程可行性研究报告获国家发改委批复。这是国家高速铁路网"八纵八横"主骨架之沿海铁路客运通道的重要组成部分,是长三角城际铁路网的骨干线路,将从根本上消除区域城际交通南北纵向供给体系短板、实现长三角南北两翼客运快速化,极大便利沿线人民群众出行,对推进上海大都市圈和长三角高质量一体化发展,具有十分重要的意义。2022年12月9日,湖州"盐泰锡宜湖城际铁路(北起盐城,向南经泰州、无锡、常州、宜兴,终于湖州)(湖州段)"启动设计招标。该线路全长375千米,湖州境内全长45千米,设计时速为350千米/小时。项目的规划建设将发挥京沪二通道和沿海通道的辅助功能,主要承担鲁东、江苏南下浙江及以远沿海地区间客流。2023年2月24日,常州—上海港"海铁联运"循环班列实现每天双班发车的目标,为畅通上海大都市圈国内、国际双循环物流通道提供有效助力。

2022年年初,无锡市政府与上港集团签署战略合作协议,双方共同推进ICT(集装箱内陆码头)项目建设。ICT项目实施后,可实现"沪锡同港",通过河海联运,企业的货物由无锡港直航上海港,依托上港一站式+一键式物流信息平台,将订舱、提箱、空箱调拨转运等一系列服务延伸到无锡港国家二类口岸。这将进一步提升无锡及周边地区通过上海港进出口货物的通关效率,同时降低运输成本。2022年7月22日,苏州市交通运输局在南京组织召开编制《苏州-无锡-南通综合货运枢纽补链强链三年实施方案》的讨论会,全面启动实施方案的编制工作。2022年9月30日,上港集团、江苏省港口集团、南通港口集团在南通签署协议,三方将组建合资公司,携手运营吕四起步港区集装箱码头,这是推进上海大都市圈建设、推动协同规划落地落实的具体举措,对促进通州湾新出海口繁荣发展有着重要意义。2022年12月19日,金坛港至上海洋山港的"河海直达"班轮进入调试运营阶段,开通金坛港至上海洋山港集装箱航线,实现内河港与深水海港连通,将广泛适用于内河"水水中转"。2023年1月4日,按沪苏两地合作协议约定和既定目标,南通成立机场建设领导小组,加快建立沪通联合指挥体系和工作机制,推动合资公司组建、预可研获批等工作,加快推动南通新机场建设,为促进长三角更高质量一体化发展作出积极贡献。

上面列举的只是近年来上海大都市圈成员城市的一些重大基础项目工程。实际上,上海大都市圈围绕跨域、城际、市域等不同层级的铁路、公路、桥梁、隧道、能源等开工建设工程还有很多,本文不一一列举和赘述。

(三) 生态环境共保共治行动稳步推动并取得诸多新亮点

根据《上海大都市圈空间协同规划》方案,由上海市生态环境局牵头,落实推动9个城市之间协同开展生态环境共保共治行动,旨在建生态系统共保格局。完善大气污染系统治理,强化重点水体联防联治,建立区域环保一体化机制,是推动上海大都市圈加快建成"生态绿色都市圈"的重要任务之一。过去一年,跨界生态的共治共保行动取得了诸多亮点。2022年12月,为推动示范区"三线一单"(生态保护红线、环境质量底线、资源利用上线,生态环境准入清单)生态环境分区管控制度实施和落地应用,浙江省生态环境厅会同上海市、江苏省生态环境厅(局)和长三角生态绿色一体化发展示范区执委会联合印发了《长三角生态绿色一体化发展示范区生态环境准入清单》。其中,包括:鼓励事项11条,主要说明示范区各区县以及先行启动区鼓励发展的产业类别,以优化各区域的生态格局和产业布局;引导事项8条,主要说明优先保护单元、产业集聚类重点管控单元、城镇生活类重点管控单元、一般管控单元对应的管控要求,以及传统产业和高耗能、高排放行业等的管控要求;禁止事项11条,主要明确自然保护区、风景名胜区、饮用水水源保护区、水产种质资源保护区、重要湿地、河湖岸线、水生生物保护区,以及化工园区、落后产能等管控对象的具体禁止事项[①]。

为加强区域大气污染联防联控,协同改善区域环境空气质量,展示良好的城市形象,根据长三角区域生态环境保护协作小组办公室和上级部门相关部署要求,2022年11月5日起,苏州市吴江生态环境局联合上海市青浦区生态环境局、嘉兴市生态环境局嘉善分局开展秋冬季重要时段空气质量保障专项执法,严厉查处各类涉气违法行为。

2023年3月23日,由苏州市发起,上海市青浦区、浙江省湖州市、安徽省宣城市、江苏省无锡市、常州市、苏州市共同签署环太湖六市联合林长制合作备忘录,建立了跨省份共同参与建立的环太湖联合林长制,这是着力打破地域界限、突破行政壁垒、加强环太湖地区林业发展的务实举措,对推动环太湖地区林业高质量发展,守护好长三角生态本底具有重要意义。2022

---

① 许海燕.长三角示范区生态环境准入清单发布[EB/OL].新华社,2022-12-12.

年年底，为推动长三角生态绿色一体化示范区（以下间或简称"长三角一体化示范区"或"示范区"）生态产品价值实现和高质量绿色发展，长三角生态绿色一体化发展示范区执委会会同苏浙沪两省一市发展改革部门印发了《长三角生态绿色一体化发展示范区建立健全生态产品价值实现机制实施方案》，率先探索具有区域特色和引领效应的生态产品价值实现路径，对示范引领长三角践行"两山"理念具有重要现实意义。

（四）多层面推动产业协调促使区经济呈现新发展格局

在长三角 G60 科创走廊协同建设方面，2023 年 2 月 1 日，由科技部战略规划司牵头，上海市科委、G60 九城市科技部门齐聚苏州，召开长三角 G60 科创走廊建设专题会议，共研九城市更高质量一体化发展相关方案，在新时代新征程上以更富成效的"三先走廊"建设更好服务长三角一体化发展走深、走实。会上，长三角 G60 联席办报告了 2023 年度重点工作任务、支持 G60 更高质量一体化发展的若干措施、G60 重点产业链高质量发展专项行动，以及推进绿色债券发行工作方案等有关情况。九城市科技部门聚焦科技资源开放共享、创新主体培育、跨区域产业链专项行动、创新科技金融工具、加快建设人才集聚新高地、协同优化营商环境等方面，结合本城市优势领域和资源，提出了由各城市牵头推进的年度工作事项和相关意见建议。更重要的是，此次会议形成了《关于支持长三角 G60 科创走廊更高质量一体化发展的若干措施》《关于深入推进长三角 G60 科创走廊绿色债券发行工作的方案》，以及《长三角 G60 科创走廊重点产业链高质量发展专项行动系列——汽车零部件产业链高质量发展专项行动方案》等实质性的政策方案，为推动上海大都市圈高质量一体化发展注入新动能。

在绿色经济、数字经济发展方面，2022 年 7 月，长三角生态绿色一体化发展示范区执委会会同沪苏浙一市两省市场监管部门联合印发《长三角生态绿色一体化发展示范区加快建设长三角绿色认证先行区实施方案》，从加快推进统一的绿色产品认证体系、先行先试跨区域统一的绿色服务认证体系等 10 个方面推出相关举措，率先建成长三角绿色认证先行区，为加快绿色经济发展注入新活力。同时，长三角生态绿色一体化发展示范区执委会会同沪苏浙一市两省工信、通信管理部门联合印发《关于在长三角生态绿色一体化发展示范区加快数字经济发展推进先行先试的若干举措》,从积极推进新型信息基础设施一体化建设、加快推动数字产业化等5个方面推出20条举措,共同推进示范区数字经济领域创新举措率先落地,加快推动示范区产业数字化和数字产业化,以应用场景牵引技术创新,培育数字经济新技术、新业态和新模式,打造数字化转型发展先行区。

(五) 关键合作机制与保障工作不断完善

例如在长三角生态绿色一体化发展示范区范围内,2022年10月,长三角生态绿色一体化发展示范区执委会会同沪苏浙一市两省社会信用管理部门联合印发《长三角生态绿色一体化发展示范区企业公共信用综合评价实施意见》,进一步推动示范区建立统一的公共信用管理制度,探索构建示范区内企业公共信用综合评价结果互认机制,推动中介领域企业公共信用评价结果跨区域互认,实现了公共信用评价良好以上的嘉善能源评估机构"免检"直接入驻吴江中介超市,推进示范区中介机构跨省域信用互认互通实现零的突破。下一步,示范区将继续按照《长三角生态绿色一体化发展示范区企业公共信用综合评价实施意见》要求,强化两区一县通力合作,加快形成工作合力,破除行政壁垒,以中介服务市场共育共享为突破口,稳步推进示范区企业公共信用综合评价及结果互认,探索评价结果在行政审批、政务服务等领域开展更广泛的应用,以公共信用为支撑充分激发区域创新创造活力,推进实现示范区"政"能量"合"聚变,共同释放一体化制度创新效应。

与此同时,长三角生态绿色一体化发展示范区执委会联合两区一县政府共同出台《长三角生态绿色一体化发展示范区行政执法协同指导意见》《长三角生态绿色一体化发展示范区行政执法协同实施办法》,紧扣标准适用、信息共享、异地协作等重点环节,推动建立健全跨地区、跨部门的行政执法协同机制,积极寻求示范区执法协同"最大公约数"。示范区行政执法协同机制的建立,将推动示范区行政执法一体化,也将为示范区司法协同、立法协同提供新思路,拓展新视野,为优化营商环境贡献法治力量,推动区域执法协作迈向更高层次,为示范区高质量发展构筑坚实的法治屏障。与此相类似,2020年7月24日,上海市城管执法部门联合苏浙皖三省份城市管理执法主管部门共同签署《长三角区域一体化城市管理综合行政执法协作机制》,59个地级市(区)城管执法部门签订《城管执法部门共建协议》,实现了推动长三角区域城管执法深度合作的关键一步。2021年,上海市城市管理行政执法局协调苏浙两省城管执法主管部门,以沪苏浙省际毗邻区为重点,探索建立毗邻区域共同管辖执法机制。2021年8月31日,沪苏浙毗邻区域五区三市(上海青浦、嘉定、宝山、金山、崇明五区与江苏苏州、南通,以及浙江嘉兴)城管执法部门联合发文《上海、江苏、浙江加强毗邻区域城管执法领域联合执法工作的实施意见》,进一步明确:毗邻区域基层中队日常巡查对共同管辖区域主动延伸覆盖,每月不少于1次开展联合执法检查;区级城管部门每季度开展联合执法整治,定期开展区域会商机制;省级城管执法主管部门每半年召开毗邻区域协作会议。三省份城管执法协作机制建立以来,城管加强与长三角兄弟部门及公安等部门信息互通、案件协查,更加体现协同性、有效性。2021年以来,毗邻区域城管部门已联合开展执法检查、执法行动56次,出动执法人员526人,查处各类执法案件78件,处罚金额107余万元,大大提升了跨区域协作能级水平①。

2022年8月4日至5日,第四十一届环太湖联席会议在苏州召开。苏州、无锡、宜兴、湖州、长兴、常州、吴江等成员单位交流了近一年以来太湖水域水上搜救、应急处置及污染防治等相关情况,并形成《太湖湖区水上联合搜救工作机制》《太湖湖区水上交通联合执法工作办法》《太湖湖区船舶污染防治联动工作机制》《太湖湖区交通事故调查处理机制》等四项工作机制和办法,为深入推动环太湖战略协同区共建共治提供了强有力的制度保障。

(六) 社会服务的跨界共建共享水平进一步提升

在跨地区教育合作方面,长三角生态绿色一体化发展示范区执委会发布《长三角生态绿色一体化发展示范区职业教育一体化平台建设方案》和

---

① 丁玲.打造区域城管执法协作"共同体"——上海牵头推动长三角高质量协作互联侧记[N].中国建设报,2021-11-4.

《长三角生态绿色一体化发展示范区教师一体化培养方案》,推动示范区内职业教育和教师培养的资源共享、课程共建、轮值主持、名师联训、规培互通、学分互认、品牌联建等7项共建共享发展机制,协同推进长三角教师培训中心落户示范区。从2020年至2023年,先后发布三批次《长三角生态绿色一体化发展示范区共建共享公共服务项目清单》,三批次的示范区共建共享公共服务项目清单共有45项,涵盖卫生健康、医疗保障、教育、文化旅游、体育、养老、交通、政务服务、综合应用等九大领域,这也是全国首个跨省域的公共服务项目清单。截至2022年8月底,上海16个区809家定点医疗机构全部实现跨省直接结算,并已覆盖长三角全部41个城市11913家医疗机构。长三角异地门诊累计结算1046.57万人次,涉及医疗费用28.13亿元,占比超过全国异地门诊结算总量的40%。2022年11月,制定出台《长三角生态绿色一体化发展示范区共同富裕实施方案》,明确了2025年和2035年的发展目标,到2025年,共同富裕工作取得明显实质性进展。目前,长三角"一网通办"应用于138项政务服务事项或场景,共41个城市跨省份通办,实现37类高频电子证照实现共享互认。在公共出行方面,长三角10城更实现"一码通行",累计异地乘车超1300万人次。区域内333个图书馆、353个博物馆(含美术馆、文化馆)、657个景区均实现社会保障卡的"一卡通用"。2022年长三角生态绿色一体化发展示范区与上海市大数据中心、江苏省大数据管理中心、浙江省大数据发展管理局正式签订《长三角生态绿色一体化发展示范区公共数据"无差别"共享合作协议》,重点明确了共建数据共享交换机制、共推跨域一体化应用、共编跨域公共数据标准等三大任务。浙江省嘉善县依托示范区公共数据"无差别"共享,通过跨省域公共数据"无差别"共享以及区块链平台搭建,率先在政务服务领域实现示范区政务服务地图在"浙里办""智慧吴江""随申办"多平台发布。

(七)跨域文化协同建设质量得到进一步提升

近年来,根据《上海大都市圈空间协同规划》方案,上海大都市圈各城市积极从顶层设计入手,着力加强一体化规划布局、法规创制和体系构建,着力推动区域文化产业高质量发展。沪苏浙皖四地文旅部门共同签署《长三角文化和旅游一体化高质量发展2023浦江宣言》(简称《2023浦江宣言》)，全面启动新一轮长三角文旅一体化高质量发展重点任务和2023年重点项目，努力为中国式现代化提供区域文旅一体化高质量发展的新样本。上海大都市圈大力推动包括公共文化和旅游服务一网通、文化和旅游公共服务人才培训一体化、公共文化展览一站通、城市阅读一卡通等在内的公共文化服务的一体化建设，推动"长三角PASS"旅游年卡扩容提质。举办长三角国家公共文化服务体系示范区(项目)合作机制大会和"魅力长三角"上海(浦东)公共文化和旅游服务产品采购大会。以上海国际艺术节、长三角城市戏剧节等为抓手，加强演艺文化的跨域交流，推动演艺产业协同发展。发起方上海黄浦文旅集团与浙江演艺集团、安徽演艺集团、江苏省演艺集团、上海大剧院艺术中心、上海戏剧学院、南京大学文学院，以及宁波、南京、杭州、合肥、苏州等地的11个演艺集团签署战略合作协议，以进一步深化与长三角各界的合作交流。2023年5月24日，发布《长三角生态绿色一体化发展示范区水乡客厅国土空间详细规划(2021—2035年)》，共同打造可感知、可体验、可激发一体化认同的标志性水乡客厅。

三、上海大都市圈跨域协同治理面临的问题及改进策略

尽管上海大都市圈以"空间协同规划"为核心工具，通过政府、市场、社会的有机融合，在全国率先形成了大都市圈跨域协同治理的独特模式，经济社会的跨域协同整合发展进程明显加快，取得了上述诸多实践成果。但从跨域协同治理的统筹整体运作、规划方案的一体化推进、协调事宜的关键性突破上看，上海大都市圈跨越协同治理模式还存在一些弱项和不足。下一步，要按照党的二十大报告提出的中国式现代化对高质量区域协调发展提出的新要求，对现有模式做出进一步的改进、创新和完善，推动上海大都市圈深度落实落细空间协同规划的行动方案，如期实现共同打造"卓越全球城市区域"的宏伟目标。具体而言，主要体现在以下几个方面：

(一) 上海大都市圈跨域协同治理的运行机制有待进一步理顺健全

从区域空间关系来看，上海大都市圈是一个诸多国家战略空间单元相

互嵌套的多结构区域,上海大都市圈本身既隶属于更大的长三角城市群之内,也涵盖长三角生态绿色一体化发展示范区,因国家战略实施时间的前后差异性,使得上海大都市圈的外部空间"长三角城市群"和内部空间"示范区"都是国家战略区域,并各自建立了相对完整的跨域协同治理模式和运行机制。尤其是生态绿色一体化发展示范区,围绕沪苏浙交界的三地市之间打造形成了诸多成熟的运行规则和制度,发挥了区域治理制度创新的引领性和示范性。反观上海大都市圈以空间规划协同为抓手的松散型跨域治理模式,虽然建立了上海大都市圈空间规划协同工作领导小组,但当初的职能定位主要是领导组织全体成员城市开展空间协同规划的编制工作,目前规划方案已经编制完成并进入实施阶段,其机构性质和核心职能应该及时转向规划执行的协调、落实督查、跟踪评估等,确保规划方案在全部9个城市当中得到一以贯之的执行和落实。更重要的是,由于上海大都市圈区域结构的嵌套性、复杂性,使得现有的上海大都市圈空间规划协同工作领导小组与长三角生态绿色一体化发展示范区执行委员会、长三角协调机制(长三角合作办公室)、上海大都市圈41个县级单元规划协调的权责关系不够清晰,相关政策建议的覆盖面和影响力不尽一致,这势必导致协调行动不一的局面。

另外,在上海大都市圈空间范围内,还有一个虹桥国际开放枢纽建设的国家战略空间,其空间范围包括上海虹桥商务区及所在的长宁区、嘉定区、闵行区的区域和松江区、金山区,江苏省苏州市的昆山市、太仓市、相城区和苏州工业园区,浙江省嘉兴市的南湖区、平湖市、海盐县和海宁市。该区域还有一个由沪苏浙三省份共同建立的"虹桥国际开放枢纽建设协调推进机制"(秘书处)。因此,面对复杂的区域空间结构体系和地方政府间关系,为了提升上海大都市圈跨域协同治理效能,建议在国家相关部委的主持和倡议下,由上海大都市圈空间规划协同工作领导小组、长三角合作办公室、长三角生态绿色一体化发展示范区执委会、虹桥国际开放枢纽建设协调推进机制(秘书处)四家主要跨域协同部门或机构,搭建共同商议、交流、互动的定期会晤机制和平台,商定明确各自的功能定位与职责权限,明晰各自的跨界协调边界,针对有关国家重大政策适时开展沟通、对话和交流,避免出现同一个区域、多头治理的局面,最大程度提升政策的协同性和行动的统一协调性,最大程度聚合上海大都市圈发展的整体优势和内在合力。

(二) 上海大都市圈空间协同规划的监督落实机制有待进一步强化

规划是跨域协同治理的核心工具。在完成区域规划的编制以后,如何通过有效的规划实施监督,保证规划方案得到落地落实,是发挥规划跨域协同效应的关键所在。《上海大都市圈空间协同规划》是一个包括"1+8+5"系列成果的宏大规划方案,即"1"作为战略愿景总报告由9个城市共同签署认定;"8"和"5"分别为八大重点领域系统行动与五大空间板块行动。《上海大都市圈空间协同规划》对此做出了全面系统、可操作的战略设想和行动安排,涉及9个城市不同层级的多机构、多部门共同参与其中。但根据过去两年的实践行动来看,上海大都市圈成员城市在贯彻落实《上海大都市圈空间协同规划》方案的力度、进度、活跃度上,存在显著的差距,尤其是在八大行动和五大板块的推进上,相关成员单位的积极性、主动性不尽相同,造成推进落实行动不同步、落实效果不够明显,有的方案得到相关地方单元的高度认可并进行了诸多实质性的跨界联动运作,有的方案则没有得到相关地方单元应有的重视并采取实质性的举动。这样的结果,必将造成规划方案的落空和无效。按照目前仅仅以"规划"为抓手的跨域协同治理中,上海大都市圈空间规划协同工作领导小组对《上海大都市圈空间协同规划》的实施监督权还不够有力有效,对一些区域单元不执行、不落实规划方案的行为,缺乏强制执行、严格监督的权限和手段。据此,我们认为,为了确保《上海大都市圈空间协同规划》方案按照原来的设想得到有效落地落实,不仅要赋予领导小组明确的规划实施监督权,以及强制执行权和惩戒权,进一步提高领导小组决议在成员城市中的权威性、约束性,而且要在规划领导小组的基础上,适时创建由9个市委、市政府共同参与的上海大都市圈跨域协同治理新平台、新机制,高站位、全方位推动跨域规划、产业、生态、基础设施、公共服务等领域的整合性一体化发展。

(三) 上海大都市圈跨越协同治理的重点领域有待进一步细化突破

尽管《上海大都市圈空间协同规划》围绕八大行动和五大板块做出了跨域协同的战略部署和行动设计,但从不同维度跨域协同治理的具体实践来看,在很多具体的重点领域协同上,还存在诸多不足之处,需要有针对性地加以推动和突破。举例说明如下:

1. 市政基础设施的互通融合发展受制于差异化的行政管理体制[①]

中国现行的行政管理体制是垂直科层结构,不同行政区域的管理权限和运作模式差异较大,行政管理权限不一、行政部门职能有一定差异。受制于市政基础设施的现行管理机制,上海大都市圈内各城市市政系统基本由各自城市自行按照国家及省市标准建设且形成各自体系模式,建设标准和管理体系不一,运行运维差异较大。如何在区域中建立更高层面的区域一体化体制、机制是值得研究探索的方向,如综合防灾区域协同、末端处置设施跨区合作机制等。具体而言,要注重以下三个方面:一是,建立统一、高效的协调机制,打造上海大都市圈市政基础设施的"命运共同体"。上海大都市圈内各城市市政基础设施发展建设需与国家战略发展新要求、新格局、新机遇相匹配,同时还必须解决区域整体安全与单一城市局部安全协调发展、打破行政壁垒加强跨区市政基础设施共建共享、建立区域一体化体制机制等基础问题。上海大都市圈市政基础设施一体化发展要点是必须建立统一的强有力的高效协调机构,要形成功能互补、要素流动、资源整合的跨域融合的市政基础设施协同整体,即打造一个"更安全、更绿色、更高效"的命运共同体,全方位统一发展共识,打破行政壁垒,打开区域市政基础设施"合作共赢"的崭新局面。二是,拥抱新技术,应对新发展,建立需求和数据共享平台。随着国家对城市治理水平的不断提升,新技术被广泛应用在各种管理平台,其中以数据的有效融合应用得到最多关注和广泛使用。市政基础设施包含很多系统专项,每个系统内部运行都积累了大量的数据,如何利用这些数据处理在同一问题上的不同诉求是上海大都市圈共享数据的根本目

[①] 杨柳,等.上海大都市圈重大市政基础设施协同规划研究[EB/OL].微信公众号"上海大都市圈规划",2022-2-22.

的。另外,在各城市托底需求的基础上,建立高效的市政跨区协商和项目协作平台如碳交易市场、能源合作、渣土跨域处理等,实现上海大都市圈内城市的资源共享,进而促进市政基础设施行业发展,发挥循环经济的价值也是上海大都市圈值得探究、探索的方向。三是,建立区域安全应急保障调配平台。随着气候变化的趋势加剧,城市安全、韧性城市的概念深入人心。上海大都市圈内城市之间在城市防灾、环境安全等方面的合作日益频繁,如何在保证城市安全的底线问题上,确定目标,分工合作是上海大都市圈里每一个城市都应该研究探索的。区域综合防灾保障机制、环境安全合作机制、太湖流域水安全保障机制等的建立与研究都是未来应该着力推进的工作。

2. 上海大都市圈绿道网络建设尚未实现认识、标准、行动等方面的有效衔接[①]

在上海大都市圈构建开放协调空间格局的背景下,区域绿道作为上海大都市圈共享的生态产品,是践行"人民城市"的重要公共空间之一。然而,区域绿道尚未在上海大都市圈层面形成整体规划布局,近年来各地的实践中也暴露出一系列问题,突出反映在各地对区域绿道认知尚不统一、在城际界面上未进行良好衔接、各地采用的标准不同、建设形式缺乏地方特色等方面。一是各地对区域绿道的认知尚不统一,规划进展情况不同。各省份的绿道规划基础有较大差异:上海市市级绿道专项规划与城市总体规划同步,随后各区相继开展区级绿道专项规划并逐年推进实施;浙江省于2013年完成省级绿道网络布局规划,各城市相继完成市级绿道网络规划;江苏省绿道规划更多聚焦于市、县级层面。二是既有绿道在城际界面上尚未进行良好衔接。从部分已建绿道情况来看,在不同城市之间的交界面普遍缺乏衔接,突出表现为交界处绿道的环境景观、断面处理、标识系统等存在较多冲突或不协调之处,区域协同的规划、建设前期的协调较少。三是绿道建设采用的标准各不相同,建设标准尚难统一。现行绿道建设标准主要有住建部《绿道规划设计导则》、上海市《绿道建设技术标准》、《浙江省绿道规划设计技术导则》等,各标准结合地方差异对绿道设计要求不同,在区域绿道建设标准统

[①] 刘博,等.上海大都市圈绿道网络行动[EB/OL].微信公众号"上海大都市圈规划",2022-2-22.

一方面存在一定难度。四是建设形式单一，地方特色不足。高等级绿道普遍采用标准化、模块化的实施方案，缺乏与地方自然景观、文化地标的有机结合，鲜有特色化设计。对此，重点需要强化以下几点：一是，着力开展跨界绿道互联建设行动。根据对区域绿道跨行政区形成的交界面进行梳理，上海大都市圈区域绿道在9个城市之间的城际交界面共有47处。应统筹规划协调各城市绿道的走向和建设标准，通过公路、山区游径、河道、桥梁、轮渡等接驳方式将绿道有机贯通，并确保绿道跨界贯通的可实施性，形成一体化的区域绿道网络体系。二是，完善更协同一体的区域绿道标准。各城市区域绿道存在多重建设标准，后期的维护管理也因地方政策存在差异。应在区域层面协调建设标准，在确保可实施性的前提下保持地方特色，推动各城市协同推进绿道的建设与管理。在区域绿道建设标准执行中，未建的绿道应参照统一的建设标准落实，已建成绿道可适当按照统一标准进行优化。城际交界面的绿道衔接由相关城市商定，原则上采用就高不就低，并应逐渐过渡至本市绿道断面。

总而言之，《上海大都市圈空间协同规划》的编制实施，为上海大都市圈整合发展提供了鲜明的发展愿景和行动宗旨，也是跨域协同治理的有效政策工具。总体看，规划的编制实施，为上海大都市圈的共同发展注入了新的动力和引擎，为释放大都市圈潜在的整合力、竞争力打下了坚实的基础，但在具体的执行落实上，各地的执行力度、行动步伐存在较大的差距或差异，既有积极有为的跨域共同行动，尤其是在重大基础设施建设方面，各地方都表现出较大的积极性和主动性，取得了较为明显的成效，也有行动迟缓、力度不一的问题，尤其是在多主体牵头推动的协同行动和战略协同单元营造上，效果不尽一致，有待深化突破。这表明，在完成规划编制以后，需要对原有的跨域规划协调机制作出相应的调整和升级，特别是，对新的跨域协同治理组织赋予对规划实施的监督权、强制执行权、惩戒权等，增强应有的权威性、约束力，显得更为重要。只有不断完善和升级上海大都市圈跨域协同治理的相关机制和政策，上海大都市圈建设"全球城市区域"的目标才会行稳致远。

B2 国内都市圈规划的演进历程与实践特征

熊 健 张 逸 杜凤姣 居晓婷 阎力婷 史钟一

（上海市城市规划设计研究院）

摘 要：国内都市圈规划已有20多年的实践历史。本文在梳理国内都市圈规划演进历程基础上，总结了新一轮都市圈规划的编制特征，主要表现在以下四个方面：规划编制范围划定方法有所差异，但界定内涵基本一致；规划主要内容均以区域协同为目标，以交通、产业、生态、公服为主要协同领域；规划治理机制均表现为完善常态化沟通协调机制、确立协同发展机制等；规划均在实施保障方面调聚焦行动计划、监测评估与社会参与。应对都市圈空间问题难、参与主体多、发展阶段差别大的特点，都市圈规划应更加关注空间协同，探索平等协商的编制模式，因地制宜制定差别化的规划指导方针。

关键词：都市圈；发展规划；空间规划

都市圈的概念在20世纪80年代后期引入中国。伴随中国城镇化进程的加速，许多大城市出现集聚效应和扩散效应，在空间上呈现出"中心-边缘"的圈层结构[1]，于是学术界开始探讨都市圈相关议题，都市圈规划的编制也在90年代末开始探索。在当今区域协调发展和空间治理现代化背景下，

---

[1] 马向明,陈洋,陈昌勇,熊丽芳."都市区""都市圈""城市群"概念辨识与转变[J].规划师,2020,36(03):5—11.

都市圈作为产业链与供应链的基本组织单元,以城市间密切的分工协作,承担着对外开放竞争、内外体系连接的重要战略职能,更是成为新时代参与"双循环"的基本单元之一、参与全球竞争的重要载体、保障国家发展和安全的重要抓手。推动都市圈高质量发展,首要任务是编制都市圈规划,各地都认识到规划引领的重要性,近几年纷纷启动各自都市圈规划的编制和实施,取得了较为显著的成效。为更系统地了解国内都市圈规划进展,本文通过梳理演进历程,总结新时期正式发布的都市圈规划编制的主要内容和特征规律,以期为新一轮都市圈规划编制提供参考。

一、国内都市圈规划的实践历程

国内都市圈规划实践始于2000年左右。2000年,《江苏省城镇体系规划(2001—2020)》率先提出构建南京都市圈、苏锡常都市圈和徐州都市圈,明确都市圈规划的重点在于跨越行政区的分工合作与交通互联。随后,3个都市圈规划在江苏省建设厅组织下编制完成,并于2002年获得江苏省人民政府相继批复。尽管当时对都市圈及其规划的认识与理解还存在分歧,规划编制和实施的法律和政策机制尚不健全,规划编制技术标准或技术规范、技术手段都比较欠缺[①],但在当时的条件下编制都市圈规划,是一次意义重大的探索,表明在城镇化进入高级阶段的背景下,业内已经注意到以集聚和扩散为主要特征的城市区域的重要性,将其作为体现区域竞争力的标志和促进各类要素流动的手段。

此后,国内纷纷开展编制以都市圈或类似空间单元为对象的各类规划,如《哈尔滨都市圈总体规划(2005—2020)》《深莞惠区域协调发展总体规划(2012—2020)》《武汉城市圈区域发展规划(2013—2020年)》《太原都市区规划(2016—2035年)》《大南昌都市圈发展规划(2019—2025年)》等。截至2020年底,已批复的城市群发展规划及其他相关政策文件中共涉及全国33个都市圈,其中有14个编制了相关规划并得到批复或认定。这些自下而上以地方实践为主编制的规划由于缺少全国层面的顶层设计,形式多样,在规

---

① 王学锋.都市圈规划的实践与思考[J].城市规划,2003(06):51—54.

划定位、规划名称、规划范围界定、规划内容等方面未形成统一范式,同时也缺乏有效的实施管理保障机制,实施进展缓慢。

二、新一轮都市圈规划的实践特征

2019年,随着国家发改委出台《关于培育发展现代化都市圈的指导意见》,都市圈规划进入上下结合、全面推进阶段。自2021年起,国家发改委先后批复了南京都市圈、福州都市圈、成都都市圈、长株潭都市圈、西安都市圈、武汉都市圈等发展规划。同时,地方政府也在积极推动都市圈规划的编制,《重庆都市圈发展规划》由成渝两地人民政府联合印发,《上海大都市圈空间协同规划》作为国内第一个都市圈国土空间规划,由上海、江苏、浙江两省一市人民政府联合印发。上述规划成果在主要内容方面有诸多共同点,都以区域协同为目标,都将产业创新、交通基础设施、生态保护等作为都市圈规划的重点内容。同时,上述规划成果也各具特色,最主要的差别在于发展规划与空间规划的定位不同,从而带来了规划内容侧重点的不同。

(一) 规划编制范围:划定标准多元,以强大的核心城市和紧密联系的腹地构成

1. 都市圈空间范围划定标准未形成统一范式

与国外都市圈一般基于通勤联系的标准不同,国内都市圈空间范围划定方法和标准尚未统一。从已有实践看,主要以定性为主,以及兼顾定量与定性等方法。其中,定性方法主要考虑自然地理要素、历史文化联系、产业转移、重大设施共建、战略要求和行政诉求等因素。如成都都市圈,规划范围为成都、德阳、眉山、资阳4个城市全域,重点落实成(都)德(阳)眉(山)资(阳)同城化发展要求。2020年1月习近平总书记召开中央财经委员会第六次会议,提出"推动成渝地区双城经济圈建设,在西部形成高质量发展的重要增长极",成渝地区双城经济圈上升为国家重大决策部署。在2020年10月中央政治局审议通过的《成渝地区双城经济圈规划纲要》中,其目标定位提升为"打造带动全国高质量发展的重要增长极和新的动力源"。2020年

1月四川省委、省政府发文成立了省推进成德眉资同城化发展领导小组,于同年7月挂牌成立了"常态化运作、实体化运行"的省同城化办公室。

定量方法主要考虑核心城市的就业密度、周边区县的人口密度、通勤联系强度、企业关联、一定时间内的交通可达范围、公共服务设施的辐射范围等。徐州都市圈、上海大都市圈等在空间范围划定上,采取了定量与定性相结合的方法。

徐州都市圈从基本特征判读入手,以定量方法确定基本范围后再以定性要素校核[①]。首先以2小时可达圈作为都市圈核心空间范围,叠加城市公共服务(教育服务、医疗服务)引力模型计算的辐射范围。其次从文化联系、产业转移、设施共建三个方面对结果进行校核,并参考都市圈内城市的共同发展期望、重大交通设施项目布局进行愿景趋势判断,基本确定徐州都市圈的范围。最后,落实江苏省政府建设沿东陇海线经济带的战略要求,加强沿东陇海城镇轴发展协调,将连云港市域、沭阳县纳入其中,作为徐州都市圈规划协调范围。

上海大都市圈的空间范围考虑地理邻近性、功能关联性与行政完整性予以综合划定。首先通过时空距离界定时空边界。以上海新城服务环作为出发点,基于现状与规划的高速公路网络,分别测度60分钟与90分钟可达范围;同时以上海市政府为原点,划定100千米和150千米的半径。其次,通过通勤联系、企业关联、人的活动与交流,以及重大基础设施和历史文化渊源等因素校核功能联系。前三个因素为定量计算所得,以周边城市到上海市区的通勤率、企业"总部-分支"的经济联系度、上海外出人口流向地统计进行测度;重大基础设施方面,基于港口协作因素,将杭州湾地区内包括嘉兴港、宁波港、舟山港所在县市统一纳入大都市圈范围;历史文化渊源方面,考虑吴文化圈、吴语语系分布等。最后,考虑行政诉求最终确定大都市圈空间范围,基于苏锡常协同发展、环太湖地区协同的完整性等现实情况,确定上海大都市圈范围为上海、无锡、常州、苏州、南通、宁波、湖州、嘉兴、舟山"1+8"城市。

[①] 徐海贤,韦胜,等.都市圈空间范围划定的方法体系研究[J].城乡规划,2019(4):87—93.

2. 都市圈由强大的核心城市与紧密联系的腹地构成

都市圈的空间范围虽然在划定标准上尚未统一,但总体上均由核心城市与周边紧密关联的城市构成,呈现人口规模大、经济总量高、高度城镇化的特征。空间范围上,都市圈的面积差异较大,从2万平方千米到6万平方千米不等;人口规模上,各都市圈人口均在千万以上,人口密度超过500人/平方千米;经济发展上,各都市圈的地区生产总值均在万亿元以上,人均GDP大于7万元。

表2-1　已批都市圈规划范围及基本情况(2020年数据)

都市圈	规划编制情况	规划范围	总面积(万平方千米)	常住人口(万人)	人口密度(人/平方千米)	地区生产总值(万亿元)	人均GDP(万元/人)
南京都市圈	《南京都市圈发展规划》2021年2月获批	南京、镇江、扬州、淮安、芜湖、马鞍山、滁州、宣城、常州金坛区和溧阳市	6.6	3530	535	4.18	11.84
福州都市圈	《福州都市圈发展规划》2021年6月获批	福州、莆田,宁德市蕉城区、福安市、霞浦县、古田县,南平市延平区和建阳区、建瓯市部分地区,及平潭综合实验区	2.6	1300	500	1.50	11.54
成都都市圈	《成都都市圈发展规划》2021年11月获批	成都、德阳、眉山、资阳	3.31	2966	896	2.24	7.55
长株潭都市圈	《长株潭都市圈发展规划》2022年2月获批	长沙、株洲市中心城区及醴陵市、湘潭市中心城区及韶山市和湘潭县	1.89	1466	776	1.64	11.18
西安都市圈	《西安都市圈发展规划》2022年3月获批	西安、咸阳、铜川、渭南、杨凌区	2.06	1802	875	1.30	7.21

续表

都市圈	规划编制情况	规划范围	总面积（万平方千米）	常住人口（万人）	人口密度（人/平方千米）	地区生产总值（万亿元）	人均GDP（万元/人）
重庆都市圈	《重庆都市圈发展规划》2022年8月获批	重庆市渝中区、大渡口区、江北区、沙坪坝区、九龙坡区、南岸区、北碚区、渝北区、巴南区、涪陵区、长寿区、江津区、合川区、永川区、南川区、綦江区—万盛经开区、大足区、璧山区、铜梁区、潼南区、荣昌区21个区和四川省广安市	3.5	2440	697	2.05	8.40
上海大都市圈	《上海大都市圈空间协同规划》2022年1月由沪苏浙两省一市政府联合印发	上海、苏州、无锡、常州、南通、宁波、湖州、嘉兴、舟山	5.6	7742	1382	11.17	14.43

总结其特征，一是核心城市规模大、能级高。如上海是上海大都市圈的核心城市，国家中心城市南京、成都、西安、武汉也分别是各自都市圈的核心城市。这些核心城市人口规模大部分都超过千万，GDP基本超过万亿。按照核心城市常住人口、地区生产总值分别占都市圈的比重可以分为两类，一类是核心城市在都市圈中占据主导地位，人口和GDP占比都较高，接近或超过50%，如福州都市圈、成都都市圈、西安都市圈等；另一类核心城市首位度不高，如南京都市圈、上海大都市圈的人口和GDP占各自都市圈总量的1/3左右。

表 2-2　已批都市圈核心城市及基本情况(2020年数据)

都市圈	核心城市	核心城市常住人口（万人）	核心城市常住人口占都市圈比重	核心城市GDP(亿元)	核心城市GDP占都市圈比重
南京都市圈	南京	931	26%	14818	35%
福州都市圈	福州	829	64%	10020	67%
成都都市圈	成都	2094	71%	17717	79%
长株潭都市圈	长沙	1466	69%	16358	74%
西安都市圈	西安	1295	72%	10020	77%
重庆都市圈	重庆中心城区（渝中、大渡口、江北、沙坪坝、九龙坡、南岸、北碚、渝北、巴南9区）	1134	46%	9822	48%
上海大都市圈	上海	2487	32%	38701	35%

二是核心城市与外围腹地联系紧密。国内都市圈的核心城市与外围腹地之间通常具有紧密的交通联系和功能联系，人流、物流、信息流等各类资源要素流动频繁。交通往来方面，都市圈城市之间的通勤联系、商务出行联系等通常较为密切。如上海大都市圈内上海与周边城市已形成了紧密的跨城"居住-工作"联系，根据《上海大都市圈通勤报告2022》，2021年上海市域跨城通勤人口总量（流入、流出通勤人口总和）接近20万[①]。功能关联方面，通过产业园区共建、重要合作平台打造等多种形式，都市圈内分工合理的功能网络、产业体系逐渐成形。如南京都市圈内镇江到南京已形成了产业创新走廊，通过发挥南京的中心城市带动作用和镇江的比较优势，共同推动两

---

① 上海大都市圈规划研究中心.上海大都市圈通勤报告2022[R].2022.

地的协同创新①。

（二）规划主要内容：包含规划目标、空间格局、协同策略等，根据规划定位各有侧重

1. 形成共识的目标定位，并分解至重点协同领域

围绕资源禀赋、优势特色、发展特征，各都市圈规划均提出了具有共识的战略定位和发展目标，并将目标分解为交通基础设施、产业创新、生态保护、公共服务等分目标，同时制定了近期、远期的分阶段目标。

表2-3　　已批都市圈规划目标定位

都市圈	战略定位或发展目标	分目标
南京都市圈	具有重要影响力的产业创新高地、长江经济带重要的资源配置中心、全国同城化发展样板区、高品质宜居生活圈	基础设施互联互通，产业创新融合协同，生态环境共保联治，公共服务便利共享，体制机制改革创新
福州都市圈	福建高质量发展重要增长极、两岸合作重要门户、21世纪海上丝绸之路核心区重要支点、优质幸福生活圈	基础设施联通更加便捷，产业分工协作更加高效，开放合作交流更加密切，生态协同保护更加有效，公共服务共建共享更加全面
成都都市圈	全面增强成都都市圈现代产业协作引领功能、创新资源集聚转化功能、改革系统集成和内陆开放门户功能、人口综合承载服务功能，全面提升同城化发展水平，做优成渝地区双城经济圈重要极核	基础设施同城同网基本实现，产业创新协作体系初步建立，公共服务共享水平稳步提升，绿色低碳公园城市形态充分显现
长株潭都市圈	成为独具特色、富有魅力的现代化都市圈	基础设施更加完善，科创产业融合度更深，生态环境质量更加优良，基本公共服务更加便利，同城化体制机制更加健全
西安都市圈	具有全国影响力和历史文化魅力的现代化都市圈	基础设施互联互通，创新引领产业体系，生态保护格局确立，治理体系和治理能力现代化，公共服务共享发展

---

① 官卫华,陈阳,封留敏.长三角区域协同创新：G312产业创新走廊空间规划协同实践[J].城市规划学刊,2022(3)：80—86.

续表

都市圈	战略定位或发展目标	分目标
重庆都市圈	重点领域同城化全面实现,建成具有较强竞争力的现代化重庆都市圈	基础设施互联互通,协同创新能力突破,产业协作能力增强,同城化发展体制机制健全,生态环境和公共服务共建共享水平提高
上海大都市圈	卓越的全球城市区域,更具竞争力、更可持续、更加融合的都市圈	全球领先的创新共同体,畅达流动的高效区域,和谐共生的生态绿洲,诗意栖居的人文家园

上海大都市圈在总目标愿景的基础上,围绕创新、流动、生态、人文四大分目标构建了核心指标体系,将定性的目标分解为可测度的定量指标,从而有效传导规划目标,指导规划实施。

表2-4　　　　　　　　上海大都市圈核心指标体系

维度	指标项	单位	类型
创新	全社会研究与试验发展(R&D)经费支出占地区生产总值的比例	%	底线型
	国家重点实验室数量	个	合作型
	高校在校大学生数量	万人	合作型
	每万人口发明专利拥有量	件	合作型
流动	城际和市域(郊)铁路密度	千米/万平方千米	合作型
	港口水水和水铁中转比例	%	合作型
	航空旅客吞吐量	亿人次/年	合作型
	区域骨干绿道总长度	千米	合作型
生态	单位GDP能耗下降幅度	%	合作型
	地表水水质优良(Ⅰ—Ⅲ类)水体比例	%	底线型
	环境空气质量(AQI)优良率	%	底线型
	碳排放总量	/	合作型
	原生垃圾填埋率	%	底线型
人文	世界文化遗产数量	处	合作型
	ICCA国际会议数量	场/年	合作型
	每10万人拥有的博物馆、图书馆、演出场馆、美术馆或画廊	处	底线型
	每千人口执业(助理)医师数	人	底线型

2. 以核心城市为引领,构建全域协同发展的空间格局

各都市圈规划均提出发挥核心城市的龙头带动作用,作为都市圈的中心,以重要廊道为引领,分组团、分片区,形成大中小城市协调发展的空间格局,并明确了核心城市、节点城市、廊道、片区组团的功能定位。

都市圈发展规划在空间格局上以"点-轴-片"的空间关系为主。"点"即核心、次级中心等节点,"轴"主要为依托交通廊道的发展轴,"片"为各类功能组团。都市圈发展规划在城市体系上更注重规模等级,强调大中小城市和小城镇协调发展。例如重庆都市圈由于行政区划的特殊性,强调核心(中心城区)与周边区县市的同城化发展,空间上呈现以中心城区为核心、外围多点圈层式布局的特征。南京都市圈的"一极两区四带多组团",长株潭都市圈的"轴带带动、三市联动、组团发展、共护绿心",都提到了以中心城区(南京、长株潭)作为极核,发挥辐射服务功能;以重点城镇为次级组团,承载不同的专业功能;以发展轴带动沿线产业发展。福州都市圈、西安都市圈、成都都市圈在核心引领、轴带串联、组团支撑的基础上,进一步突出"网络化"的都市圈发展格局。如福州都市圈强调"构建都市圈网络化空间格局,强化T型发展走廊",西安都市圈提出"网络化、多层次"的空间格局。

都市圈国土空间规划则更强调多中心、网络化的空间结构,并突出分工明确的城市功能体系。上海大都市圈构建了"多层次、多中心、多节点"的全球城市功能体系,并以"廊道引领""网络流动""板块协作"三大核心理念,构建紧凑开放的网络型空间结构。"廊道引领"指培育多条区域发展廊道,作为引领要素集聚、合力发展的空间骨架,成为串联功能节点城市的重要纽带;"网络流动"指完善次级走廊与交通网络,支撑多中心、多节点之间畅达互联;"板块协作"指聚焦战略资源与跨界问题,依托五大次区域,深化一体化策略机制。

3. 专项协同领域目标近似,但策略有所差别

各都市圈规划在重点协同领域上较为一致,并均对专项系统协同提出了规划目标与策略。一是提升基础设施互联互通水平,包括促进综合交通体系一体化发展,促进轨道交通体系建设,共建数字智慧都市圈,建立安全可靠的能源保障体系等。二是促进协同创新,包括打造科技创新策源地,协同推进科技成果转移转化等。三是共建分工协同的产业体系,强调先进制造业与现代服务业并重,引导产业合理布局。四是推动生态环境共保共治,强调生态保护与环境污染协同治理。五是公共服务共建共享,包括推动基本公共服务均等化,共享高等级公共服务设施。

都市圈发展规划通常以项目作为专项领域的主要内容,定位为空间规划的上海大都市圈则进一步突出了专项领域与空间规划的关系,将专项协同落实到空间上,形成一系列专项空间协同要求。如在创新产业方面,明确了多元知识集群的空间分布;在交通基础设施方面,提出了多层次轨道交通网络、低碳绿色交通网络布局;在生态保护方面,构建了生态空间格局;在人文魅力方面,策划了旅游圈和精品游线。

4. 空间规划更强调多层次空间落实不同协同重点

都市圈规划协同的重点是跨界地区。如南京都市圈提出"推动省际毗邻区域一体化发展",针对顶山-汊河、浦口-南谯、江宁-博望等省际毗邻区域,探索建立规划管理、土地管理、重大项目管理、生态环境、公共服务等一体化机制。福州都市圈强调"推动重点跨界地区协同发展",重点推进滨海新城-环福清湾地区-平潭、涵江-福清环兴化湾地区、宁德-罗源环三都澳湾地区,聚焦跨市级行政单元的发展需求,加强政策联动和交通、产业、市场、生态、公共服务一体化。成都都市圈提出"加快交界地带融合发展",支持彭州-什邡、青白江-广汉、金堂-中江、四川天府新区成都眉山交界区域、蒲江-丹棱、新津-彭山、简阳-雁江-乐至等区域开展试点,重在规划布局、交通连接、产业协作、政务服务等方面探索创新合作模式,打造同城化发展的支撑点。

上海大都市圈在分层次空间协同方面更加系统全面,建立了"大都市圈(全域)-战略协同区(次分区)-协作示范区(区县级)-跨界城镇圈(镇级)"四层级的空间协同框架,聚焦不同空间尺度协同重点,围绕创新、交通、生态、人文四类关键协同要素,指引协同规划编制与系统行动实施。战略协同区重点聚焦都市圈重大战略空间资源,凝聚发展共识;深化创新、交通、生态、人文一体化行动,建立共建、共治的协同机制。在战略协同区的基础上,以区县(市)为基本单元培育10个协作示范区,落实战略协同区的重点任务与行动,深化一体化项目布局,强化创新、交通、生态、人文跨界建设衔接。在协作示范区基础上,以镇为基本单元,培育13个跨界城镇圈,促进城镇圈级服务设施共享、产业功能布局优化,以及基础设施统筹融合。

(三) 治理机制创新:完善常态化沟通协调机制、协同发展机制等

一是构建常态化沟通协调机制,一般建立都市圈党政联席会议制度及一体化建设办公室。如南京都市圈通过发挥决策层、协调层、执行层三级运作机制作用,定期召开都市圈党政领导联席会议、市长联席会议,形成高层常态化沟通机制,促进项目信息定期沟通和交流。福州都市圈提出由福州市政府牵头成立都市圈建设领导小组及办公室,承担规划编制、项目对接、信息沟通、事务协调、调查研究等工作。成都都市圈在成都平原经济区联席会议制度框架下,发挥四川省推进成德眉资同城化发展领导小组及其办公室统筹协调职能,完善"领导小组会议、同城化办公室主任会议、专项合作组协调会议、联络员工作会议"多层次常态化组织协调机制。西安都市圈将支持西安市牵头建立都市圈各市(区)党政联席会议制度和一体化发展办公室。重庆都市圈将在成渝地区双城经济圈川渝合作机制框架下,建立重庆都市圈联席会议机制。

二是建立协同发展机制,探索成本共担利益共享机制、支持跨区域园区合作和其他形式的合作平台等。南京都市圈、西安都市圈、重庆都市圈规划都提出建立重点领域制度规则和重大政策沟通协调机制,例如统一都市圈各项标准,建立一体化招商联合引资的体制机制,鼓励跨行政区建设产业合作园区、"飞地园区"等。此外,重庆都市圈对建设跨区域合作发展功能平台,尤其是跨省市的平台提出了具体的建设要求与任务,以经济区与行政区适度分离改革为核心,推动规划统筹、政策协调、协同创新、共建共享等方面的创新。

三是探索都市圈立法。如南京都市圈建议由江苏、安徽两省人民代表大会及其常务委员会探索研究制定都市圈有关地方性法规。福州都市圈提出探索地方人大立法、执法检查工作协作机制,探索地方政协联合调研和联动监督机制,为都市圈一体化高质量发展提供法治保障和民主监督保障。

（四）规划实施保障：强调行动计划、监测评估、社会参与

一是制定都市圈规划实施方案和行动计划。如福州都市圈明确，都市圈建设领导小组办公室应制定实施方案、年度工作要点和行动计划，细化任务、细分责任、确定时序，确保每一项部署都落实、每一项工作都落地。同时建立项目滚动推动机制，围绕国家专项规划、重大项目布局，全方位拓展新的项目源，策划重大协作项目。上海大都市圈已开展了《上海大都市圈空间协同近期行动计划》滚动编制工作，成为都市圈内各行政主体平等协商和实施近期任务的平台。

二是完善监测评估机制，强化对规划实施情况的跟踪分析。监测数据平台建设方面，福州都市圈提出"鼓励利用大数据、人工智能等新一代信息技术"，上海大都市圈提出由领导小组办公室牵头、"1＋8"城市共建；监测内容方面，福州都市圈强调动态监测"都市圈要素流变化和一体化发展情况"，西安都市圈要求"加强重大政策、重大项目实施情况的动态管理"；工作组织方面，西安都市圈提出由省级部门负责规划实施的监测评估，上海大都市圈提出由领导小组组织开展规划实施评估与维护。

三是完善社会参与机制，激发公众、社会团体等各类主体的活力。南京都市圈、上海大都市圈、重庆都市圈都鼓励智库参与都市圈建设决策咨询，建立健全第三方评估机制，鼓励社会团体和民众对规划实施进行监督。长株潭都市圈提出完善规划实施公众参与机制，广泛听取社会各界的意见和建议，引导各类市场主体积极参与都市圈建设，形成市场化、社会化推进机制和全社会共同参与的良好氛围。

三、结语

综观近年来批复的都市圈规划或区域规划，在规划定位上以发展规划为主，空间规划较少，目前已公布的仅有《上海大都市圈空间协同规划》和《成渝地区双城经济圈国土空间规划（2021—2035年）》（征求意见稿）属于空间规划。在规划内容上主要聚焦目标、功能、策略等，对空间协同与行动项目关注不足，对常态化运作的空间协同机制关注也偏弱。从区域发展实际情况看，区域协调中存在的问题首先体现为空间发展的不协调、不平衡甚

至是冲突,空间协同涉及的利益面最广,而且一旦落实、后续调整难度较大,因此需要加强对空间协同和空间治理的关注。同时,我们也应该认识到,中国幅员辽阔,各地的资源禀赋与发展阶段各不相同,都市圈规划编制应以因地制宜为原则,基于地域特色探索出适合本地区的规划编制路径和协同重点。

参考文献

[1] 福建省人民政府. 福州都市圈发展规划[R]. 2021.

[2] 官卫华,陈阳,封留敏. 长三角区域协同创新:G312产业创新走廊空间规划协同实践[J]. 城市规划学刊,2022(3):80-86.

[3] 湖南省人民政府. 长株潭市圈发展规划[R]. 2022.

[4] 江苏省人民政府,安徽省人民政府. 南京都市圈发展规划[R]. 2021.

[5] 马向明,陈洋,陈昌勇,熊丽芳."都市区""都市圈""城市群"概念辨识与转变[J]. 规划师,2020,36(03):5-11.

[6] 陕西省人民政府. 西安都市圈发展规划[R]. 2022.

[7] 上海大都市圈规划研究中心. 上海大都市圈通勤报告2022[R]. 2022.

[8] 上海市人民政府,江苏省人民政府,浙江省人民政府. 上海大都市圈空间协同规划[R]. 2022.

[9] 四川省人民政府. 成都都市圈发展规划[R]. 2021.

[10] 王学锋. 都市圈规划的实践与思考[J]. 城市规划,2003(06):51-54.

[11] 徐海贤,韦胜,等. 都市圈空间范围划定的方法体系研究[J]. 城乡规划,2019(4):87-93.

[12] 重庆市人民政府,四川省人民政府. 重庆都市圈发展规划[R]. 2022.

Ⅱ 上海大都市圈主要领域发展篇

B3 上海大都市圈经济发展特征与展望（2022—2023）

张 岩

（上海社会科学院）

摘　要：经过多年发展，上海大都市圈以上海全球城市功能为引领，带动周边城市提升区域整体能级与核心竞争力，逐渐形成更加紧密的区域整体，共同参与国际竞争与合作。上海大都市圈以长三角约六分之一的陆域面积，承载了长三角约三分之一的人口，实现了长三角约二分之一的经济总量，贡献全国约十分之一的经济总量。本研究在分析上海大都市圈经济发展总体概况、产业发展和科技创新特征的基础上，梳理各城市协同发展进展，剖析存在的问题与瓶颈，并结合国内外经济发展新形势，明确上海大都市圈经济协同发展目标愿景，提出推动上海大都市圈经济一体化发展路径与建议。

关键词：上海大都市圈；经济；一体化

从2017年《国务院关于上海城市总体规划的批复》首次提到"充分发挥上海中心城市作用，加强与周边城市的分工协作，构建上海大都市圈"，到2019年《长江三角洲区域一体化发展规划纲要》明确"推动上海与近沪区域及苏锡常都市圈联动发展，构建上海大都市圈"，上海大都市圈中上海市、苏州市、无锡市、常州市、南通市、嘉兴市、湖州市、宁波市和舟山市九座城市积极推进协同发展战略，经济保持稳步发展，产业转型升级加快，科技创新协同进步，高质量发展水平不断提升。

一、上海大都市圈经济发展现状与特征

(一) 上海大都市圈经济发展总体特征

1. 社会经济稳步发展，区域贡献保持领先

经济总量保持增长，经济贡献相对稳定。近年来，上海大都市圈经济总量保持增长。2020年上海大都市圈GDP总量达到11.19万亿元，同比增长3.77%，受疫情影响经济增长幅度相对下降；2022年达到12.61万亿元，同比增长12.6%，经济发展速度快速恢复。上海大都市圈经济在长三角和全国比重长期保持领先，区域经济贡献度保持稳定。2020年上海大都市圈经济总量占长三角的54.22%，占全国的11.04%；2021年占长三角的54.09%，占全国的10.97%。

表3-1　　　　　　　　上海大都市圈GDP及占比情况(亿元)

年份	上海大都市圈	长三角	全国	占长三角比重	占全国比重
2019	107 877	199 106	986 515	54.1%	10.94%
2020	111 945	206 460	1 013 567	54.22%	11.04%
2021	126 070	233 095	1 149 237	54.09%	10.97%

资料来源：上海市、江苏省及浙江省历年统计年鉴。

城镇化水平有所提升，大都市圈人口进一步集聚。2021年上海大都市圈常住人口7793.62万人，较2019年增加了668.14万人，人口总数占长三角常住人口的32.96%，较2019年提升2.59个百分点，上海大都市圈人口呈现进一步集聚趋势。上海大都市圈城镇化水平较高，2021年城镇化率达到83.88%，较2019年提升5.98个百分点。其中：上海、无锡、苏州城镇化水平较高，城镇化率都超过80%，分别为89.3%、82.9%、81.9%；宁波、常州、舟山、嘉兴、南通城镇化水平次之，城镇化率都超过70%；湖州在大都市圈中城镇化水平相对较低，仅为66%。

表3-2　2019年、2021年上海大都市圈人口与城镇化情况

	2019年		2021年	
	人口(万人)	城镇化率(%)	人口(万人)	城镇化率(%)
上海	2428.14	88.10	2489.43	89.30
无锡	659.15	77.10	747.95	82.90
常州	473.60	73.30	534.96	77.60
苏州	1074.99	77	1284.78	81.90
南通	731.80	68.10	773.30	71.20
宁波	854.20	73.60	954.40	78.40
湖州	306	64.50	340.70	66
嘉兴	480	67.40	551.60	71.90
舟山	117.60	68.60	116.50	72.20
上海大都市圈	7125.48	77.90	7793.62	83.80

资料来源：上海市、江苏省及浙江省历年统计年鉴。

2. 城市经济融合发展，布局趋向合理

城市经济保持增长，经济增速逐步恢复。近年来，上海大都市圈各城市经济保持增长趋势但受疫情影响，2020年各城市经济增速明显放缓，平均增速仅为4.5%，低于2019年的5.7%。除舟山GDP增长达12%外，其他城市增速均低于5%，上海经济增速仅为1.7%。2021年各城市经济逐步恢复，平均经济增长速度达8.7%，常州和湖州经济增速超过9%，分别达到9.1%、9.5%，其他城市经济增速均超过8%。

表3-3　2019—2021年上海大都市圈各城市经济增长率情况

年份	上海	江苏					浙江				
		平均	无锡	常州	苏州	南通	平均	宁波	湖州	嘉兴	舟山
2019	6.0%	6.3%	6.7%	6.8%	5.6%	6.2%	5.0%	3.3%	3.5%	3.3%	10.0%
2020	1.7%	4.1%	3.7%	4.5%	3.4%	4.7%	5.5%	3.3%	3.3%	3.5%	12.0%
2021	8.1%	8.9%	8.8%	9.1%	8.7%	8.9%	8.7%	8.2%	9.5%	8.5%	8.4%

资料来源：上海市、江苏省及浙江省历年统计年鉴。

各城市经济比重变化不大，上海经济占比保持领先。2020—2021年，上海大都市圈九城市经济占比基本保持稳定，其中：上海经济贡献度最高，占比在35%左右，约占大都市圈经济总量的三分之一；苏州经济占比位居第二，占比达18%；宁波、无锡、南通和常州经济占比保持在10%左右；嘉兴、湖州和舟山经济占比较低，仅为5%、3%、1%，占比均低于5%。

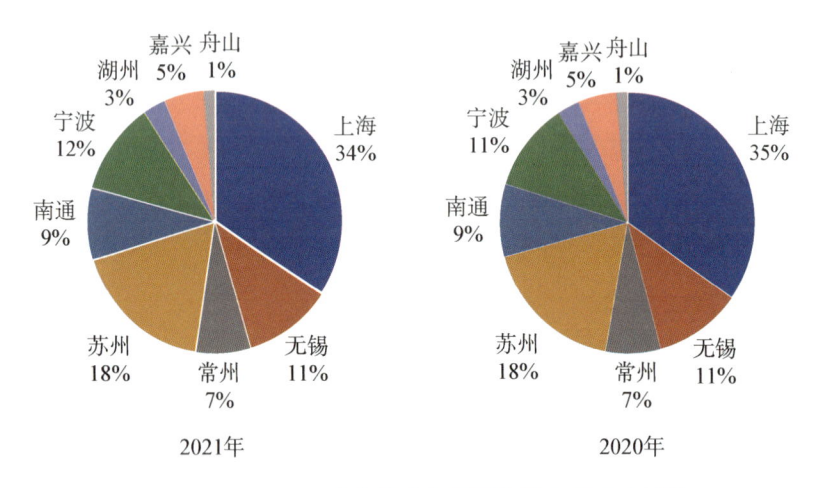

图 3-1 2020—2021 年上海大都市圈各城市 GDP 占比情况
资料来源：上海市、江苏省及浙江省历年统计年鉴。

江苏城市经济总量保持领先，浙江城市经济增长速度提升。从城市经济规模角度来看，无锡、常州、苏州和南通四个江苏省城市经济总量相对较高，2020 年 GDP 总量达到 50349.56 亿元，2021 年达到 56556.1 亿元，高于上海大都市圈中的浙江省城市 GDP 总量。其中：2021 年苏州 GDP 超过 2 万亿元，无锡、南通超过 1 万亿元；浙江省经济规模超过 1 万亿元的仅有宁波一个城市，其他城市经济规模相对偏小。在经济增长速度方面，2019 年、2020 年宁波、湖州、嘉兴和舟山四个浙江省城市 GDP 平均增长率分别为 5.0%、5.5%，2021 年达到 8.7%，经济增长速度进一步接近江苏各城市平均水平，经济增长速度明显加快。

表 3-4　　2019—2021 年上海大都市圈各城市 GDP 情况(亿元)

年份	上海	江苏					浙江				
		合计	无锡	常州	苏州	南通	合计	宁波	湖州	嘉兴	舟山
2019	38 155	47 872	11 852	7 401	19 236	9 383	21 849	11 985	3 122	5 370	1 372
2020	38 963	50 350	12 340	7 810	20 180	10 018	22 632	12 409	3 201	5 510	1 512
2021	43 218	56 556	14 003	8 808	22 718	11 027	26 299	14 595	3 645	6 355	1 704

资料来源:上海市、江苏省及浙江省历年统计年鉴。

3. 积极参与全球经济合作,外向型经济特征明显

进一步发挥自贸区开放优势,加强外向型经济发展。中国(上海)自由贸易试验区、中国(江苏)自由贸易试验区苏州片区、中国(浙江)自由贸易试验区舟山片区和宁波片区的制度优势,为上海大都市圈经济发展提供了强劲动力。上海自贸试验区市场参与主体不断增加。至 2021 年,3.8 万家境外及区内企业开立自由贸易账户超 13 万个,金融机构分账核算单元跨境同业往来同比上升 23%,跨境金融交易再创新高。上海自贸试验区临港新片区自 2019 年 8 月揭牌以来,基本形成以"五自由一便利"为核心的制度型开放体系框架,2021 年工业总产值完成 2550 亿元。江苏自贸试验区 2019 年 8 月挂牌设立以来,高质量完成了各项目标任务,成立三年以来,形成的改革创新成果有 160 余项,新设外商投资企业 766 家,实际使用外资 37.8 亿美元,新增备案境外投资机构 417 个,进出口总额达到 2374 亿美元。浙江自由贸易试验区开放平台能级不断提升。2021 年宁波舟山港货物吞吐量 12.2 亿吨,连续 13 年居全球第一;集装箱吞吐量达到 3108 万标箱(TEU),跻身世界第三;舟山片区油品进出口 1445 亿元,宁波片区油品储备能力达到 1636 万吨。

积极发挥枢纽作用,航运贸易保持领先。上海大都市圈致力于卓越全球城市区域建设,通过便捷畅通的枢纽体系和交通网络,积极参与全球经济。航运贸易是衡量城市对外链接能力的重要指标,反映城市在全球网络中的门户枢纽地位。其中,上海继续领跑航运贸易,尽管受到疫情冲击,但其在进出口总额、机场客货运量、自贸区能级、港口运量方面的领先地位无可撼动;宁波、苏州、舟山市区排名稳定,不断缩小与榜首的差距;无锡市区

顶住下行压力,位居榜单第五;常州、南通市区力保空港运量稳定,正朝跻身前五强的目标不懈努力;昆山、太仓、张家港进入前十,诸多以制造业立市的县级市在航运贸易方面也表现亮眼①。

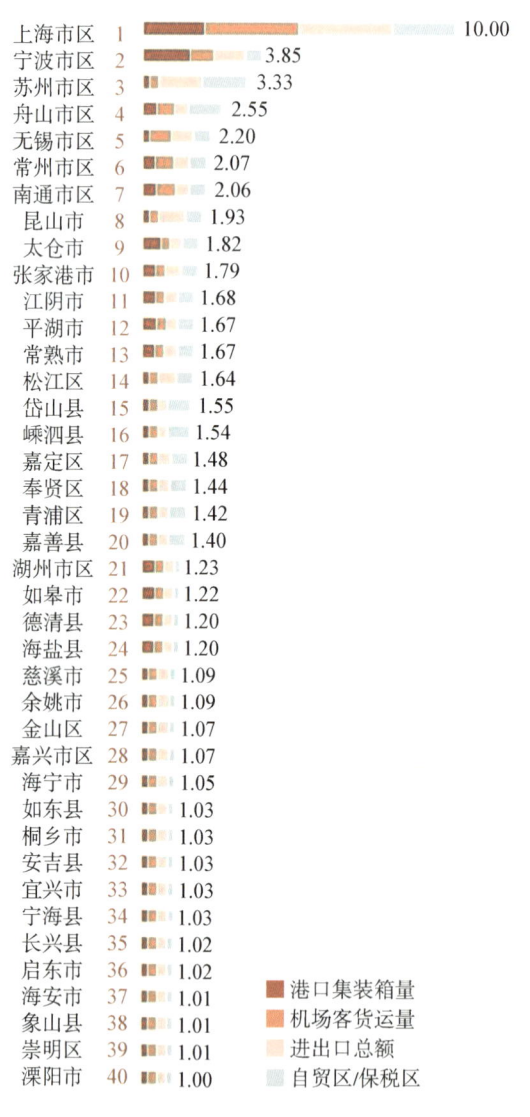

排名	城市	指数
1	上海市区	10.00
2	宁波市区	3.85
3	苏州市区	3.33
4	舟山市区	2.55
5	无锡市区	2.20
6	常州市区	2.07
7	南通市区	2.06
8	昆山市	1.93
9	太仓市	1.82
10	张家港市	1.79
11	江阴市	1.68
12	平湖市	1.67
13	常熟市	1.67
14	松江区	1.64
15	岱山县	1.55
16	嵊泗县	1.54
17	嘉定区	1.48
18	奉贤区	1.44
19	青浦区	1.42
20	嘉善县	1.40
21	湖州市区	1.23
22	如皋市	1.22
23	德清县	1.20
24	海盐县	1.20
25	慈溪市	1.09
26	余姚市	1.09
27	金山区	1.07
28	嘉兴市区	1.07
29	海宁市	1.05
30	如东县	1.03
31	桐乡市	1.03
32	安吉县	1.03
33	宜兴市	1.03
34	宁海县	1.03
35	长兴县	1.02
36	启东市	1.02
37	海安市	1.01
38	象山县	1.01
39	崇明区	1.01
40	溧阳市	1.00

图例：港口集装箱量、机场客货运量、进出口总额、自贸区/保税区

图 3-2 2022 年上海大都市圈城市指数——航运贸易城市排名
资料来源:上海大都市圈规划研究中心《上海大都市圈城市指数 2022》。

---

① 上海大都市圈规划公众号,【城市指数】上海大都市圈城市指数排行榜 2022:航运贸易,2022-12-27。

4. 疫情短期经济冲击影响较大,各城市经济逐步恢复

疫情短期影响冲击较大,各城市经济发展速度明显降低。受国内疫情冲击的超预期影响和国际环境的更趋复杂严峻,中国经济受到较大影响,上海大都市圈经济发展同样面临较大压力。作为受疫情影响最为严重的一年,2020年上海大都市圈经济增长速度仅为3.7%,其中上海受影响最为直接,经济总量同比增长仅为1.7%。无锡、苏州、宁波、嘉兴等四个城市经济增长仅为3%左右,常州、南通保持在4%左右,大幅低于历年经济增长速度。

大都市圈经济韧性强劲,城市经济得到较快恢复。联合国人居署(UN-Habitat)发布的《2022年世界城市报告:展望城市未来》指出,都市圈拥有更强的经济韧性,能够更快从疫情中恢复。在这一轮新冠疫情中,许多遭受沉重打击的都市圈再次显示出强劲的经济指标。如纽约、伦敦、巴黎等全球城市及都市圈拥有更多样化的经济结构、更强大的经济基础、更丰富的资源,与国家政府合作,可迅速部署政策措施,以改善其经济发展。上海大都市圈虽然也受到疫情的较大冲击,但同样表现出强劲的恢复能力。2021年随着疫情影响的减弱,各城市经济发展逐步恢复,上海大都市圈经济平均增长速度恢复到8.7%,各城市经济增速都超过8%。

(二)上海大都市圈产业发展特征

1. 产业结构相对稳定,总体处于产业高级阶段

第三产业较为发达,处于工业化中后期。2021年,上海大都市圈总体三次产业结构比为1.48∶40.98∶57.54。第三产业占比最高,达到57.54%;第二产业次之,占比40.98%;第一产业占比相对较低,仅为1.48%。上海大都市圈第三产业占比高于第二产业和第一产业,总体上处于后工业化阶段。其中:上海第三产业占比最高,达到73.27%,远超其他城市;无锡、常州、苏州、宁波、舟山第三产业占比较高,第二产业次之,产业结构处于高级阶段;南通、湖州、嘉兴第二产业占比较高,第三产业次之,产业结构处于工业化中期向后期过渡阶段。

三次产业结构变化幅度不大,产业结构呈现优化升级态势。与2019年三次产业比重相比,2021年上海大都市圈各城市产业结构小幅调整,其中:上海、常州、南通、湖州第三产业占比小幅提升,产业结构呈现优化态势;无锡、苏州、嘉兴第二产业占比小幅提升,第三产业比重相对小幅降低,制造业得到一定程度的加强;宁波、舟山第二产业占比分别增加2.69%、9.58%,增长幅度较大,制造业发展表现出强劲动力。

表3-5 2019—2021年上海大都市圈三次产业结构比较

	2019年	2021年
上海	0.27∶26.99∶72.74	0.23∶26.49∶73.27
无锡	1.0∶47.5∶51.5	0.93∶47.92∶51.15
常州	2.1∶47.7∶50.2	1.89∶47.67∶50.43
苏州	1.02∶47.46∶51.51	0.84∶47.86∶51.31
南通	4.6∶49.0∶46.4	4.40∶48.59∶47.01
宁波	2.7∶45.9∶51.4	4.40∶48.59∶47.01
湖州	4.3∶51.2∶44.5	4.09∶51.17∶44.75
嘉兴	2.2∶53.6∶44.2	2.08∶54.34∶43.58
舟山	10.67∶34.67∶54.66	9.33∶44.25∶46.42
上海大都市圈	1.61∶40.73∶57.67	1.48∶40.98∶57.54

资料来源:上海市、江苏省及浙江省历年统计年鉴。

2. 高新技术产业集群初步形成,园区合作不断加强

以产业集群式发展推进高新技术产业协作。打造世界级产业集群和标志性产业链是上海大都市圈的重要发展目标。上海大都市圈着眼于强链、补链、接链,科技资源跨区域配置和建链进程加快,尤其是近年来战略性新兴产业在更大空间内整合资源、科学布局,引发了更多城市间联动合作的内在需求和机遇。目前,上海大都市圈在电子信息、生物医药、高端装备、新能源、新材料等领域已形成了一批国际竞争力较强的创新共同体和产业集群。上海的汽车产业已在杭州湾地区布局,无锡生物医药集群正与周边城市一起打造国际竞争力较强的创新共同体。

以"逆向飞地"形式的园区合作模式促进高新技术产业协同发展。2008年上海加快产业腾笼换鸟步伐,传统产业长三角中心城市向周边区域转移,

跨区域产业园区合作模式开始起步。2016年的《长江三角洲城市群发展规划》、2017年的《关于支持"飞地经济"发展的指导意见》、2019年的《长江三角洲区域一体化发展规划纲要》，将共建产业合作园推向新高度，并在协作体制、协商方式、财税转移、指标流转、生态补偿等方面进行了积极探索。近年来，在创新协同发展中以逆向创新飞地带动产业转型升级现象更加凸显，各城市积极探索研发总部在上海、生产制造在当地的一体化发展新模式。上海杨浦（海安）产业园、上海外高桥（启东）产业园、市北高新（南通）科技城等一大批园区涌现，湖州在沪G60产业协同创新中心以逆行飞地创新中心带动本地产业转型升级。

3. 数字经济规模不断扩大，产业数字化进程继续推进

数字产业规模不断壮大。上海数字产业基础雄厚，在电子信息制造业、软件和信息服务业规模位居全国前列。一方面上海主体资源丰富，相关企业、数据、人才数量较多，为数字经济发展奠定了坚实基础；另一方面上海数字经济发展较快，产业数字化能级不断提升，形成一批具有全国影响力的工业互联网行业平台。无锡抢抓数字经济发展新机遇，2021年数字经济核心产业规模突破6 000亿元，物联网产业规模达到4 000亿元，规模居全省第一。苏州抢抓数字经济和数字化发展新机遇，努力实现建设"全国数字化引领转型升级标杆城市"的目标，高水平构建数字经济和数字化发展新体系。2020年苏州数字经济规模超过8 000亿元，借助全球最完备、响应速度最快的电子信息产业链，形成了长三角地区最具活力的万亿级产业集群。宁波2021年数字经济核心产业增加值突破千亿元，近5年来数字经济核心产业增加值年均增长超18%。嘉兴围绕集成电路、智能光伏、网络通信、软件和信息技术服务业等领域，加快产业链、人才链和创新链协同，聚力推进重点数字产业集群发展。湖州2021年全市数字经济核心产业增加值达200亿元，同比增长18.1%，增速居全省第3位。

产业数字转型加速推进。上海数字产业化持续深化，集成电路设计、芯片制造、人工智能等处于国内领先水平，2020年上海市集成电路产业规模超过2 000亿元。上海在线新经济快速发展，网络零售、消费金融、网络视听等信息消费新业态不断涌现。苏州已累计完成两化融合贯标企业466家，

国家15大双跨平台中已有12家落户苏州,紫光云引擎工业互联网平台被评为国家首批特定领域工业互联网平台。无锡把制造业作为推进产业数字化的主要领域,对制造企业的数字化转型提供免费诊断、投入补助、贷款贴息等支持和全方位的政府侧保障,开展千企画像、千企改造、千企领航、千企上云等工程。宁波作为全国重要的先进制造业基地,以工业互联网平台建设作为数字经济发展的重要突破口,引领产业数字化变革,积极谋划"1+N+X"工业互联网平台体系。同时以"5G+工业互联网"试点为引领、以智能工厂为主体的新智造群体,推动数字新技术与制造业融合。嘉兴加快推进市级工业互联网平台建设,推动亿元以上企业数字化转型和智能化改造,2021年全市数字经济投资占固定资产投资的比重达10.2%。南通持续推进制造业数字化转型,加速"南通制造"向"南通智造"转变,累计上云企业总数超1万家。

场景应用得到加强。上海重点打造典型数字化转型应用场景,借助数字化发展背景优势,强化人工智能赋能能力,聚焦电子信息、生物医药、汽车制造、高端装备等行业领域。以人工智能、5G通信、集成电路、金融科技等重点产业为核心,打造特色标杆场景。苏州面向电子信息制造、新材料、生物医药和新型医疗器械、高端纺织、新能源、高端装备制造、汽车及零部件、节能环保等优势产业,加速推进工业互联网基础设施、平台及应用建设进程,打造"5G+工业互联网"典型应用场景;同时以"智联苏州"为引领,加强市政物联、交通运输、广域物联、工业物联等应用场景的感知设施部署。无锡在"5G+工业互联网""5G+智慧城市"等多个领域开展50多个场景应用探索,以"人-车-路-云"系统协同为基础,建设覆盖无锡主城区的大规模城市级开放道路车联网LTE-V2X网络,拓展交通信息服务场景。舟山立足海洋经济,基于岛、岸、渔、船等特色元素,强化数字场景的挖掘、融合、集成、拓展与转化,打造舟山鲜明辨识度和独具魅力的多跨场景应用。

4. 生活性服务业逐步恢复,生产性服务业集聚发展

社会消费水平快速恢复。随着疫情影响作用趋弱,上海大都市圈社会消费水平明显提升,全年社会消费品零售总额快速恢复。其中:上海、苏州保持领先。2021年上海全年社会消费品零售总额达18 079.25亿元，远远高于其他城市。苏州达到9 031.3亿元，位居第二位。宁波、南通、无锡、常州、嘉兴等城市全年社会消费品零售总额保持在2 000亿元至5 000亿元，位于第二梯队。湖州和舟山全年社会消费品零售总额低于2 000亿元，总量水平相对偏低。上海大都市圈全年社会消费品零售总额总体上得到快速恢复，2021年同比平均增长达12.64%。其中：上海与江苏四市增长速度均超过10%。常州、苏州和南通恢复速度较快，分别达到20.2%、17.3%、16.8%，增速超过15%。宁波、湖州、嘉兴和舟山等浙江四市增速相对偏低，保持在8%至10%区间。

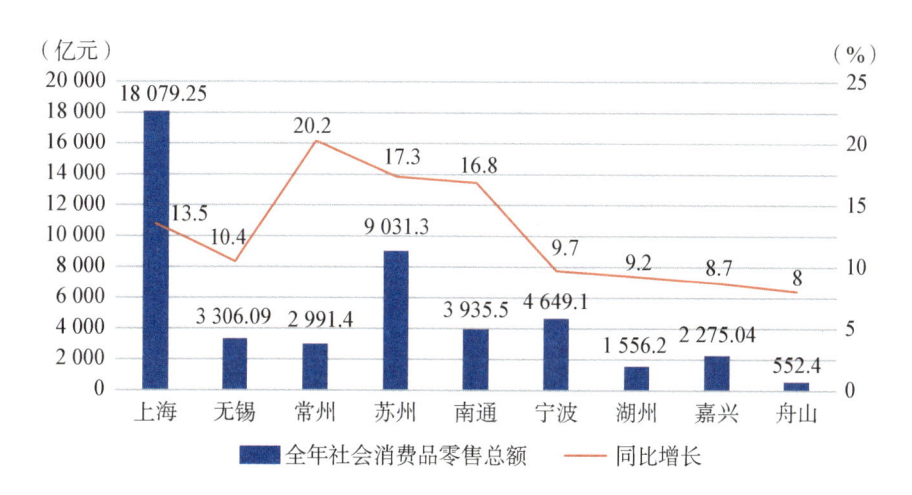

图3-3　2021年上海大都市圈各城市全年社会消费品零售总额情况
资料来源：2022年上海市、江苏省及浙江省统计年鉴。

生产性服务业呈现在市区高度集聚。生产性服务业是衡量城市全球功能的"最硬底牌"，反映城市在全球网络中对资本的控制与服务能力。通过上海大都市圈城市指数（SMAI）对上海大都市圈生产性服务业分析可以发现，生产性服务业功能呈现在市区高度集聚的特征。"1+8"城市市区占据10强的8席，无论是企业数量还是网络关联量均普遍高于县市单元。其中：上海市区各项指标均遥遥领先，与其全球城市的能级与"五个中心"的职能高度匹配；位列三甲的苏州市区、宁波市区优势较为全面，呈现综合性"副中心"特征；无锡市区、常州市区、南通市区位于 4 到 6 名，在本土企业"走出去"或外资企业"引进来"方面具有各自长板①。

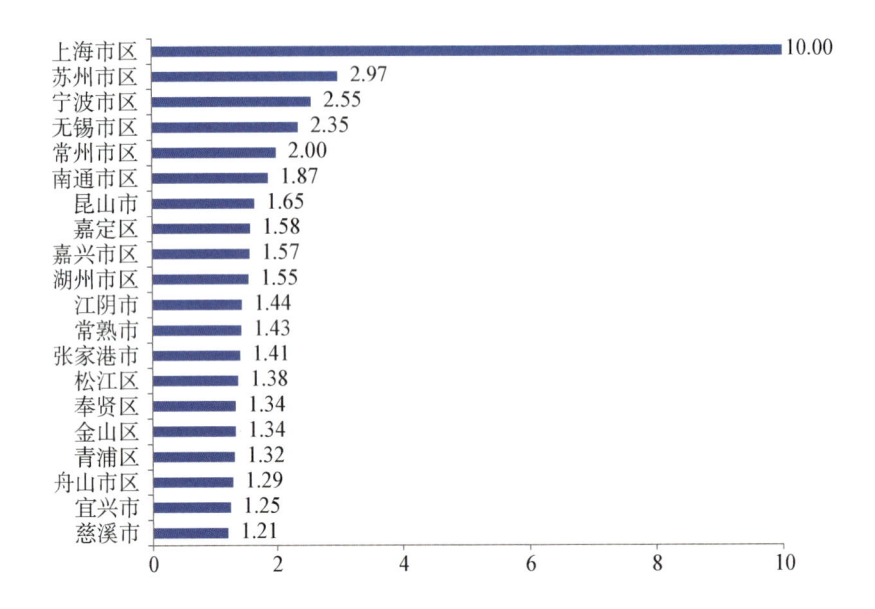

城市	数值
上海市区	10.00
苏州市区	2.97
宁波市区	2.55
无锡市区	2.35
常州市区	2.00
南通市区	1.87
昆山市	1.65
嘉定区	1.58
嘉兴市区	1.57
湖州市区	1.55
江阴市	1.44
常熟市	1.43
张家港市	1.41
松江区	1.38
奉贤区	1.34
金山区	1.34
青浦区	1.32
舟山市区	1.29
宜兴市	1.25
慈溪市	1.21

图 3-4　2022 年上海大都市圈城市指数——生产性服务业城市排名
资料来源：上海大都市圈规划研究中心《上海大都市圈城市指数 2022》。

(三) 上海大都市圈创新发展特征

1. 科技创新投入保持增长，经费投入比重高于全国水平

重视科技创新研发投入。2020 年以来，上海大都市圈各城市年均投入增长超过 10%，R&D 经费占地区生产总值平均比重超过 3%，高于全国平均水平。2020 年 R&D 经费支出达到 3941.75 亿元。2021 年达到 4490.49 亿元，同比增长 11.6%、13.92%。各城市 R&D 经费占地区生产总值平均比重也随之提升，2019 年平均占比为 2.32%，2020 年占比达到 3.1%，2021 年上升到 3.15%。

---

① 上海大都市圈城市指数排行榜 2022：生产性服务业[EB/OL].上海大都市圈规划公众号，2022-11-29.

B3 上海大都市圈经济发展特征与展望(2022—2023) / 51

表 3-6　　2019—2021年上海大都市圈科创投入变化情况

年份	R&D经费支出（亿元）	R&D经费支出同比增长（%）	R&D经费占地区生产总值平均比重（%）
2019	3 532.17	—	2.32
2020	3 941.75	11.60	3.10
2021	4 490.49	13.92	3.15

资料来源：上海市、江苏省及浙江省历年统计年鉴。

科技创新研发投入均保持增长趋势。除舟山由于R&D经费支出基数较小，2021年较2019年增长19.6亿元，增幅达到135.36%外，苏州R&D经费支出增长速度最快，由2019年的629.78亿元，增长到2021年的888.7亿元，增长了41.11%。常州R&D经费支出增速次之，达到38.66%。湖州、无锡和嘉兴增长幅度30%左右，分别增长30.61%、29.47%、27.52%。宁波、南通、上海增速在20%左右，分别增长24.32%、22.01%、19.36%。

图 3-5　2019—2021年上海大都市圈各城市R&D经费支出

资料来源：上海市、江苏省及浙江省历年统计年鉴。

上海科技创新经费支出最保持领先。2021年上海科技创新经费支出达到1 819.77亿元，远远高于其他城市；R&D经费占地区生产总值比重达4.21%，也高于其他城市。苏州R&D经费支出888.7亿元，位居大都市圈第二位；R&D经费占地区生产总值比重3.91%，高于除上海的其他城市。无锡和宁波R&D经费支出超过400亿元，分别为445亿元、402.73亿元；常州、南通、嘉兴R&D经费支出超过200亿元，分别为290.4亿元、286.2

亿元、209.97亿元;湖州和舟山R&D经费支出相对较少,分别为113.64亿元和34.08亿元。

图3-6　2021年上海大都市圈各城市科创投入与增长情况

资料来源:2022年上海市、江苏省及浙江省统计年鉴。

2. 创新能力不断提升,专利授权量快速增长

专利授权量与发明专利授权量保持高速增长。面对新一轮科技革命带来的创新机遇和激烈竞争,上海大都市圈重视科研相关工作推进,创新能力不断提升。2020年上海大都市圈专利授权总量达52.73万件,同比增长47.35%;2021年达67.75万件,同比增长28.48%。2020年上海大都市圈发明专利授权总量达56043件,同比增长13.4%;2021年达79270件,同比增长41.44%,专利授权量和发明专利授权量都大幅增长。

表3-7　2019—2021年上海大都市圈专利情况

年份	专利授权量（万件）	专利授权量年增长(%)	其中:发明专利授权量(件)	发明专利授权量年增长率(%)
2019	35.79	—	49 420	—
2020	52.73	47.35	56 043	13.4
2021	67.75	28.48	79 270	41.44

资料来源:上海市、江苏省及浙江省历年统计年鉴。

苏州、上海专利授权量领先优势明显。2021年苏州与上海专利授权量都超过17万件,分别达到18.51万件、17.93万件;无锡、宁波次之,分别为7.97万件、7.24万件;常州、嘉兴、南通授权量在5万件左右,分别为5.55

万件、4.13万件和4.09万件;湖州和舟山授权量相对较低,分别为2.02万件和0.32万件。

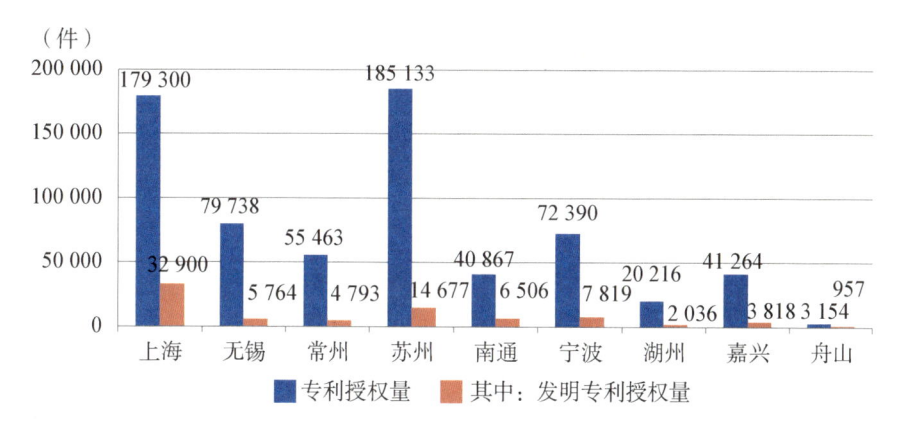

图 3-7　2021 年上海大都市圈各城市专利授权情况

资料来源:2022年上海市、江苏省及浙江省历年统计年鉴。

数据(专利授权量 / 其中:发明专利授权量):
- 上海:179 300 / 32 900
- 无锡:79 738 / 5 764
- 常州:55 463 / 4 793
- 苏州:185 133 / 14 677
- 南通:40 867 / 6 506
- 宁波:72 390 / 7 819
- 湖州:20 216 / 2 036
- 嘉兴:41 264 / 3 818
- 舟山:3 154 / 957

3. 科技创新资源集聚发展,形成若干科创中心节点

科技创新功能集聚现象突出。通过上海大都市圈城市指数(SMAI)对科技创新的分析可以发现,上海大都市圈科技创新功能向市区和制造基础雄厚的县市集聚现象突出。上海市区科技创新领跑上海大都市圈,前五强中的苏州市区、常州市区、无锡市区、宁波市区着重提升创新产出及转化能力,排名稳定,集中了最多的国家级孵化器资源,是城市科技创新的增长主力。昆山、南通市区以及上海五个新城中松江和嘉定凭借显著增长的创新产出能力进入前十[①]。

多中心节点创新网络体系不断完善。上海大都市圈以上海科技创新中心为核心,创新资源集聚发展,形成了多个科创中心节点,创新网络体系不断完善。各城市出现了多个创新集聚区。如张江科学城,位于上海市中心城东南部,园区面积达79.7平方千米,汇聚了2.2万余家企业,拥有外资研发中心170余家、高新技术企业1600余家,集成电路、生物医药和人工智能三大主导产业不断取得关键核心技术突破。太湖光子中心位于苏州高新

---

① 上海大都市圈城市指数排行榜 2022:科技创新[EB/OL].上海大都市圈规划公众号,2023-1-17.

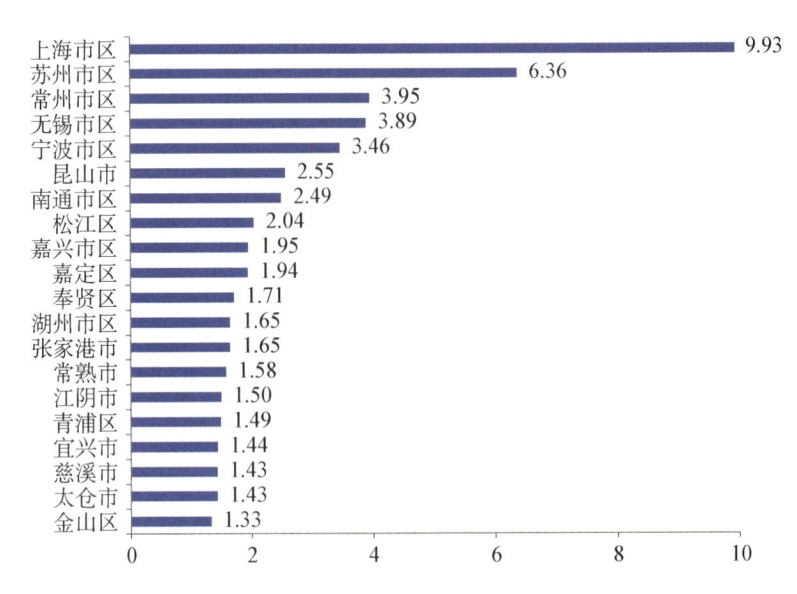

```
上海市区         9.93
苏州市区         6.36
常州市区         3.95
无锡市区         3.89
宁波市区         3.46
昆山市          2.55
南通市区         2.49
松江区          2.04
嘉兴市区         1.95
嘉定区          1.94
奉贤区          1.71
湖州市区         1.65
张家港市         1.65
常熟市          1.58
江阴市          1.50
青浦区          1.49
宜兴市          1.44
慈溪市          1.43
太仓市          1.43
金山区          1.33
```

图 3-8　2022 年上海大都市圈城市指数——科技创新城市排名

资料来源：上海大都市圈规划研究中心《上海大都市圈城市指数 2022》。

区，已集聚光子领域国家级高新技术企业 142 家。太湖光子中心以太湖科学城为主要承载基地，积极争创国家级创新中心、全国重点实验室等重大平台，突出创新策源、产业赋能和公共服务等功能。西岑科创中心，位于上海市青浦区金泽镇，占地面积约 409 公顷，致力于构建芯片设计、人工智能和物联网产业体系，探索前沿技术、共搭研发平台、打通创新链条，引领长三角区域协同发展。东海实验室是由舟山市人民政府联合浙江大学、自然资源部第二海洋研究所共同建设的新型研发机构。该实验室聚焦陆海联动相关的海洋环境立体感知、海洋动力系统、海洋绿色资源三大领域，全力建设平台型、开放型、枢纽型一体化的高能级海洋科技创新平台。

二、上海大都市圈经济协同进展与瓶颈

（一）上海大都市圈经济协同推进情况

1. 各城市积极推进协同发展，积极融入上海大都市圈

《上海市城市总体规划（2017—2035 年）》提出构建上海大都市圈以来，苏州、无锡、常州、南通、宁波、嘉兴、湖州和舟山等城市聚焦重点领域，积极

推进上海大都市圈协同发展。

苏州通过加强生态环境、产业创新、交通体系、设施服务和文化网络等方面的区域协同,推动沪苏同城,共建长三角世界级城市群的核心区。引领环太湖建设世界级湖区和江南水乡古镇带,打造国家生态文明建设示范区和新经济集聚区。推动苏锡常、苏通、苏浙协调发展,提高苏州在区域发展中的辐射带动能力。

无锡通过加强环太湖和苏锡常空间协同,实施生态共保、产创共进、交通互联、服务共享、文旅共融等举措,以"一城、一河、一湾、一岛、一山、一港"为抓手,融入上海大都市圈,全面对接上海发展。向东对接苏州,重点融入上海大都市圈建设;向南对接环太湖科技创新走廊,重点参与宁杭生态经济带建设;向西协同常州,湖湾一体,重点促进西太湖湾区一体化;向北引领辐射,重点推动跨江协同发展。

常州强化上海、南京、苏锡常三大都市圈叠加区位优势,打造传动轴,建设成为长三角重要支点城市。对接宁杭生态经济带建设,推动溧阳、金坛融入南京都市圈,联合推进生态治理,链接宁杭创新资源,拓展南向发展空间。深入推进苏锡常都市圈建设,引领常泰跨江联动发展,服务上海大都市圈一体化。

南通在交通联系、产业创新、沿江生态等方面推动区域协同,与上海合力打造长江口战略协同区,共同打造世界级的绿色江滩,共保长江口的繁荣生境,共建高效快速的跨江体系,共铸创新活力的智造集群,共塑江海文化的美丽家园。按照"全方位融入苏南、全方位对接上海、全方位推进高质量发展"的总体思路,正在打造长三角一体化沪苏通核心三角强支点城市,加快建设综合交通新枢纽、双向开放新门户、高端制造新中心、创新创业新首选、市域治理现代化新样板。

宁波通过全面对接上海,杭甬一体、甬义联动、甬舟同城、甬台合作,以三大城市为核心(上海、杭州、宁波),引领和共筑世界级大湾区,打造品牌化湾区开放发展模式,提升宁波城市地位,辐射带动宁波都市圈发展。积极承接上海全球城市的高端要素导入,包括联动大小洋山港、宁波舟山港,全面提升航运服务能力,强化长三角的开放能级,沪甬共同推动长三角城市群全球门户地位的提升；协同智造创新等生产服务功能，支持长三角产业技术创新联盟建设，聚焦前湾新区战略性平台建设。从互联互通走向直连直通，加快建设沪嘉甬高速铁路，尽快启动沪甬城际铁路的研究和建设，预留东海大通道。

湖州充分发挥"十字高铁"下沪湖廊道、G60科创走廊和宁杭生态经济带交汇点的全新区位优势，实施"承沪融杭、接苏启皖、环湖协同"的区域协同策略。向东依托沪湖廊道，全方位接轨上海大都市圈，积极参与全球城市分工，共建世界级江南水乡文化带；向南全域融入杭州大都市区，接轨杭州城西科创走廊，强化与杭州在交通、科技、生态、产业等全方位的联动发展；向北深化对接江苏，共建宁杭生态经济带，共育环湖生态文旅圈，打造环湖生态文化新经济；向西以共建长三角产业合作区为撬动，积极联动安徽，拓展中西部腹地，打造上海大都市圈辐射内陆的桥头堡。

舟山积极发挥自身独特的区位、资源、产业和开放优势，力争在上海大都市圈建设中扮演好重要的开放高地、港口枢纽、海洋产业基地、海上花园城市等角色。积极接轨上海，推进浙沪共同开发洋山区域，加快建设小洋山北侧集装箱支线码头等项目，深化大洋山整体开发研究。积极参与甬舟一体化合作先行区建设，加快推进甬舟"六个一体化"，合力推进港航设施、制造业、新能源、新材料基地等建设，与宁波共建全球海洋中心城市，全力推进宁波舟山港建设世界一流强港。发挥通江达海优势，做强江海联运服务，全方位扩大对内对外合作，高水平建设舟山江海联运服务中心，打造陆海统筹、双向开放的江海联运综合港航枢纽。

2. 以中心城市引领区域产业协作，以产业联盟促进合理布局

以中心城市带动引领周边转型升级。与城市群的多中心城市特点不同，都市圈一般由一个中心城市引领周边地区发展，产业之间存在很强的互补性。上海大都市圈发挥上海拥有高度发达的现代服务业、周边地区制造业布局广泛特征，加强产业协同发展，以上海为龙头城市，初步形成研发、设计、营销环节在上海，制造生产环节在周边城市分工布局特点。上海部分企业近年来纷纷把制造生产环节迁移至周边地区，总部留在上海。同时，周边城市积极承接上海中心城市资源辐射，将企业总部、研发中心等部门布局上海。如无锡部分汽车企业设计研发布局在上海,生产环节在无锡。宁波部分企业在做大做强后,将总部迁往上海,制造环节仍留在宁波。

以产业联盟推进经济协作。借助长三角企业家联盟平台,各城市围绕打造世界级产业集群,促进产业链有效合作,引导企业参与全球资源配置,促进国际交流合作。2021年5月在无锡成立长三角集成电路、生物医药、新能源汽车、人工智能四大产业链联盟,上海大都市圈各城市积极参与,加强产业链上下游的信息、技术、人才、资金等交流对接、联合攻关和推广应用,联合开展产业链重大课题研究。2023年6月沪苏浙皖长三角联席办和上海青浦、上海松江、宁波、嘉兴、湖州、苏州等十个市(区)人民政府共同倡议发起组建"数字长三角共建联盟",旨在为吸引和鼓励更多社会主体参与和推动数字长三角建设,极大促进了上海大都市圈数字经济的协同发展。

3. 以创新平台促进跨区域协作,探索科技合作模式创新

搭建创新平台支持区域科技创新协作。为促进区域科技创新协同发展,支持创新链与产业链融合发展,上海大都市圈借力长三角国家技术创新中心、长三角G60科创走廊等创新平台,支持区域创新协作。长三角国家技术创新中心成立于2021年6月,通过开展跨区域、跨领域、跨学科协同创新和开放合作,力争突破一批重点产业关键技术瓶颈,推动长三角若干产业进入全球价值链中高端。在创新资源端,依托总部所在地上海的国际化优势和长三角地区的产业需求,集聚了一批创新资源落地上海大都市圈。在产业需求端,与行业龙头企业共建企业联合创新中心,征集提炼企业愿意出资解决的真实技术需求,依托各类资源和渠道,帮助企业对接达成技术合作。长三角G60科创走廊在上海大都市圈科技协作中不断发挥平台作用,沿走廊先后诞生了松江G60脑智科创基地、苏州市国家生物药技术创新中心等一批重大研发平台。围绕产业链部署创新链,一系列科创成果不断涌现,产业链核心技术陆续攻关。

多种模式促进区域创新协作。上海大都市圈各城市积极开展科技创新合作,通过创新园区、创新中心等模式,加强科技创新协同发展。嘉善祥符荡创新中心是《长三角生态绿色一体化发展示范区总体方案》明确重点打造的创新组团之一,以水为脉、以田为景、以创新为核,环祥符荡布局智慧绿

洲、科创集智、国际服务、生态低碳、未来数字、医械智研、尖端转化等七大创新单元,通过组织创智聚落、布局高端研发机构,致力于打造世界级科创湖区。张江长三角科技城位于平湖市新埭镇与金山区枫泾镇的交界处,包含枫泾园和平湖园,是全国首个跨省份合作的先行先试实践区,创造了跨区域合作发展的新模式。以数字经济为核心,以半导体、机器人为主导产业方向,平湖园成为"平湖市数字经济一号主平台"的重要担当。《苏州市环太湖科创圈吴淞江科创带空间规划》提出建设环太湖科创圈、吴淞江科创带,区域科技策源创新实力强大,产业创新集群发展高效,创新创业人才资源富集。

4. 城市双边合作逐步加强,区域多边合作展开探索

相对长三角其他区域,上海大都市圈区域城市空间联系更为密切,各类生产要素流动更为便捷,在城市间的合作更为频繁,体现为双向和多边城市合作模式。

苏州-无锡深化全方位合作。苏州与无锡聚焦生态环境联保共治、产业创新集群共建、基础设施互通共融、公共服务一体共享、文旅融合多彩共促等重点领域,构建多层次、常态化协同工作机制,合作实施苏州无锡太湖隧道建设、苏南国际机场枢纽能力提升、望虞河整治提升、临空经济示范区建设、生态绿色一体化协同发展示范区建设、"轨道上的苏锡"建设等一系列重大工程,全面深化对接合作,携手打造长三角高质量协同发展都市区。2021年11月苏州、无锡签署协同发展战略合作协议和共同推进交通基础设施互联互通战略合作协议,苏州市相城区、无锡市锡山区签署了"漕湖-鹅真荡"生态绿色一体化协同发展示范区合作框架协议。

南通-苏州跨江融合发展。南通与苏州地缘相近、人缘相亲、经济相融,自2020年4月两地签署跨江融合发展战略合作协议以来,双方交通互联更通畅,产业协作更紧密,园区共建更深入,在密切交流交往、深化互联互动中结出了丰硕成果。其中由苏州籍在通投资企业和个人自愿成立的南通市苏州商会积极促进苏州、南通两地经济交流合作,加强在通苏州籍企业的沟通联系,搭建对接苏州的平台,促进两地经贸合作不断深入。

嘉兴-金山"田园五镇"跨省合作。平湖市广陈、新仓与金山区廊下、吕巷、张堰组成的长三角"田园五镇"乡村振兴先行区建设启动以来,打破行政

壁垒，加强两地规划对接，带动农业农村现代化创造更多的示范样板，形成了发展新时代"新仓经验"，推动上海大都市圈跨省乡镇合作共赢。

5. 重视邻近区县协同发展，积极开展跨界城镇圈协同规划

上海跨界城镇圈是上海大都市圈的重要组成部分，也是上海与邻近区县协同发展的重要抓手。面对规划建设理念不统一、发展目标导向不一致、空间发展布局未统筹、道路缺乏衔接、设施未统筹配置等问题，上海大都市圈积极开展跨域协同规划。

枫泾-新浜-嘉善-新埭城镇圈区域协同规划。枫泾-新浜-嘉善-新埭城镇圈位于沪浙交界地区，范围涉及金山区枫泾镇、松江区新浜镇、嘉善县城、嘉善县姚庄镇、嘉善县大云镇和平湖市新埭镇，简称松金嘉平城镇圈，总面积464平方千米，是江南水乡田园地区的重要代表。针对公服设施质量低、道路交通缺衔接、生态廊道难延续、体制机制难对接、产业发展低小散等问题，浙江省嘉兴市、上海市松江区和金山区人民政府共同配合开展规划的研究编制工作。规划以"凝聚共识的倡议式规划、有限重点的协商式规划"为导向，以"智慧引领的科创城镇圈、水乡气质的魅力小镇群"为发展定位，明晰城镇圈科创集聚、水乡文化、生态田园三大特征，在生态、设施、交通、旅游、产业、规模等六个方面提出协同策略。这份"上海2035"确定的跨省城镇圈中第一个获批的城镇圈协同规划，对城镇圈的协同发展起到了重要作用。在规划指导下，城镇圈内跨界断头路已开始动工修建，枫泾、嘉善已开展多次联合水网治污、联合执法拆违等行动[1]。

安亭-花桥-白鹤跨行政区城镇圈协同规划。安亭-花桥-白鹤城镇圈包括上海市嘉定区安亭镇、青浦区白鹤镇以及江苏省昆山市花桥镇，总面积197.9平方千米，呈现出典型的城市型城镇圈特征。"安花白"城镇圈已进入城镇圈协同的都市化经济阶段，即城市之间深度融合，产业、空间、支撑体系的完全同城化。规划着眼于长三角区域高质量一体化发展，衔接相关地区总体规划对安亭、花桥、白鹤三镇的目标定位，综合考虑三镇同城化发展

---

[1] 上海跨界地区协同规划探索——《枫泾-新浜-嘉善-新埭城镇圈区域协同规划》[EB/OL].上海大都市圈规划公众号，2021-5-25.

趋势和产业、文化、生态、城市建设等方面的发展现状,将安亭-花桥-白鹤城镇圈发展目标确定为"长三角高质量一体化发展先行区、国际汽车产业基地与科创中心、绿色生态的品质新城",从产业协同、空间协同、设施协同、生态协同、交通协同、规模协同等六个方面提出了基本原则、重点任务和具体措施。其中:通过建立邻界地区规划协同多边联席会议机制,由邻界地区所在市、区、县政府领导和上级规划和自然资源主管部门,以及市、区、县相关部门等共同组成,负责组织邻界地区空间协同规划的编制、认定和实施。联席会议机制对于共识的达成起到关键性的作用①。

东平-海永-启隆城镇圈跨行政区空间协同规划。东平-海永-启隆城镇圈包括上海崇明的东平镇、南通海门区海永镇、南通启东市启隆镇,以及三镇之间,隶属崇明区其他乡镇的围垦飞地,总面积244.5平方千米。上海、南通两地政府以"共同编制、共同审批、共同指导下位规划、共同监督实施管理"为原则,确立了由上海市、江苏省领导牵头召开联席会议,由双方推荐成立协同规划建设专家委员会,对协同重点进行决策的机制,对于共识的达成起到关键性的作用。规划以矛盾解决为目的的规划引导,围绕双方诉求,规划提出统筹区域生态廊道、共商沿江产业负面清单和转型方向、推动轨道引领的区域交通建设等,延续本土价值,提出"一林一湖一江滩、六镇三村五庄园"布局引导,确保在区域的层面上形成保护与发展的整体格局②。

(二) 上海大都市圈经济协同发展重点区域

上海大都市圈是中国第一大都市圈,也是长三角城市群的核心发展区。《上海大都市圈空间协同规划》提出建设五大跨省份战略协同区,成为上海大都市圈经济协同发展重点区域。

1. 环太湖战略协同区

环太湖战略协同区总面积1.3万平方千米,包含苏州、无锡、常州、湖州

---

① 上海跨界地区协同规划探索——《安亭-花桥-白鹤跨行政区城镇圈协同规划》[EB/OL].上海大都市圈规划公众号,2021-5-18.
② 上海跨界地区协同规划探索——《东平-海永-启隆城镇圈跨行政区空间协同规划》[EB/OL].上海大都市圈规划公众号,2021-4-27.

的16个县(市、区),分别为相城区、姑苏区、虎丘区、吴中区、吴江区、武进区、金坛区、梁溪区、锡山区、新吴区、滨湖区、惠山区、宜兴市、南浔区、吴兴区、长兴县。环太湖战略协同区,是上海都市圈五大战略协同区中包含城市最多、规划面积最大的一个协同区。

环太湖区域经济实力较强。环太湖四市是都市圈乃至长三角人均GDP最高的地区,以长三角6.5%的国土面积,集聚了11%的人口,贡献了19%左右的经济产出。优势产业明显,呈集群化布局。在太湖北部集群态势极为明显,尤其在电子、化工、装备等领域区位熵比重大。新经济与新消费发展蓬勃。无锡山水城、苏州市区、苏州古镇、湖州南浔以及南太湖地区均呈现了明显的旅游集群,且环太湖区域特色化旅游资源丰富,具备一定的旅游影响力。

环太湖战略协同区发展目标为共建人与自然和谐共处的世界级魅力湖区。生态方面,共守生态底线,以水质重回20世纪80年代为目标,共建绿色湖区。创新方面,加快推进环太湖科创圈建设,依托无锡太湖湾科创带,打造成为具有国际竞争力的科技创新中心。人文方面,保护历史文化遗产,彰显差异化文脉与空间特色,塑造多姿多彩的活力湖区。交通方面,填补环湖轨交线网短板,打造多级环湖快速通道。

2. 淀山湖战略协同区

淀山湖战略协同区总面积0.33万平方千米,包含上海、苏州、嘉兴的4个县(市、区),分别为青浦区、吴江区、昆山市、嘉善县。其地处江浙沪两省一市交汇点,既是环淀山湖分布的水乡共同体,也是上海大都市圈空间协同的五大战略协同区之一。

淀山湖战略协同区作为上海大都市圈第二圈层最活跃的地区,与上海联系最为紧密。淀山湖地区人口密度高,特别是昆山、青浦等地人口增速在区域内明显领先。淀山湖地区经济水平高,人均GDP是上海大都市圈第二圈层的1.5倍左右。近年来,创新经济在淀山湖板块优势凸显。昆山市连续多年位居中国创新百强县榜首,吴江区在《中国区县专利与创新指数》排行中位居前三甲。超级计算中心、中国财政科学院、华为研发中心、国家技术转移中心等重大科研项目持续落户;科创园、特色小镇、创新走廊、高等院校等创新平台不断涌现。淀山湖板块与上海通勤联系紧密,存在同城化的发展趋势。昆山、嘉善均位于上海市域的紧密通勤范围,在相邻区县中居首。就产业联系而言,淀山湖板块与上海、苏州中心城的总分企业关联位于第一层级,区域关联度较高。

淀山湖战略协同区发展目标是共塑独具江南韵味与水乡特色的世界湖区,打造世界级的滨水人居文明典范。创新方面,共营临沪发展的创新高地,构建联动式、差异化的创新小镇网络。交通方面,共建快到慢行的零界地区,构建多层次轨道网及区域水上游、骑行示范区。生态方面,共保天蓝水清的湖畔家园,建设清水走廊与品质水系空间。人文方面,共筑人文宜居的江南水乡,营造都市近郊游的"世界慢湖区"。

3. 长江口战略协同区

长江口战略协同区总面积1.34万平方千米,包含上海、南通、苏州、无锡、常州的13个县(市、区),分别为浦东新区、宝山区、通州区、崇川区、海门区、启东市、如皋市、崇明区、张家港市、常熟市、太仓市、新北区、江阴市。长江口战略协同区主要联通地区生态廊道,预留候鸟廊道和水生生物洄游通道,控制岸线开发强度,共同建设和保护世界级绿色生态江滩。为了推进长江口战略协同区发展,加强区域合作,上海崇明区、南通海门区和启东市等地共建崇启海协作示范区,在基础设施互联互通、生态环境共同治理、产业协调发展等方面开展深度合作,共同建设长江口生态保护战略协同区。

长江口战略协同区发展目标为共保世界级绿色江滩。生态方面,严控污染源,确保水源水质100%达标;连通地区生态廊道,预留候鸟廊道和水生生物洄游通道,控制岸线开发强度。交通方面,加快跨江通道建设,加强南通新机场与上海两机场之间的交通联系。创新方面,巩固绿色化工、重型装备等优势产业,加速集聚生物医药、智能装备、新能源产业。人文方面,建设沿江绿道系统,举办各类赛事,提升地区影响力。

4. 杭州湾战略协同区

杭州湾战略协同区总面积约0.82万平方千米(陆域),包含上海、嘉兴、宁波的10个县(市、区),分别为浦东新区、奉贤区、金山区、平湖市、海盐县、海宁市、慈溪市、余姚市、镇海区、北仑区。杭州湾战略协同区以金余慈平协作示范区为依托,加快上海、宁波和嘉兴等3个城市的一体化协调发展,在科学技术共创共享、智能制造业分工与协作和生态环境治理方面展开合作。

杭州湾战略协同区发展目标为共建生态智慧、开放创新的世界级湾区。创新方面,强化湾区自主创新,共建智能制造产业集群,促进国际开放平台联动。交通方面,共建枢纽链接的高效网络,加快沪甬通道、沿湾轨道的建设统筹。生态方面,强化杭州湾近海生态治理,建立统一的排海标准与产业负面清单。人文方面,推动未来城市建设试点,举办先锋活力的国际活动,塑造湾区共同品牌。

5. 沿海战略协同区

沿海战略协同区总面积约1.84万平方千米(陆域),包含上海、南通、宁波、舟山的17个县(市、区),分别为浦东新区、崇明区、通州区、海门区、如东县、启东市、海安市、北仑区、镇海区、鄞州区、奉化区、象山县、宁海县、定海区、普陀区、岱山县、嵊泗县。上海大都市圈沿海战略协同区以上海、舟山和宁波的部分地区为基础,建设沪舟甬协作示范区,三地将在生态环境保护、国际航运、绿色石化、海工装备和远洋渔业等方面开展深入的分工与协作,推进区域一体化发展,加快建设沿海战略协同区。

沿海战略协同区发展目标为共塑世界级蓝色海湾。创新方面,强化海工装备智造升级,整合沿海绿色石化产业,培育海洋科研创新源。交通方面,推进沿海交通走廊贯通。生态方面,严控海水污染,共建滨海生态带,推进海洋生态修复。人文方面,培育海洋旅游品牌,共营魅力岛链。强化陆海统筹,优化近岸空间布局,建立陆海资源、产业、空间互动协调发展新格局。

(三)上海大都市圈经济协同发展主要问题与瓶颈

1. 缺乏长效体制机制保障

目前,《上海大都市圈空间协同规划》作为全国首个跨区域、协商性的国土空间规划,在规划制定、规划组织上坚持多地区、多部门共同协作,但对进一步如何落实亟待体制机制保障。上海大都市圈规划对空间、功能、基础设施等方面做了布置安排,但缺乏系统性合作体制机制做保障。对于构建卓越的全球城市区域,在空间、产业、创新、交通、生态和人文等诸多方面提出了发展目标、合作内容、协同举措等，但城市间还未形成定期沟通、长期协作的运作机制，协同推进面临制度约束，跨省域都市圈体制机制建设尚待突破。

2. 多地多级行政主体有待统筹协调

上海大都市圈涉及省、城市、区等多个行政主体，包括上海、无锡、常州、苏州、南通、宁波、湖州、嘉兴、舟山在内的"1+8"市域行政范围，涉及的行政主体较多。省域层面涉及江苏、浙江和上海"两省一市"，市域层面涉及九个城市以及下辖的区县市以及新城、新区，行政主体数量众多，层级复杂，协同落实难度较大，亟待稳定高效的机制保障。同时都市圈建设涉及社会发展的方方面面，不同地区的不同行政部门间的沟通协调机制不可或缺。

3. 产业协同发展有待提升

上海大都市圈产业协同发展取得一定进展，但在发展中仍存在一定困难与问题。一是产业同构问题仍然存在。多年来，上海大都市圈各区域经济发展齐头并进的同时，也形成了高度同质的产业结构。在如今经济发展进入"新常态"和外部环境持续收紧的情况下，产业趋同将进一步加剧区域间恶性竞争，严重影响整体资源配置效率，制约经济的高质量发展。二是产业调整困难。由于体制机制以及一系列社会经济因素影响，上海大都市圈的产业发展固化现象较为严重，各城市产业发展有很强的路径依赖，产业结构调整具有明显的瓶颈制约。三是利益分配困难。上海大都市圈内产业联动协作的体制机制还不够健全，缺乏相应的产业调整损失补偿机制以及引导性利益分配机制，一体化进程中面临着产业调整成本无人承担、一体化成果无法共享的现实问题。

4. 区域创新协同仍显不足

上海大都市圈区域创新协同发展还处于萌芽阶段，在合作过程中仍存在创新竞争大于合作、核心技术、基础研究有待加强等问题。一是缺乏总体规划。为促进科技创新发展，上海大都市圈各城市先后出台多个相关文件、规划，在上海大都市圈层面，缺乏较为统一的发展指导，技术、资源共享有限。针对长三角科技资源区域性平台还未形成，缺乏统一的区域科技创新协调机制。二是核心技术有待突破，基础研究能力有待加强。上海大都市圈科技资源相对丰富，拥有相关的各级各类实验室、企业技术中心、工程技术研究中心、海外资研发机构等科研机构，但与构建全国发展强劲活跃增长极、具有全球影响力的世界级都市圈目标相比，核心技术与基础研究能力与世界水平还有一定差距。特别是在当下国际竞争激烈，发达国家技术出口管制加剧时期，面对核心技术被"卡脖子"情况，基础技术和核心技术的缺失，成为创新发展的重要制约。三是行政区划制约明显，区域协同治理水平有待提升。由于行政区划制约，上海大都市圈城市间在仍存在一定的制度性差异，行政壁垒造成在利益分配、资源利用、生产要素配置等方面各自为政，跨城市、跨部门、跨产业的资源要素流通共享存在较大阻力，影响区域内公共数据资源的合作开发利用。

5. 与长三角其他都市圈衔接有待加强

上海大都市圈作为长三角城市群一体化的先行区，亟待与长三角已有体制机制衔接。长三角一体化发展起步较早，已经形成由"决策层、协调层、执行层"构成的"三级运作，统分结合"区域合作机制，并共同设立跨行政区域的常设机构"长三角区域合作办公室"。同时，上海大都市圈与邻近的南京都市圈、杭州都市圈存在一定空间重合，充分借鉴已有的成熟机制，构建与之相互匹配衔接的政策体系尤显重要，亟待考虑如何科学高效地衔接。

三、上海大都市圈经济发展展望与未来

（一）上海大都市圈经济发展新趋势

一是发展环境面临深刻变化，国际经济形势复杂严峻。国家"十四五"规划指出："当前和今后一个时期，我国发展仍然处于重要战略机遇期，但机遇和挑战都有新的发展变化。"面对百年未有之大变局，中国发展环境面临深刻变化。一方面，国际环境日趋复杂，不稳定性不确定性明显增加，国际经济政治格局复杂多变，世界进入动荡变革期；另一方面，中美贸易摩擦和新冠疫情的全球蔓延给中国经济带来了重大的外部环境变化，世界经济陷入低迷期，经济全球化遭遇逆流，全球能源供需版图深刻变革。外部需求的减少和外部冲突的增加，向上海大都市圈经济韧性提出更高要求。

二是新一轮科技革命加速发展，区域协同创新面临挑战。近现代以来，

世界经济经历了多轮科技革命,使社会经济发生巨大变化。当前,以智能技术为核心的新一轮科技革命和产业变革正在改变经济社会的形态,新兴技术和颠覆性创新不断涌现,科技创新范式加速变革。人工智能、5G、区块链等新一代信息技术全面渗透,量子信息、脑科学等基础前沿技术加快突破,新能源、新材料、先进制造等技术正引发工业基础变革,数据驱动和场景驱动成为新趋势,新技术、新产品、新赛道、新业态不断涌现。同时,科技创新成为区域发展的核心动力,协同创新成为区域发展的重要支撑,上海大都市圈既需要集聚各类创新资源的区域创新中心,也需功能层级合理、创新特色鲜明的区域创新网络,创新作为引领发展的第一动力,在区域发展中作用更加凸显。

三是受全球疫情持续影响,产业链供应链深度调整。2020年新冠疫情以来,全球产业链供应链面临重构风险,产业链发展方向从之前的成本、效率因素主导转变为可持续性与效率性兼顾的双元驱动,对各主要国家及区域产业链协作模式带来深远影响。当前,中国正处于由高科技产业链中低端向中高端攀升的阶段,外部产业及贸易政策的不确定性严重阻碍了中国与全球产业链协同发展。一方面,贸易保护政策加速了全球产业链布局与重构;另一方面,紧张的双边贸易关系也会直接影响产业界的风险趋向,对跨境投资造成不利影响。在产业链上游的高技术核心产品仍主要依赖于发达国家的进口贸易时,出口依靠外部需求拉动的增长模式难以为继,产业链自主自控成为目前亟待解决的问题。

四是高质量发展为都市圈发展提出更高要求,中国式现代化有待突破引领。高质量发展是全面建设社会主义现代化国家的首要任务,为了加快构建新发展格局,着力推动高质量发展,要构建高水平社会主义市场经济体制,建设现代化产业体系,全面推进乡村振兴,促进区域协调发展,推进高水平对外开放。在双循环新发展格局下,都市圈作为产业链与供应链的基本组织单元,成为促进城市间分工协作、参与双循环新发展格局以及全球竞争的基本单元和重要载体。"到2035年,现代化都市圈格局更加成熟,形成若干具有全球影响力的都市圈"的发展目标对城市群发展提出高质量发展要求。同时面对中国式现代化发展目标,作为国家战略集中承载地、改革开放先行先试地,以上海为核心的大都市圈将成为推进中国式现代化的开路先锋。

(二)上海大都市圈经济协同发展目标与愿景

1. 上海大都市圈目标愿景

上海大都市圈的总目标愿景为"建设卓越的全球城市区域,成为更具竞争力、更可持续、更加融合的都市圈"。2050年的上海大都市圈将更具竞争力,她将跻身全球前列,竞争力不断增强,成为全球首屈一指的城市区域,构建全球领先的创新共同体、畅达流动的高效区域、畅达流动的高效区域和诗意栖居的人文家园。

全球领先的创新共同体:以携手共建卓越的全球城市区域为总目标,充分发挥上海的龙头带动作用,推动上海大都市圈创新水平的不断提升。通过共建全球领先的多元知识集群与世界级高端制造产业集群体系,促进创新链与产业链的深度融合发展。打造全球领先的多元知识集群,重点推进多元创新源的培育与共享。瞄准建设世界级高端制造集群体系,不断优化上海大都市圈的生产力布局。通过巩固现状优势型产业、提升技术成长型产业和培育未来战略型产业,构建覆盖多层级、跨越全周期的产业链与供应链体系。

畅达流动的高效区域:拓展上海大都市圈辐射空间和交通资源配置能力,打造一个通达全球、畅达流动的高效都市圈。以构建大都市圈城际"一张网"为目标,推进上海大都市圈内轨道网络扁平化发展,全面提升上海大都市圈内各县市、各乡镇的轨道网络覆盖率。构建连通上海大都市圈内各城市的轨道走廊,实现上海大都市圈内的同城互联。促进城际枢纽与城市功能中心的融合发展,保障上海大都市圈重要功能板块间直连直通。

和谐共生的生态绿洲:倡议上海大都市圈内各城市坚持贯彻生态优先的发展理念,共谋绿色发展、共保生态空间网络、共筑区域安全底线、共建联防联治机制,提高区域生态环境质量。共同践行绿色可持续发展理念,倡导低碳的生产模式和生活方式,承诺2030年前率先实现碳达峰。探索多领域的绿色技术集成,共同保护更洁净的水源地和更清洁的大气环境。共同坚守上海大都市圈的生态安全格局,共保生态底线。保障粮食供给安全和能源供应安全。

诗意栖居的人文家园:发挥上海大都市圈文化同源的优势,理清发展脉络、整合文化资源,构建文化传承的空间载体,建设魅力彰显的旅游体系。共建诗意栖居人文家园,塑造国际品质、江南韵味的栖居典范,策划丰富多彩、世界品牌的各类活动。彰显上海大都市圈的多元文化与历史底蕴,整合区域文旅资源,培育魅力融合的旅游圈,打造国际闻名、丰富多彩、个性鲜明的文旅名片。积极促进国际化的交流与交往,组织丰富多元的文化活动,举办活力多样的体育赛事,将都市圈塑造成为具有国际影响力的中国文化体验地区。

依据上海大都市圈目标愿景,分近中远三个阶段进行落实。阶段性建设目标为2025年初步建成卓越的全球城市区域框架,2035年基本建成卓越的全球城市区域,2050年全面建成卓越的全球城市区域,并从创新、交通、生态和人文四方面提出具体发展路径(见表3-8)。

表3-8　上海大都市圈分阶段发展目标与路径

	2025年	2035年	2050年
目标愿景	初步建成卓越的全球城市区域框架	基本建成卓越的全球城市区域	全面建成卓越的全球城市区域
经济规模	20万亿	30万亿	50万亿
创新发展	持续增加创新研发投入,重点培育一流高校与科研机构,显著改善创新人才待遇,初步建成上海大都市圈创新共同体	提升重要行业的自主研发能力,培育多元创新体系;不断提升产业集群与产业品牌的国际影响力。吸引高端人才向上海大都市圈内集聚,促进公共设施完善,达到国际一流水平	多个城市进入全球科创百强,一批高等学府、研究机构跻身世界前列,内生科技研发实力全球领先,形成多个世界级的知识集群;高端制造集群全面成形,重要领域产业链完备
交通网络	不断完善世界级机场群和港口群格局,补齐各层级交通设施的短板	基本建成轨道上的上海大都市圈,线网规模达到国际先进水平;促进上海大都市圈核心机场群建设、港口群联运协作,初步建成世界级机场群和港口群体系	上海大都市圈内基础设施规模质量、国际连通能力和运输效率均达到世界领先水平

续表

	2025年	2035年	2050年
生态发展	稳步改善与提升上海大都市圈内地表水水质和环境空气质量，锚固生态安全格局	上海大都市圈内生态环境不断改善，逐步实现全国生态文明建设的示范要求	空气清新、水质洁净、公园密布、多样生物自然栖息，区域发展绿色低碳，在国内率先接近碳中和的目标，同时韧性应对气候变化，成为全球卓越的生态都市圈
人文发展	逐步开展遗产群、文化之路的认定工作，整合旅游资源、组织区域游线，培育形成特色化的旅游圈	不断推进遗产群、文化之路的认定与活化工作，初步建成具有世界影响力的旅游目的地；持续开展丰富多元的国际性文化与体育活动，不断提升国际文化影响力	文化影响力不断提高，成为全球向往的中国文化体验的明星地区

资料来源：《上海大都市圈空间协同规划》。

2. 上海大都市圈经济协同发展目标

上海大都市圈经济协同发展的目标为构建符合建设卓越的全球城市区域的经济体系，形成经济协同发展新高地、全球领先的创新共同体、畅达流动的高效区域和中国式现代化范本。具体发展目标如下。

产业发展目标：共建世界级高端制造集群体系，加速提升生物医药产业、新一代信息技术产业、高端智能装备产业、新能源产业四大技术成长型产业集群体系，巩固强化强绿色化工、汽车制造两大现状优势型产业集群体系，持续培育航空航天产业、海洋产业等未来战略型产业集群体系。到2035年，四大技术成长型产业快速提升，两大现状优势型产业稳步发展，未来战略型产业持续培育；注重发展硬核科技、数字赋能、时尚创意、绿色生态等产业方向。到2050年，都市圈将在上述重点领域形成完备的产业链，争取实现多个世界顶级集群、拥有多个自主品牌企业以及关键技术的自主权，全面引领国际、国内相关产业的发展。

科技发展目标：上海大都市圈将构建前沿基础科学创新、应用型基础创新、技术应用型创新及未来科技创新四类创新源。一是集聚更高层次的前沿基础科学创新源。前沿基础的科学创新源得到政府扶持。在基础科研领域达到世界一流水平的高校、科研机构及设施,是都市圈的创新源头。应引导此类机构借助长三角一体化发展的战略契机,在国家新一轮重大科技基础设施建设中争取更多资源,加速前沿科学创新源在上海、苏州、宁波的集聚。二是重点引入更多的应用型基础创新源。应用型基础创新源是政府主导。以应用研究为导向的高校、科研机构及设施,是都市圈内生创新的重要基础,也是当前各城市科研投入的重点方向,未来在都市圈各级全球城市及功能性节点城市应重点加强。三是全面发展更均衡的技术应用型创新源。技术应用型创新源是直接服务于具体产业生产的科研机构及设施,既包括企业设置的各类研发机构,也包括含有生产部门的科研机构。技术应用型创新源是高水平产业集群的重要支撑,未来将在上海大都市圈内广泛设置,实现全面均衡布局。四是提前谋划前瞻性的未来科技创新源。未来科技创新源是引领世界科技走向的科研机构。上海大都市圈各城市与节点紧跟国际科学前沿的发展走势,持续关注创新的趋势与方向,为更超前的创新预留好一定的战略空间,确保未来深度参与全球科技竞争与合作的可能性。

空间布局目标:各城市应聚焦全球核心功能,各扬所长,加速融入世界网络,完善"多层次、多中心、多节点"的功能体系,对内紧密一体、对外链接全球。上海大都市圈建立涵盖顶级全球城市、综合性全球城市、专业性全球城市、全球功能性节点、全球功能支撑性节点的"1-3-6-12-19"多层次功能体系。以多中心为导向,加快培育专业性全球城市与全球功能性节点,从多个维度加速融入全球分工网络,逐步实现从参与到引领的发展跨越。

(三) 推动上海大都市圈经济协同发展路径与建议

1. 加强规划落实,完善上海大都市圈合作运行机制

第一,借助已有一体化合作机制推进经济协同发展。充分利用已有体制机制推进大都市圈建设,建立完善既体现平等约束又支撑合作共赢的协同保障体系。充分利用长三角已形成的"三级运作,统分结合"协同治理经验,推进协同规划的具体落实。可在三省一市主要领导座谈会和常务副省长、副市长参加的长三角地区合作与发展联席会议中商议上海大都市圈发

展相关问题,在决策层和协调层明确协作发展方向;在重点专题合作组中增设上海大都市圈协同发展专题,统筹协调上海大都市圈建设的具体执行。

第二,建立上海大都市圈联席会议制度。定期召开联席会议,两省一市及各城市主要领导参会,对协同发展中的重大事项进行讨论和决策,反映地方实际诉求,沟通规划落实情况。下设产业、创新、交通、环保、文化等专题协调会,各城市相关部门具体对接相关工作。每年定期召开一次。多元主体参与是上海大都市圈协同发展的重要特点,支持五大新城、县级市、行业协会等不同主体参与。联席会议中,除九城参与外,上海五大新城可作为独立城市参与,激发地方合作潜力与主动性。各城市下辖的市、区等可列席参会,形成"1+13+N"的协商主体。同时可充分激发市场主体活力,发挥专业协会、产业联盟等作用,参与专题协调。

第三,尽快出台规划纲要的具体实施方案。为落实《上海大都市圈空间协同规划》,推进上海大都市圈有序推进,各城市可出台规划具体实施方案,促进规划纲要目标的落实。2023年4月无锡市正式印发《无锡市服务融入上海大都市圈行动方案》,明确无锡市区、江阴市、宜兴市发展定位,提出区域空间共构、科技创新联动、产业集群共建、区域交通互联、开放合作共促、生态蓝网共治、市政设施共建、文化旅游协作、规划研究协同等"九大行动"。其他城市可借鉴参考尽快出台实施方案。上海作为中心城市,也需加强具体实施方案的制定,明确上海在上海大都市圈建设中的具体目标任务,加强规划落实的支持力度和组织保障。

2. 以价值链提升带动产业链延伸,优化区域产业布局

第一,加快培育配置资源主体,强化全球资源配置功能。以跨国公司为突破口,加快培育资源主体,建设全球资源配置中心。在重视引入国外跨国公司地区总部入驻的同时,加强扶植本市跨国经营的大企业集团,加快积极培育本市跨国公司。积极吸引本国的跨国公司落户上海大都市圈。加大对本土央企和民企"二总部"的引进力度,加强对国内独角兽企业、准独角兽企业、隐形冠军企业的梳理,鼓励在上海大都市圈设立分支机构,实施企业跨国经营成长辅导,开展全球服务能力专项支持。

第二,推动产业关键技术突破,构建区域产业链分工。一是增强上海科技创新策源能力,提升关键领域产业核心竞争力。整合精锐力量,积极探索新型举国创新体制,对关键技术进行突破,强化张江综合性国家科学中心的科研支撑力量建设。二是深化上海大都市圈产业链合作。对战略性布局的关键产业,上海与各城市开展关键技术联合攻关;上海率先在上海大都市圈建立高科技领域的财税分享机制,推动科技成果在长三角区域内孵化、产业化,破除创新链与产业链深度融合的制度障碍。

第三,以价值链高端引领为导向,提高全要素生产率。按照"两高、两低"(高附加值、高技术、低能耗、低污染)的原则,以价值链掌控为导向,聚焦发展产业的核心功能和高端领域。一方面,抓住全球制造业处于"创新密集"的机遇期,着力提升在"关键技术、关键部件、关键材料"方面的掌控力、话语权和领先度,发展一批具有技术引领性、价值链控制力强、高智能化等特征的先进制造业。另一方面,提升服务业产业能级、强化全球资源配置能力。通过进一步扩大服务业开放,大力吸引国际组织、大型金融机构总部、国际知名服务品牌等高能级、广辐射的功能性机构入驻,支持现有跨国公司总部增强在母公司全球营运网络中的地位和话语权,提升服务经济的撬动能力和放大效应。进一步整合政府掌握的有限资源,搭建平台,依托 IT 技术、互联网、人工智能等技术,鼓励发展新业态、新模式、新产业,提升服务业劳动生产率。

3. 以科技创新引领,进一步增强区域协同创新

第一,充分发挥上海科技创新中心辐射引领作用。借助上海建设具有全球影响力的科技创新中心契机,加快基础研究原创突破,提升原始创新能力,建设世界级重大科技基础设施集群,打造高水平基础研究力量,强化科研基础条件支撑力量,提升关键核心技术竞争力,优化科技创新人才体系,深化科技创新开放合作。充分发挥上海核心城市引领作用,加强全方位、多层次、宽领域的国内国际科技创新交流合作,加快形成自主创新为核心的重要知识集群。充分开展基础科技资源的共建共享,促进圈内创新能力的共同提升。

第二,积极推进大都市协同创新发展。建立健全区域科技创新共享合作机制,联合开展重大科学问题研究和关键核心技术攻关,完善跨区域协同

创新机制,加强创新资源互联互通和开放共享,推动创新链、产业链深度融合,构筑全球创新高地。以世界科技前沿、关键核心技术和产业制高点为目标,共同打造科技创新主引擎;吸引和集聚全球创新创业人才、资本和技术,建设新型空间载体;围绕重点产业基础高级化和产业创新链现代化,赋能产业创新,推动实现世界级的新兴产业集群,共同打造产业创新发展协同圈,形成内生动力强劲的高水平创新共同体。

4. 提升数字经济水平,共同打造数字经济发展高地

第一,提升数字经济能级,推进数字产业分工协作发展。加快数字产业化,培育建设世界级数字产业集群,推进产业数字化,推动实体经济高质量发展,保持数字经济发展水平稳居全国前列,达到世界先进水平。发挥上海大都市圈各城市在数字经济中的优势与特色,以错位发展总体格局构建良性竞合关系,推进重点领域新技术、新业态的发展。联合企业、高校、科研院所等单位科研力量,共同推进数字经济产业链的上中下游对接与协同。重视数字经济重点领域标准规范的制定,提升相关领域话语权,共同打造数字经济产业生态。

第二,推进数字创新平台搭建,共同构建先进数字基础设施。统筹地区数字经济技术与资源,全力打造一批国家级数字经济创新平台。积极推进重点领域创新平台建设,如工业互联网一体化发展示范区、新一代人工智能创新发展试验区等平台建设。协同攻关,制定数字经济技术产业图谱,联合攻克一批"卡脖子"关键技术。依托各省市大国企、大平台打造区域级工业互联网平台,汇聚区域内产业链上下游资源。超前部署共同打造数字经济发展高地,统筹推进5G、工业互联网、物联网、数据中心等数字基础设施建设,鼓励搭建数字化管理服务平台,实现软硬件一体化部署。深入推进新型智慧城市建设,加快构建全域感知、融合泛在的新一代智能化城市基础设施,全面推行城市数据大脑建设。加强传统基础设施数字化改造,提升农村地区新一代信息基础设施建设,加大农村基础设施数字化改造力度。

第三,共同推动数据开放共享,深化工业互联网一体化发展。积极落实《关于加快建设全国统一大市场的建议》,推动技术交易市场互联互通以及数据资源的开发利用,加快各地数据资源整合;引导制造、卫生、交通、旅游、民生、环保、信用等领域资源要素率先实现市场化运作和开发利用,支撑跨部门、跨区域的数字化创新应用;共同开展大数据数字技术创新与应用,以场景应用为重点,积极拓展数字技术在市场监管、环境保护、社会管理等领域的拓展应用。重视工业互联网区域一体化发展,促进区域内工业互联网平台的联动,提升工业互联网平台效应和规模效应,着力培育一批优质工业互联网平台企业,建立区域协同联动机制,加强平台对接和信息共享交换;持续提升平台核心能力和服务能力,推进工业技术软件化,为工业企业提供差异化的特色优质服务;依托长三角工业互联网龙头平台,推动上海大都市圈产业链上下游协同、综合解决方案、供应链金融、新制造模式培育等领域合作。

5. 统筹一体化发展制度安排,加强体制机制探索与突破

第一,统筹大都市协调发展的制度设计和安排。按照"多元主体参与"的体制创新要求,突破按行政区划管理经济社会的各种制度障碍,用新的制度设计和安排推进并支撑上海大都市圈协同发展。一方面,加快各地区制度性开放,推进标准、规则、资质的相互认定,加快对上海大都市圈各城市高新技术企业认定标准、创新人才标准、行业标准等的互认,促进区域资金、技术、人才以及数据要素的有序流动。另一方面,减少制度差异带来的要素流动障碍。在降低通勤时间缩短空间距离的同时,上海大都市圈各地区要更加重视政策差距造成行政分割,主动减小地区间的制度距离。在财税政策方面,率先建立财税共享机制,互利共赢带动财税分享机制和征管协调机制,加强城市间税收优惠政策协调。

第二,推进上海大都市圈多领域合作体制机制突破。在加快创新、产业、交通、生态、文化等重点领域合作,打造上海大都市圈一体化标志性工程等硬件建设的同时,探索都市圈合作体制机制的创新突破。如积极促进建立以政府为主体社会、行业、企业参与的区域协同机制;建立上海大都市圈信息通报机制和备案机制,以有效整合资源,使上海大都市圈合作落实到具体工作部门;推进考核机制改革,将跨区域考核纳入各地区行政考核;建立监督和约束机制,合作方有权对合作项目全过程中任何有地方利益倾向的行为进行监督、质疑。

第三，鼓励建立双边和多边都市圈合作体制机制。在构建一体化合作机制的基础上，通过双边和多边合作体制机制，实施重点区域和领域先行突破。落实上海大都市圈范围内的城市合作对接，推进苏州打造融入上海先行区，推动沪苏跨界合；以常州作为上海和南京都市圈联动发展门户，推动沪宁合产业创新带建设；与舟山合力打造海上合作示范区，与宁波共同升级港口一体化建设等。在强化上海大都市圈内合作对接的同时，也要关注与南京都市圈、杭州都市圈、苏锡常都市圈的关系处理，发挥苏州、无锡、湖州、嘉兴等交叉城市节点作用，以及虹桥国际开放枢纽、G60科创走廊等重大区域战略的联通作用，汇聚都市圈资源，畅通区域间的要素流动，以合作取代竞争。

参考文献

[1] 上海市人民政府,江苏省人民政府,浙江省人民政府.《上海大都市圈空间协同规划》发布版[OB/OL]. https://ghzy.j.sh.gov.cn/cmsres/4e/4effed72e1c045b79c20afd3d0ed540a/259b309f5f2a0b67e8fdc720dcafc72a.pdf,2022-09.

[2] 肖金成.《上海大都市圈空间协同规划》简介[J].中国投资(中英文),2022,548(ZB):66-67.

[3] 熊健,孙娟,王世营,等.长三角区域规划协同的上海实践与思考[J].城市规划学刊,2019(01):50-59.

[4] 于量.长三角加快科创与产业深度协同融合[N].解放日报,2022-08-12(001).

[5] 张岩.长三角数字经济一体化协同发展研究[J].江南论坛,2022,387(05):8-11.

[6] 张逸,陶希东,马璇,等.上海大都市圈规划建设的目标定位和行动策略[J].科学发展,2022,160(03):62-69.

[7] 张振广,马璇.上海大都市圈产业空间组织特征及其规划建议[J].规划师,2023,39(04):28-35.

B4 上海大都市圈社会发展特征与展望 (2022—2023)

王新贤

(上海社会科学院)

摘　要： 上海大都市圈作为中国经济发展的重要引擎,具有显著的社会发展特征和广阔的发展前景。当前,随着上海大都市圈社会协同发展的推进,上海大都市圈围绕拓宽公共服务范围、拓展一体化制度创新和优化区域协调机制等方面取得了显著的成效,但仍存在区域发展禀赋差异巨大、共建共享制度有待进一步完善,市场力量参与较少等问题。本研究在深入分析上海大都市圈发展现状、特征的基础上,梳理都市圈社会协同进展,深入剖析其问题,在明确社会协同发展的国内外新形势下,结合规划目标,提出推动上海大都市圈协同发展的对策建议。

关键词： 上海大都市圈；社会发展；一体化

新时代人民至上的发展理念对推进区域协调发展提出了更高的要求。党的二十大报告强调,要"促进区域协调发展,以城市群、都市圈为依托构建大中小城市协调发展格局,推进以县城为重要载体的城镇化建设"。《上海大都市圈空间协同规划》提出,"强化区域协同的战略引领、空间统筹和机制保障,推动长三角更高质量一体化发展"。都市圈作为产业链与供应链的基本组织单元,成为促进城市间分工协作、参与双循环新发展格局以及全球竞争的基本单元和重要载体。在以国内大循环为主体、国内国际双循环相互促进的新发展格局中,上海大都市圈充当着关键角色。上海大都市圈在推动社会协同发展方面进行了积极有益的实践,本研究通过深入分析上海大都市圈在教育、医疗、社会保障等公共服务的协同发展进程与问题,为进一步推动区域一体化,满足居民多样化的需求,增进民生福祉,提高人民生活品质提供决策参考。

一、上海大都市圈社会发展现状与特征

(一)上海大都市圈社会发展总体特征

1. 人口总量持续增长

上海大都市圈人口总量呈稳定增长趋势,增速要快于长三角三省一市平均增速。上海大都圈人口总量从2019年的7 125万增至2022年的7 802万,增长了676.76万,增幅达9.5%,高于三省一市的平均值(4.75%)。与此同时,上海大都市圈人口占长三角人口比也呈上升趋势,从2019年的31.5%增至2022年的32.93,上升了1.43个百分点。但各城市之间人口增长存在较大的差异。其中,上海市的人口从2019年的2 428.14万人增长到2022年的2 475.89万人,略增加了47.75万人,增幅为1.97%,增幅较小;苏州市在这四年间人口增长幅度最大,从2019年的1 075万人增长到2022年的1 291万人,增加了216.11万人,增幅为20.10%;舟山市的人口出现了负增长,从2019年的117.60万人降至2022年的117.00万人,略微减少了0.6万人,下降0.51%;其他城市如无锡、常州、南通、宁波、湖州和嘉兴都经历了人口的增长,增幅在5.81%到15.65%之间。

表4-1 　　　　2019—2022年上海大都市圈人口总量发展情况

	2019年人口(万人)	2020年人口(万人)	2021年人口(万人)	2022年人口(万人)	增长情况(万人/%)	增幅(%)
上海	2 428.14	2 487.09	2 489.43	2 475.89	47.75	1.97
无锡	659.15	746.21	747.95	749.08	89.93	13.64
常州	473.60	527.81	534.96	536.62	63.02	13.31
苏州	1 074.99	1 274.83	1 284.78	1 291.10	216.11	20.10
南通	731.80	772.66	773.30	774.35	42.55	5.81
宁波	854.20	940.43	954.40	961.80	107.6	12.60
湖州	306.00	336.76	340.70	341.30	35.3	11.54

续表

	2019年人口(万人)	2020年人口(万人)	2021年人口(万人)	2022年人口(万人)	增长情况(万人/%)	增幅(%)
嘉兴	480.00	540.09	551.60	555.10	75.1	15.65
舟山	117.60	115.78	116.50	117.00	−0.6	−0.51
上海大都市圈	7 125.48	7 741.66	7 793.62	7 802.24	676.76	9.50
长三角	22 620.34	23 538.60	23 647.83	23 695.90	1 075.56	4.75
上海大都市圈人口占长三角人口比重	31.50	32.89	32.96	32.93	1.43	4.53

数据来源：2019—2022年上海大都市圈各城市国民经济和社会发展统计公报。

2. 少子老龄化问题突出

上海大都市圈老龄化水平高于全国平均水平。2020年上海大都市圈60岁及以上老年人口比重为21.57%，比长三角三省一市和全国平均水平分别高出1.22个百分点、2.87个百分点。上海大都市圈各城市的60岁及以上老年人口比重在19.30%到30.01%之间，存在比较大的差异。其中，南通的老年人口比重最高，达到30.01%；苏州的老年人口比重最低，为16.96%；上海老年人口占比也处于较高水平，为23.4%。上海大都市圈的各城市的0—14岁少年儿童比重处在9.80%到13.55%之间，整体上相对平衡。苏州的0—14岁少年儿童比重最高，为13.55%；舟山的比重最低，为9.81%。上海大都市圈各城市的劳动年龄人口比重在65.31%到69.63%之间，整体上相对稳定。宁波的劳动年龄人口比重最高，为69.63%；南通的比重最低，为59.09%。

表4-2　　　　　　　　2020年上海大都市圈人口结构

	0—14岁少年儿童比重(%)	15—59岁劳动年龄人口比重(%)	60岁及以上老年人口比重(%)	出生率(‰)
上海	9.80	66.80	23.40	7.88
无锡	12.96	67.29	19.75	7.75
常州	13.26	66.73	20.01	7.60
苏州	13.55	69.49	16.96	9.01

续表

	0—14岁少年儿童比重(%)	15—59岁劳动年龄人口比重(%)	60岁及以上老年人口比重(%)	出生率(‰)
南通	10.90	59.09	30.01	6.09
宁波	12.26	69.63	18.10	7.12
湖州	11.94	66.72	21.34	6.66
嘉兴	12.08	68.62	19.30	7.33
舟山	9.81	65.31	24.88	5.01
上海大都市圈	11.59	66.84	21.57	
长三角地区	15.20	64.45	20.35	
全国	17.95	63.35	18.70	8.52

注:出生率为户籍人口口径。
数据来源:全国及各省市人口普查公报。

上海大都市圈少子化现象突出。根据人口学统计标准,一个社会0—14岁人口占比低于20%,即为少子化。其中,15%—18%为"严重少子化",15%以内为"超少子化"。2020年上海大都市圈0—14岁人口占比为11.59%,远低于全国和长三角三省一市的平均水平,属于超少子化阶段。上海大都市圈各城市0—14岁人口占比均低于15%。其中,上海0—14岁人口占比均最低,为9.8%;舟山为9.81%,略高于上海;苏州和常州处于较高水平,分别为13.55%、13.26%;其余城市均处于10%—13%区间。可见,上海大都市圈面临着较为严峻的少子化现象。

3. 养老机构保障力度强

上海、宁波养老机构床位数占老年人口比要高于全国平均水平。上海是上海大都市圈的核心城市,也是中国经济发展最为活跃的城市之一。2020年,上海共有729个养老机构和16.36万张养老机构床位,每百名户籍老年人口养老机构床位数达3.07%,高于全国平均水平。这些数字显示了上海在养老服务方面的较高水平和充足的床位供给。宁波的养老机构床位数达5.1万张,每百名户籍老年人口养老机构床位数达3.17%。常州、苏州和南通的养老机构资源也较为丰富。其中,常州拥有121个养老机构和2.51万张床位,苏州拥有170个养老机构和5.54万张床位,南通拥有312个养老机构和5.79万张养老机构床位。这几个城市养老机构床位规模也比较大,但相对老年人口还存在一定的不足,其每百名户籍老年人口养老机构床位数均低于全国平均水平。

表 4-3　　2020 年上海大都市圈部分城市养老机构及养老床位资源

	养老机构(个)	养老机构床位(张)	养老机构床位数占老年人数比(%)
上海	729	16.36	3.07
常州	121	2.51	2.52
苏州	170	5.54	2.94
南通	312	5.79	2.45
宁波	258	5.10	3.17
全国		807.50	3.06

注:各城市养老机构床位数按照户籍老年人口数计算。
数据来源:2020 年全国及上海大都市圈各城市国民经济和社会发展统计公报。

4. 中小学教育资源丰富

上海大都市圈中小学教师资源均优于全国平均水平。教育资源的合理配置对于提供高质量的教育至关重要,小学生师比和初中生师比是衡量教育资源丰富程度的重要指标。从数据可以看出,上海大都市圈小学生师比整体上低于全国平均水平。其中,舟山、上海和南通的小学生师比低于全国平均水平;无锡、常州小学教师资源也较为丰富,其生师比略高于全国平均水平;苏州、宁波、湖州和嘉兴的小学生师比较高,小学教师资源相对匮乏。上海大都市圈初中生师比总体上低于全国平均水平。从初中教师资源来看,除常州外,其余城市均显著低于全国平均水平。其中舟山最低,其初中生师比为 9.14∶1;其余城市多处于 10.17—11.95∶1 之间。可见,这些城市初中教师资源较为充裕。

表 4-4　　2021 年上海大都市圈中小学教育资源

地区	小学专任教师数(万人)	小学在校学生数(万人)	小学生师比	普通中学专任教师数(万人)	普通中学在校学生数(万人)	初中生师比
上海	0.00	89	14.05	0.00	67	10.24
无锡	0.00	46	16.83	0.00	27	11.34

续表

地区	小学专任教师数（万人）	小学在校学生数（万人）	小学生师比	普通中学专任教师数（万人）	普通中学在校学生数（万人）	初中生师比
常州	2.50	33	16.66	2.28	33	19.27
苏州	0.00	89	17.00	0.00	44	11.28
南通	0.37	38	16.03	0.33	26	10.17
宁波	0.38	54	17.69	0.39	32	11.95
湖州	0.00	19	18.22	0.00	12	11.41
嘉兴	0.00	30	18.34	0.00	17	11.63
舟山	0.00	5	13.15	0.00	3	9.14
上海大都市圈	24.76	403	16.27	22.62	261.00	11.54
全国	660.08	10 800	16.33	397.11	5 018.44	12.64

数据来源：2021年全国及上海大都市圈各城市国民经济和社会发展统计公报。

5. 医疗资源较为充裕

上海大都市圈每千人床位数相对较低，但每千人医师数优于全国平均水平。上海的卫生机构床位数排在全国主要城市前列，但人均床位数较低，低于全国6.77张/千人。上海大都市圈其他城市的每千人床位数也均低于全国平均水平，处于5.5张/千人以下。除常州、苏州和南通的每千人医师数低于全国平均水平外，其他城市每千人医师数均优于全国平均水平。其中舟山的每千人医生数最高，意味着该地区的医生资源相对较为充裕。综合来看，上海大都市圈的医疗资源配置总体较为良好。大部分城市的每千人医师数都处于合理的范围内，表明这些城市有较为充裕的医师资源。

表4-5 2021年上海大都市圈每千人床位数和医生数

	医院床位数（万张）	每千人床位数（张）	医生数（万人）	每千人医师数（人）
上海	15.08	6.06	8.41	3.38
无锡	4.06	5.43	2.56	3.42
常州	2.58	4.83	1.59	2.98
苏州	6.66	5.18	3.94	3.07
南通	3.93	5.08	2.28	2.95
宁波	3.97	4.16	3.43	3.59

续表

	医院床位数(万张)	每千人床位数(张)	医生数(万人)	每千人医师数(人)
湖州	1.89	5.54	1.10	3.23
嘉兴	2.50	4.53	1.77	3.21
舟山	0.57	4.92	0.42	3.62
全国		6.77		3.04

数据来源：2021年全国及上海大都市圈各城市国民经济和社会发展统计公报。

6. 社会救助水平领先全国

上海大都市圈社会救助水平全国领先。社会保障标准是一个国家或地区为保障低收入人群基本生活所制定的最低收入标准。在上海大都市圈的各城市中，最低社会保障标准的差异反映了各地对低收入人群生活保障的政策和措施。从数据可以看出，上海作为上海大都市圈的中心城市，拥有最高的最低社会保障标准，每人每月为1420元；其次为宁波，每人每月为1255元；无锡、苏州、嘉兴、湖州、舟山和常州的标准也处于较高水平，每人每月均在1000元及以上；南通最低，每人每月为780元，但仍高于全国每人每月722元的平均标准。

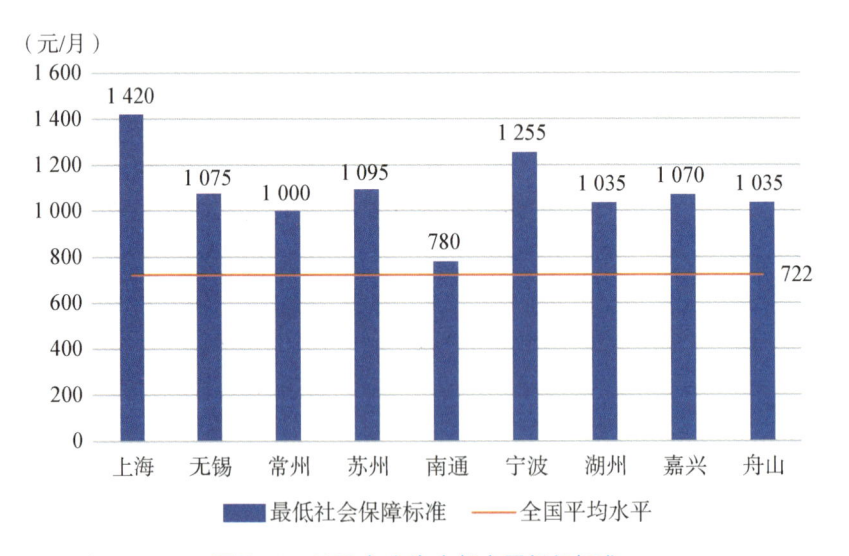

图 4-1 2022年上海大都市圈低保标准

数据来源：民政部网站及2021年上海大都市圈各城市国民经济和社会发展统计公报。

7. 居民收入高于全国平均水平

上海大都市圈城镇居民人均可支配收入高于全国平均水平。2021年，上海的城镇居民人均可支配收入最高，达到84 034元；苏州和宁波其次。上海作为中国的经济中心城市，其城镇居民的收入水平较高。苏州和宁波也是发达的城市，其居民的可支配收入也较高。南通城镇居民人均可支配收入最低，为59 605元，但仍高于全国平均水平。

在农村居民人均可支配收入方面，除舟山外，其余城市均高于全国平均水平。其中，嘉兴的农村居民人均可支配收入最高，为46 276元；舟山最低，为29 724元，略低于全国平均水平。

表4-6　2021年上海大都市圈城乡居民人均可支配收入

城市	城镇居民人均可支配收入(元)	农村居民人均可支配收入(元)
上海	84 034	39 729
无锡	73 332	41 934
常州	68 578	37 852
苏州	79 537	43 785
南通	59 605	30 819
宁波	76 690	45 487
湖州	71 044	44 112
嘉兴	72 096	46 276
舟山	71 965	29 724
全国	47 412	29 975

数据来源：民政部网站及2021年上海大都市圈各城市国民经济和社会发展统计公报。

(二)上海大都市圈社会发展趋势

1. 城镇化水平进一步提高

与2010年相比，2020年上海大都市圈各城镇化水平得到进一步的提高。2010年上海大都市圈城镇化水平在47%以上。其中上海最高，为88.6%；无锡、苏州城镇化水平也比较高，分别为70.31%、70.07%；宁波、舟山、常州城镇化也处于63%以上；其余城市均在47%以上，都高于全国34.17%的平均水平。到2020年，上海大都市圈各城市的城镇化水平都处于66%以上，均要高于63.89%的全国平均水平。与2010年相比，上海大都市圈各城市得到了不同程度的提升,其中湖州提升最为明显,上升了19.29个百分点;上海城镇化水平最高,与10年前相比,上升幅度最小,仅为0.7个百分点;其余城市提升幅度较大,在9%—20%之间。

表4-7　2010年和2020年上海大都市圈城镇化水平

	2010年(%)	2020年(%)	增长变化(%)
上海	88.60	89.30	0.70
无锡	70.31	86.61	16.30
常州	63.17	78.01	14.84
苏州	70.07	82.12	12.05
南通	55.00	71.80	16.80
宁波	68.31	78.90	10.59
湖州	47.11	66.40	19.29
嘉兴	53.33	72.40	19.07
舟山	63.59	73.20	9.61
全国	34.17	63.89	29.72

数据来源:相应年份上海大都市圈各城市国民经济和社会发展统计公报。

2. 社会民生领域投入持续加大

上海大都市圈对社会民生领域投入持续保持增长,尤其在卫生健康、就业保障、养老、教育、公共服务等多个领域,上海大都市圈内各城市积极加大投入,有效保障和改善人民生活,为经济社会发展提供了坚实的支撑。以上海为例,2022年上海为民办实事10方面、30个项目,养老床位、普惠性托育点、平安屋、口袋公园、运动球场、早餐工程示范点、医疗急救(120)分站、"一键叫车"适老服务设备进社区等29个项目已完成。其中,6个养老护幼类项目完成28.5亿元投资,8个公共服务类项目完成16.6亿元投资。7个服务类项目中,除"小学生爱心暑托班"因疫情暂停外,其余6个项目均已完成,累计完成投资3.5亿元[①]。

2022年上海一般公共服务、教育、社会保障和就业、卫生健康的支出占

---

① 2022年上海为民办实事项目提前完成年度目标任务!这些项目超额完成[N].新民晚报,2022-12-15.

地方一般公共预算支出的 4.82％、11.95％、11.93％、13.93％，比 2021 年增长 18.3％、8％、9.4％和 106.6％。其中，一般公共服务和卫生健康支出的增速要高于同期一般公共预算支出增速。常州的卫生健康支出，苏州的城乡公共服务支出，南通的卫生健康、社会保障和就业、住房保障支出，宁波的卫生健康、社会保障和就业支出，湖州的民生改善支出，舟山的城乡社区、卫生健康支出等增速均高于同期各城市的一般公共预算支出增速，这表明上海大都市圈各城市在社会民生领域的投入在持续加大。

表 4-8　　　　　　2022 年上海大都市圈各城市财政支出情况

城市	项目	占地方一般公共预算支出比重(％)	比上年增长(％)
上海	一般公共服务	4.82	18.3
	公共安全	5.07	50.0
	教育	11.95	8.0
	科学技术	4.11	−8.6
	社会保障和就业	11.93	9.4
	卫生健康	13.93	106.6
	节能环保	2.17	27.9
	城乡社区	15.17	−0.4
常州	教育		2.3
	城乡社区		5.8
	住房保障		6.9
	科技		19.4
	卫生健康		38.4
苏州	城乡公共服务支出	81	1.8
南通	科学技术		5.0
	卫生健康		20.5
	社会保障和就业		5.2
	住房保障		18.0
	交通运输		21.9
宁波	卫生健康		38.4
	节能环保		27.3
	社会保障和就业支出		22.3
湖州	民生改善	73.7	16.0
嘉兴	民生支出	79.6	

续表

城市	项 目	占地方一般公共预算支出比重(%)	比上年增长(%)
舟山	城乡社区		27.2
	卫生健康		26.9
	交通运输		17.2
	科学技术		16.0

数据来源:2022年上海大都市圈各城市国民经济和社会发展统计公报。

3. 城乡居民可支配收入差距缩小

上海大都市圈农村和城镇居民人均可支配收入比值趋于缩小。2022年,上海大都市圈农村和城镇居民人均可支配收入比处于47%—65%区间。其中,嘉兴农村和城镇居民的人均可支配收入差距最小,农村居民人均可支配收入占城镇居民人均可支配收入的64.19%;上海农村和城镇居民的人均可支配收入差距最大,农村居民人均可支配收入占城镇居民人均可支配收入的47.28%。嘉兴农村和城镇居民的人均可支配收入差距变化最大,从2021年的62.43%升至2022年的64.19%,上升了1.76个百分点;嘉兴农村和城镇居民的人均可支配收入差距变化最小,从46.73%增至47.28%,上升了0.54个百分点。常州、南通、无锡的农村和城镇居民的人均可支配收入差距变化幅度也比较小,上升了不到1个百分点;其余城市的农村和城镇居民的人均可支配收入差距变化幅度比较大,变化幅度在1个百分点以上。

(三)上海大都市圈创新发展特征

1. 教育协同发展进一步深化

通过进一步深化教育协同发展,上海大都市圈构建高质量的教育体系,提供更优质的教育资源和服务,促进人才培养和社会进步,这将进一步推动上海大都市圈的整体发展和竞争力的提升。在跨地区教育合作方面,长三角生态绿色一体化发展示范区执委会打造了职业教育协同创新平台。2020年8月,长三角生态绿色一体化发展示范区执委会会同两省一市教育部门发布《长三角生态绿色一体化发展示范区职业教育一体化平台建设方案》,明确要推动示

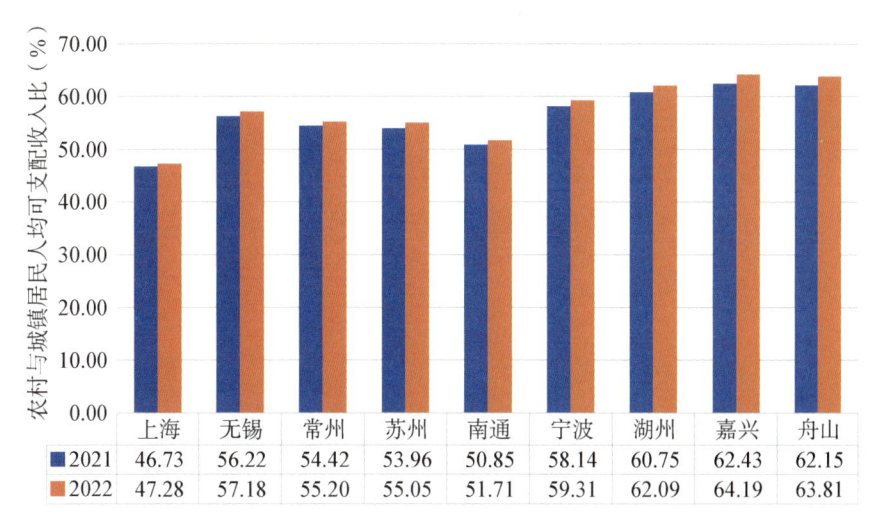

	上海	无锡	常州	苏州	南通	宁波	湖州	嘉兴	舟山
2021	46.73	56.22	54.42	53.96	50.85	58.14	60.75	62.43	62.15
2022	47.28	57.18	55.20	55.05	51.71	59.31	62.09	64.19	63.81

图 4-2 2021 年和 2022 年上海大都市圈农村和城镇人均可支配收入比

数据来源：相应年份上海大都市圈各城市国民经济和社会发展统计公报。

范区内职业学校招生入学、学籍管理、教学实施、就业升学等方面实现一体化运行。在教育培养方面，2021 年长三角生态绿色一体化发展示范区执委会颁布了《教师一体化培养方案》。该方案围绕资源共享、辐射引领和合作交流三大功能，明确了智库共享、课程共建、轮值主持、名师联训、规培互通、学分互认、品牌联建等 7 项共建共享发展机制，将优质培育青浦区、吴江区、嘉善县的 3 个教师发展培训分中心，协同推进长三角教师培训中心落户示范区。

2. 医保异地结算业务深入推进

上海大都市圈是一个高度城市化和经济发达的地区，由于人口流动性大，异地就医需求也较为普遍，因此推进医保和异地结算业务具有重要意义。2017 年，上海先行先试，率先推进实施跨省异地就医住院费用直接结算工作，实现定点医疗机构跨省异地住院费用直接结算全覆盖。2020 年，中国进一步扩大门诊费用跨省直接结算试点范围。长三角生态绿色一体化发展示范区的上海市青浦区、江苏省苏州市吴江区、浙江省嘉兴市嘉善县三地医保部门围绕区域就医免备案、经办服务一站式、慢病特病结算通、网上医保在线付、异地审核协同化等五个维度加快推动示范区内医保领域的"同城化"。2022 年长三角生态绿色一体化发展示范区执委会公布《长三角生态绿色一体化发展示范区共建共享公共服务项目清单(第二批)》,明确推动门诊慢特病异地就医直接结算工作。截至2022年8月底,上海16个区809家定点医疗机构全部实现跨省直接结算,并已覆盖长三角全部41个城市的11913家医疗机构。长三角异地门诊累计结算1046.57万人次,涉及医疗费用28.13亿元,占比超过全国异地门诊结算总量的40%[①]。

> **专栏:"一网通办"迭代升级,提升民众获得感、幸福感**
>
> 聚焦公共服务便利共享,长三角区域内的"一网通办"平台持续迭代升级,让人民群众跨区域生活工作更加便利舒心,获得感、幸福感、满意度不断提升。目前,长三角"一网通办"应用于138项政务服务事项或场景,共41个城市跨省份通办,实现37类高频电子证照共享互认。在公共出行方面,长三角区域10城更实现"一码通行",累计异地乘车超1300万人次。区域内333个图书馆、353个博物馆(含美术馆、文化馆)、657个景区均实现社会保障卡的"一卡通用"。除此以外,长三角区域还率先实现门诊费用直接异地结算,覆盖超10000家医疗机构,累计结算约988万人次,涉及医疗费用26亿元。

3. 公共数据共建共享卓有成效

为进一步推动长三角生态绿色一体化发展示范区公共服务的共建共享,长三角生态绿色一体化发展示范区执委会先后发布了三批《长三角生态绿色一体化发展示范区共建共享公共服务项目清单》,涵盖了卫生健康、医疗保障、教育、文化旅游、公共体育、养老、公共交通、政务服务、综合应用等9大领域,共实现45个公共服务项目的共建共享。公共数据的无差别共享有助于提升长三角地区的公共服务水平。各地区可以更好地了解公共服务需求和优化服务资源,提供更精准、高效的公共服务,提高居民生活质量和满意度。2022年长三角生态绿色一体化发展示范区与上海市大数据中心、江苏省大数据管理中心、浙江省大数据发展管理局正式签订《长三角生态绿

---

① 上海16个区809家定点医疗机构全部实现跨省直接结算 长三角异地就医"方便,更有安全感"[N]. 解放日报,2022-10-12.

色一体化发展示范区公共数据"无差别"共享合作协议》。协议重点明确了共建数据共享交换机制、共推跨域一体化应用、共编跨域公共数据标准等三大任务。浙江省嘉善县依托示范区公共数据"无差别"共享,通过跨省域公共数据"无差别"共享以及区块链平台搭建,率先在政务服务领域实现示范区政务服务地图在"浙里办""智慧吴江""随申办"多平台发布。

二、上海大都市圈社会协同进展与瓶颈

上海大都市圈的社会协同发展对于推动区域一体化具有重要意义。作为中国经济发展的重要引擎,上海大都市圈的城市之间具有密切的联系和依存关系。社会协同发展可以促进资源的优化配置、产业的互补发展以及人才的流动和合作,推动区域经济的协同增长和可持续发展。在社会协同进展方面,上海大都市圈通过建立合作机制和平台,加强都市圈城市间的交流合作,推动了社会民生领域的协同发展和公共服务水平的提升。不过,上海大都市圈社会协同发展仍需进一步解决城市间发展不充分不平衡等问题,兼顾各城市的优势和潜力,破除体制机制的障碍。

(一)社会协同发展现状

1. 不断拓展公共服务范围

随着上海大都市圈社会协同发展的推进,上海大都市圈的公共服务范围不断拓展。2021年长三角生态绿色一体化发展示范区发布了第一批《长三角生态绿色一体化发展示范区共建共享公共服务项目清单》,涵盖了卫生健康、医疗保障、教育、文化旅游、公共体育、养老、公共交通、政务服务等8大领域,共计20个项目。2022年1月,长三角生态绿色一体化发展示范区执委会公布《长三角生态绿色一体化发展示范区共建共享公共服务项目清单(第二批)》,涵盖卫生健康、医疗保障、教育、养老、政务服务、综合应用等6大领域,其中新增10项,迭代更新3项。2023年1月,长三角生态绿色一体化发展示范区发布了《长三角生态绿色一体化发展示范区共建共享公共服务项目清单(第三批)》。第三批清单包括卫生健康、教育、文体旅、政务服务等四大领域,共计12项。

具体来看,共建共享公共服务项目清单已涵盖卫生健康领域 13 项,包含中医医联体建设、公立医疗机构检验检查报告互联互通互认、一体化远程医疗、院前医疗急救、卫生监督协管、医疗机构检验报告互认、智慧互联网医疗服务、大肠癌免费早期筛查、老年人肺炎疫苗免费接种、免疫接种信息互联互通、妇产科诊疗服务、糖尿病足专病诊疗服务和老人"一键通"应急呼叫;医疗保障领域 8 项,包括门急诊就医结算免备案、医保经办服务一站式、异地结算项目范围拓宽、"互联网+"医院医保结算互联通、医保电子凭证"一码通"、异地就医结算全域免备案和异地医保基金联审互查、门诊慢特病异地就医直接结算;教育领域 4 项,包含示范区职业教育一体化、优质"云课堂"教育资源共建共享、跨省职业教育"中高贯通"培养、产教融合云平台;政务服务领域 9 项,包含人才资质和继续教育互认、一网通办、不动产跨省通办、"跨省通办"综合受理服务、公积金联办、社保卡"一卡通"、异地租赁提取住房公积金、110 就近接出警、电动自行车跨省临时通行等。此外,还包括公共体育领域、文化旅游领域和公共交通领域的多项内容。

表 4-9　　　　长三角一体化示范区共建共享公共服务项目清单

领域	第一批	第二批	第三批
卫生健康	中医医联体建设	医疗机构检验报告互认	免疫接种信息互联互通
	公立医疗机构检验检查报告互联互通互认	智慧互联网医疗服务	妇产科诊疗服务
	一体化远程医疗	大肠癌免费早期筛查	糖尿病足专病诊疗服务
	院前医疗急救	老年人肺炎疫苗免费接种	老人"一键通"应急呼叫
	卫生监督协管		
医疗保障	门急诊就医结算免备案	医保电子凭证"一码通"	
	医保经办服务一站式	异地就医结算全域免备案和异地医保基金联审互查	
	异地结算项目范围拓宽	门诊慢特病异地就医直接结算	
	"互联网+"医院医保结算互联通		

续表

领域	第一批	第二批	第三批
教育	职业教育一体化	优质"云课堂"教育资源共建共享	跨省职业教育"中高贯通"培养 产教融合云平台
养老领域	百岁老人津贴	养老资源共享	
政务服务领域	人才资质和继续教育互认	不动产跨省通办	异地租赁提取住房公积金
	一网通办	"跨省通办"综合受理服务	110就近接出警
		公积金联办	电动自行车跨省临时通行
公共体育文化旅游	举办全域体育赛事		
	阅读服务		全域旅游智慧服务
	图书通借通还		博物馆线上"云游"服务
	文化配送服务		十分钟健身圈
	旅游惠民服务		
	文物非遗		
公共交通领域	跨省域公交联运		
综合性应用		社保卡"一卡通"	

数据来源:长三角生态绿色一体化发展示范区执委会及网络资料整理。

2. 深化拓展一体化制度创新

长三角生态绿色一体化发展示范区聚焦公共服务领域制度创新和重大问题研究,不断推出和深化一体化制度创新,取得了一系列成果,部分成果在向全国复制推广。一是出台实施全国第一个跨省域的共同富裕实施方案。2022年11月,长三角生态绿色一体化发展示范区执委会同上海青浦、江苏吴江、浙江嘉善两区一县政府联合印发了《长三角生态绿色一体化发展示范区共同富裕实施方案》。这是全国首个跨省域的共同富裕实施方案,围绕经济高质量发展、生态文明共建、区域城乡融合、居民增收共促、公共服务优质共享、社会和谐共筑6个领域设置了26项指标;在重大改革清单方面,共涉及三个层面24项改革事项,包括示范区投资一体化、科技金融改革、数字人民币试点、创建国家级高新技术产业开发区等;在重大项目清单方面,共排72个项目,涉及经济高质量发展、生态文明建设、城乡区域融合等。方案明确了2025年和2035年的发展目标:到2025年,共同富裕工作取得明显实质性进展。构建一体化引领共同富裕的体制机制和政策框架,形成一批可复制可推广的标志性成果,示范引领长三角一体化促进共同富裕的作用逐步发挥。到2035年,基本实现共同富裕,形成更加成熟、更加有效的一体化促进共同富裕的体制机制和政策框架,示范引领长三角一体化促进共同富裕的作用充分发挥。

二是建立示范区公共服务共建共享机制。从2020年至2023年,先后发布三批次《长三角生态绿色一体化发展示范区共建共享公共服务项目清单》。三批次的示范区共建共享公共服务项目清单共45项,涵盖卫生健康、医疗保障、教育、文化旅游、体育、养老、交通、政务服务、综合应用等九大领域。这也是全国首个跨省域的公共服务项目清单。

三是推进示范区教育工作高质量一体化发展。长三角生态绿色一体化发展示范区执委会颁布了《长三角生态绿色一体化发展示范区职业教育一体化平台建设方案》,方案明确要建立示范区职业教育一体化工作机制,推动示范区内职业学校招生入学、学籍管理、教学实施、就业升学实现一体化运行。目前,苏州信息职业技术学院、上海工商信息学校、上海青浦区职业学校、江苏省吴江中等专业学校、嘉善县中等专业学校等9家高职、中职学校依托青吴嘉三地在高端信息技术和高端智能制造方面的产业优势,充分发挥平台融合效应、集成功能,实现示范区内职业学校招生入学、学籍管理、教学实施、就业升学一体化运行,起到跨区域制度创新和政策突破的样板作用。教师一体化培养机制方面,长三角生态绿色一体化发展示范区执委会出台了《长三角生态绿色一体化发展示范区教师一体化培养方案》,围绕智库共享、课程共建、轮值主持、名师联训、规培互通、学分互认和品牌联建等七大机制保障总领示范区教师一体化高质量发展。

四是推进示范区卫生健康工作高质量一体化发展。在中医资源方面,2020年,由上海市中医药管理局(上海市卫健委)、上海市中医医院与两区一县(上海青浦、江苏吴江、浙江嘉善)政府签署了《长三角生态绿色一体化发展示范区区域中医联合体战略合作框架协议》。这是长三角生态绿色一体化发展示范区建设中卫生健康领域重大项目签约的重要标志,也是推动中医优质医疗资源下沉到示范区,提升示范区分层诊疗转诊体系能力,提高示范区整体中医医疗水平的重要举措。在特色专科方面,推进以复旦大学附属妇产科医院为技术核心的示范区妇产科医疗联合体和以东部战区空军医院为核心的示范区糖尿病足专病联盟,加快优质资源扩容和均衡布局。

五是推进长三角地区养老服务高质量一体化发展。2021年上海、江苏、浙江和安徽三省一市以民政部门为主导,明确了推动养老一体化高质量发展五项任务:(1)全面深化长三角"41城养老合作",在已有的上海13个区和三省27城(含7个区县)的基础上,持续推动41城间的合作,实现上海16个区全面与三省30个城市的工作对接;(2)全面开展三省一市长期护理保险试点合作,推动上海长护险等政策待遇异地延伸结算,助力异地养老服务新发展;(3)推出50 000张异地养老床位供给,方便老年人异地养老新选择;(4)开展五批全国居家和社区养老服务改革试点城市交流活动,汇总试点经验并推广应用,促进长三角养老服务高质量发展;(4)发布首本《长三角养老产业发展指引(2021年)》,为政府决策、行业发展、高校研究提供参考。

六是拓展长三角地区社保卡"一卡通"应用场景。2022年,上海、江苏、浙江和安徽三省一市人大常委会分别通过了本地的《推进长三角区域社会保障卡居民服务一卡通规定》。规定明确,长三角区域社会保障卡持卡人可以在基本公共服务各额城享受相应便利服务,持卡人在社会保、交通、文化旅游、就医、金融服务等领域享受相应服务,拓展社保卡在经济社会各领域的创新应用。

3. 持续优化区域协调机制

推动公共服务均等化、一体化是长三角地区高质量发展的重要领域,但一体化的推进离不开区域协调机制作用的发挥。长三角一体化的进程中,区域协调机制也得到不断的优化。一是坚持规划引导,增强区域发展协调性。伴随2019年国务院发布《长江三角洲区域一体化发展规划纲要》,与国家规划相衔接的长三角、上海大都市圈、行业规划方案相继出台或列入重要议事议程。当前,上海大都市圈已经初步构建起由《上海市城市总体规划

(2017—2035年)》《上海大都市圈空间协同规划》《长三角生态绿色一体化发展示范区国土空间总体规划(2021—2035年)》等由国家战略与规划、都市圈规划纲要、城市规划纲要、专项规划或者规划实施方案等组成的能体现一体化发展要求的规划体系。二是强化一体化发展支撑保障,有效推进重点专题项目。围绕卫生健康、医疗保障、教育、文化旅游、公共体育、养老、公共交通、政务服务等领域,协调各重点专题合作,推动公共服务平台的有效对接和社会保障政策的融合。依托共建共享发展理念,推进区域内优质教育、医疗卫生等资源的共享机制,进一步完善医保跨省市结算机制,推进区域社保等"一卡通"工程。三是丰富合作机制内涵,拓展区域一体化合作的范围和层次。不断完善合作协调机制,如成立长三角生态绿色一体化发展示范区执行委员会,发挥其在推动长三角地区实现生态绿色一体化发展中的整体协调、项目推动、资金管理和宣传推广等作用。长三角一体化社会协同的范围也不断深化,涵盖卫生健康、医疗保障、教育、文化旅游、公共体育、养老、公共交通、政务服务等众多领域,区域合作范围得到较大程度的延伸。

(二)社会协同发展特征分析

1. 项目化:依托项目化运营提质增效

公共服务项目是促进区域一体化发展的重要抓手。上海大都市圈内部的公共服务水平差异很大,但对优质公共服务的需要均较为强劲。基于特定的项目,上海大都市圈各主体可以集中资源和力量,有针对性地开展工作,填补发展中的短板和不足,促进社会的全面协同发展。上海大都市圈、长三角一体化示范区等在推动区域社会协同发展进程中均采取项目化运作的方式来推动社会协同发展。在共建共享的原则下开展合作,上海大都市圈关注医疗、教育及养老等领域,集中优势资源打造特色公共空间和公共服务项目,提升区域公共资源的优化布局与有效供给。长三角地区和长三角一体化示范区先后出台《长三角一体化发展规划"十四五"实施方案重大项目库(表)》和《长三角生态绿色一体化发展示范区重大项目表(2021—2023年)》,明确民生服务类项目以高等级、共建型项目为引领,推动基本公共服务均等化和区域公共服务品质整体提升。目前,长三角一体化示范区中的吴江区中医医院异地新建项目正式启用,复旦大学附属妇产科医院青浦分院新建项目已竣工验收,嘉善高端技师学院在紧张施工中。

2. 清单化:依托清单化推进加快衔接

清单化是上海大都市圈社会协同发展中的一个重要特征。社会协同发展依托清单推进是指通过制定明确的清单或计划,列出具体的任务、目标、措施和责任,推动各方主体之间的协同合作。随着上海大都市圈社会协同发展的推进,上海大都市圈的共建共享公共服务项目清单也不断升级,2021年以来,长三角生态绿色一体化发展示范区先后公布了三批《长三角生态绿色一体化发展示范区共建共享公共服务项目清单》,涵盖了卫生健康、医疗保障、教育、文化旅游、公共体育、养老、公共交通、政务服务、综合应用等9大领域,共实现45个公共服务项目的共建共享。通过清单化推进加快上海大都市圈内各城市公共服务的衔接,推动公共服务资源的优化配置和高效利用,提高服务的质量和覆盖范围,满足广大市民的需求,促进上海大都市圈的协同发展。

3. 数字化:依托数字化技术强化赋能

数字化技术可以提高上海大都市圈之间的信息共享和交流效率,减少信息壁垒和沟通障碍。通过建立数字化平台和数据共享机制,各城市可以快速获取和分析跨区域的数据,从而更好地了解社会经济状况、民生需求和发展趋势。这有助于政府和相关部门制定更精准的政策和措施,优化公共服务与社会管理,改进公共服务的质量和效率,更好地满足市民的需求。2022年长三角生态绿色一体化发展示范区执委会与上海市大数据中心、江苏省大数据管理中心、浙江省大数据发展局正式签订《长三角生态绿色一体化发展示范区公共数据"无差别"共享合作协议》,明确共同推进数字政府建设,强化公共数据交换共享,加快长三角政务数据资源共享共用,提高政府公共服务水平。同年,长三角生态绿色一体化发展示范区执委会会同上海、江苏和浙江的工信、通信管理部门联合印发《关于在长三角生态绿色一体化发展示范区加快数字经济发展推进先行先试的若干举措》,在积极推进新型信息基础设施一体化建设、加快推动数字产业化等5个方面推出20条举措,提出加快推动示范区产业数字化和数字产业化,以应用场景牵引技术创新,培育数字经济新技术、新业态和新模式,打造数字化转型发展先行区。目前,上海、江苏、浙江和安徽三省一市已全面推进长三角居民服务"一卡通",在长三角区域内,以社会保障卡作为载体,率先在交通出行、旅游观光、文化体验以及社会保障、医疗卫生、金融服务等领域实现一卡多用、跨省份通用。

(三) 社会协同发展瓶颈问题

1. 城镇化发展水平存不一致

城镇化促进了人口、资金、技术等要素在城市间的自由流动和优化配置,实现资源的集约利用和高效配置。这有助于促进上海大都市圈内各城市间的互联互通,实现资源共享和协同发展。表3-2为2022年上海大都市圈常住人口城镇化发展水平,可以看出,2022年上海市城镇化水平最高,为89.3%;无锡和苏州也处于较高水平,分别为86.61%、82.12%;湖州最低,仅为66.4%,其余城市处于72%—79%之间。通常来说,当城镇化水平大于70%时,城镇化发展就会进入从快速增长向稳定发展过渡的阶段,上海大都市圈中湖州仍低于70%,比上海低22.9个百分点。可见上海大都市圈城镇化水平还存在着较大的差异。

图4-3 2022年上海大都市圈各城市常住人口城镇化水平

数据来源:2022年上海大都市圈各城市国民经济和社会发展统计公报。

2. 公共财政能力存在较大的差异

政府的财政收入是支持基本公共服务的重要来源。财政收入的数量与质量直接影响政府的可支配资金,决定了政府在基本公共服务方面的投入水平。表2-3为2022年上海大都市圈"1+8"城市的一般公共预算收入,可以看出上海大都市圈各城市的财政收入存在较大的差距。2022年上海市一般公共预算收入是舟山市的48.72倍,而上海常住人口为舟山的21.16倍,两个城市的财政总量和人均财政能力均存在较大的差距,这也是各城市之间社会协同发展面临的重要障碍之一。

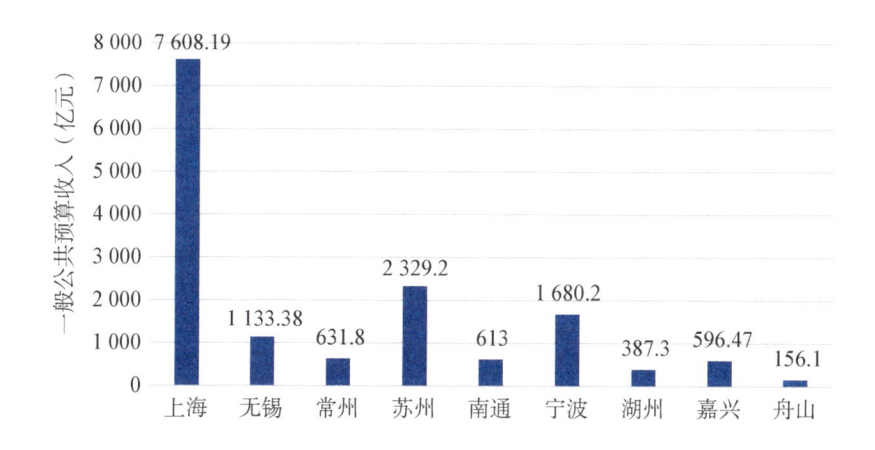

图4-4 2022年上海大都市圈各城市一般公共预算收入

数据来源:2022年上海大都市圈各城市国民经济和社会发展统计公报。

3. 共建共享制度有待进一步完善

上海大都市圈社会协同发展取得了一定的成效,但都市圈内部共建共享制度还有待进一步发展完善,区域内相互分割的治理体系与区域基本公共服务协同发展制度之间形成了内在冲突。上海大都市圈共建共享制度不完善具体表现在三个方面:一是城市间的行政壁垒。不同城市之间的行政壁垒是阻碍共建共享的一个主要问题。行政壁垒表现为行政手续繁琐、审批流程复杂、政府部门之间协调不畅等。二是地区保护主义。城市政府为了维护本地利益会采取限制和保护措施,这种现象可能会导致资源和机会的不均衡分配,阻碍了共建共享的发展。三是法律法规和政策有待进一步完善。共建共享需要有明确的法律法规和政策支持，以规范各方的行为和提供保障。目前上海大都市圈城市之间还存在相关法律法规和政策不完善或不适应实际需求等问题。

4. 财政转移支付制度不够完善

转移支付制度旨在通过财政资源的调配，实现不同地区之间的财政相对均等，进而提升基本公共服务的均等水平。转移支付制度的最终目的是提升基本公共服务的均等水平。通过向经济相对薄弱的地区提供财政支持，可以改善这些地区的基础设施建设、教育、医疗、社会保障等方面的公共服务水平。这有助于缩小地区间的基本公共服务差距，提高全民享有公共服务的机会和质量，实现社会公平和社会福利的增进。中国目前转移支付的现状，可以分为中央—地方纵向转移支付和地方政府间横向转移支付形式，其中纵向转移支付制度日趋完善。[①] 当前，上海大都市圈的横向转移支付制度在规范性、稳定性等方面有待提高，区域间横向转移支付力度较弱。为了确保转移支付制度的合理性和有效性，需要建立科学、公正、透明的制度和机制。这包括明确转移支付的目标和原则、确保资金使用的监督和评估机制、建立有效的资源调配机制等。同时，还需要加强转移支付制度与地方财政管理的衔接，提高财政资源的使用效率和效果，不断完善上海大都市圈内的财政转移支付制度。

5. 市场力量参与较少

在上海大都市圈的社会协同发展中，政府在推动各项工作中发挥着主导作用。政府通过制定相关政策、规划和指导文件，协调各方利益，推动不同领域和地区间的合作与协同发展。政府在资源配置、项目投资、公共服务项目建设等方面发挥着重要作用，促进社会协同发展的顺利进行。市场力量参与较少，一方面是由于市场环境不完善。市场环境中存在不确定性、不稳定性和不透明性等问题，市场机制不够完善，市场主体之间信息不对称、交易成本高等问题存在，制约了市场力量的形成和发挥。另一方面则是政策限制和行政壁垒。一些政策限制和行政壁垒阻碍了市场主体的进入和发

---

① 郭春辉.长三角地区基本公共服务均等化问题研究[D].合肥:安徽建筑大学,2022.

展,限制了市场力量的充分发挥。

三、上海大都市圈社会发展展望与未来

党的二十大报告强调,要"促进区域协调发展,以城市群、都市圈为依托构建大中小城市协调发展格局,推进以县城为重要载体的城镇化建设"。《上海大都市圈空间协同规划》进一步提出,"强化区域协同的战略引领、空间统筹和机制保障,推动长三角更高质量一体化发展"。在推动经济持久增长和区域协同发展的过程中,上海大都市圈的社会协同发展扮演着重要的角色。在新时代的背景下,上海大都市圈将加强政策协同、制度创新,推动各城市间的合作和协调。通过优化资源配置、加强基础设施建设、提高公共服务水平等措施,上海大都市圈将进一步提升社会协同发展的整体效益和影响力。

(一) 上海大都市圈社会协同发展新趋势

一是国际形势复杂严峻,民生发展面临着一定的压力。"十四五"期间,国际经济逆全球化等发展形势对上海大都市圈经济社会发展产生了重要影响。一方面,错综复杂的国际经济政治局势直接冲击上海大都市圈的就业和民生领域。经济逆全球化趋势可能导致全球产业链的调整和供应链的重构,对上海大都市圈的就业机会产生影响。贸易摩擦和贸易保护主义的加剧导致了一些企业面临出口压力,进而影响到一部分劳动力的就业。这会导致就业市场的不稳定和就业机会的减少,对民生造成一定压力。另一方面,经济逆全球化可能对社会公共服务体系提出更高要求。面对就业不稳定性和收入下降的风险,上海大都市圈需要加强社会保障网络,提供更好的失业救济、医疗保障、住房保障等福利和公共服务,以保障人民的基本生活需求。

二是新发展理念对上海大都市圈社会发展提出了更高的要求,引领着基本公共服务均等化发展。在新时代高质量发展需要坚持创新、协调、绿色、开放、共享的新发展理念。创新是推动公共服务均等化的重要驱动力。通过创新,可以提供更智能、高效、便捷的公共服务模式,提升服务的质量和

覆盖范围。协调发展注重的是解决发展不平衡不充分问题。上海大都市圈内不同地区的发展水平和需求各不相同,需要协调各方利益、资源和政策,统筹规划和整合公共服务资源,减少地区之间的差距,提高服务的均等化水平。绿色发展强调环境保护和可持续发展。通过推动清洁能源、低碳交通、生态建设等绿色发展措施,可以提供更环保、健康的公共服务,公共服务的绿色化可以使得上海大都市圈内的居民共享良好的生态环境和可持续的发展成果。开放强调的是发展的内外联动问题。基于对外开放,吸引国际先进技术和管理经验,可以提升公共服务的国际水平和竞争力。共享发展强调的是解决社会公平正义问题。通过促进资源共享、均衡发展、多方参与和信息透明,可以实现公共服务的共享性和均衡性,提高居民的生活质量和社会的可持续发展。

三是在共同富裕战略指引下,上海大都市圈社会民生领域协同发展面临着新的目标。上海大都市圈社会民生领域协同发展旨在实现民生福祉的共同提升,增强社会包容性和公平正义,以及加强社会治理能力和创新能力。上海大都市圈涵盖了不同地区和城市,其中存在着区域间的发展差距。在共同富裕战略的指引下,社会民生领域协同发展的方向是缩小区域间的发展差距,通过促进资源配置、基础设施建设和公共服务均等化,实现各地区社会民生水平的均衡发展。为率先走出一条具有示范区特色的跨域一体、协同高效共同富裕之路,为长三角乃至全国跨省域共同富裕探路和示范,长三角一体化示范区会同两区一县政府联合印发了《长三角生态绿色一体化发展示范区共同富裕实施方案》(以下简称《实施方案》)。《实施方案》明确,"到2025年,共同富裕工作取得明显实质性进展。构建一体化引领共同富裕的体制机制和政策框架,形成一批可复制可推广的标志性成果,示范引领长三角一体化促进共同富裕的作用逐步发挥。到2035年,基本实现共同富裕。形成更加成熟、更加有效的一体化促进共同富裕的体制机制和政策框架,示范引领长三角一体化促进共同富裕的作用充分发挥。"

四是数字化技术的发展,社会领域协同发展面临新挑战。《中华人民共和国国民经济和社会发展第十四个五年规划和2035年远景目标纲要》指出:"适应数字技术全面融入社会交往和日常生活新趋势,促进公共服务和社会运行方式创新,构筑全民畅享的数字生活。"数字技术的发展使得传统的生产方式发生了重大的变革,与此同时也在社会领域带来新的挑战和机遇。一方面,数字化技术的应用可以提升社会领域的效率和便利性。例如,电子政务、智慧交通等可以改善公共服务的质量和效率,提升居民的生活品质。另一方面,数字化技术的应用可能导致数字鸿沟的加剧,即信息和技术的不平等分配。一些地区和人群可能无法充分享受到数字化带来的机遇,缺乏数字技能和数字资源。此外,数字化技术的快速发展要求组织和机构具备快速适应的能力,但技术更新和转型可能面临一些困难,包括技术投资、人员培训和组织变革等方面。

(二)上海大都市圈社会协同发展目标

上海大都市圈以 21 世纪中叶第二个百年奋斗目标为基本依据,以国务院批复明确的上海建设"卓越的全球城市"目标为引领,综合周边城市共同诉求,其目标愿景为"建设卓越的全球城市区域,成为更具竞争力、更可持续、更加融合的都市圈"。2022 年颁布的《上海大都市圈空间协同规划》明确,2050 年的上海大都市圈将更加融合,她将成为一个荣辱与共的命运共同体,各城市统一目标、共同奋斗。她将拥有完善的国家高铁与都市圈轨道网络,满足对外高效联系与内部便捷通勤,满足居民的出行需求。她将拥有高水平的公共服务体系,每个居民都将能够享有优质的服务资源和生活空间。她将拥有开放多元的沟通渠道与协商平台,各个城市、各方主体、每位居民都能够参与其中,共同构建多元融合的都市圈。上海大都市圈社会协同发展的目标是促进上海及周边城市之间的协同发展,推动上海大都市圈内城市之间的社会公平和区域协调发展,加强社会保障、教育、医疗等公共服务的均衡供给,提高居民的获得感和幸福感。具体发展目标如下。

教育发展目标:全面提升高等教育设施,培育更多有能力进入 QS1000 榜单的世界级大学。在高等教育设施方面,加大投资力度,提升上海大都市圈内高等教育机构的硬件设施,包括校园建设、实验室设备、图书馆资源等,以提供更好的学习和研究环境;在学科建设方面,聚焦关键学科领域,加大对基础学科和前沿交叉学科的支持力度,培育一批具有国际影响力的学科和学术团队,在相关领域取得重要的科研成果和突破;在国际合作方面,积极推动上海大都市圈内高校与国际一流大学的合作与交流,引进国际先进的教育理念、教学资源和科研项目,培养具有全球视野和国际竞争力的人才。通过提升高等教育硬件设施质量和学科建设水平,努力培育更多有能力进入QS1000榜单的世界级大学。

医疗发展目标:提升高等级医疗设施,重点建设国际医院和三甲医院,强化上海大都市圈高等级医疗水平。在高等级医疗设施方面,增加投资,提升上海大都市圈内医疗设施的硬件水平,包括现代化医疗设备、先进的诊疗技术和医疗信息化系统等,以提供高质量的医疗服务;国际医院建设方面,建设具有国际水平和影响力的医院,为国内外患者提供高水平的医疗服务,吸引国际医疗资源和人才到上海大都市圈;在三甲医院发展方面,重点支持上海大都市圈内的三甲医院,提升其医疗服务水平和综合实力,注重培养高水平医疗团队和专业人才,提高医疗技术水平和医疗质量;在医疗合作与交流方面,积极推动上海大都市圈内医疗机构之间的合作与交流,加强资源共享、技术交流和协作研究,提高整体医疗水平和医疗服务的覆盖范围。

(三) 推动上海大都市圈社会协同发展的建议

1. 强化顶层设计,进一步完善一体化的体制机制建设

建立跨部门、跨地区的上海大都市圈协同机制和平台,推进社会民生领域合作,建立社会民生领域合作专项办公室,将其纳入长三角区域合作体制机制内。通过建立社会民生领域专项办公室,协调各相关部门和城市之间在社会民生领域的合作,推动上海大都市圈政策研究、项目协调、资源整合等支持,促进各方的合作共享。通过强化顶层设计,进一步完善社会民生领域一体化建设,促进上海大都市圈社会民生领域的合作发展,提升居民生活质量和幸福感。

2. 创新合作理念,以新思路引领社会民生领域的协同发展

进入新发展阶段,需要进一步创新社会领域建设发展思路,结合新发展理念和要求,以新的思路推动社会民生领域由"有"向"优"发展,打造上海大都市圈社会协同高质量发展的样板。一是突出"人民城市"的建设理念。注重上海大都市圈人民群众的需求和利益,建立以人民为导向的社会民生发展目标,通过广泛听取居民的意见和需求,制定政策和项目。在决策和监督环节,加强居民参与,构建开放、透明、互动的决策机制,让民众能够参与决策和监督,真正实现人民城市的概念。二是推动基本公共服务数字化转型。在上海大都市圈社会协同发展过程中,在社会民生和城市治理等领域积极推动数字化转型。围绕社会领域,逐步建立统一的数据标准和共享机制,打破部门和地区间的数据孤岛,促进数据跨部门、跨领域的流动和共享,利用物联网、人工智能等技术手段,实现社会民生领域的智能化管理和运营,提高公共服务的精细化和个性化水平。为上海大都市圈提供更智慧、便捷、高效的公共服务体系,提升居民的生活质量和幸福感,实现高质量的社会协同发展。

3. 完善政策协同,推动上海大都市圈公共服务高质量发展的有效衔接

上海大都市圈公共服务的高质量发展和有效衔接,能让居民享受到更加便捷、高效、均衡的基本公共服务,满足人民群众日益增长的需求,促进社会公平正义,推动上海大都市圈的可持续发展,提升居民的生活质量和幸福感。这需要各级政府加强协调与合作,形成合力,共同推动上海大都市圈公共服务的协同发展,让每个人都能分享到发展的红利。一是建立基本公共服务标准化体系。上海大都市圈内各城市,围绕教育、医疗、社会保障等各个领域建立清单标准体系,按照标准和规划明确每年工作进展,并进行定期考核,逐步实现不同城市间基本公共服务的可比性和互通性,提高服务水平的一致性和公平性。二是明确政府、市场、社会等基本公共服务多元供给体系。在公共服务提供中,各方应充分发挥各自的优势和作用,形成有机的合作机制。政府应加强规划和管理,提供公共服务的基础设施和基本保障,发挥统筹调控和公共资源配置的作用。市场主体应参与服务提供,提供有竞争力和创新性的服务,促进服务的多样化和提升。社会组织和志愿者应发挥参与力量,特别是在社区层面提供精细化的服务,满足居民的个性化需求。各方应加强沟通与合作,形成合力,为居民提供多元化、高质量的公共服务。三是打破区域行政壁垒,逐步推进各地政策协同发展。通过建设上海大都市圈统一信息平台、跨行政区的资格认证模式和结算统筹对接机制,

逐步打通跨行政区壁垒,促进上海大都市圈公共服务的协同发展。

4. 推进共建共享,统筹推动上海大都市圈公共服务均衡普惠提质增效

推进共建共享,统筹推动上海大都市圈公共服务的均衡普惠提质增效,可以实现公共服务资源的优化配置,让居民享受到更加平等、便捷和优质的公共服务。这将促进社会的协同发展,提高居民的生活品质,推动上海大都市圈的可持续发展。这需要政府部门、社会组织和企业的积极参与和合作,形成合力,共同推动这些措施的实施和落地。一是倡导多层次多模式合作办学办医。在教育和医疗领域,鼓励不同城市间的学校和医疗机构开展合作办学和合作医疗,形成多层次多模式的合作模式。可以通过跨区域的学校联盟、医疗联盟等机制,实现资源共享、师资交流、技术合作等,提升教育和医疗服务的质量和水平。同时,鼓励引入互联网和信息技术,推动远程教育和远程医疗,让优质资源覆盖更广的地区和人群。二是转变基本公共服务资源配置模式。建立灵活、高效的基本公共服务资源配置机制,充分考虑人口流动和需求变化,实现资源的动态配置和优化。逐步建立统一的资源调度平台,实现公共服务资源的跨区域调配和均衡分配。政府可以根据需求预测和评估,合理安排资源的供给,确保各地区公共服务的均衡普惠。三是促进社保等信息跨区域、跨机构互通互认共享。推动社保信息管理平台区域有效衔接,实现社保等信息的跨区域、跨机构互通互认共享。通过推动信息技术的应用,建立数据互联互通的机制,使不同地区的居民能够便捷地享受到社保、医保等基本公共服务。同时,加强数据隐私保护和安全管理,确保信息的安全性和可信度。

5. 引入多元主体,推动公共服务供给多元化发展

传统上,公共服务供给主要由政府承担,但如今,社会的需求多样化和个性化,需要更加灵活和多元的供给方式。社会民生领域的公共服务涉及教育、医疗、养老、就业等方面,直接关系到人民群众的福祉和生活质量。引入多元主体参与公共服务供给的多元化发展是推动上海大都市圈社会民生的发展的重要举措。通过多元主体的合作和协同,可以提供更加多样化、高质量的公共服务,满足人民群众的多样化需求。不同的主体具有各自的专业知识和资源优势,通过合作和协同,也可以推动公共服务的创新和改进。

例如,企业可以运用先进的科技手段提供智能化的教育和医疗服务,社会组织可以开展社区居民参与的文化活动和公益项目,政府可以制定政策和规划,提供必要的支持和引导。此外,不同主体的竞争和合作可以促使其提供更好的服务,同时够推动资源的合理配置和利用。通过引入市场机制,激发各主体的活力和创新能力,可以提高公共服务供给的效率。

参考文献

[1] 2022年上海为民办实事项目提前完成年度目标任务!这些项目超额完成[N].新民晚报,2022-12-15.

[2] 长三角示范区推进卫生健康一体化发展,百姓率先享受医疗便利[EB/OL]. https://baijiahao.baidu.com/s?id=1714288249641730389&wfr=spider&for=pc.

[3] 郭春辉.长三角地区基本公共服务均等化问题研究[D].合肥:安徽建筑大学,2022.

[4] 一体化示范区发布三周年建设成果:推出112项制度创新成果,推进108个重点项目建设[EB/OL]. https://mp.weixin.qq.com/s/fJtI3xwx1DFJnhELdny_2Q.

[5] 浙江省人民政府.从长三角到全国 一张医保卡这样实现"跨省游"[EB/OL]. https://www.zj.gov.cn/art/2022/10/13/art_1229278448_59896574.html.

[6] 中国日报网.上海16个区809家定点医疗机构全部实现跨省直接结算 长三角异地就医"方便,更有安全感"[N].解放日报,2022-10-12.

B5 上海大都市圈文化发展特征与展望（2022—2023）

凌 燕

（上海社会科学院）

摘 要： 都市圈是一个以人为本、和谐共生的有机生命体，首先体现城市间互联互动的"圈"的空间和群体特征，具有一定动态变化的范围性、凝聚资源要素的向心性和相互依存、联通协作的共生性。秉承生态化、创新化发展理念，历经"集聚化→融合化→扩散化→网络化→协作化→一体化"形成网络化交互共生空间形态，通过良性互动实现互利共赢、和谐共生的过程与结果。以上海为中心发挥增长极效应，联合苏州、无锡、常州、南通、宁波、嘉兴、舟山、湖州，上海大都市圈文化协同发展上取得了长足进步，呈现出实体化、联动化、系统化的发展特征。未来，上海大都市圈文化发展需要以区域规划、机制改革、平台打造、设施共通的总体目标为引领，实施具体措施以提升上海大都市圈的文化软实力，增强上海大都市圈的竞争力。

关键词： 文旅文化圈；文化产业集群；数字文化服务；演艺产业

21世纪以来，都市圈、城市群成为中国经济宏观调控和区域经济发展的战略空间选择。2019年12月16日，习近平总书记的《推动形成优势互补高质量发展的区域经济布局》文章指出，伴随着中国经济由高速增长阶段转向高质量发展阶段，区域经济不能走平均化、齐步走的发展道路，要突出各地区条件，要突出自己的优势和特点，分工合作，优化发展。特别提出"要形成几个能够带动全国高质量发展的新动力源，特别是京津冀、长三角、珠三角三大地区,以及一些重要城市群"。都市圈、城市群已成为未来带动中国区域经济高质量发展的重要引擎、战略依托。都市圈协同机制发挥的作用也会越来越明显,上海大都市圈已初步建立开放协作的空间协同机制,文化协同坚持多系统、开放式的运作模式,正逐步向常态化方向深度发展。在上海大都市圈的共融协同发展中,文化作为一种精神力量,是柔中带刚的"黏合剂",是上海大都市圈协同发展的重要思想和精神基础。文旅文化圈的形成,是以文化先行破除地方壁垒,进一步促进上海大都市圈实现全方位、多层次、各方面的协同发展。

一、上海大都市圈文化发展现状与特征

上海大都市圈是上海及其周边8座城市的九城联动。在空间协同机制下,上海大都市圈的文化协同发展向好,文化资源逐步成为城市文化形象提升的内涵支撑,率先基本建成现代公共文化服务体系,公共文化服务品牌化效应初步显现,数字文化服务与线下文化服务智慧联通、互为补充,实现了文化事业高质量繁荣发展。文化产业平稳发展优势明显,数字文化产业综合竞争力整体水平较高,文化贸易加快发展,已成为上海大都市圈城市的支柱性产业之一。随着政策频出,上海大都市圈的文化和旅游市场复苏,文旅基础设施实现全面互联互通,文旅文化圈已初步形成。

(一)文化事业高质量繁荣发展

1. 文化资源成为城市形象内涵支撑

一座城市的文明底蕴深深扎根于它的历史和文化之中,独特的历史和文化孕育着一座城市独有的品位和特质。文化资源兼顾传承与利用,跨地市联动保护机制已成为必然。以运河文化资源为例,京杭大运河在江南地区分为江北运河与江南运河两部分,大运河文化带建设在江南地区得到积极推进,并取得阶段性成果。常州建成青果巷历史文化街区一期,"常走大运"形成全国品牌;苏州以建设"大运河文化带最精彩的一段"为目标,持续提升文化品牌影响力,建设全球"世界遗产典范城市""手工艺与民间艺术之都"。无锡创成国家公共文化服务体系示范区和中国旅游休闲示范城市,进

一步彰显"太湖明珠·江南盛地"的城市形象；嘉兴突出长三角湿地生态、大运河丝路文化旅游、天鹅湖未来科学城优势，致力打造"长三角最优的高水准创新经济引领区、全国一流的高质量生态文明样板区、国际领先的高水平城乡融合示范区、践行新发展理念的承载地"。

苏州深度挖掘苏州古典园林、大运河、古镇古村古街等特色文化资源，开发场景式综合文化体验旅游项目。组织非遗传承人、民间艺人和专业团体，将苏式传统文化精品剧目、民俗节庆、非遗展示等融入景区，探索互动体验性的文化传播方式。实施"最江南·公共文化特色空间"计划，打造百个具有江南特色、文化品质、审美品位、公共品格的特色文化空间，建设苏州成为与国际接轨的世界旅游目的地城市，成为文化可持续繁荣的世界遗产典范城市，成为文旅创新驱动的国际消费中心城市，成为全民共建共享的江南生活典范城市。

宁波推进"优秀传统文化＋旅游"，以宁波特色传统文化资源为依托，进一步擦亮宁波文化名片，高水平建设大运河-海丝文化旅游带，打造河姆渡文化、运河-海丝文化、阳明文化、藏书文化、弥勒文化、海洋文化、商帮文化、影视文化等具有宁波辨识变的文旅融合目的地，全面讲述宁波故事。

湖州持续打响国家历史文化名城品牌，加强历史文化遗产保护利用，进一步彰显丝绸文化、湖笔文化、书画文化、溇港文化、茶文化、竹文化等地域文化特色和大运河文化、太湖文化、江南文化魅力。湖州广泛开展多点、高频、流动的艺术展演活动，文艺如同星火，赋美城市气质、点靓乡村风韵，生动展现"诗画江南、活力浙江"的无限魅力，进一步推动了文化惠民服务成为"精神富有"的最靓底色。

2. 率先基本建成现代公共文化服务体系

上海大都市圈各城市以重点文化设施建设为龙头，以乡镇综合文化站达标提升为依托，以村(社区)建设标准化的综合性文化服务中心为重点，统筹区域、城乡之间文化设施建设，促进公共文化设施高标准覆盖，已基本建成市、区、街道、村(居委会)的四级公共文化服务网络，上海大都市圈各城市2021年人均公共文化设施建筑面积平均约为0.3平方米，高于长三角人均公共文化设施面积，约是全国人均公共文化设施面积的6倍(2021年末，全国平均每万人公共图书馆建筑面积为135.51平方米,全国平均每万人群众文化设施建筑面积为352.13平方米)①。上海基于长三角生态绿色一体化发展示范区执委会和临港片区,拓展延伸从淀山湖到滴水湖的城市东西文化轴的文化设施布局,持续举办长三角和部分地级市文化和旅游公共服务产品采购大会,采用全程直播形式,做大做优公共文化服务供需对接跨区域一体化平台。

"十三五"期间,上海基本公共文化服务标准化、均等化全面推进,中心城区10分钟、郊区15分钟公共文化服务圈不断完善,全市常住人口人均公共文化设施建筑面积达到0.2平方米。市、区、街镇三级投入保障和四级服务配送机制基本形成。公共文化服务设施运行管理社会化、专业化加快发展,全市90%以上社区文化活动中心委托各类社会主体参与运营。上海市民文化节成为市民群众参与文化活动的大舞台,"文化上海云"成为全国第一个实现省级区域覆盖的文化数字化服务平台。

苏州公共服务建设全国领先,公共文化设施布局合理,编制出台《苏州市文化设施布局规划(2017—2035)》,打造"城乡10分钟文化圈"。苏州第二图书馆建成开馆,苏州湾文化中心大剧院建成运营。全市现有市、区级公共图书馆12个(全部为国家一级馆),图书馆分馆819个,文化馆11个(国家一级馆10个),基层综合文化中心2021个,实现公共文化设施全覆盖。全市新增文化设施面积超过100万平方米,人均公共文化设施面积达0.47平方米,各级政府兴办的公益性文化设施单位实现100%免费开放。旅游服务体系建设完善。全市旅游投资超过一半投向旅游公共服务,"四大行动"(景区Wi-Fi覆盖、旅游停车场、指引标识系统、厕所革命)持续推进,三级旅游咨询服务体系日趋完善,"落地自驾""苏州好行""城市微旅行"等特色服务广受好评。工业园区公共文化中心、张家港市南丰镇永联社区综合服务中心、相城区阳澄湖游客集散中心3家单位入选文旅部公共服务机构融合试点单位。金鸡湖环湖旅游风景道、太湖旅游风景道(苏州高新区段)、环古城河旅游风景道被评为首批江苏省旅游风景道。吴江在全省率先完成

---

① 中华人民共和国文化和旅游部2021年文化和旅游发展统计公报.

县域四级旅游服务体系建设。

"十三五"期间,无锡创成国家公共文化服务体系示范区和中国旅游休闲示范城市。"十四五"规划中,无锡提出健全公共文化服务体系的新任务:完善城乡公共文化服务体系,优化城乡文化资源配置,促进公共文化服务供需精准对接,鼓励社会力量参与公共文化服务体系建设。实施文化惠民工程,广泛开展文化科技卫生"三下乡"、高雅艺术宣传普及推广、文化志愿者进基层等公益文化活动,促进公共文化服务普惠化、均等化。创新"互联网+"公共文化服务,拓展线上公共文化服务主体和服务内容,推动公共文化数字资源覆盖各类终端用户。倡导全民阅读,提升公共阅读设施效能,加大阅读资源供给,推进"书香无锡"建设。到2025年,全民阅读指数达到80.0以上。

常州构建了均等普惠的公共服务体系。全面完成997个村(社区)综合性文化服务中心提档升级任务,实现基层综合性文化服务中心全覆盖;常州文化广场图书馆新馆、美术馆建设全面建成开放,发挥公共文化服务主阵地作用;全面完成全市县级文化馆总分馆制建设,实现600多个村(社区)文化中心与市、辖市区两级图书馆通借通还;首创"政府+社区+企业"联合建设模式,相继建成开放6家智慧型城市书房"秋白书苑";荣获江苏省第二批"书香城市"建设示范市称号,居民综合阅读率达94.94%,位列全省第三;全力推进"厕所革命",累计完成542座旅游厕所规范化、标准化建设。

宁波文旅公共服务质量不断提升。书香之城、音乐之城、影视之城、创意之城建设扎实推进,文化和旅游产品更加丰富,文旅节事活动深入开展。凤凰剧场项目改造完成,宁波图书馆新馆、宁波城市展览馆等重大文化设施建成开放。完成智慧文旅两期项目建设,实现"一机游宁波"。基层公共文化设施布局均衡,2020年每万人拥有公共文化设施面积3842平方米,广播电视人口综合覆盖率100%,建成旅游厕所1060个。在全国率先开启"一人一艺"全民艺术普及的探索与实践,先后举办各类线下线上活动3000余场,累计提供服务800多万人次,居全国首位。

南通出台《关于加快推进现代公共文化服务体系建设的实施意见》。新建县级图书馆7家、县级文化馆6家,新增备案博物馆8家,"三馆一站"覆盖率207.14%,镇(街道)文化站、村(社区)综合性文化服务中心实现全覆盖,基本形成市县镇村四级公共文化设施网络。全市万人拥有公共文化设施面积由"十二五"末的1201平方米增加到"十三五"末的3737平方米。南通大剧院、美术馆高标准建设,成立南通文体会展管理有限公司负责运营。完成第六次全国公共图书馆评估定级,6家公共图书馆被评定为国家一级图书馆。基本完成各县文化馆、图书馆总分馆建设。加强旅游集散网络、旅游服务中心建设,建成旅游服务点100多个。新改建旅游厕所400座,濠河厕所获全国"厕所革命"管理创新奖。出台《南通市"十三五"应急广播体系建设实施方案》,全面建成农村应急广播系统。开展卫星电视进渔船试点工程,建成广电系统全国首个地级市"黑广播"监测系统。加快高清南通建设,实现县级融媒体中心建设全覆盖。

舟山加快优化公共文化设施布局,完善四级公共文化设施网络,重点加强以渔农村文化礼堂为代表的基层综合性文化服务中心建设,深化新时代文明实践中心建设,完善实践所、站、点体系。强化城乡公共体育资源的均衡配置与管理利用,提高公共体育设施水平和公众开放率,完善体育配套设施,推动实现县(市、区)、乡镇(街道)、行政村(社区)三级健身场地设施全覆盖,打造"10分钟健身圈"。

嘉兴公共文化服务体系日趋完善。在全国率先探索建立公共图书馆和文化馆总分馆体系,国家公共文化服务体系示范区创新研究中心落户嘉兴,打造"文化有约"服务平台,构建起具有嘉兴特色、东部地区示范、全国领先的现代公共文化服务体系,城乡公共文化服务均等化水平走在全国前列。全面推进公共文化设施建设。南湖革命纪念馆成功创建国家一级博物馆,成为全省首家革命纪念类一级博物馆。秦山核电站入列全国爱国主义教育示范基地。全市建成市、县两级文化馆8个、公共图书馆6个、各类博物馆34个、剧院(电影院)59个,文化馆、图书馆均达到部颁一级标准。72个镇(街道)综合文化站中省定特级站27个、一级站41个。在全省率先实现农村文化礼堂全覆盖,社区文化家园覆盖率达到95%以上。进一步打响嘉兴端午民俗文化节、嘉兴国际漫画双年展、乌镇戏剧节等特色品牌,市民文化艺术节、乡村文化艺术周、"文化走亲"等群众文化活动广泛开展,有效丰富了群众的精神文化生活。

湖州全面繁荣新闻出版、广播影视、文学艺术、哲学社会科学事业。创新实施文化惠民工程,打造城市公共文化系列品牌,广泛开展群众文化活动,倡导全民阅读,抓实"书香湖州"建设。优化城乡文化空间布局,加强文化场馆建设,展示文化历史,提升服务功能。

3. 公共文化服务品牌化初显

公共文化服务的品牌化发展,重点要抓住提高质量和提升效能的两个关键因素。上海大都市圈各城市积极探索了具有特色的公共文化品牌建设路径,有效提升了城市文化建设的质量和效能。

苏州文化服务供给水平提升,深入开展群众文化品牌系列活动,不断扩大公共文化服务供给面和受众覆盖面,年均开展各类惠民展演展示活动超过7万场次,惠及农村、社区群众超过1000万人次。苏州公共文化配送项目采取线上、线下相结合的方式,立足"江南文化"品牌塑造和"人民城市"建设目标,重点围绕"学习贯彻党的二十大精神""高雅艺术进校园"等主题开展。这些活动扩大了苏州公共文化配送项目的影响力,活动的系列化、常态化将持续深化"文化惠民心"服务品牌,创新理念、丰富内容、优化服务,持续打磨苏州公共文化服务"品质、品位、品牌、品效",以公共文化服务高质量发展助推苏州文化强市建设。

无锡加大高质量公共文化产品创作和供给,创作具有时代精神、锡韵特色的优秀作品。实施文艺精品创作工程和作品质量提升工程,完善现实题材等重点文艺作品的扶持激励制度,激发各类文艺团体机构创作活力。实施高雅艺术普及工程,组建无锡市交响乐团,培育太湖画派、民族乐团等重点文艺品牌。

常州精心打造"文化100""常州旅游节"等品牌活动,被誉为文化民生"常州现象"。成功举办西太湖国际半程马拉松赛、金坛茅山山地半程马拉松赛、环太湖国际公路自行车赛、西太湖国际音乐节等品牌赛事、节事活动,有效激发了常州文化和旅游产业发展的新活力。

宁波对接人民群众对美好生活的新期待,创新实施文化广电旅游惠民工程,做强"天然舞台""天一约书"等惠民品牌,广泛开展全民阅读活动,启动全民艺术普及全国推广计划,深化"书香宁波""音乐宁波""影视宁波"建设。实施高雅艺术演出计划,完善公益性演出补贴制度,通过票价补贴、剧场运营补贴等方式支持主要演出剧场、艺术表演团体举办音乐季、演出季等公益性高品质演出。举办市民文化艺术节、宁波旅游节等全市性文化节事活动,广泛开展广场舞展演、群众歌咏等文化活动,推广艺术振兴乡村计划,支持打造"一县一品""一镇一品""一村一品"等特色文化活动,让人民群众成为基层文化活动的参与者、展示者、欣赏者和分享者。

南通整合资源创新举办"全民文化节",常态化开展 10 个市级示范性活动、100 个优质活动、1 000 个普及活动。"濠滨夏夜"文化广场活动获得省首批群众文化"百千万"工程优秀文化活动品牌奖。扎实推动公共文化与长三角地区交流合作,形成"风从海上来——上海优秀文化资源走进南通"系列活动品牌。

舟山培引海岛特色文体活动品牌。高标准持续举办国际海岛旅游大会、中国海洋文化节、东海音乐节等海洋特色文化旅游活动,深入挖掘舟山佛教文化、渔民文化、军旅文化、仙侠文化等,推广渔民画、舟山锣鼓等民俗文化活动。推动舟山建设"赛事之城",继续扩大以舟山群岛马拉松、神行"定海山"全国徒步大会、女子国际公路自行车赛、国际海钓邀请赛、全国沙滩足球锦标赛、中国岱山国际风筝节、马术联赛、全国飞镖公开赛、青少年帆船帆板冠军赛、全民体育生活节、美丽舟山千里行等为代表的赛事综合效应,谋划引进承办一批知名国际体育休闲赛事,打造全国海岛运动休闲示范区。

嘉兴文化活动品牌知名全国。成功打造中国·嘉兴端午民俗文化节、中国·嘉兴国际漫画双年展等特色文化品牌。以乌镇为舞台,将文化与市场、戏剧与旅游紧密结合,成功打造"乌镇戏剧节"这个高端文化品牌。以南湖合唱节为平台,以创作、培训、普及和展演为内容,打造"南湖歌城"品牌。以传统剪纸、刺绣、灶画、蓝印花布等农民画艺术元素为内容,打造"秀洲·中国农民画"品牌。第十二届全国美展综合画种·动漫展区作品展、"大地情深"国家艺术院团志愿服务走基层公益演出、"红船向未来"首都文艺志愿服务联盟走进嘉兴,文化部第六届中国少儿合唱节等重量级文化活动在示范区创建期间精彩呈现,为群众送上一道道文化大餐。

湖州实施文化文艺提升行动,支持文化追求和呈现方式的多元化,加强文艺精品生产,不断满足人民群众日益增长的精神文化需要。跨过时空界限,统筹和谐区县文化馆及其他公共文化服务信息与资源,形成包括原创歌曲、舞台表演等在内的资源数据库,累计访问量达20万余人次,打造"云端传艺"品牌,推出"全民艺术普及小贴士""送文化进基层"等系列视频,播放量达22万人次。

4. 数字文化服务与线下文化服务智慧联通

数字赋能文化服务是未来发展大趋势,一方面,是以数据库为依托分析区域内不同类型的公共文化服务用户的特征,做好需求调查,根据反映用户公共文化兴趣和行为的标签提供相对应的公共文化服务,将公共文化资源与群众公共文化需求有效匹配。另一方面,公共文化服务机构通过数据库提供的需求信息及时更新调配公共文化服务资源配置,确保公共文化服务供需的高效对接,提高公共服务的现代化水平。以上海市民文化节为例,文化馆、图书馆、博物馆等各类社会文化资源进入云上平台,充分发挥互联网均衡共享的平台优势,精准对接用户个性化的多元文化需求,在优化公共文化和旅游创意产品的交易平台的同时,使文化和旅游产业并轨,迅速步入快车道,同时加强了公共文化机构和数字文化企业的对接合作,拓宽了数字文化服务应用场景和传播渠道。

苏州公共文旅服务数字赋能,打造一站式旅游服务互联网门户"苏州旅游总入口",成为文旅部2020年文化和旅游信息化发展典型案例。阳澄湖半岛度假区"惠游半岛"项目入选2019年江苏省智慧旅游示范项目。建设"文化苏州云"数字文化服务平台。全市27个乡镇街道建成广电有线智慧镇。

无锡强化数字赋能,公共文化服务体系向网络平台延伸。无锡博物院的"江河辉映——中原与江南青铜时代考古文物展"成为无锡市民必看的大展。无锡博物院3万余件馆藏品全部实现数字化,成为市民随时可读可赏的网络资源。无锡建设文化资源数字矩阵,加快推动数字图书馆、数字文馆、数字美术馆、网上剧院建设,实现了各级图书馆、文化馆、乡镇(街道)文化站的公共电子阅览室100％全覆盖。首个公共文化服务数字平台——"无锡文化云"上线,培育壮大线上演播、沉浸式体验、数字艺术等新型文化业态。

常州统筹推进智慧文旅平台建设,"文旅常州云""常州全域旅游智慧平台"等先后建成运行。

南通完成"追江赶海"智慧文旅平台建设,率先实现与省平台对接,市智慧旅游平台、狼山景区智慧旅游平台入选省智慧文旅示范项目。

湖州加快推动媒体深度融合,打造南太湖智媒云平台,努力建设全媒体传播体系。

宁波实施数字文化发展战略,促进文化产业"上云用数赋智"。依托宁波国家文化与科技融合示范区,推进新一代信息技术的融合应用,加快数字内容创新,补齐数字文化新业态短板,布局文化科技前沿产业,打造全国数字文化产业新兴集聚区。加快培育一批具有鲜明宁波特色的原创IP,重点推进动漫游戏、电子竞技、网络文学、数字创意等数字内容产业创新发展。深化数字赋能文化产业创新,发展数字影视、数字音乐、数字演艺、数字艺术展示、数字新媒体、线上演播、短视频、沉浸式体验等数字文化新业态,打造一批云演艺品牌,培育一批沉浸式剧场和云上剧场推进一批"互联网＋展陈"的展馆数字化示范项目。创新大数据赋能文化产业,在宁波城市大脑平台建立宁波文化大数据应用模块,加快大数据、云计算在文化产业领域的应用。

舟山创新数字文体服务模式。深化"淘文化"平台机制和数字文化建设,吸引企业和社会组织进入,推出更多的数字化海洋文化产品,推动公共文体产品及服务线上线下融合。深化公共文化场馆数字化建设,迭代升级"礼堂家"农村文化礼堂应用,拓宽数字文化服务应用场景。推进公共体育场馆服务数字化,迭代升级科学健身指导系统。加强数字艺术、沉浸式体验等新型文化业态在公共文化场馆的应用,探索建设全国首例5G公共文化服务数字共享示范工程(文化礼堂)和5G直播视频监管平台,建设数字文化仓,打造舟山智慧文化公共服务入口。积极构建全民健身公共服务智慧化平台,加快推进互联网与全民健身公共服务体系的深度融合。探索实现与沪甬等城市图书馆、体育馆、文化馆、博物馆的网络联通和一卡通。

(二) 文化产业平稳发展,优势明显

近三年来,由于新冠疫情,中国文化产业的发展受到了较大的影响。中国国家统计局发布的数据显示,2020年一季度,在文化及相关产业9个行业中,文化娱乐休闲服务营业收入降幅最大,比2019年同期下降59.1%。其中,娱乐服务下降62.2%,文化传播渠道下降31.6%。作为线下场馆消费的典型代表的广播影视发行放映和艺术表演分别下降78.5%和46.2%。[①]

尽管上海大都市圈各城市文化也受到影响,但整体保持平稳发展,并且,随着文化与信息、科技、知识的紧密结合,上海大都市圈文化产业进入创新驱动发展时期,文化产业的整体实力和竞争力在不断增强。

1. 文化产业已成为支柱性产业之一

从整体发展趋势上来看,上海大都市圈各城市文化产业实力仍处于全国领先水平。2021年长三角文化产业增加值达16 545.3亿元,占全国文化产业增加值总量的31.6%,其中上海大都市圈里的城市贡献值高。总体上来说,尽管受疫情影响,由于核心文化产业发展坚韧,文化及相关产业增加值增速保持平稳发展。

就文化及相关产业增加值占GDP比重这个指标而言,2020年上海、苏州、无锡、常州、宁波五个城市平均为5.73%;2021年,苏州、无锡、常州、南通、宁波五个城市均在5.76%以上,高于长三角总体水平和全国水平。据统计,2021年上海文创总产出达2.37万亿元,比2020年增长13.4%,比2019年增长5.1%。从上海大都市圈文化产业发展的总体规模上来看,文化产业已经成为上海大都市圈各城市国民经济发展支柱性产业之一,发展势头强劲。

---

① 后疫情时代中国文化产业该何去何从[EB/OL]. 央广网,2020-6-29.

表 5-1　　　　　　　上海大都市圈文化及相关产业增加值数据

		2019 年	2020 年	2021 年
文化及相关产业增加值（亿元）	上海大都市圈	—	—	—
	长三角	13401.7	14281.8	16545.3
	全国	44363	44945	52385
	占比（%）	30.2	31.8	31.6
文化及相关产业增加值占 GDP 比重（%）	上海大都市圈（均值）	5.23	—	—
	长三角（均值）	5.2	5.56	5.48
	全国	4.5	4.43	4.56

注：依据各城市及国家统计局统计数据以及统计公报汇总而成。

其中，舟山文化产业稳步攀升，高质量发展态势良好。"十三五"以来，舟山文化及相关产业增加值从 32.38 亿元增至 2020 年底的 49.9 亿元，海洋文化衍生品展销平台、"文创贷"金融服务平台等产业发展公共服务平台进一步完善，中央文产资金扶持项目、省级文化产业发展重点县区、重点文化产业园区等先后打破"零"的纪录。

2. 数字文化产业综合竞争力整体水平较高

《2020 长三角数字文化消费研究报告》显示，长三角地区已经成为数字文化产业发展的重要支撑，数字文化指数总和占全国的 17.2%，数字文化指数均值是全国的 2.23 倍，在全国各区域中占据首位，而且增长迅速。数字化程度的不断加深，以互联网信息为主的数字音乐、数字动漫、数字影视以及数字会展等新兴文化产业进入大众的生活，推动文化产业高质量发展，也刺激了消费者更高层次的文化产业消费需求。2021 年，苏州高新区启动"发现江苏·品味科技文化'双面绣'"活动，通过展陈数字出版物、文化装备、文化遗产数字化等方面，展现数字技术传承中国优秀的传统文化。体现苏州高新区科技与文化融合的新业态和多层次、多元化的文化产业新发展理念。展会期间，参观者还可以现场体验 AI 书法互动、AR 绘本、康体训练装备、智能机器人等产品，深刻领悟科技带来的改变。

同时，上海大都市圈各城市的高校、领军企业、行业协会、投资基金等纷纷在数字文化产业的内容制作、投资融资、技术研发、市场推广等方面建立各类合作联盟,营造了长三角数字文化产业在细分领域快速成长的优良生态。动漫及衍生品产业、网络文学产业、数字文旅产业、数字直播产业、智能穿戴产业、数字体验产业等产业集群迅速发展,许多企业竞相发展数字文化,使得数字文化产业在上海大都市圈各城市逐步繁荣。

3. 文化贸易加快发展

近年来,上海大都市圈各城市在贯彻落实文化走出去的国家战略上加快深化脚步,以全面深化服务贸易创新发展试点为契机,推动文化贸易改革、开放、创新,助力构筑更具国际影响力的文化高地,新业态、新模式快速发展,具有国际影响力的企业不断涌现。以上海为例,2021年,上海市文化产品和服务进出口总量为1033亿元,同比上升54.14%,首度达到千亿元规模。苏州在文化贸易方面成绩也非常突出。在"2021—2022年度国家文化出口重点企业"公布的名单中,仅苏州工业园区就有8家企业获评。2021年1—6月,苏州工业园区数字文化产业产值同比增长23.3%。其中,娱乐用智能终端设备制造销售、互联网信息服务等行业同比增长超过30%。至2021年8月,苏州工业园区累计拥有国家文化出口重点企业10家,文化进出口总额近6亿美元。这得益于苏州一系列扶持政策的相继推出,以年均不少于千万的投入助力文化企业"走出去",对出口海外原创产品的研发进行补贴,对产品出口实现的外汇收入进行奖励,对企业境外参展参会和对外交流活动给予补贴,以及通过基金渠道对优质文化产品投资等,通过"组合拳"举措,推动企业加速文化出口的步伐。

(三) 文旅产业融合创新

1. 文旅基础设施实现全面互联互通

上海大都市圈的文旅基础设施正在"连点成面",进行多元立体的打造,逐步实现全面的互联互通。上海大都市圈形成"快、慢"结合、"水、陆、空"联动,层次鲜明、网络化的旅游综合交通网络和集散体系;逐步建立设施齐全、功能完善的自驾车旅游服务体系;重点景区接待能力显著提高,质量安全保障体系进一步健全,综合智慧文旅系统全面建立。以涵盖全区域重点文旅线路为基础,在跨区域旅游目的地、特色旅游目的地等方面取得重大突破,建构形成吸引力强、特色各异、功能互补、优化组合的世界知名旅游目的地产品体系。市场机制在推动区域一体化发展进程中的地位更加突出,跨区域文旅发展协调机制上取得突破,在财税、投融资、用地、产业融合、项目推进、企业扶持、人力资源等核心改革发展问题上取得进展。

2. 文旅文化圈初步形成

上海大都市圈文旅文化圈初具雏形。在打造文旅文化圈的过程中,一是积极发挥上海交通枢纽集散功能和综合服务功能,提升上海国际邮轮母港和"连云港—台州"航线综合旅游吸引体系,由近海向海洋延伸旅游产品;围绕生态旅游区、开放景区,开发低空旅游产品和线路;以景观建设和基础设施建设为重点,推进318景观大道建设,完善自驾游、房车营地等设施。二是充分发挥长三角生态绿色一体化发展示范区建设的引领作用,发挥生态环境优势,协同开发水乡古镇和田园综合体,实现乡村振兴。三是充分利用重大会展及体育赛事活动,如中国国际进口博览会、国际体育赛事、国际旅游资源博览会、英雄联盟全球总决赛等,举办"1+8"大都市圈旅游文化节事,联动各市旅游营销活动,推广大都市圈品牌。

3. 政策频出促进文化和旅游市场复苏

随着政策放开,在文旅市场探底回升的同时,长三角多地进一步出台政策措施,助力市场复苏。上海发布《提信心扩需求稳增长促发展行动方案》,提出全面激活文旅市场,鼓励文旅企业开展打折优惠活动。2023年春节期间,上海市文旅行业推出超500项"十大主题"系列活动和产品,突出都市型、国际化、综合性特色,将上海文旅活动的热度一直延续到节后。同时,上海各区注重供给侧结构性改革和需求侧激活、扩大消费需求并举,携手加快推动文旅行业全面复苏。

二、上海大都市圈文化协同进展与瓶颈

上海大都市圈文化同属江南文化。江南文化具有丰富的历史元素、浓郁的特色内涵和创新的活力基因,为上海大都市圈文化和旅游产业协同发展奠定了坚实的文化根基。上海大都市圈文化协同发展,携手共促文化产

业高质量发展,联手优化公共文化服务一体化建设,创新演艺产业协同发展新模式,共同开发专项文旅产品,打造江南水乡文化品牌,共拓文化市场产业融合。当前,上海大都市圈文化协同发展正向实体化运作深化,稳步推进文化共建共享,实现在文旅产业全领域深层次系统合作。不过,上海大都市圈的文化产业集群发展仍需进一步突显专业化优势,兼顾各城市在文化和旅游产业发展水平上的均衡性。

(一) 文化协同进展现状

1. 携手共促文化产业高质量发展

上海大都市圈各城市积极从顶层设计入手,着力加强一体化规划布局、法规创制和体系构建。以上海为例,上海积极推动将"江南水乡古镇联合申报世界文化遗产""共建世界知名旅游目的地"等纳入《上海市国民经济和社会发展第十四个五年规划和2035年远景目标纲要》,并在《上海市社会主义国际文化大都市建设"十四五"规划》《上海市"十四五"时期深化世界著名旅游城市建设规划》中予以统筹布局,出台首部省级红色资源地方性法规《上海市红色资源传承弘扬和保护利用条例》,首创性设置"长三角区域协作"专章。无锡市自规局加快推进融入上海大都市圈各项规划编制工作,重点围绕生态共保、文脉赓续、交通互联、设施共享、文化互融、产业互动等方面,指导新吴分局开展相城-新吴临界地区有关协同规划编制工作。2021年1月苏州召开文化产业高质量发展大会,提出苏州文化产业增加值占GDP比重5年要翻一番。2020年湖州市人民政府印发《湖州市推进文化和旅游消费试点城市建设三年行动计划(2020—2022年)的通知》,提到"到2022年,文化产业增加值占全市GDP比重8%以上"。

2023年是长三角一体化发展上升为国家战略五周年,沪苏浙皖四地文旅部门再次相聚在国家战略首提地、文旅联盟始发地——上海,总结回顾四年来合作进展和2022年工作成果,共同签署《长三角文化和旅游一体化高质量发展2023浦江宣言》,全面启动新一轮长三角文旅一体化高质量发展重点任务和2023年重点项目,努力为中国式现代化提供区域文旅一体化高质量发展的新样本。

2. 联手优化公共文化服务一体化建设

上海大都市圈范围内城市联手优化公共文化服务的一体化建设，如公共文化和旅游服务一网通、文化和旅游公共服务人才培训一体化、公共文化展览一站通、城市阅读一卡通等。上海将读者证作为应用场景纳入社保卡系统，率先探索在上海大观园等A级景区实施长三角社保卡购票优惠政策，推动"长三角PASS"旅游年卡扩容提质，积极构建便民利民的公共服务体系。举办上海市及长三角地区公共文化和旅游产品采购大会，举办长三角国家公共文化服务体系示范区（项目）合作机制大会和"魅力长三角"上海（浦东）公共文化和旅游服务产品采购大会，搭建公共文化和旅游产品的区域化供给模式，打造覆盖长三角、辐射全国的创新型公共文化产品与服务展示交易平台。

公共文化服务开启联动共享，各城市间通过公共文化的合作机制开展城市间文化实际运作项目。如2023环意RIDE LIKE A PRO长三角公开赛是长三角生态绿色一体化发展示范区执委会年度重要体育赛事，骑行路线贯穿示范区，一路从淀山湖大道开始，途经朱家角古镇穿越吴江和嘉善。通过该公开赛的举办，联动青浦、吴江、嘉善两区一县，打破地区间的"壁垒"，实现了优质体育资源和生产要素的跨区域流动。

3. 创新演艺产业协同发展新模式

文化的高质量发展离不开城市的演艺产业的高质量。为了在上海大都市圈各城市协同发展演艺产业，推动都市圈的文化高质量，上海率先推出"以展带演"的模式，盘活各城市的演出场馆。比如"上海·静安戏剧谷"以"YOUNG剧场"管理策略对其他城市演出场馆的扶持，带动了场馆的升级发展，转变了租场运营的旧思路，尝试走出了一条由输血（将优质作品引入剧场）到自我造血（培养剧场的剧目制作能力）的新路。

上海大都市圈范围内的城市以节庆加强演艺文化的交流，是实现演艺产业协同发展的重要方式。上海国际艺术节加大了长三角分会场的覆盖力度，激荡起各城市居民对高品质文化生活的精神共鸣和情感共振，这为上海大都市圈文化演艺市场的深度融合提供了生动实践样本。第二届长三角城市戏剧节开幕式在中国大戏院举行，围绕弘扬中华优秀传统文化主线，以

"焕"为主题,汇聚长三角地区八大剧种、九部优秀传统文化戏剧精品,荟萃沪苏浙皖名家名团、名剧名角相聚申城,集聚经典,彰显江南文化雅韵。发起方上海黄浦文旅集团与浙江演艺集团、安徽演艺集团、江苏省演艺集团、上海大剧院艺术中心、上海戏剧学院、南京大学文学院以及宁波、南京、杭州、合肥、苏州等11个演艺集团签署战略合作协议,以进一步深化与长三角各界的合作交流。

4. 共同开发专项文旅产品

近年来,上海大都市圈各城市,实施"文化+"发展工程,创新开发新业态、新产品。如上海红色旅游景区有34个重点加强红色旅游教育基地培育,推进红色旅游向文化、教育等融合发展;湖州正在打造南太湖文旅融合发展带,集聚一批具有国际影响力的文化旅游项目,探索建立"莫干山旅游经济特区",做大做强世界乡村旅游小镇、丝绸小镇、湖笔小镇、太湖演艺小镇等一批特色小镇集群;常州打造"绝色江南闲逸山水"产品集群、"江南门户溯源运河"品牌等。

上海与湖州举办"从世界会客厅到黄浦江源"上海·湖州文旅精品旅游线路发布推介活动,首批推出"养眼""养身""养胃""养脑""养心"五条"最美精品线路"。浙江的开往春天的幸福101、"春暖花开 海上花园"之旅、"西出宁海 古道今游"之旅,上海的美"遇"活力月浦之旅、崇明花朝之旅、"离自然很近 距城市不远"丰收村近郊轻旅、金泽美丽乡村游、探春赏花之旅,江苏的"面朝太湖 春暖花开"生态文化之旅、"江海有约 花海寻芳"扬子江寻春之旅等10条线路入选文旅部乡村旅游精品线路。2023滨湖度假大会暨第二届长三角度假博览会在湖州市奥体中心启幕。开幕式上,湖州、嘉兴、苏州、无锡、常州五地共同启动了环太湖生态文化旅游圈合作项目——太湖风景道建设联合提升计划项目,以此契机搭建起环太湖度假目的地交流合作的大平台,共同探索太湖风景道建设的联合提升,进一步推动滨湖旅游城市之间的全域深度合作。

5. 着力打造江南水乡文化品牌

自古以来,水是上海大都市圈不可或缺的生命之脉。上海大都市圈以水为源、因水而兴,水脉孕育了这里独具特色的江南气韵,也形成了这里精巧灵动的江南文化。上海大都圈环太湖区域绿色发展行动,着力打造环太湖区域的江南水乡文化品牌。一方面,共同构建江南文化保护的完整体系,保护12处历史古镇、27处古村;打造由周庄、锦溪、千灯、同里等江南古镇构成的古镇联盟,共同申请世界文化遗产;强调一镇一特色,强化水乡风貌的整体管控,共同塑造江南韵、小镇味、现代风共鸣的生活场景。另一方面,打造淀山湖旅游品牌,策划有影响力的环湖马拉松、皮划艇赛等国际性赛事活动;植入图书馆、展示厅、音乐厅等高品质的湖区旅游设施,提升湖区活力与服务能级。

2023年5月24日,《长三角生态绿色一体化发展示范区水乡客厅国土空间详细规划(2021—2035年)》正式发布,这是全国首个跨省域的国土空间详细规划。水乡客厅以长三角原点为中心,规划范围包括上海市青浦区金泽镇、江苏省苏州市吴江区黎里镇、浙江省嘉兴市嘉善县西塘镇和姚庄镇四个镇各一部分,总面积约35.8平方千米。规划提出构建"一点、一心、三园、三区、三道、多村"的空间结构,蓝绿空间占比约75%。方厅水院,寓一体发展,充分挖掘长三角原点的独特内涵,围绕该地理标志打造一处可感知、可体验、可激发一体化认同的标志性功能场所。集创新聚落,以存量改造和择址新建相结合的方式,有机嵌入区域级、标志性的创新服务、文化创意、科教研发、生态体验等功能性项目,呈现面向未来的生产生活场景。通过水陆交通组织,串联自然地理和人文风景,打造以"锦绣江南、十里画廊"为建设目标的水乡客厅蓝环。

6. 共拓文化市场产业融合

上海大都市圈积极融入长三角文化一体化发展,联手开拓文化市场,共促市场繁荣。嘉兴乌镇戏剧节吸引长三角文艺青年的汇聚,购买人群中排名前十的城市都来自长三角,其中上海最多,这充分说明乌镇戏剧节已经成为长三角文化消费市场良性互动的一个典型,为上海大都市圈文化产业的创新与合作提供了有力借鉴。上海在2021年成功举办长三角一体化发展文化和旅游产业项目路演及推广活动,来自长三角区域19个不同类型的文旅产业项目进行路演,并与金融投资机构进行了对接。长三角动漫产业合作联盟等主办"长三角动漫产业高峰论坛:动漫IP赋能长三角文化"。上海市动漫行业协会与宁波市文化广电旅游局签订《宁波国际动漫游戏主题会展孵化合作协议》。上海文旅局指导成立长三角电竞联盟，推动上海市电竞标准在长三角互通互认。推出长三角文化旅游集市，将文化旅游各细分领域的品质企业及专项文旅产品聚集一"市"，带动区域产业联动，促进形成区域经济增长的新动力。上海大都市圈各城市积极推进文旅数字化、信息化的建设，开展文旅数字化协同发展。苏州着力打造数字文旅中心，为率先建成全国"数字引领转型升级"标杆城市奠定基础；南通依托市智慧文旅平台，加快推进城市文旅智慧导览系统建设。

（二）文化协同发展特征分析

1. 实体化：协同发展向实体化运作深化

基于上海大都市圈协同发展所做的规划，是上海大都市圈文旅产业高质量发展的机制保障。借助长三角一体化发展的国家战略，上海大都市圈各城市积极结合城市间优质文化资源互补，扩大江南文化的影响力。"1+8"城市将文化协同工作推向实体化运作与实质化推进，并取得了实质性的成效。一是点对点协同建设旅游区。如宁波共建大运河文化带和浙东唐诗之路，打造浙江大花园精品旅游带。无锡积极与常州市武进区深化合作，协同发展竺山湖生态旅游区，推动共建太湖湾科技创新带，协同打造世界级生态湖区和创新湖区，加快建设锡宜协同发展区，推进大拈花湾、渎村水乡、周铁总部园区等项目规划建设，打造长三角著名文化旅游休闲度假区等。嘉兴协同共建长三角生态绿色一体化发展示范区，强化与上海青浦、苏州吴江片区的示范协同，努力打造生态优势转化新标杆、绿色创新发展新高地、一体化制度创新试验田、人与自然和谐宜居新典范。二是积极探索协同打造文旅品牌。上海大都市圈各城市近年来在开展文旅活动时开始有意识地积极尝试城市间的合作与共同协办，组织承办各类重大赛事、文体活动、会展论坛等，同时联合开发文旅线路产品。如常州太湖湾与无锡拈花湾、苏州东太湖地区文旅资源的合作开发，联手打造"大运河世界遗产经典游""环太湖休闲度假精品游""江南古城古镇古村体验游"等文旅品牌，推出"旅游一卡通联名卡"。

2. 联动化：文化共建共享稳步推进

文化的共融协同发展，是上海大都市圈协同发展的重要思想和精神基础。文化资源需要兼顾传承与利用，跨地市联动保护机制是稳步推进文化共建共享的重要举措。近几年上海大都市圈各城市在文化资源的保护上传承与利用的优势逐渐突出，除了运用新技术对物质文化资源进行保护，实施文物信息化、数字化、网络化建设，建立全市文物、博物馆、珍贵古籍信息数据库，还重视开发其相应的社会文化资源，结合主题旅游等项目形成文化品牌。如苏州，通过构建文物建筑保护传承利用体系，规划建设苏州世界文化遗产展示馆，创建国家文物保护利用示范区，策划组织"江南水乡古镇"申请世界遗产，参与海上丝绸之路申遗。在此基础上，城市间的非遗活化利用联动机制初步形成。比如，成立了大运河世界遗产保护管理城市联盟，下设大运河遗产保护管理办公室，主要职能是协调、组织、实施大运河全线遗产保护管理工作。跨区域、跨部门、跨专业的运河保护协调机制和管理体制，正在探索和形成之中。推动联合执法，推进系统对接兼容，已经取得初步成效，并向深度共建共享稳步推进。

3. 系统化：文旅产业全领域深层次系统合作

文旅融合是国家战略设计，上海大都市圈在高质量发展方面扮演着先行发展的角色。近年来各城市之间签署加强文旅融合一体化发展的合作协议。2018年6月，上海、浙江、江苏、安徽三省一市旅游管理部门拟签署《长三角地区高品质世界著名旅游目的地战略合作协议》。在长三角一体化进程以及文旅融合发展实践中，长三角已经逐步形成具有一定国际国内影响力的文化和旅游产业集群，成为满足人民美好生活需要、推动区域城市品质跃迁的重要支撑。在区域协调发展战略背景下，进一步推动上海大都市圈文化和旅游产业的协同发展，有利于充分发挥雁阵效应，促进长三角文旅一体化的高质量发展，为卓越的全球城市区域建设提供有力支撑。

基于上海大都市圈文化和旅游基础的互联性、文化和旅游产业的互补性、文化和旅游市场的互动性，上海大都市圈各城市开始重视推动产业要素的区域合理流动，以科学配置的方式，深度开发红色、生态、文化等资源，在名城（上海）、名园（苏州园林）深度挖掘国际精品线路，推出"高铁＋景区门票"、"高铁+酒店"快捷旅游线路及"长三角高铁旅游小城旅游"产品,发布上海"一大"会址、浙江嘉兴南湖红色旅游精品线路,推动客源互送,推动市场全面复苏。

(三) 文化协同发展瓶颈问题

1. 文化产业集群发展专业化还需显现

以上海大都市圈作为区域的角度去考量,文化产业集群还没有表现出与产业地位相匹配的竞争优势,产业结构趋同、集聚效应不高等问题日趋凸显,制约了其一体化发展。比如各城市将数字文化产业作为当地文化产业新兴业态重点培育,这一方面涌现出一大批数字文化产业集群,另一方面,也出现了毗邻地区间高度趋同或者同质化的产业结构现象,一定程度上对于地方政府就数字文化产业的区域间的有效分工与合理布局产生了限制。由于集中资源持续扶持同类型集群的发展,资源在区域内以及区域间的配置效率有所降低。

2. "文化+"的融合发展深度和广度还不够

相对来说,上海大都市圈各城市规划中对文化建设和文化协同方面的统筹规划相对缺乏,文化建设和文旅产业融合发展目前还处于城市与城市之间的点对点的阶段。各城市侧重发展高新技术产业和战略性新兴产业等的协同,而对文化产业、文旅产业、体育健康产业的协同推进缺乏整体的规划以及相应的政策支持。另外,一些政策领域存在跨区界溢出效应与行政辖区的边界冲突,影响了资源的合理分配,在文化建设尤其公共文化建设的传播交流方面还未真正充分发挥市场、社会力量,文化市场开放、生产要素整合、文化遗产资源配置等方面还存在各种地方保护主义,一定程度上限制了文化建设和文化产业的做强做大。

3. 上海大都市圈整体文化形象有待塑造

上海大都市圈各城市的特色文化资源亟待有效整合,基于文旅产业价值链耦合重构、文旅融合促进城市及都市圈功能提升的工作还远远不够,城市文旅融合一体化的精品供给欠缺。上海大都市圈的文化资源具有互补性,文化产业的发展战略也各有特色,但是整体对于特色资源的挖掘不够深入,缺乏有效整合;没有将散落于各城市的江南文化、海派文化、江海文化、佛教文化、海洋文化等资源串珠成链,推进融合互动及创新;基于上海大都市圈的文化品牌体系没有系统地规划、管理和运营。

上海大都市圈是多元文化共存及国内国际化程度最高的地区,中华文化的传播需要在对外开放的前沿与世界展开交流与合作。在对外交流与合作过程中,需形成上海大都市圈的整体文化形象,以文化产品和服务为载体,讲述好中国故事,从而在文化碰撞中创新创造文化成果。应把握"一带一路"建设契机,坚定文化自信,积极推动上海大都市圈的对外文化贸易和传播中国文化。

三、上海大都市圈文化发展展望与未来

党的二十大报告提出,加快构建新发展格局,着力推动高质量发展。其中,促进区域协调发展是重要举措之一,要以城市群、都市圈为依托构建大中小城市协调发展格局,优化重大生产力布局,构建优势互补、高质量发展的区域经济布局和国土空间体系。2019年《长江三角洲区域一体化发展规划纲要》明确"推动上海与近沪区域及苏锡常都市圈联动发展构建上海大都市圈"。对于上海大都市圈来说,上海大都市圈文化发展是促进区域更好协同、经济持久增长的核心因素之一。上海大都市圈范围内城市渊源悠远深厚,江南文化是其共同的历史传承和积淀,凝聚着城市间的集体智慧和创造精神。为了更好地发挥上海大都市圈文化的政治功能、经济功能和生态功能,需要抓住新时代发展新机遇,通过顶层设计和制定措施让其发展走深、走实、走远。

(一) 趋势展望

在以国内大循环为主体、国内国际双循环相互促进的新发展格局下,都市圈作为产业链与供应链的基本组织单元,成为促进城市间分工协作、参与双循环新发展格局以及全球竞争的基本单元和重要载体。国家提出"到2035年,现代化都市圈格局更加成熟,形成若干具有全球影响力的都市圈"。上海大都市圈作为城市发展的必然趋势下提出的新概念,也成为国内

其他城市群的重要示范标杆。上海大都市圈文化发展如何赋能区域更好协同备受关注。

1. 文化软实力打造成为提升城市群竞争力的核心要素

软实力是一种通过吸引而不是强制和利诱手段获取所要东西的能力。城市文化软实力是一个城市的市情实际、地方特色、文化传承、发展理念等要素有机组合后所喷发出的凝聚力、生产力、创造力、感召力、向导力和影响力。现代城市的竞争力，包括硬实力和软实力。城市文化软实力渗透在城市其他竞争力之中，是城市竞争软实力的深层动力。文化软实力正在成为城市群竞争的重要指标之一。

上海大都市圈城市间渊源悠远深厚。历史上，这里水脉相依、血脉相连，是不可分割的生命共同体。时至今日，密切的人员流动、物资流通和经济往来让这里成为全中国最繁荣、最有活力的区域之一，也让这个地区的协作抱团发展意愿比以往任何时候都强烈。近千年的历史积淀与时代洗礼，让这里的每个城市在过往的发展时期，都交出了一份优异的答卷。可以说，无论是从上海自身，还是从圈内任何其他城市来看，当前的发展似乎"都挺好"；但作为一个规模总量比肩发达国家的经济体而言，局限于"单打独斗"显然难以适应日益激烈的全球竞争，满足于"各自安好"更是不足以承载国家发展的责任与期待。上海大都市圈的提出，是从空间规划上将长江三角洲的9座城市"圈"在一起，但要实现上海大都市圈的真正"化零为整"，提升城市群的竞争力，成为国际一流城市群，需要重视文化软实力的打造和提升，让文化软实力成为城市群发展的"硬支撑"。

2. 新冠疫情后文旅产业的复苏拓展上海大都市圈文旅市场新机遇

新冠疫情过后，全国文旅产业迎来复苏。上海大都市圈在文化和旅游基础上具有互联性、互补性和互动性，上海大都市圈的协调发展可以抓住文旅市场发展的机遇期，以文旅市场的协同引领上海大都市圈经济社会的同步发展。

上海大都市圈同属江南文化，这为文旅产业协同发展奠定了坚实的文化根基。上海大都市圈城市间具有邻近的地理位置、便利的交通枢纽体系等，为文旅产业的协同和高效集聚提供了基本条件。在文化同源的基础上，上海大都市圈城市的产业资源特色和禀赋具有一定的互补性：核心城市上海兼具都市时尚与江南文化优势；苏州、无锡具有显著的江南文化特色；常州、宁波具有深厚的历史文化底蕴，发展了一批主题公园类文旅产品；港口城市南通、舟山拥有丰富的江海资源；湖州、嘉兴则具备丰富的红色、水乡古镇资源。因此，上海大都市圈文旅产业可以实现长期可持续的协同发展。基于文旅资源禀赋的互联性和互补性，上海大都市圈各城市也在积极探索文旅新业态。在都市圈层面，打造上海大都市圈城际专题旅游路线，举办音乐、戏剧、体育等节事活动；在城市层面，上海逐步形成了家门口好去处、海派城市考古游、演艺新空间、郊野公园等在内的新型业态，苏州推出园林演艺、诗意田园等，无锡打造文创市集、运河畅游等，常州发展音乐节事、烟火夜市等，湖州拓展康体养生、运动休闲等，嘉兴优化红色旅游、水乡旅游等，南通丰富话剧形态、文博产品等，宁波擘画滨海休闲、数字文旅等，舟山培育海岛探险、邮轮游艇等。

以江南文化为纽带所形成的上海大都市圈文旅产业协同发展形态，极有可能塑造成为全球都市圈范围内最具有特色与内涵的文旅品牌。上海大都市圈文旅产业若形成大规模的市场优势和内需潜力，也能为国内大循环畅通、建设文旅统一大市场提供有力支撑。

3. 文化合作与发展可破圈先行

文化是一个城市的精神品格、内生动力的来源，是内化于城市的无形资产，是社会认同的基础，是吸引每一位市民的重要抓手。城市的物质文化、制度文化、精神文化三个层次互动共生，构成了一个有机联系的城市文化系统。物质文化，即人类创造的物质产品体现出的文化，物质文化具有承载的物质实体，如历史建筑保护、风貌道路、风貌河道。制度文化，即人类为了自身生存、社会发展的需要而主动创制出来的有组织的规范体系，如《上海市城市总体规划（2017—2035年）》（以下简称《上海2035》）。精神文化，即人类在从事物质文化基础生产上产生的一种人类所特有的意识形态。它是人类各种意识观念形态的集合，如上海城市精神。

城市的物质文化体现了城市的制度文化和精神文化。如上海目前对城市历史文化资源的保护范围扩大到整个市域，扩大到郊野，以保护上海这座城市的物质文化。这是因为《上海2035》提出了"卓越的全球城市"作为城市发展的目标愿景,发展模式从高速度增长到高质量发展的转型,追求高质量发展是重中之重。追求高质量发展不可忽视的就是文化建设。《上海2035》提出了文化建设的很多具体指标,比如文化保护控制线、生态保护控制线、历史建筑保护、风貌道路、风貌河道等。这需要调动全社会的力量一起为上海的文化事业发展而努力。

上海大都市圈是城市群,也可以看作是一个超大的城市。目前,上海大都市圈协同发展过程中很大的一个障碍是9座城市间的政策壁垒难以彻底打破。考虑到政策壁垒一时间的难以打破,可以运用文化的手段,先打造城市群文化系统。在物质文化层次上,完善公共文化基础设施;在制度文化层次上,完善公共文化服务标准;在精神文化层次上,构建上海大都市圈的文化共同体,增强城市群各阶层、各群体的归属感和认同感,为上海大都市圈协同发展提供强大的精神动力。通过文化先行,率先突破地域限制,在文化层面实现上海大都市圈的协同。

(二) 总体目标

到2025年,上海大都市圈文化一体化发展取得实质性进展。

1. 区域规划:构建区域文化共同体以凝聚集体智慧和创造精神

建立整体的文化发展视野,要跳出本位主义的发展格局,从国家战略的高度理解都市圈文化发展的时代意义。要加强江南文化文脉与当代传承的综合研究,以民众丰富的日常生活世界为肌理,构建江南文化的当代形态。在具体的文化实践中,要把时代精神、核心价值观与江南文化优秀传统充分融合,梳理归纳各区域文化形态的共通之处,进而提炼为都市圈共同认可并自觉渗透于广大民众日常生活的新时代江南文化。

2. 机制改革:深化文旅融合机制改革以促进文旅市场协调发展

深化文旅融合机制改革,需要加强顶层设计,统筹做好文旅市场的一体化发展。首先要让市场机制在推动区域一体化发展进程中的地位更加突出,发挥市场的决定性作用。其次是要在跨区域文旅发展协调机制上取得突破,建立统一的文旅融合品牌和产品标准。再次是要在财税、投融资、用地、产业融合、项目推进、企业扶持、人力资源等核心改革发展问题上取得进展,如整合设立统一的文旅融合发展投资资金。

3. 平台打造:共建上海大都市圈文化大平台以整合文化资源实现高效供给

锚定目标、达成共识,共建文化建设大平台,形成新时代文化发展新格局。加强公共文化服务数字文化基础建设,精准供给,建立完善都市圈基本公共服务平台;大力开发区域特色文化资源,建立城市文化品牌,以区域文化特色推动区域文化交流;确定区域核心文化产业,合理配置区域文化资源,最大限度开发关联的产业,形成文化产业与其他产业的有效联动。

4. 设施共通:实现基础设施全面互联互通以提振文旅产业消费活力

实现交通基础设施的互联互通,协同建设一体化综合交通体系,形成"快、慢"结合、"水、陆、空"联动、层次鲜明、网络化的旅游综合交通网络和集散体系,共建轨道上的长三角;实现自驾旅游互联互通,协同建设自驾大数据资源平台,互相传递自驾信息、共享自驾数据,协同发展实现互利共赢,逐步建立设施齐全、功能完善的自驾车旅游服务体系;实现文旅保障体系互联互通,重点景区接待能力显著提高,质量安全保障体系进一步健全,综合智慧文旅系统全面建立。

(三)具体措施

1. 聚焦顶层设计,强化一体化的体制机制建设

推进文旅合作纳入长三角区域合作办公室工作组,率先成立上海大都市圈文旅工作小组。可在上海设置常规化工作小组,由"1+8"城市文化和旅游局各派一到两名工作人员常驻上海文化和旅游局协同推进相关工作。编制一系列专项规划,包括研学旅游、体育旅游、电竞产业、影视制作等各个细分领域,为未来十余年的长三角各个领域的一体化发展设定科学的规划体系。

2. 进一步组建各类行业与企业联盟并进入实体化运作

高质量一体化发展,最终落脚点在市场、企业和各类文旅机构。建议在"1+8"城市形成常态化合作交流机制,鼓励博物馆、图书馆、景区等成立各

类文化产业专项联盟,开展常态化合作交流活动,鼓励互联网企业、文旅企业和技术类企业参与联盟交流活动,激活文旅市场主体活力,评选优质文旅联盟、优质联盟—企业合作项目、优质示范单位等,发挥政府引导发展、规范市场和示范宣传作用。

3. 协同推动区域文旅企业的国际化布局

做好引进来、走出去的规划。新冠疫情三年,几乎使得中国出入境旅游冰封。2023年出入境旅游全面重启,以上海旅游为首,联动其他8个城市,做好谋划,推动国际营销,更以出境游带动入境游,在国际文旅市场重塑长三角品牌形象,并借此机遇推动长三角文旅企业国际化布局。联合组团赴各国访问,并与该国对应机构进行友好谈判,以持续输送中国游客为谈判砝码,要求这些国家允许中国旅行社、酒店业等文旅相关企业在该国发展相关业务,既服务中国游客,又服务该国公民与世界各国游客,以此推动上海大都市圈文旅企业走出去,更在世界各国建立网络,进一步强化上海大都市圈在文旅企业领域的发展优势。

4. 创新激发文旅产业的资本市场活力

发展文化金融,建立文化产业投资引导基金,深化文化金融试验区、特色文化金融机构、影视文化金融服务中心建设。加大对文化产业的支持力度,打造各类金融机构优势互补、协同创新的金融服务集群。建立文旅产权交易中心以对接资源与资本,形成专业、科学的文旅产权交易业务流程。积极探索REITs与文旅融合,依托上海联合产权交易所进行一系列探索,以产权交易中心的建设促进在上海大都市圈区域文旅资源与资本市场的有效对接。

5. 整合联动文化、旅游资源实现优势互补

以红色文化、江南文化和海派文化为切入点,以市场需求为主导,面向不同细分市场,形成系列主题性、跨区域的精品文旅线路。政府部分负责跨区域资源协调以及对文化品质、产品质量的把控,通过政府搭台、市场化运作方式,提升行政区内旅游企业收入与旅游接待水平。依托海岸线,整合南通、上海、宁波、舟山、嘉兴城市旅游资源,以长三角沿东海与黄海海岸线为连接,打造沿海旅游带。建设东海邮轮旅游轴,调整现有邮轮港口结构,挖

掘邮轮港区商务休闲潜力,提升邮轮港口基础设施与服务水平。发挥上海母港优势,积极开发上海始发、挂靠长三角多港并延伸至境外的游邮轮旅游线路,以点带面,树立长三角高水平组合港形象;组建东海邮轮旅游联盟,推出"邮轮+巴士""邮轮+游轮""邮轮+高铁"模式,提升邮轮入境游效益,塑造世界级邮轮旅游目的地品牌。依托大运河整合苏州、无锡、嘉兴、湖州、常州等沿线旅游资源,打造大运河深度体验旅游带。利用大运河沿线生态和文化资源,形成运河观光旅游产品、休闲度假产品等,充分发挥大运河的文化效益、经济效益、社会效益,为全面推进大运河国家文化公园建设创造条件。

6. 探索演艺产业一体化新模式

多城联动,打造各具风格的演出节展,鼓励发展主题性、特色类、定制类文化旅游演艺项目和丰富业态,培育并引领观众群。上海有着丰富的戏剧节展资源。中国大戏院、上海大剧院、上海音乐厅等多家剧场都有着运营多年的演出节展,品牌影响力颇大,并已形成聚集效应。将这些优质节展与长三角地区资源共享、优势互补,能够在为自身品牌进一步扩大影响力的同时,进一步吸引更多的观众走入剧场,助力上海大都市圈整体文化氛围的构建。

7. 实施产业集群战略,推进优质文化生活圈建设

可以通过强链、补链、延链的方式,在提升地区内文化产业集群集聚效应的同时推动地区一体化发展。比如,注重对龙头文化企业生产配套环节的强化,对各自重点集群内核心大企业的调研,掌握其对供应商、分包商等业务合作单位的实际需求,为其生产提供完善的配套服务,提高核心大企业的根植性和迁移成本。另外,从区域协调发展的角度,打通毗邻产业低效率联系领域,优化产业分工协作体系,推动区域大文化资源的优化配置及高质量发展,促进文化产业集群区域一体化发展。

参考文献

[1] 丁亚宁.我国文化产业金融支持体系的现状与对策[J].聚焦镜,2022(1).
[2] 李庚香,王喜成.关于打造文化高地的若干思考[J].河南社会科学,2017(5).

［3］林小昭.中国34个都市圈:6个已成熟,广州、上海都市圈领跑[N].第一财经日报,2022-1-26.

［4］刘晓飞.我国文化产业的金融支持体系研究[D].北京:北京交通大学,2020.

［5］栾开印.江苏在长三角文旅融合一体化发展中的角色定位与发展路径[J].长三角发展论坛,2023(2).

［6］上海大都市圈空间协同规划[R].2002.

［7］上海市城市总体规划(2017—2035年)[R].2017.

［8］张泉,李笑盈.长三角一体化背景下合肥都市圈高质量发展路径研究[J].住宅产业,2023(1).

［9］张阳.数字文化产业新业态探析——基于江苏省的调查[J].中国集体经济,2023(10).

B6 上海大都市圈生态发展特征与展望（2022—2023）

刘志敏

（上海社会科学院）

摘　要： 推动绿色发展、促进人与自然和谐共生为上海大都市圈实现高质量可持续发展提供了方向指引。上海大都市圈生态环境系统以习近平生态文明思想为指导，将源头治理、协同治理作为根本策略，把减污降碳、减排扩容作为关键手段，生态环境质量持续改善，绿色低碳发展水平不断提高，生态空间格局进一步优化，一体化示范区建设取得明显成效，但区域生态环境发展仍面临着协同治理难度大、结构性矛盾突出等瓶颈问题。未来，上海大都市圈应继续把生态文明建设作为事关人民群众切身利益的大事来谋划和推动，加快发展方式绿色转型，深入推进环境污染防治，着力提升生态系统多样性稳定性持续性，积极稳妥推进碳达峰碳中和，努力将人民群众对美好生态环境的向往转化为建设美丽上海大都市圈的自觉行动，进一步推动上海大都市圈更具竞争力、更可持续、更加融合发展。

关键词： 绿色发展；污染治理；生态修复

党的二十大报告对推动绿色发展、促进人与自然和谐共生作出重大战略部署，为当前及未来上海大都市圈生态环境高质量发展提供了方向指引和根本遵循。上海大都市圈以习近平生态文明思想为指导，坚持以生态环境共保、生态服务共享、绿色低碳共融和区域协同共建为重点，推进区域绿色高质量发展，巩固区域生态环境治理成效，建立共治共享制度体系，全面提升协同治理能力,扎实推进蓝天、碧水、净土保卫战,生态环境保护工作总体实现了"十四五"良好开局。

一、上海大都市圈生态环境发展现状与特征

(一) 生态环境质量持续改善

1. 空气环境质量稳中向好

2021年,上海大都市圈空气环境质量稳中向好,各城市空气质量指数(AQI)优良天数比率同比上升。其中,舟山、宁波、上海、嘉兴、南通的AQI高于全国平均水平,常州、无锡、苏州、湖州的AQI低于全国平均水平;除常州外,其他城市AQI优良天数比率均大于80%。长三角生态绿色一体化发展示范区执委会AQI优良天数比率总体呈改善趋势,但略低于全国平均水平。就六项污染物指标来看,各城市 $PM_{2.5}$、PM_{10}、SO_2、NO_2、O_3、CO 等指标的年均浓度参差不齐,同2020年相比总体上有所改善,且均已达到国家空气质量二级标准。

表6-1　　　　2021年上海大都市圈环境空气质量主要指标

城市	AQI优良天数比率(%)	$PM_{2.5}$ ($\mu g/m^3$)	PM_{10} ($\mu g/m^3$)	SO_2 ($\mu g/m^3$)	NO_2 ($\mu g/m^3$)	O_3 ($\mu g/m^3$)	CO (mg/m^3)
上海	91.8	27	43	6	35	145	0.9
苏州	83.8	28	48	6	33	162	1
无锡	82.2	29	54	7	34	175	1.1
常州	76.4	35	60	9	35	174	1.1
南通	88.2	30	45	6	26	156	1.0
宁波	95.9	21	40	9	34	137	0.9
湖州	84.4	25	53	6	36	170	0.9
嘉兴	90.1	26	60	—	—	156	—
舟山	98.1	15	—	—	—	—	—
长三角一体化示范区	87.4	28	50	6	34	159	1.0
全国	87.5	30	54	9	23	137	1.1

资料来源:国家、长三角一体化示范区、各城市2021年度生态环境状况公报。"—"代表数据不可获取。

2. 水环境质量有所改善

2021年，上海大都市圈地表水环境质量总体有所改善，国考断面水质全部达标，优Ⅲ类水质断面比例逐年上升。分城市看，除了上海、无锡、常州，其他城市的年均水质达到或优于《地表水环境质量标准》(GB3838－2002)Ⅲ类标准的断面比例均高于全国平均水平。就长三角一体化示范区来看，尽管优Ⅲ类水质断面比例逐年上升，但2021年这个指标与全国平均水平相比仍有一定差距。饮用水水源地水质达标率方面，上海大都市圈范围各城市的集中式饮用水水源地水质全部达标，高于全国平均水平。

表6－2　　2021年上海大都市圈地表水环境质量

地区	地表水水质达标比例(%)		饮用水水源地水质达标率(%)
	国考断面	优Ⅲ类断面	
上海	100	80.6	100
苏州	100	86.7	100
无锡	100	80.0	100
常州	100	80.0	100
南通	100	87.5	100
宁波	100	90.9	100
湖州	100	100.0	100
嘉兴	100	94.0	100
舟山	100	90.5	100
长三角一体化示范区	100	84.6	—
全国	100	84.9	94.2

注："—"代表数据不可获取。
资料来源：国家、长三角一体化示范区、各城市2021年度生态环境状况公报。

3. 声环境质量总体保持稳定

2021年，上海大都市圈声环境质量总体较好，噪声的平均等效声级与2020年相比基本保持稳定。区域声环境方面，无锡、宁波、湖州的区域噪声环境质量等级为一般，其他城市均达到良好等级；除上海外，其他城市的噪声平均等效声级高于全国平均水平。从功能区噪声达标率来看,除无锡外,其他城市的功能区噪声达标率均高于全国平均水平。就道路交通声环境而言,上海、无锡的交通噪声强度等级为二级(较好),其余城市都为一级(好);上海、无锡、宁波的交通噪声平均等效声级超过全国平均水平。

表6-3　　2021年上海大都市圈声环境质量

地区	区域环境噪声 [dB(A)]	功能区噪声达标率 (%)	道路交通噪声 [dB(A)]
上海	54.0	—	68.4
苏州	54.8	95.6	66.3
无锡	57.0	94.5	68.4
常州	55.0	100.0	62.7
南通	54.8	100.0	64.5
宁波	56.8	99.1	67.7
湖州	55.8	95.7	65.0
嘉兴	54.5	99.0	66.4
舟山	54.7	100.0	65.2
长三角一体化示范区	53.0	100	—
全国	54.1	95.4	66.5

注:"—"代表数据不可获取。
资料来源:国家、长三角一体化示范区、各城市2021年度生态环境状况公报。

4. 生态环境质量状况优良

上海大都市圈生态环境质量优良,各城市生态环境状况指数处于62.4—80.5之间,超过全国平均值;长三角一体化示范区的生态环境质量一般,低于全国平均水平。上海大都市圈总体上生态基底较好,河港湖塘纵横,展现出独具特色的江南水乡风貌;植被覆盖程度较高,无锡、常州等城市入选"国家森林城市";生物多样性较突出,江、河、湖、海、森林、湿地等不同类型生境孕育了丰富的生物资源,植物种类尤其繁多;拥有野生动植物、森林生态、湿地和海洋海岸等多种类型的自然保护区,基本形成具有复合功能的自然保护区网络。

表6-4　　　　　　　　2021年上海大都市圈生态环境状况

	上海	苏州	无锡	常州	南通	宁波	湖州	嘉兴	舟山	长三角一体化示范区	全国
生态环境指数	62.4	64.5	68.7	66.7	65.3	80.5	65.7	—	80.9	47.2	59.8
质量等级	良	良	良	良	良	优	良	良	优	一般	良

注:"—"代表数据不可获取。
资料来源:国家、长三角一体化示范区、各城市2021年度生态环境状况公报。

(二)绿色低碳发展水平不断提升

1. 单位产值能耗优于全国平均水平

上海大都市圈各城市稳步践行国家"双碳"战略,坚定不移地走绿色发展之路,持续不断地推进节能减排任务,全力打造低碳经济,单位GDP能耗逐年下降。

表6-5　　　　　　　　2021年上海大都市圈能源消耗情况

	上海	苏州	无锡	常州	南通	宁波	湖州	嘉兴	舟山
单位产值能耗（吨标准煤/万元）	0.27	0.41	0.28	—	—	0.32	0.42	0.44	

注:"—"代表数据不可获取。
资料来源:国家、各城市2022年统计年鉴。

2. 废物综合利用率超过全国平均水平

上海大都市圈的废物综合利用率均高于90%,其中,上海、苏州、无锡与南通相对较低,而湖州和舟山的工业固体废物综合利用率达到100%,其余城市也都超过98%。得益于各城市不断提升固废危废利用处置水平,上海大都市圈内的工业固废、废水、废气排放量总体呈下降趋势。

表6-6　　2021年上海大都市圈工业"三废"排放及处理利用情况

	工业固体废物产生量（万吨）	工业固体废物综合利用量（万吨）	工业固体废物综合利用率（%）	工业废水排放总量（万吨）	工业废气排放量（亿标立米）
上海	2 072.57	1 947.49	93.87	32 100	16 408
苏州	2 920	2 822	96.64	29 427	19 948
无锡	1 164.98	1 116.36	95.60	18 590	10 779
常州	844.04	834.44	98.83	—	—
南通	589.46	569.77	96.66	12 864	—
宁波	1 295.78	1 291.21	99.63	14 097	8 595
湖州	272.46	272.64	100.00	20 652	3 325
嘉兴	724.70	648.42	99.85	17 669	6 953
舟山	275.68	275.68	100.00	1 565	2 012
全国	397 000	200 000	56.8	—	—

资料来源：国家、各城市2022年统计年鉴。

（三）环境治理水平不断提高

上海大都市圈持续加强环境基础设施能力建设。具体而言，苏州完成19个省级及以上工业园区监测监控能力提升，实现了重点排污单位自动监测监控全覆盖，建成涵盖环境质量、重点污染源和生态质量监测的生态环境监测网络。无锡建成全市医疗废物收集体系。从严加强放射源全过程监控监管，落实废旧源定期排查制度。常州大力推动环境基础性工程建设，十个省级以上工业园区均配备上下向空气站；1 013家重点排污单位安装了用电、工况监控设施；建成危废全生命周期监控系统；先后出台《常州市扬尘污染防治管理办法》《常州市大气污染防治管理办法》等政府规章，为依法治污、科学治污、精准治污提供有力支撑。宁波不断完善全市道路扬尘、高空瞭望监测监控体系，已累计在主要道路及环境敏感点建设扬尘自动监测点170个，以高速、高铁沿线为重点覆盖区域，建成高空瞭望视频监控设施148套。湖州创新开发建设企业"自查询"系统，全市2 020家企业纳入自巡查平台，实现智能化及精细化监管。嘉兴谋划建设"小微危废收集在线"应用场景，加快推进生态环境精准监管服务提档升级。舟山在重点水产园区建设了工业园区集中式污水处理设施,新投用新花河污水临时处理设施、三江污水处理厂、海洋创新谷污水处理厂等污水处理设施,全市工业污水日处理能力达 4.1 万吨。

(四)生态空间格局进一步优化

上海大都市圈的生态空间质量和功能总体提升,各城市森林覆盖率和人均公园绿地面积增大,湿地总量保持稳定。整体来看,上海大都市圈维持两山、一水、七平原的地理格局,在广阔的平原和山地丘陵间交错分布着江河湖海等水生态要素,分布密集的水网格局提供了休闲旅游、交通运输、自然景观、防洪泄洪和水产养殖等多重功能,构造出了典型的江南水乡风貌。近年来,在习近平生态文明思想"两山"理论的指导下,区域森林资源持续增长,自然保护区网络日益完善,生态空间格局持续优化。

表 6-7　　　　　　　2021 年上海大都市圈生态空间分布

	上海	苏州	无锡	常州	南通	宁波	湖州	嘉兴	舟山	全国
森林覆盖率(%)	14	20.52	27.89	26.89	24.20	48	48.2	12.74	50.66	23
人均公园绿地面积(平方米/人)	9.02	12.35	15.02	14.91	19.28	14.82	17.91	15.42	16.06	14.87

资料来源:国家、各城市 2022 年统计年鉴。

(五)一体化示范区取得明显成效

自《长三角生态绿色一体化发展示范区总体方案》发布以来,长三角一体化示范区按照"生态优势转化新标杆、绿色创新发展新高地、一体化制度创新试验田、人与自然和谐宜居新典范"的战略定位,在生态环境领域开展了生态环境管理"三统一"(统一生态环境标准、统一环境监测监控体系、统一环境监管执法)、水体联保共治等诸多制度探索和实践。两年多来,长三角一体化示范区持续推进生态环境管理"三统一"制度建设,生态环境监测网络进一步完善,两区一县的生态环境监测数据的共享共用逐步实现,为实现示范区生态环境状况的"一张网"科学评估奠定了基础。2021 年,长三角一体化示范区环境空气质量指数（AQI）优良率为87.4%，各项评价指标均达标，总体呈改善趋势；地表水环境质量优Ⅲ类水质断面比例为84.6%，持续改善；区域声环境评价等级为较好，各类声功能区昼、夜间均值达标，总体保持稳定。

二、上海大都市圈生态环境协同发展及主要问题

（一）协同发展情况

1. 推进生态环境标准一体化发展

上海大都市圈各城市致力推动区域生态环境保护标准一体化建设，以统一生态环境标准为支撑，协同推进跨界区域精准治污、科学治污、依法治污，形成了一批先行突破标志性成果。首先，共建标准一体化合作机制。2019年成立了长三角标准一体化建设工作组，出台《长三角标准一体化工作制度》。该文件明确区域标准一体化工作推进机制、轮值制度以及信息通报制度，形成"共同谋划、共同编制、分别报批、统一发布"的长三角标准制订模式；构建长三角标准一体化"4+4"合作机制，即三省一市生态环境与市场监管部门共同推进标准一体化建设工作，市场监管部门大力支持长三角标准一体化，在立项方面开辟绿色通道，并专设标准编号。2021年，又成立长三角生态环境地方标准一体化专家咨询委员会，充分发挥生态环境标准领域专家的智库作用。其次，示范区标准一体化先行先试。长三角生态绿色一体化发展示范区是实施长三角一体化发展战略的先手棋和突破口。浙江省嘉善县、上海市青浦区、江苏省吴江区创新实施跨区域生态环境一体化管理制度。两省一市联合制订《一体化示范区标准管理办法》，共同探索"三统一"（生态环境标准统一、监测统一、执法统一）制度体系，并在先行启动区内对新进产业项目污染物排放制定执行最严格的排放标准，在国内首创跨省域标准统一立项、统一编制、统一审查、统一发布的"四统一"工作机制。2021年发布固定污染源废气现场监测、环境空气质量、挥发性有机物走航监测首批3项示范区环境空气监测领域标准。再次，区域标准不断创新发展。各城市生态环境标准在污水排放、跨区域生态补偿等领域取得突出进展。浙江省制定的《城镇"污水零直排区"建设技术规范》，是全国首部关于

城镇"污水零直排区"建设的省级地方标准,成为"五水共治"治水经验的标准化凝练和总结。湖州市发布全国首个《生态文明标准体系编制指南》地方标准,是全国唯一的国家标准委批准创建的生态文明标准化示范区。随着生态环境标准一体化工作不断推进,《大气超级站质控质保体系技术规范》《设备泄漏挥发性有机物排放控制技术规范》《制药工业大气污染物排放标准》3项标准完成制订并发布,是国内首次打通跨区域地方标准发布的成果。

2. 实施区域生态环境共保联治

上海大都市圈积极探索开展水资源保护跨省、跨市协作,争取实现联勤联动、共同监测、共享信息。推进建立"联合河长制",推动跨省界河湖的联防联治工作。重点围绕跨界水体污染展开联合执法,共同制定新安江-千岛湖、梅溧河等重点跨界水体联保专项治理方案。实施湖泊-流域一体化管控和上下游共保联治,实施差别化空间分区管控策略。推进区域大气污染协同防治。推进大气环境监测数据共享,落实国控城市站、国家区域站及省控站等自动监测站点实时监测数据,通过国家大气环境监测数据共享平台与大都市圈区域内市区实时共享。协同推进区域交通运输结构优化调整,加强车辆、船舶等流动源污染防治。加强区域重污染天气应急联动,统一重污染天气应急启动标准,携手完成国家重大活动环境质量保障任务。全面深化固废危废协同管理。加强大都市圈区域固废危废联防联治。强化信息化建设,推动实现区域间固体废物和危险废物管理信息互联互通。开展联合执法专项行动,严厉打击危险废物非法跨界转移、倾倒等违法犯罪活动,有效防控固废危废非法跨界转移。健全固废危废信息化监管体系,强化跨省、跨市转移监管,探索建立跨区域固废危废处置补偿机制。上海大都市圈内各城市积极参与新安江-千岛湖生态补偿试验区建设,深化跨省水环境横向补偿机制,以"新安江模式"为样板,探索建立贯穿上下游、干支流的流域横向生态保护补偿机制。推动建立区域污染防治协作机制,在与南京、杭州、湖州签订联防联控协议的基础上,进一步推动"一地六县"签订污染防治联防联控协议。建立健全跨区域联合执法机制,认真总结提升"溧-郎""溧-广"生态环境联合执法经验,探索建立并逐步完善"一地六县"生态环境联合执法机制,进一步推动形成区域生态环境执法合力。完善区域环保联合执法互督互学长效机制,针对区域共性环境问题,开展相关互督互学研讨。积极探索统一规划、统一规则、统一建设、统一协调的"四位一体"新机制,强化规划、标准、监测评价、执法监督等方面协同统一,避免产业转移中的简单污染搬迁,实现生态环境保护一体化、一致化,建立社会共治的区域生态环境治理体系。

(二) 协同发展存在问题

1. 区域生态环境标准统一协调力度和覆盖范围仍需加大

尽管跨省域生态环境标准工作机制正在推进,但部分省(市)市场监管、司法、生态环境等部门仍存在认识偏差,对于协调指导和监督生态环境标准制订的积极性不高,区域强制性生态环境标准存在立项难、制定难、推广难的问题,区域多部门标准一体化协作机制有待进一步健全,顶层设计仍然不够完善,现有标准体系无法体现区域特色。长三角一体化示范区在"三统一"工作上取得一定成效,但统一标准仍存在流程不畅、难以推广实施等问题,标准"重制定、轻实施"的思维依然存在,统一标准缺少规范约束功能和法律支撑。此外,上海大都市圈生态环境标准制定内容主要聚焦在污染物综合排放、行业污染控制、管理技术规范等方面,在跨区域生态系统保护修复等一体化保护重点领域尚处于空白状态。《国家标准化发展纲要》指出,要"完善绿色发展标准化保障""建立健全碳达峰、碳中和标准"。上海与浙江迅速行动,编制发布碳汇方面的技术规范与核算指南等,江苏与安徽在"双碳""应对气候变化全球治理"等重点领域,标准制定相对滞后。

2. 结构性污染矛盾仍较突出

煤炭依然是上海大都市圈的能源主体。上海大都市圈煤炭消耗总量较高,占能耗总量的一半左右,因此上海大都市圈碳排放总量大、强度高,低碳转型任重道远。上海大都市圈能源消费总量持续走高,进一步压减煤炭消耗总量的难度加大。上海大都市圈传统产业占比依然较大,主要城市重工业占工业总产值的比重平均约为70%,高耗能行业产值在工业总产值中的占比在20%—35%之间,主要污染物排放总量维持高位水平。上海大都市圈交通需求刚性增长,区域移动源污染物排放贡献占比持续走高。上海大都市圈沿海内河港口集聚,吞吐量大,船舶污染排放量相对较大。

3. 生态环保与绿色发展的协作水平有待提升

生态环境一体化与经济社会一体化发展密不可分,越来越多地要依靠绿色发展来实现污染源头预防,也需要在更大的合作领域实现跨区域的利益平衡和交换。但目前上海大都市圈的生态环境协作模式仅聚焦污染防治末端治理领域,与区域产业、能源、交通、城镇化等发展战略的融合协同还需进一步加强。另外,区域内生态环境数据共享机制不健全,生态环境监测监控体系不统一,生态环境信息数据相对分散,尚未实现跨区域共享互联。数据融合难度较大,存在数据不匹配、一数多源、跨部门、跨领域、跨层级的综合利用不充分等现象。生态环境信息管理在支撑生态环境保护参与宏观经济政策、提高生态环境形势预测预警能力、预测预警和综合决策能力等方面发挥作用有限。

4. 缺乏区域生态环境协同治理机制

由于目前上海大都市圈生态环境协同治理体制机制以分散化的不同行政区域管理控制为主导,缺乏强制化、市场化、自主化综合协同控制措施,在制度模式上,以被动环境保护模式为主,粗放型管理特征明显,导致环保投入绩效不高。虽然环境保护投资在不断增加,但是工业废水、工业固体废弃物、工业废气、生活污水等排放的绝对量也在显著增加,治污绩效有待提高。促进节能减排和环境保护、资源使用的价格、财税、金融、保险等经济政策有待进一步发展。经济发展与环境保护、生态建设综合决策机制有待健全,部分主体仍存在"重发展轻环保"的现象,基层环境管理能力较薄弱,跨区域、跨界污染事件也逐渐增多,资源与环境已经成为区域可持续发展的瓶颈。现有的生态环境协同发展模式不能适应上海大都市圈统一发展的要求,在环境管理上"条块分割、各自为战"的现象比较严重,影响了上海大都市圈生态环境协同管理的综合效能。建立与上海大都市圈工业企业众多、污染源分散状况相适应的生态环境协同发展体制机制,是上海大都市圈生态环境协同保护工作的关键工作之一,环保投入绩效有待于通过协同治理体制机制的改革得到提高。

三、上海大都市圈生态环境协同发展展望

(一) 上海大都市圈生态环境协同发展新形势

1. 环境污染防治进入新阶段

党的二十大报告对推进美丽中国建设作出宏伟擘画,从加快发展方式绿色转型、深入推进环境污染防治、提升生态系统多样性稳定性持续性、积极稳妥推进碳达峰碳中和4个方面作出了部署,区域环境污染防治进入新阶段。加之 $PM_{2.5}$、富营养化等传统环境问题尚未得到根本解决,臭氧(O_3)、持久性有机物、环境激素等新型环境风险逐步凸显,上海大都市圈的生态环境问题将处于新老交织、多领域并存的复杂阶段,需要在强化源头防控和多污染物协同控制上下更大力气。

2. 绿色高质量发展提出新要求

积极应对气候变化、长江大保护、长三角生态绿色一体化发展示范区建设等国家战略,以及加快形成以国内大循环为主体、国内国际双循环相互促进的新发展格局,都要求上海大都市圈在率先转变生产和生活方式、推进绿色低碳转型、创新污染治理技术、提升环境治理能力和水平等各方面继续取得新的突破。

3. 数字技术加快生态治理转型

互联网、大数据、算法、算力等技术发展为上海大都市圈的生态环境监管和治理带来了前所未有的机遇,气象、水文、交通、环境质量监测、环境执法、环境评价等数据库纷纷建立,生态云、智慧监管平台、信息化远程执法、现场执法联动等环境治理创新前景可观,提升了生态环境数据采集、监管的智能水平,保障了环境监管决策的科学性、准确度。

4. 人民对优美生态环境的需要日益增长

随着中国社会主要矛盾的转化,生态环境在人民群众生活幸福指数中的权重不断提高,人民群众从过去"盼温饱"到现在"盼环保",从过去"求生存"到现在"求生态",期盼享有更加优美的生态环境。立足发展新阶段和人民新期待,既要创造更多的物质财富和精神财富以满足人民日益增长的美好生活需要,也要提供更多优质生态产品以满足人民日益增长的优美环境

需要。今后要把加强生态环境保护、打好污染防治攻坚战摆在突出位置,在转变发展方式、创新制度保障、提升治理能力上下大功夫,坚决把自然资源保护好、把环境污染治理好、把生态环境建设好,不断满足人民日益增长的优美生态环境需要。

(二)推动上海大都市圈生态环境协同发展的路径与建议

进一步推动上海大都市圈生态环境协同发展,应以"空间协同、发展绿色、要素共保、污染联治"为引领,加快推进绿色、协同发展模式,共筑协调共生的生态系统,搭建形成绿色创新的发展模式,建立统筹协调的环境制度规范,完善集成一体的环境管理体系。

1. 强化顶层设计,尽快推进区域生态环境共保联治

构建环境管理一体化标准体系。统一环境监测布点要求与监测方法,统一环境监测指标,统一监测结果评价标准,形成涵盖空间分布、数据采集、信息传输、分析评价等内容的监测标准及规范。统一生态廊道建设、污染源治理等管理标准,就高不就低。统一垃圾分类标准,力求2035年实现生活垃圾分类全覆盖。统一排放标准,研究制定都市圈水、气、固废等领域的排放限值,优先针对污水处理厂、火电厂等设施开展统一标准的前期研究。

构建预报与应急联动保障机制。搭建都市圈生态环境大数据共享平台,整合大气环境、水质环境等关键性监测数据。加强长江、钱塘江、沿海地区等重点生态板块的危险化学品运输信息共享,强化涉水事务监管和省际间水事协调,强化长江船舶大气污染联防联控。建立信息通告与预报机制,统筹区域重大环境应急能力,整合各城市的应急救援力量,统一开展沿海地区危化品污染风险评估,建立海洋溢油、海上垃圾预警通报机制,完善海洋污染应急响应体系。探索建立邻界地区重大基础设施应急协作机制,实现区域生活垃圾、危险固废等污染物的安全处理和处置。

构建邻界地区环境治理协调机制。加强邻界地区城市功能布局、邻避设施分布等事项的统筹。建立环境纠纷的联调机制,协调各类环境纠纷。形成环境联合执法制度,严格按照统一的行政执法规划与裁量标准,以"一把尺"的要求实施严格监管,形成环境执法的合力。提高公众对于环境治理

的认知,提高群众在环境治理的参与度。

构建区域多元化生态补偿机制。统筹都市圈水安全、水资源、水环境等综合需求,以受益者补偿和损害者赔偿为原则,加快推进太湖流域等区域横向生态补偿机制的建立。开展统一、权威的自然资源调查监测评价,优化生态补偿核定标准,探索建立市场化、多元化的生态补偿机制。加强对原住民的生态补偿,除资金补助外,考虑通过扶持产业、增加工作岗位的方式解决原住民的就业问题。

2. 稳步落实"双碳"目标,协同推进减污降碳行动

上海大都市圈各城市要坚持减污降碳协同增效,协同推进"双碳"工作,加快推动产业、能源、交通、用地结构调整,促进资源能源节约高效利用。配合推进"双碳"工作,落实"1+N"政策体系,制定减污降碳协同增效实施方案和"双碳"目标任务落实情况督察考核方案,培育低碳(近零碳排放)示范试点,研究生态系统碳汇变化规律和增汇潜力。完善碳排放核查核算体系,建立企业碳排放账户。健全碳市场交易管理,修订碳排放配额分配方案。全力推动结构调整优化,强化"三线一单"成果应用,坚决遏制"两高"项目盲目发展。推进资源能源节约利用,有序推进全域"无废城市"创建,重点推动产业园区、产业集群循环化改造,提高资源能源循环利用水平。

持续深入打好蓝天、碧水、净土保卫战。坚持综合施策,强化 NO_x 和 VOCs 协同治理及区域协同治理,持续改善大气环境质量,努力解决群众关切的扬尘、异味、噪声等突出环境问题。着力打好臭氧污染防治攻坚战,强化 VOCs 全流程、全环节综合治理。推动重点行业深度治理,推动钢铁、水泥、焦化行业超低排放改造。深化工业园区和产业集群整治,建立涉气工业园区、产业集群管理台账。着力打好重污染天气消除攻坚战,进一步完善绩效分级体系,持续推动重点行业企业升级改造。持续打好柴油货车攻坚战。推进工地、道路、裸地等排查治理,开展扬尘、工业堆场专项治理。全面排查恶臭异味污染,推进分级管控。建立工业源大气氨排放及氨逸清单。统筹水资源、水污染、水环境、水生态,坚持控源、治污、扩容、严管四措并举,突出流域整体性,"一河一策",强化汇流区属地责任落实,不断提升水生态环境质量。强化饮用水保护,持续推进饮用水水源保护区划定、立标、整治,优

化调整城镇、农村集中式饮用水水源保护区。推进水污染治理,强化工业园区废水排放监管,完善园区污水集中处理设施和配套管网建设。强化水环境管理和黑臭水体整治,加强水生态保护,推进绿色生态屏障区及大运河文化带水系治理和生态保护。

坚持保护优先、预防为主,摸清污染状况、管控突出风险,加强土壤、地下水污染协同防治,深化农业农村生态环境治理,持续改善农村生态环境。加强土壤环境风险全过程防控,持续开展受污染耕地与农产品协同监测,强化受污染耕地安全利用。扎实推进地下水污染防治,完成全市地下水污染防治分区划定,完成特定元素背景状况调查及污染源解析。深化农业农村生态环境治理,稳步推进农村生活污水处理设施提升改造,推动达标排放。

3. 持续改善生态环境质量,加快生产生活方式绿色转型

区域水环境方面,协调上下游城市水污染控制,共同推进跨界水体治理,加强重点河湖水系整治和区域性水源集中区保护,营造更洁净的区域水环境。统筹饮用水源地跨界管控,重点保护长江、太湖、太浦河等区域饮用水源地集中分布区。协调饮用水源地与沿江产业布局,推进低小散企业入园,清退沿江重污染工业,加强入江河道的水系整治,探索沿江原水互联互通及风险联防联控机制,共建水源应急响应平台。以控制太湖水体富营养化为目标,以经济、可行为前提,积极推行入湖污染物总量及浓度双控制度,分年度有计划削减上游工业、农业及生活污染负荷,加强源头排放控制,推进环太湖生态缓冲带建设。建设清水绿廊,实施分段管控。建设京杭大运河、望虞河、长荡湖-新孟河-滆湖、太浦河、黄浦江、吴淞江、东苕溪-湖州环城河-长兜港、西苕溪-㽏儿港、余姚江、甬江 10 条清水绿廊。清水绿廊划定城镇段、郊野段,分别明确管理范围、保护范围,实施分段分层管控。管理范围内禁止陆域污染排放,可适当布局慢行交通系统、湿地公园、带状滨河公园、观光码头、亲水平台等复合功能;保护范围内限制陆域污染排放,实施滨河生态空间优化,积极引导功能转换。统一清水绿廊上下游的建设标准与要求。协同治理海陆水环境,分流域实施治理。长江流域加强农业面源污染防治,关注种植业尾水及农田地表径流的生态拦截屏障与尾水回用工程建设,河湖围网养殖污染及规模化畜禽养殖场综合整治,推动流域性河道的

协同综合治理,聚焦京杭大运河水质提升,实施负面清单准入管理制度。浙东流域推进防治结合,统一开展环杭州湾地区石化产业的环境风险评估,制定石化集中区污染应急管理机制。近岸海域推进海陆共治,重点开展九圩港、吴淞江、甬江等河流生态廊道建设,治理长江口污染,控制沿湾沿海区域滨海滩涂围垦,建设与恢复湿地,推进海岸带生态修复。

区域大气环境方面,实施区域能源和煤炭的总量和强度双控,坚持节能减排改造,推动热力、钢铁、电力等高能耗行业节能降耗,严格控制高能耗项目。推动产业结构调整和工艺升级改造,加强工业大气污染防治。全面完成都市圈内钢铁、水泥等行业燃煤锅炉的超低排放改造,实施统一监管与控制;重视挥发性有机物治理,制定都市圈挥发性有机物排放清单,实施挥发性有机物总量和分行业控制。区域土壤环境方面,健全土壤污染状况调查和风险评估体系,推进重点行业企业土壤、地下水环境调查,优化土壤环境质量监测网络。强化农用地安全利用和土壤污染精准管控,优先保护农用地土壤环境质量,强化受污染耕地的安全利用。建立建设用地土壤污染风险管控和修复名录,加强暂不开发地块的风险管控,严格再开发利用地块准入管理。强化土壤污染源头预防、调查评估和风险管控,健全危险废物、重点环保设施和项目等安全风险分级管控和隐患排查治理机制,建立覆盖危废全过程的监管体系,对农药化肥实行总量控制并逐步减量使用,提高农用薄膜、农药包装物安全回收利用率。建立土壤污染治理修复技术体系,探索"环境修复＋开发建设"新模式。

加快生产方式绿色转型。一要培育绿色生产转型的动力,让绿色成为企业信用的组成部分,成为市场竞争的要素,成为企业的品牌,这样企业才能自觉自愿开展绿色生产转型,政府才能自觉自愿支持企业绿色转型。二要提升绿色生产转型的能力。绿色生产转型是全方位、全过程的,要发挥大数据、科技创新、绿色金融、教育培训、社会参与、政府监管、信息公开的综合作用。三要建设支撑绿色生产的技术、资源、人才信息和相关的交易平台,降低绿色转型的成本,提高绿色转型的绩效。四要构建绿色低碳循环发展的产业体系。在工业生产领域,要着力推动经济效益差、污染排放多、资源消耗大的工业向低能低耗、集约高效利用转型,加快传统产业绿色化改造;

在建筑领域,以绿色建筑为目标,推广装配式建筑、钢结构建筑,鼓励销售全装修住宅,减少建筑资源浪费,防止建筑污染;在农业领域,要合理确定农业开发强度,推广节地、节水、节肥、节种等先进适用技术,扶持发展农牧结合循环模式,提高农业资源利用率。五要推动绿色能源革命,继续发展风电、光伏发电、生物质能发电等可再生能源,适度发展垃圾发电,安全发展核电,确保应对气候变化目标、大气污染防治目标和能源节约目标的实现。

倡导绿色低碳生活方式。深入开展节约型机关、绿色家庭、绿色学校、绿色社区、绿色出行、绿色商城、绿色建筑等绿色生活创建行动,推广简约适度、绿色低碳、文明健康的生活理念和生活方式。积极培育绿色消费市场,引导消费者购买新能源汽车、高效家电、节水型器具等绿色低碳产品,减少一次性塑料制品的使用,推广使用绿色包装,引导绿色消费理念。加强生活垃圾分类宣传引导,推动生活垃圾分类示范单位、示范社区建设,引导居民养成主动分类垃圾的习惯。

4. 优化区域生态安全格局,加强生物多样性保护,提升生态系统服务功能

衔接落实主体功能区战略,优化区域生态安全格局。衔接落实两省一市国土空间规划确定的主体功能区划,鼓励探索以镇为单元的主体功能区划定,强化重点城市发展廊道及重要生态功能板块的统筹协调,通过差异化政策引导地区的功能管控。构建"一心三带多廊"的生态安全格局。"一心"即太湖生态核心,环湖四个城市加强源头污染物排放总量控制,系统推进太湖22条主要入湖河流的综合治理,保护太湖国家级湿地等重要自然保护地。"三带"为长江生态带、钱塘江生态带、滨海生态带,协同实施"三带"生态修复,重点加强滩涂湿地保护、动植物栖息地修复、沿线生态化发展和污染排放总量控制。"多廊"为山湖生态廊道、山海生态廊道、湖海生态廊道、河流生态廊道等,实施重要水生生物产卵与洄游通道、鸟类迁徙通道等关键生境地区的生态系统整治,按照统一标准开展区域生态廊道的保护与管控。

保护重要生态空间,维护区域生物多样性。加强重要生态空间管控,限制城镇建设用地占用生态空间,鼓励生态保护地区的城镇空间和符合国家生态退耕条件的农业空间转为生态空间。重点加强四明山、天目山、苏锡常

地区的丘陵山地、滆湖、淀山湖-元荡等生态地区保护。严格保护区域内以自然保护地为核心的陆域和海洋生态保护红线,形成生态保护红线"一张图",作为区域功能布局和空间规划的刚性约束,确保生态保护红线功能不降低、面积不减少、性质不改变。各城市协调邻界地区的生态保护红线联保控制,划分生态空间管控单元,确定各个单元的管控机制与要求,并制定生态保护联合稽查执法制度。

实施重点地区生态修复,提升生态系统服务功能。推进海洋与海湾地区的生态修复,保护鸟类栖息地、海洋生物产卵场、索饵场及洄游通道等重要自然生境。实施联合执法,坚定不移地推行伏休禁渔制度。加强海岛、岸线整治修复,构建本地湿生植被系统与沿海防护林带等形成的复合生态体系。优先开展长江口滩涂湿地、崇明岛东滩、舟山-南麂岛海区等沿海滩涂湿地修复,推动黄(渤)海候鸟栖息地(二期)申遗工作。推进山水林田湖草的整治和修复,实施天目山、四明山、龙池山等生态敏感地区的环境治理,清退低小散的污染型工业,修复片区生态基底,恢复原有的生态功能。腾退地区采取"生态+"的利用方式,植入生物多样性维护、生态旅游、文化体验、科普教育等功能,平衡生态地区保护与民生之间的关系。

5. 健全环境协作治理体系,完善全社会参与机制

健全区域环境治理信息的公开制度,发挥大数据优势,广泛宣传污染物的排放情况和气候信息,注重微博、微信等新兴媒体与广播、报刊、书籍等传统媒体相结合。引导社会广泛参与,一方面,上海大都市圈建设应重视生态环境保护的科学研究和科普传播;另一方面,扶持一批民间环保组织,形成分工协作明晰、运作高效的上海大都市圈生态环境共保共治新体系。提高公众对生态环境区域治理的认知。公众是区域治理的最小行动"细胞",是生态环境区域治理的重要主体。要把区域治理的外在强制力转化为公众的自觉行动,进一步规范公众的生态行为,培育公众对生态环境区域治理的认可度。要掌握正确判断环境的基础科学知识,结合常见的社会热点问题,采取公众易于理解、接受和参与的方式,引导公众形成对生态环境因素的理性认识,提升其生态环境的区域防范意识和能力。强化生态环境区域治理的公民教育。面对资源瓶颈突出、环境污染加剧、法规监管缺位的现实,需要

对公众进行生态知识普及,充分利用公众力量,推进生态环境协同治理。要将生态环境协同治理纳入中小学、高等教育和职业教育体系及地方环境保护教育的中长期规划当中,加强广大学生的生态环境教育,进一步提高学生的环境意识。要利用"互联网＋教育"的载体,重视线上线下结合,创新学习内容和方法,激发学习潜力,满足公众对美好生态环境的需要。

参考文献

［1］ 郭钰.跨区域生态环境合作治理中利益整合机制研究［J］.生态经济,2019,35(12)：159-164.

［2］ 刘志敏,叶超.社会-生态韧性视角下城乡治理的逻辑框架［J］.地理科学进展,2021,40(01)：95-103.

［3］ 马方凯,陈英健,姜尚文.长江三角洲区域水生态环境治理思考［J］.人民长江,2022,53(02)：48-53.

［4］ 唐韵怡,文轩.金山平湖启动区域生态环境联合监督［J］.上海人大月刊,2020(11)：8.

［5］ 王义娜."三个彰显"开创人与自然和谐共生新局面——党的二十大报告关于生态文明建设的战略部署与安排［J］.西藏发展论坛,2023(02)：25-30.

［6］ 肖攀,苏静,董树军.跨域生态环境协同治理现状及应对路径研究［J］.湖南社会科学,2021(05)：92-99.

［7］ 易浪,孙颖,尹少华,魏晓.生态安全格局构建:概念、框架与展望［J］.生态环境学报,2022,31(04)：845-856.

［8］ 于贵瑞,郝天象,杨萌.中国区域生态恢复和环境治理的生态系统原理及若干学术问题［J］.应用生态学报,2023,34(02)：289-304.

［9］ 于贵瑞,杨萌,陈智,张雷明.大尺度区域生态环境治理及国家生态安全格局构建的技术途径和战略布局［J］.应用生态学报,2021,32(04)：1141-1153.

Ⅲ 上海大都市圈分层次空间格局篇

B7　整体性与关联性视角下上海大都市圈横向比较研究

孙　娟　马　璇　张振广　张　洋　韩　旭

（中国城市规划设计研究院上海分院）

摘　要：本研究基于全球城市区域理论，构建整体性和关联性的两大维度研究框架。通过定量与定性分析构建划定矩阵，界定中国首都圈、上海大都市圈、粤九市三大全球城市区域。从整体性而言，发现三大全球城市区域体量接近全球发达水平，但人均偏低，同时呈现了差异化的功能模式。上海大都市圈是多维度最均衡的全球城市区域，工业总量最大，科技创新居中，货运枢纽优势突出，文化资源最丰富；首都圈是自上而下行政引领的区域；粤九市是市场化、国际化特征突出的区域。从关联性而言，上海大都市圈呈现"核心引领多中心"特征，粤九市呈现"双中心＋层级化"特征，首都圈呈现"单中心＋极核化"特征。

关键词：整体性；关联性；全球城市区域；上海大都市圈

当前，全球形势面临百年未有之大变局。随着全球化程度的日益加深，单个城市在国际竞争合作中发挥的作用越发有限，城市开始寻求区域间的合作来扩大全球影响力。同时，经济全球化遭遇逆流，保护主义、单边主义不断兴起，全球政治经济环境面临新的变化。中国于2020年5月正式提出"加快构建以国内大循环为主体、国内国际双循环相互促进的新发展格局"的战略部署，这标志着中国区域经济发展进入了新的阶段。在这样的背景下，作为城镇化发展的高级形态，以都市圈为空间组织载体的全球城市区域,在国家发展中的地位和作用不断凸显,逐渐成长为国家的增长中心,参与全球竞合。

一、全球城市区域的中国方案与范围界定

(一) 理论演进:理论研究从"全球城市"到"全球城市区域"

全球城市区域源自国际研究的"全球城市"。弗里德曼(Friedmann)等人以大型跨国公司为研究对象,在1982年率先提出"世界城市"(world city)概念,后续又发展完善为著名的"世界城市"假说。1991年,萨森(Sassen)在对纽约、伦敦、东京的实证研究基础上,重点聚焦生产服务行业跨国公司的国际化程度、集中度与强度,提出"全球城市"(global city)理论,将全球城市定义为发达的金融和商业服务中心,并提出集聚经济概念。1996年,卡斯特尔(Castells)在其研究中指出,传统的"场所空间"逐渐被"流空间"所取代,城市间多向化、网络化的联系正随着全球化、信息化进程而不断加强,全球城市内涵也从金融服务业扩展至其他服务业,全球城市成为网络中的关键节点。在此基础上,全球城市等级网络体系主要从经济、文化、社会等方面开展划分标准的研究,但整体上仍然以单一中心模式的城市为研究对象,无法充分解释全球化背景下基于超地域广泛联系的产业发展模式,需要置于更为广阔的城市密集地区空间尺度中加以考察。

全球城市区域(global city region)由全球城市概念衍生而来。2000年,斯科特(Allen Scott)首次提出全球城市区域概念,用其指向"在全球化高度发展前提下以经济联系为基础而由全球城市及其腹地内经济实力较为雄厚的二级大中城市扩展联合所形成的一种独特空间现象"。同一时期,泰勒提出区域研究的定量模型方法——互锁网络模型(interlocking network model),构成了后续GaWC等全球城市评价体系的理论和方法基础。2006年,霍尔(Peter Hall)等人以欧洲八大巨型城市地区(mega-city region)为例,强调从功能链接出发,关注城市间的人流与经济流关联度。2019年,斯科特回顾性地指出,全球城市区域等功能性区域空间对于指导跨行政区发展而言意义重大,是经济因素在集聚过程、交易关系和城市内部空间价值化中的具象表达。

由此可见,全球城市区域相比全球城市呈现了四个显著的差异化特征。一是强调从单一到相互。全球城市仅指明少数、单个城市的属性特征,忽视了城市体系内个体间的相互联系。二是强调多中心空间。全球城市区域内存在明显的内部联系或分工,呈现多中心地理结构。三是强调多层次国际化。全球城市区域内相互联系的诸多城市皆参与全球经济分工,即多层次的城市皆要高度国际化。四是强调多元化功能。全球城市区域强调新的劳动分工联系:不仅关注高端生产服务,也开始强调先进制造、枢纽功能、文化产业等新功能,以及教育等设施相关的软环境建设。

国内聚焦全球城市区域开展了系列研究,并对其概念内涵进行了进一步解析。吴志强提出,全球城市区域至少应拥有一个以上的世界城市,具有金融中心、国际机场、信息港等功能;全球城市区域也是一个扁平化网络,各城市在区域发挥独特的作用。宁越敏提出,全球城市区域表现出越来越多的生产活动功能专业化的趋势,是一种内含多中心大都市区的形态。张京祥提出,全球城市区域一般是由核心大都市区(全球城市或具有全球职能的城市)、腹地大都市区与一系列大小城镇组成的城市群。由此可见,国内研究对于全球城市区域的概念内涵有着一定的共性认识,强调应以全球城市为核心,并形成内部关联紧密的功能性城市网络;在表现形式上,城市群、都市圈、都市区、大湾区等皆可认定为全球城市区域。

(二)研究框架:构建整体性与关联性的全球城市区域研究框架

通过对国际先进的全球城市区域的案例研究,将全球城市区域的核心内涵总结为对外关注区域全球引领的核心功能,对内关注区域内部要素流动的紧密网络两个层次。

对外关注全球城市区域的多元功能与影响力研究。对英伦地区等的研究表明,全球城市区域是五大核心功能的重要集聚地。一是生产性服务业集聚地。英伦地区包含伦敦、曼彻斯特、伯明翰、利兹、利物浦、谢菲尔德等主要城市,共有9市入选GaWC榜单,其中包含一个顶级全球城市(α^{++}级)——伦敦。二是创新要素集聚地。英伦地区汇集了世界一流的创新要素,驻有220多家发展人工智能产品的企业。根据2019年QS世界名校

1000榜单,英伦地区共入榜69家大学,包含世界顶流学府牛津大学、剑桥大学与谢菲尔德大学。三是产业链完备的世界级生产基地。英伦地区航空航天、汽车制造、化学与制药、电子信息等领域都形成了非常完备的世界级生产基地,且分工清晰。伦敦作为核心城市,主要发展综合经济;伯明翰侧重汽车;曼彻斯特发展纺织;纽卡斯尔侧重造船和钢铁;诺丁汉发展服装与药品;谢菲尔德侧重钢铁制品等。四是人文价值的全球输出地。英伦地区是足球俱乐部的发源地、草地网球运动起源地,伦敦是全世界博物馆、图书馆和体育馆数量最多的城市。五是全球通达、高效运转的枢纽地。英伦地区已形成全球通达、高效运转的枢纽体系,包含15个百万以上客流量机场,其核心城市伦敦包含6个百万以上机场,这为城市群的人流、物流奠定了坚实的基础。

对内关注彼此形成紧密关联的网络。一方面,关注多维度的"流"通网络。GaWC以定量模型为基础,以"先进型生产服务业机构"跨国公司在世界分支机构的数据,对世界城市进行排名;霍尔(Peter Hall)(2006)通过信息流、通勤流、航空流等对欧洲8个巨型城市区域进行研究,系统解剖了欧洲巨型城市区域的内在联系特征。另一方面,波士华可持续环境营造中,强调连通景观和城市、推行不同尺度的可持续发展;东海道关注多层次对流,强调构建对流型空间结构、跨区域协作轴及特定主题的对流圈。

由此本研究认为,中国视角下的全球城市区域应是以全球城市为引领的功能性地域空间单元,兼具整体性与关联性特征。对外强调整体性,强调全球城市区域是作为整体参与全球竞争与合作、参与内外双循环的基本单元。对内强调关联性,关注内部城市的功能分工与互补、区域的协同发展等。基于此,建立整体性与关联性的全球城市区域研究框架。

(三)中国三大全球城市区域界定与划示

1. 基于全球城市区域研究框架构建划定矩阵

目前学者和研究报告对全球城市区域(含都市圈、城市群等区域)的界定标准主要集中在人口总规模、人口密度、城市规模体系、区域交流联系、城镇化水平以及其他指标几个方面。在此基础上,再基于全球城市区域研究框架构建划定矩阵,一方面开展定量分析,强调整体性评价与关联性评价;另一方面开展定性分析,通过历史文化、流域治理等多元视角界定全球城市区域范围。

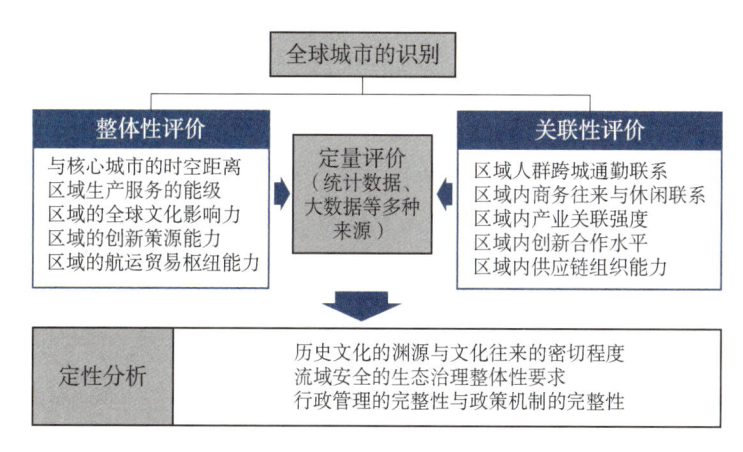

图 7-1 全球城市区域的划定矩阵

2. 划定三大城市群中全球城市区域

首先,本研究依托 GaWC 榜单,筛选出京津冀、长三角以及粤港澳地区与全球其他城市关联度较强的城市,拟定为区域的核心城市或重点城市。根据 GaWC 官方介绍,GaWC 共分 4 档 12 级,最高层次为 α^{++} 级。2020 年公布的 GaWC 榜单显示,在中国上述三个区域中,α^{+} 级入选的城市主要有北京、上海及香港,α^{-} 级入选的城市主要有广州与深圳。

其次,开展定量分析,关注与核心城市的时空距离、区域生产服务的能级、区域的全球文化影响力、区域的创新策源能力、区域的航运贸易枢纽能力等。如在产业联系维度中,包含总部分支分布、创新链分布、供应链分布三项指标。其中,创新链指标又包括合作专利分布与合作论文分布两项指标。在人群联系维度中,包括通勤人群分布与休闲人群分布两项指标。通过对产业联系与人群联系维度的指标数据进行落点处理,判断其主要关联是否位于区域内,由此得到各维度区域内关联度较高的主要城市,并按比例赋予分值。各项指标数值越大,则两城市间联系度越紧密。采用加权计算方式,赋予各维度中指标不同的比重,计算得到该维度下区域城市间联结度的总分,再通过在 GIS 地图中落点并连线,获得各区域联系最为显著的城市,共同组成中国全球城市区域的具体范围。

最后,开展定性校核,包括流域统筹、历史文化、行政管理等。首都圈衔接2015 年《京津冀协同发展规划纲要》等相关规划,并基于尺度比较等原则,形成北京等五个城市的范围。上海大都市圈需考虑太湖流域安全,将湖州、常州纳入上海大都市圈范围,形成 1+8 的完整地市范围。粤九市基于历史渊源并衔接 2019 年《粤港澳大湾区发展规划纲要》,明确广东九个城市范围。

表 7-1　　　　　　　　中国三大全球城市区域的范围界定

	上海大都市圈	首都圈	粤九市
面积(万平方千米)	5.4	7.1	5.5
城市(区县)数量	9 个城市、40 个区县单元	5 个城市、55 个区县单元	9 个城市、31 个区县单元
城市	上海、苏州、无锡、常州、南通、宁波、湖州、嘉兴、舟山	北京、天津、唐山、廊坊、保定	广州、深圳、东莞、佛山、中山、惠州、珠海、江门、肇庆

二、整体性视角下上海大都市圈的横向比较

上海大都市圈各项指标领跑全国。上海大都市圈常住人口规模全国第二,仅次于粤九市,人口密度全国第一。GDP 总量全国第二,全球第四,低于粤九市,但增速达 3.1%。人均 GDP、地均 GDP 均位居全国第一。然而,与国际发达水平相比,上海大都市圈仍有差距,上海大都市圈人均 GDP 是东京都市圈的 1/2、纽约大都市圈的 1/4、旧金山湾的 1/5;上海大都市圈地均 GDP 约为东京都市圈、纽约大都市圈、旧金山湾的 1/2。

表 7-2　　　　　　　　国际全球城市区域规模对比

	面积(万平方千米)	常住人口(万人)	GDP(万亿美元)	人口密度(万人/万平方千米)	GDP 比上年增长	人均 GDP(万美元/人)	地均 GDP(万美元/万平方千米)
上海大都市圈	5.4	7746	1.6	1435	3.1%	2.1	2998.3

续表

	面积（万平方千米）	常住人口（万人）	GDP（万亿美元）	人口密度（万人/万平方千米）	GDP比上年增长	人均GDP（万美元/人）	地均GDP（万美元/万平方千米）
首都圈	7.1	6049	0.9	852	1.9%	1.5	1319.7
粤九市	5.5	7824	1.3	1422	2.4%	1.7	2359.0
纽约大都市圈	3.37	2200	1.89	653		8.2	5608.3
旧金山湾	1.8	768	0.8	427		10.2	4444.4
东京都市圈	3.7	4417	1.97	1194		4.5	5324.3

（一）生产服务维度：上海大都市圈总部数量相对偏少，首都圈是全国生产性服务业核心

上海大都市圈生产性服务维度不及首都圈。一方面，首都圈第三产业占比达72%，占绝对主导，服务经济高度发达，接近东京都市圈的80%、纽约都市圈的90%等发达都市圈水平。另一方面，2021年全国143家全球500强企业中，近70%在三个都市圈中。其中59家集聚在首都圈，占比超过40%。首都圈生产性服务业总部是上海大都市圈（12家）的4倍、粤九市（16家）的2倍。

（二）先进制造维度：上海大都市圈制造规模最大，首都圈制造业总部集聚，粤九市高技术制造领先

上海大都市圈工业规模最大。2020年上海大都市圈二产增加值为4.5万亿元，高于首都圈的1.7万亿元和粤九市的3.6万亿元。然而，上海大都市圈在高新技术企业以及高技术制造业企业的数量上不及粤九市与首都圈。根据新一线城市研究院的统计数据，2019年上海大都市圈仅有3.1万家高新技术企业，少于首都圈的3.6万家和粤九市的4.8万家。上海大都市圈的世界500强企业中制造业总部不及粤九市与首都圈。首都圈集聚了15家的世界500强制造企业，数量是上海大都市圈的5倍，粤九市的3倍。

（三）科技创新维度：上海大都市圈相对均衡，首都圈原研创新实力突出，粤九市重创新转化

上海大都市圈在原研创新与创新转化方面相对均衡，首都圈与粤九市在两方面各具优势。一方面，从原研创新来看，首都圈在设施、投入和产出上均具有绝对优势。创新设施上，首都圈集聚全国30%—40%的高等级院校、大科学装置和实验室，尤其是148所国家重点实验室，是粤九市的9倍、上海大都市圈的3倍。科研产出上，首都圈2020年高质量自然科学期刊论文（Nature Index 2020）数量达7 549篇，是粤九市和上海大都市圈的近2倍；其中，北京自2016年起便成为全球科研城市的首位，占全国比重稳定在20%左右。另一方面，从创新转化来看，粤九市专利量大，企业创新活跃。就国内专利而言，粤九市总量最高，专利申请量达87万件，授权总量达63.3

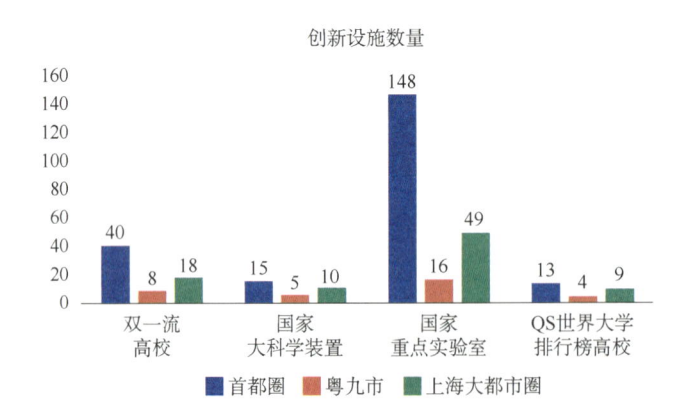

创新设施数量

	双一流高校	国家大科学装置	国家重点实验室	QS世界大学排行榜高校
首都圈	40	15	148	13
粤九市	8	5	16	4
上海大都市圈	18	10	49	9

高质量自然科学期刊论文数量（Nature Index 2020）

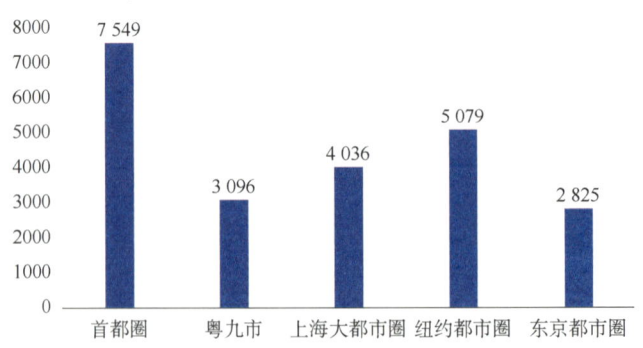

首都圈	粤九市	上海大都市圈	纽约都市圈	东京都市圈
7 549	3 096	4 036	5 079	2 825

图7-2 三大全球城市区域原研创新对比

万件。就国际专利而言,深圳PCT专利申请量优势突出,超过2万件,是北京的3.3倍、上海的4.8倍、苏州的5.2倍。全球PCT50强企业排中,上榜的13家中国企业中有9家位于深圳和东莞,包括华为(全球第一)、OPPO(全球第六)、平安科技(全球第11)、中兴通讯(全球第13)、VIVO(全球第16)、大疆(全球第20)等。其中,华为多年处于全球第一的水平,2021年PCT专利申请量高达6952件,是第二名美国高通的1.7倍。可以看出,深圳活跃的创新转化动力主要来源于企业。

(四)对外贸易维度:上海大都市圈货运优势突出,粤九市客运总量领先

就贸易方式而言,上海大都市圈货运优势突出,体现出较高的区域国际开放程度。2020年上海大都市圈民航机场货邮吞吐量为437万吨,超过粤九市的324万吨,是首都圈(121万吨)的近3倍;国际集装箱吞吐量近5000万标箱,是首都圈(2146万标箱)的2倍多。粤九市则在旅客运输方面优势突出,2020年粤九市民航机场旅客为9265万人,超过上海大都市圈的8252万人,首都圈的4824万人。

就国际贸易方向而言,上海大都市圈与首都圈主要是欧盟与东亚方向,粤九市以东亚方向为主。欧盟与东亚方向的贸易,各占上海大都市圈进出口总额的17%左右。首都圈对外贸易方向相对均衡,欧盟占比(14%)最高。粤九市则以中国香港、日韩为核心方向。中国香港占进出口总额的16%;其次是日韩,占13%。

(五)文化影响维度:上海大都市圈文化资源最丰富,首都圈文化影响力最强,粤九市国际认可度最高

上海大都市圈文化资源禀赋有优势,但在文化影响力以及国际认可程度方面不及首都圈与粤九市。上海大都市圈自然风光秀丽、历史文化遗存丰富,无论是国家5A级风景名胜区数量,还是国家级历史文化名镇名村数量,都大幅领先于国内其他都市圈。首都圈文化产业的产值规模和企业数

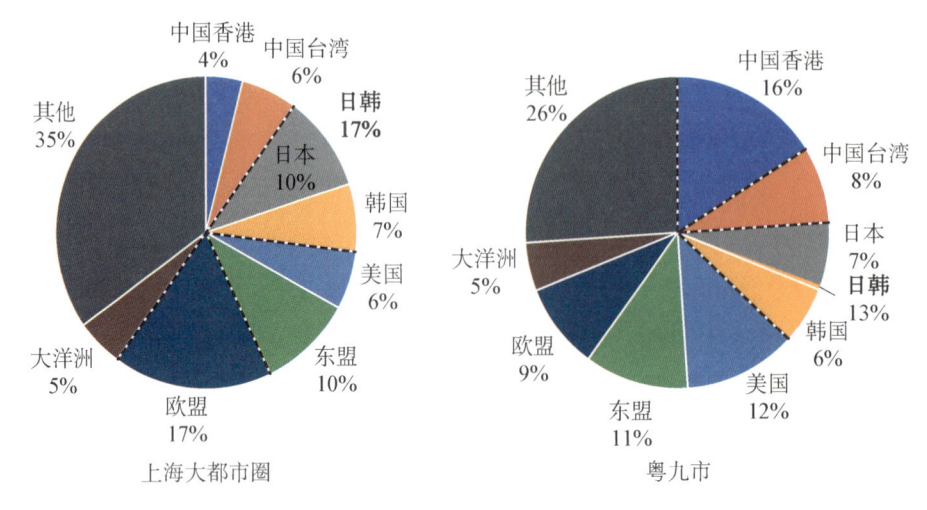

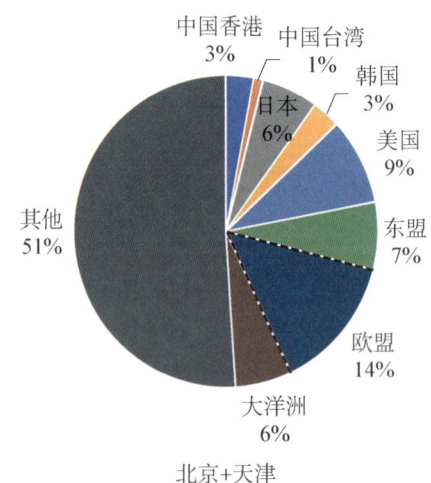

图7-3 三大全球城市区域进出口贸易方向对比

上海大都市圈：中国香港 4%、中国台湾 6%、日韩 17%（日本 10%、韩国 7%）、美国 6%、东盟 10%、欧盟 17%、大洋洲 5%、其他 35%

粤九市：中国香港 16%、中国台湾 8%、日本 7%、日韩 13%、韩国 6%、美国 12%、东盟 11%、欧盟 9%、大洋洲 5%、其他 26%

北京+天津：中国香港 3%、中国台湾 1%、韩国 3%、日本 6%、美国 9%、东盟 7%、欧盟 14%、大洋洲 6%、其他 51%

注：佛山、江门、肇庆、唐山、保定、廊坊未公布按国别数据，不纳入统计。

量突出。2020年北京规模以上文化产业增加值3318亿元，位列全国第一，是第二位上海的近1.5倍；首都圈文化、体育和娱乐业在营企业总数达50471家，领先于粤九市、上海大都市圈。粤九市更受国际游客青睐，从吸引的国际旅游入境人数来看，受益于澳门自身的旅游产业和邻近港澳的区位优势，粤九市整体更受国际游客青睐，国际游客规模远高于上海大都市圈和首都圈。

三、关联性视角下上海大都市圈的横向比较

(一) 产业链维度：全国的首都圈，长三角的上海大都市圈，圈内的粤九市

上海大都市圈的产业关联数量较高，制造业关联较强，和所在城市群的区域联系强于其余两个都市圈。2020年，上海大都市圈制造业关联数量8万条，强于首都圈(3万条)和粤九市(6万条)。上海大都市圈面向长三角区域的关联占全部关联的23%，高于首都圈的5%以及粤九市的10%，相对均衡。首都圈生产性服务业关联较强，关联圈层面向全国，生产性服务业关联占全部关联的58%，同时面向京津冀城市群外的区域关联占比达到89%。粤九市的关联圈层主要面向都市圈内。粤九市面向都市圈内的关联占全部关联的32%，高于首都圈的5%，以及上海大都市圈的17%。

1. 关联模式：上海大都市圈相互关联，首都圈市内关联，粤九市核心关联

上海大都市圈以跨市关联为主。无锡市区、常州市区、湖州市区以及舟山市区等地跨市关联量占各自总关联量的比例均在45%以上，常州市区和舟山市区的跨市关联量占比更是达到了59%和57%。首都圈主要市区多以市内关联为主。天津市区、廊坊市区以及保定市区的市内关联占比均超过45%，天津市区和保定市区的市内关联占比更是达到了60%以上，分别为62%和65%。粤九市以广州与深圳为核心关联，形成两大对流圈。粤九市各城市市区与广深市区的关联占总关联的比例均超过了45%，其中东莞市区和惠州市区主要关联深圳市区，其余市区则主要关联广州市区。

2. 关联网络：上海大都市圈层级化，首都圈单核辐射，粤九市双核驱动

上海大都市圈的关联网络仍然以上海为核心，但部分产业类型中苏锡甬关联优势突出。上海大都市圈的全行业和制造业呈现沪苏主次双核的结构模式，苏州市区凭借强大的制造业基础，以及同昆山市、常熟市、太仓市等下辖县级市的关联，成为区域的次要核心。苏州、无锡以及宁波在生产性服务业的区域网络中承担了重要的服务功能，表现出了较强的市域组织能力。首都圈的关联特征为北京单核辐射。全产业、制造业和生产性服务业均呈

现北京单核辐射的结构模式,北京市区是首都圈的核心市区,周边的大兴、昌平及通州等市域郊区与其的关联排名前 10,同时天津市区、唐山市区、廊坊市区等首都圈内的核心城市市区的首位关联也均是北京市区。粤九市都市圈的关联特征为广深双核驱动,并形成广佛莞和深圳两大关联圈层。就全产业、制造业以及生产性服务业而言,粤九市的核心城市为深圳市区和广州市区,但两大市区的关联圈层略有不同。其中,深圳市区的市内关联较强,深圳市区-宝安区、深圳市区-龙岗区排名关联前 2;广州市区则更多关联跨市地区,例如佛山市区及东莞市区。

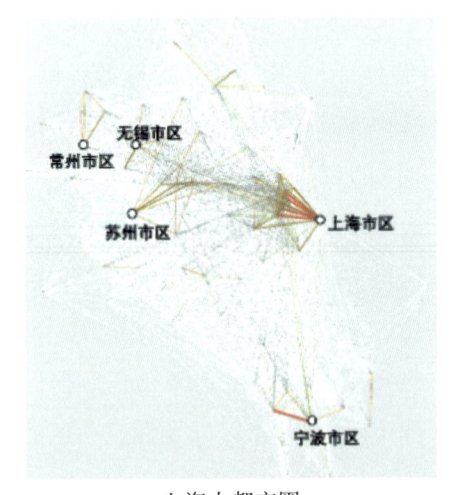

上海大都市圈

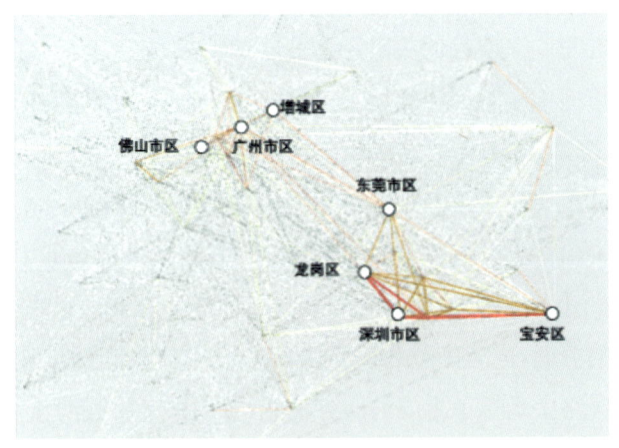

粤九市

首都圈

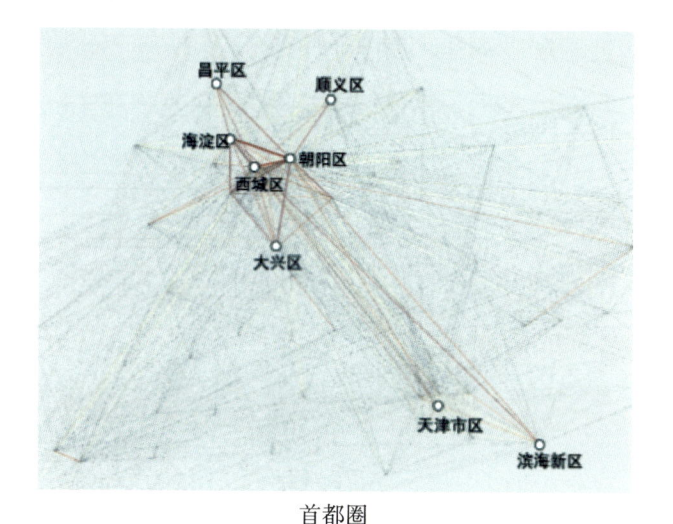

图 7-4 三大全球城市区域产业关联网络示意

（二）创新链维度：上海大都市圈强在区域，首都圈面向全国，粤九市强在圈内

上海大都市圈的专利授权总量最多，但合作专利数量不如首都圈与粤港澳。从三大区域的专利授权量来看，上海大都市圈数量最多，以285万条高居榜首，高于粤九市的232.7万条、首都圈的133.8万条。但从合作专利来看，上海大都市圈的合作专利数量最少且占比最低。上海大都市圈合作专利仅13.6万条，仅占总专利数量的5%，不及首都圈的32.3万条以及粤九市的16.6万条。

1. 组织模式：上海大都市圈跨城市合作，首都圈单一极核，粤九市跨行业合作

上海大都市圈的创新链以跨城市合作为主，各城市在不同行业均呈现跨市合作态势，如上海、苏州、常州等城市的装备制造业关联密切，上海、苏州、宁波等城市形成能源产业的创新链条。首都圈以北京为单一极核，周边城市向北京靠拢构建产业集群。首都圈内各城市之间的创新链合作集中在能源、化工、采矿、建筑等行业，并且均首要关联北京。粤九市的创新链以跨行业合作为主。深圳市内的各行业联系密切，广州、佛山则同样也是市内行业联系为主，大部分企业在市内形成跨行业的创新链。三大都市圈在创新

链组织模式上的差异,反映出上海大都市圈内部高度的一体化水平,实现了跨城市间的产业创新合作。

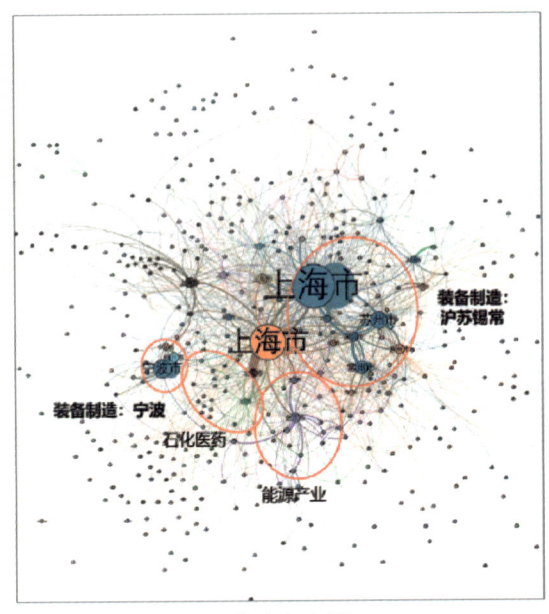

上海大都市圈

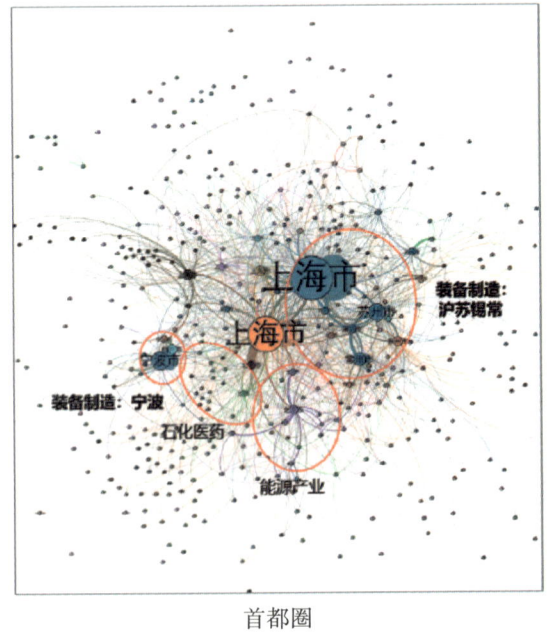

首都圈

粤九市

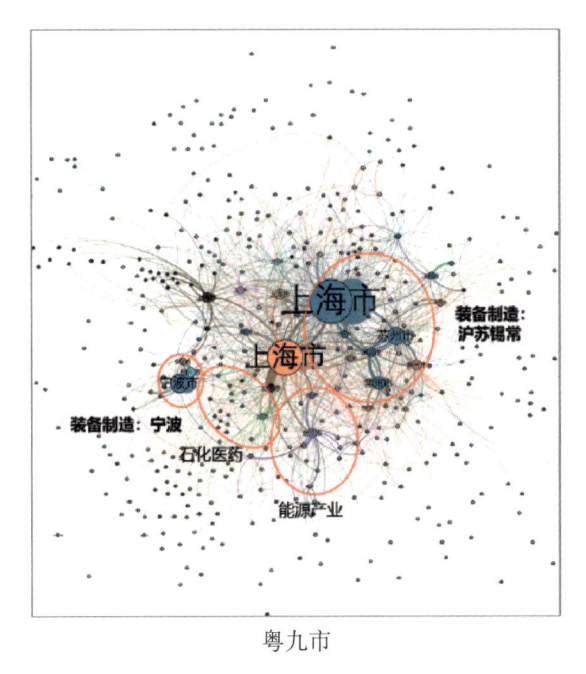

图 7-5 三大都市圈的创新链组织模式

2. 创新网络：上海大都市圈扁平化，首都圈一核独大，粤九市广深引领

上海大都市圈的创新网络呈现层级化的特征。首位城市上海优势突出，上海市内联系约有 3.3 万条。苏州、宁波、无锡、常州等次位城市有一定的集聚能力，北京、深圳等城市也在长三角的创新网络中占据一席之地。粤九市的创新网络整体呈现三大城市为核心的组织模式。深圳、佛山、广州三城成为创新网络的核心，且各城市以内部专利合作为主。其中，深圳优势最大，市内联系约 3 万条，与上海相近。首都圈则是以北京一核独大。北京市内专利联系约 13 万条，远大于上海与深圳的城市内部联系；北京对外辐射的主要城市为南京、上海、济南等各地区的核心城市，反映了北京对国内的辐射带动作用。

（三）供应链维度：上海大都市圈中距离圈层最具优势，首都圈面向全国组织供应链，粤九市短距离供应最多

1. 供应距离：上海大都市圈为中距离，首都圈为长距离，粤九市为短距离

供应链距离方面，三大都市圈在不同距离圈层中各具优势。上海大都

市圈的优势供应距离为 100—150 千米,在 100—150 千米范围内组织 70%—90%的供应链联系,高于首都圈(65%—78%)以及粤九市(65%—80%)。首都圈的供应链为长距离特征,150 千米以外组织 78%—100%的供应链联系。粤九市的供应链呈现短距离优势,在 50 千米范围内,粤九市组织 55%的供应链联系,高于上海大都市圈(40%)和首都圈(50%)。

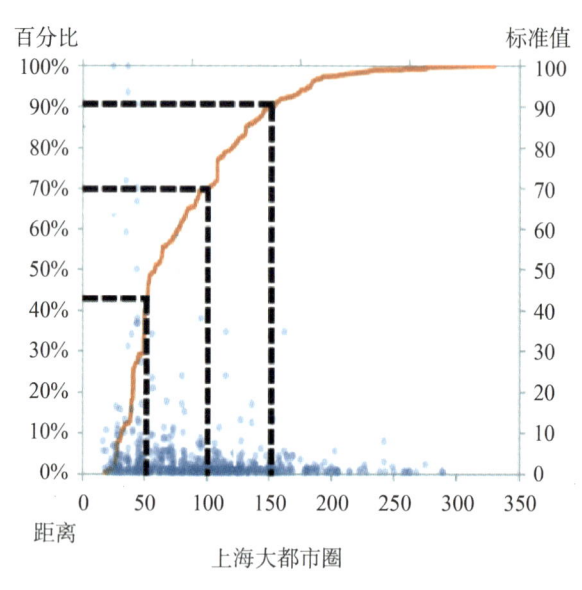

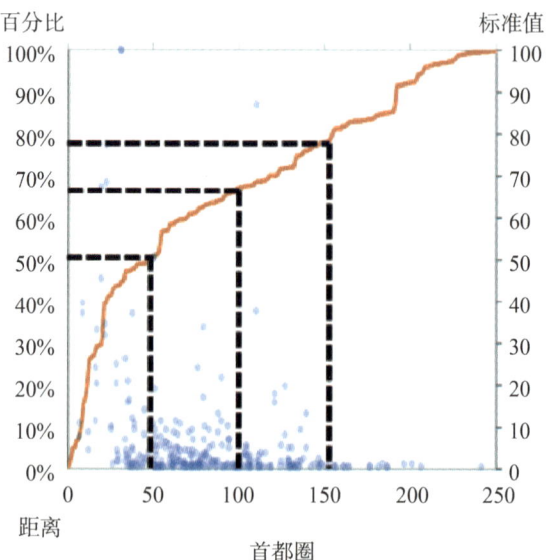

上海大都市圈

首都圈

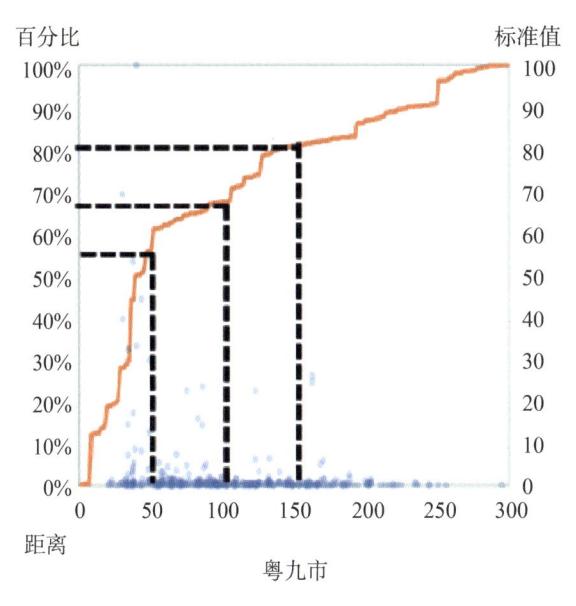

图 7-6　三大都市圈的供应距离

2. 供应网络：上海大都市圈多中心，粤九市广深双核，首都圈北京单核

上海大都市圈的供应网络呈现多中心、网络化的特征。全产业方面，供应链整体表现出沪苏为主、浙江薄弱的状态，沪宁廊道成为上海大都市圈供应链的核心组织空间，苏州、无锡、常州市区核心作用凸显。其中，苏州市区在制造业方面脱颖而出，成为上海大都市圈主要的供应商所在地，苏州市区-上海市区的供应链关联成为制造业的首位联系线。

首都圈的供应链网络呈现北京单核辐射的特征。全产业方面，北京市区为首都圈的核心市区，区域内供应链关联排名前 20 位中 83% 的关联总量与北京市区相关。

粤九市都市圈的关联特征为广深双核驱动，其中广州市区外向关联强，深圳市区内向关联紧密。全产业方面，深圳与宝安双向关联并列第 1，宝安-龙岗-市区三极互联占区域供应链总量的 44%；广州市区则主要关联广州市以外的城市，区域前 20 的关联排名中，广州市区与广州市以外的城市关联总量占 30%，其中广州市区和佛山市区的双向关联远高于广州市区的其余供应链关联。

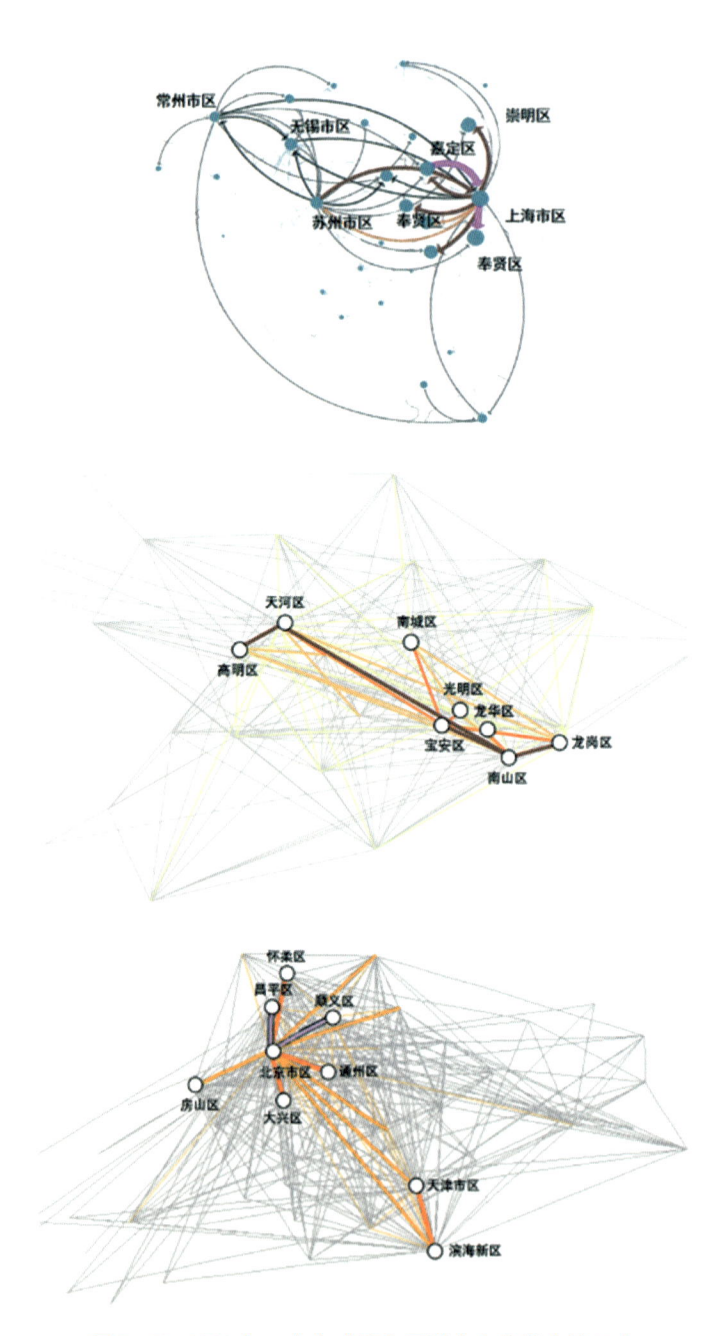

图7-7 2020年三大全球城市区域全产业供应链示意

（三）流动人口维度：上海大都市圈省外流动有优势，首都县内流动有优势，粤九市省内流动有优势

1. 流动人口总量：粤九市流动人口的总量最大，占常住人口的比重最高

上海大都市圈的流动人口总量与占常住人口比高于北京首都，但不如粤九市。2020年粤九市人户分离的流动人口总量为6264万人，是上海大都市圈的1.6倍，是首都圈的2.4倍；粤九市人户分离的流动人口占常住人口的比重为80%，高于上海大都市圈的50%以及首都圈的44%。

2. 流动人口结构：以省外流动为主，三大全球城市区域呈现不同优势

全球城市区域流动人口结构以省外流动人口为主。上海大都市圈有省外流动人口优势，上海大都市圈省外流动人口占总流动人口比例为60.2%，高于首都圈的51%以及粤九市的56.3%；粤九市省内跨县流动人口占总流动人口比例为35.4%，高于上海大都市圈的21.4%，以及首都圈的21.8%；首都圈县内流动人口占总流动人口比例为27.3%，高于上海大都市圈的18.3%，以及粤九市的8.2%。

流动人口总量对比

区域	本县（市、区）	本省其他县（市、区）	省外	合计	占比
首都圈	724	579	1353	2656	占44%
上海大都市圈	723	842	2376	3940	占50%
粤九市	516	2219	3529	6264	占80%

流动人口结构对比

	首都圈	上海大都市圈	粤九市
省外	51.0%	60.2%	56.3%
本省其他县（市、区）	21.8	21.4%	35.4%
本县（市、区）	27.3%	18.3%	8.2%

图 7-8　2020 年三大全球城市区域流动人口总量与结构对比

四、总结与展望

整体性与关联性视角下三大全球城市区域呈现差异化的功能与管理模式。整体性角度下，上海大都市圈与首都圈、粤九市相比是各维度最均衡的全球城市区域。上海大都市圈制造业整体规模最大，科技创新方面原研和转化能力较为均衡，贸易枢纽能力较强，拥有世界第一大吞吐量港口，文化资源最为丰富，拥有最多的风景名胜区和历史文化名镇名村。首都圈作为自上而下行政引领的全球城市区域集聚了全国的生产性服务以及原研创新的资源。粤九市毗邻港澳地区，呈现出外向型经济的特征，也具备企业技术创新的优势，是最市场化、国际化的全球城市区域。整体性角度下，上海大都市圈呈现核心引领的层级化、网络化的多中心关联模式。上海发挥龙头带动作用，苏州、无锡、宁波等城市各扬所长，通过各自的优势产业和创新资源，形成了跨城市的产业集群创新合作格局，构建了多中心、开放式、网络化的上海大都市圈空间结构。首都圈则呈现"单中心＋极核化"的关联模式，其余城市均依赖同北京的产业关联，各城市间缺乏合作。粤九市呈现"双中心＋层级化"的关联模式，围绕广州和深圳，粤九市都市圈形成了广佛莞和深惠两大发展圈层。

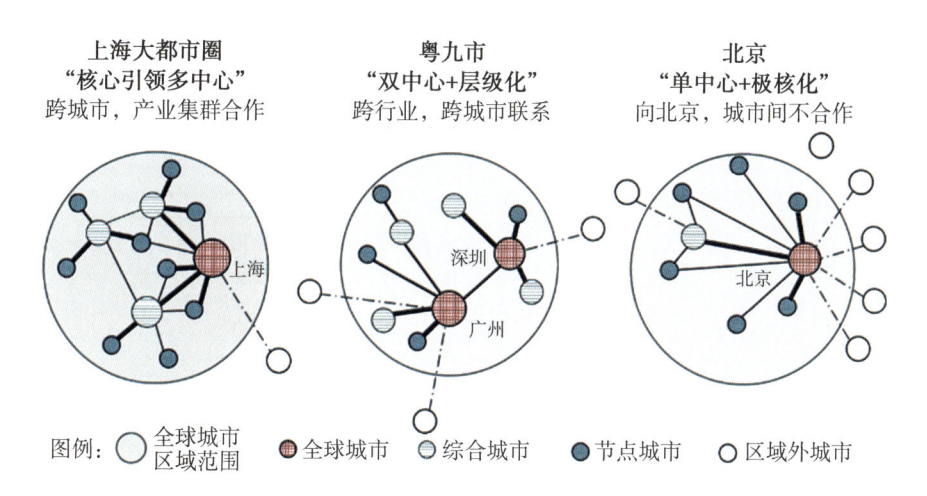

B7 整体性与关联性视角下上海大都市圈横向比较研究 /177

上海大都市圈
"核心引领多中心"
跨城市，产业集群合作

粤九市
"双中心+层级化"
跨行业，跨城市联系

北京
"单中心+极核化"
向北京，城市间不合作

图例：○ 全球城市区域范围　● 全球城市　◐ 综合城市　● 节点城市　○ 区域外城市

图 7-9　三大全球城市区域的关联模式示意

　　双循环格局下的都市圈，兼具发展与协调的双重责任，但全球城市区域理论与都市圈理论存在明显的局限性。全球城市区域聚焦功能性空间，更符合区域协同的发展实际，但仅构架了区域空间组织的理论推演，对于空间边界的具体划定标准仍是空白。都市圈聚焦延续性空间，基于通勤联系，以通勤边界作为划定标准，但是无法满足全球化、信息化时代区域协同的功能空间诉求。因此，本研究基于全球城市区域与都市圈的理论辨析，希望通过结合全球城市区域中的功能网络理论优化都市圈划定方法，建立新的都市圈空间界定方法体系，推动全球城市区域与都市圈理论与实践的融合，以更密切的产业、创新、商务等多元功能合作提升区域整体竞争力。从区域的本质和精神上来探讨都市圈的范围界定与共同目标实现，是对于全球城市区域理论的实践突破，是全球城市区域和都市圈理论的应用创新，具有较强的现实意义。

参考文献

[1] Castells M. The Rise of The Network Society [M]. Oxford: Blackwell, 1996.
[2] Friedmann J, Wolff G. World city formation: an agenda for research and action [J]. International Journal of Urban and Regional Research, 1982, 6(3):309-344.

[3] Hall P, Pain K. The Polycentric Metropolis: Learning from Mega-City Regions in Europe [M]. Routledge, 2006.

[4] Sassen S. The global city. New York, London, Tokyo [M]. Princeton: Princeton University Press, 1991.

[5] Scott A. Global City-Regions: Trends, Theory, Policy [M]. OUP Oxford, 2001.

[6] Scott A. City-regions reconsidered [J]. Environment and Planning A: Economy and Space, 2019.

[7] Taylor P. Specification of the world city network [J]. Geographical Analysis, 2001,33(2):181-194.

[8] 吕拉昌.全球城市理论与中国的国际城市建设[J].地理科学,2007(04):449-456.

[9] 王晓阳,牛艳华.全球城市研究的批判与反思——兼论上海的城市规划策略[J].国际城市规划,2021,36(06):58-63.

[10] 周振华.全球化、全球城市网络与全球城市的逻辑关系[J].社会科学,2006(10):17-26.

B8　上海市域跨城通勤现状特征与策略研究初探

熊　健　张　逸　宋　煜　张天然　邹　伟　王　波

（上海市城市规划设计研究院）

摘　要：跨城通勤交通是都市圈一体化发展的重要体现。本研究基于《上海大都市圈通勤报告2022》，以百度通勤大数据和人口普查等官方统计数据为核心数据，聚焦上海大都市圈跨城通勤，深入剖析上海跨城通勤的现状特征、存在问题与发展趋势，并就提高上海跨城通勤水平提出策略建议。

关键词：上海大都市圈；跨城通勤；通勤识别

近年来，国家高度重视都市圈的通勤协同发展水平。2021年国家"十四五"规划纲要对"建设现代化都市圈"明确提出"依托辐射带动能力较强的中心城市，提高1小时通勤圈协同发展水平，培育发展一批同城化程度高的现代化都市圈"的要求。国家部委也相继发布都市圈相关政策文件，在都市圈通勤协同上进一步明确具体工作要求及内容。

2022年1月上海、江苏、浙江两省一市政府联合印发《上海大都市圈空间协同规划》后，为落实国家要求，切实推进规划实施，2022年9月又制定《上海大都市圈空间协同近期行动计划》，将通勤作为上海大都市圈常态化跟踪研究重点任务之一。在此背景下，本研究团队启动了上海大都市圈通勤研究，依托官方统计数据、百度通勤大数据等，重点聚焦城市、区县、街镇等不同尺度的通勤出行，以初步明晰上海跨城通勤的规模量级、空间分布等特征。

一、国内外都市圈通勤发展现状

国外都市圈跨城通勤现象非常普遍,通勤规模大且向心特征明显。东京都市圈(1.33万平方千米)中,东京都23区部(622平方千米)日均有514万通勤者流入,60%来自神奈川县、埼玉和千叶等周边县市[1];名古屋都市圈日均有45万通勤或学者从周边进入名古屋,主要来自爱知县、岐阜县和三重县;大阪都市圈日均有93万通勤或者学者从周边进入大阪,主要来自大阪府、兵库县和京都府[2]。伦敦都市区由伦敦与周边卫星城共同构成,每日从周边城市流入大伦敦地区(1 579平方千米)通勤的约为79.3万人,占就业人口的18%[3]。最近的东京都市圈居民出行调查、英国人口普查等统计显示,东京、纽约、伦敦、巴黎等都市圈以城市中心为出发点的通勤出行半径均不超过50千米,80%—90%的出行集中在城市30千米半径范围内,超过50千米的比例不足5%。

国内经济发展水平较高的都市圈或城市群内跨城通勤现象日趋显著,粤港澳大湾区的广州-佛山、深圳-东莞以及京津冀地区北京-廊坊之间的日均跨界通勤规模分别达到51万人、34万人和31万人,是国内通勤强度最高的区域[4]。毗邻地区通常成为跨城通勤的主要分布地,如北京周边的三河、香河、大厂等县市,流入北京的通勤人群中44%居住在三河市。

总结国内外都市圈通勤特征,一是通勤距离、时间的关系呈现特定规律。以都市圈核心城市为出发点的通勤半径基本在50千米以内,单程通勤出行平均时间一般不超过1小时。二是通勤空间主次分明。从都市圈的空间结构来看,均在中心城市和外围城镇之间又形成多个方向的通勤走廊,这些通勤走廊的能级往往有主有次,通勤联系的强度也强弱不等。

---

[1] 引自日本国土交通省(2017)发布的第12回大都市交通调查报告。
[2] 引自日本国土交通省(2017)发布的第12回大都市交通调查报告。
[3] 引自伦敦交通局 Characteristics of Commuters 2015。
[4] 方煜,石爱华,孙文勇,赵迎雪.粤港澳大湾区多维空间特征与融合发展策略[J].城市规划学刊,2022(04):78-86.

二、跨城通勤识别技术方法

本研究将通勤定义为居住地与工作地之间规律性往返的过程。基于百度大数据资源,跨城通勤识别技术流程主要涉及居住地识别、工作地识别、通勤人口识别、跨城通勤识别等步骤。

(一) 居住地识别

用户在某地定位发生时间为工作日夜晚(时间占比符合一定比例)且符合定位位置的用地属性为居住区域等其他特征。

(二) 工作地识别

用户在某地定位发生时间为工作日白天(时间占比符合一定比例)且符合定位位置的用地属性为写字楼或其他具有办公属性的区域等其他特征。

(三) 通勤人口识别

根据用户定位发生的时段、时长、地点及属性等综合判断的既有居住地又有工作地的人口。

(四) 跨城通勤识别

跨城通勤是指居住地和工作地在不同城市且三个月内往返其居住地和工作地的频次在一定范围内。

对于所有居住地和工作地被识别为不同城市的人口,按照其三个月内被捕捉到在其居住地和工作地往返的频次进行区分,对于往返次数较少(三个月往返次数少于 12 次,即平均每周少于 1 次往返)及高频往返(三个月往返次数超过 182 次,即平均每天往返 1 次以上)的不纳入通勤统计范畴,其余均视为跨城通勤。因此本研究中,跨城通勤人口为居住地和工作地不在同一城市但在一定时间内有规律地往返其居住地和工作地的人口,既包括平均每周 1 次往返的人口(可理解为周通勤),也包括了每周往返 2—7 次的人口。

三、上海市域跨城通勤现状特征

2021年上海市域跨城通勤人口总量(流入、流出通勤人口总和)接近20万,与广州-佛山、深圳-东莞以及北京-廊坊等相比,其通勤总量规模相对较小。上海市域跨城通勤人口主要集中于临沪城市和区县,总体呈现"短途近域出行"特征,并初步形成"上海市区-上海郊区-昆山-苏州市区"等通勤紧密连绵区域。

市级层面,上海与苏州的通勤联系紧密,呈现强吸引的特征。苏州、南通、嘉兴三市流入上海和上海流出到这三市的通勤人数总和分别达到10.26万人和5.61万人。其中,苏州占比分别为80%和67%,呈现单向强流动的特点。上海与南通、嘉兴两市的流入、流出通勤人数远少于上海与苏州,流入流出相对均衡。

表8-1　上海市域与各城市流入、流出通勤人口统计(单位:万人)

城市	流入上海的通勤人口	上海流出的通勤人口
苏州	8.21	3.78
嘉兴	1.38	1.34
南通	0.67	0.49
总计	10.26	5.61

区县层面,上海与昆山、太仓、苏州市区等区县的通勤联系最为紧密。其中,昆山流入上海和上海流出到昆山的通勤人数分别达到5.61万人和1.87万人,昆山流入上海通勤人口远高于上海流出到昆山通勤人口。太仓、苏州市区流入上海的通勤人数也超过1万人,流入、流出比为1.5左右。

表8-2　上海市域与其他城市区县层面流入、流出通勤人员统计(单位:万人)

区县单元	流入上海的通勤人口	上海流出的通勤人口
昆山市	5.61	1.87
太仓市	1.31	0.89

续表

区县单元	流入上海的通勤人口	上海流出的通勤人口
苏州市区	1.15	0.81
平湖市	0.44	0.45
嘉善县	0.40	0.39
嘉兴市区	0.21	0.22
南通市区	0.20	0.18
启东市	0.16	0.15
总计	9.49	4.97

上海五个新城市外通勤联系中,昆山、太仓与上海五个新城的通勤联系最为紧密,分别超过1.3万人和0.6万人,就近通勤特征突出,其中,昆山与嘉定新城、青浦新城、松江新城,太仓与嘉定新城,嘉善与松江新城等的通勤联系最为显著。

表8-3　五个新城与临沪区县的流入流出通勤人口统计(单位:人)

区域名称	嘉善县	昆山市	平湖市	启东市	太仓市
奉贤新城	98	172	106	24	66
嘉定新城	87	5 448	63	38	5 887
南汇新城	58	251	79	51	111
青浦新城	171	6 126	65	25	172
松江新城	709	1 105	325	37	146
总计	1 123	13 102	638	175	6 382

街镇层面,因上海市内11号线是国内首条跨省(市)地铁线路,花桥镇与上海特别是中心城的联系较为紧密。地铁11号线花桥站早高峰期间,进站客流由2014年的0.6万人次增长到2021年的1.5万人次,近65%的乘客是去往上海中心城。

四、上海市域跨城通勤的问题与趋势

(一) 存在问题

都市圈跨城通勤具有高频次、规律性的出行特征,对时效性、便利性、可靠性等要求尤为突出。剖析现状上海跨城通勤建设,主要存在以下问题:

1. 跨城通勤人口的通勤时间有待进一步压缩

目前上海跨城通勤人口的平均通勤时间超过80分钟(88.4分钟),非常接近国内外研究提出的都市圈通勤时耗承受上限(90分钟)[1],通勤时间在1小时内的通勤人口比例约三成(27.6%)。此外,市内通勤人口方面,仍有17%左右的通勤时间在1小时以上。60分钟以上通勤比重是衡量区域及城市运行效率和居民生活品质的重要指标,也是判定跨城通勤空间延伸边界的关键依据,上海跨城通勤时间有待进一步缩短,控制在合理的范围内。

2. 现有传统对外交通体系支撑跨城通勤建设有待提升

一是枢纽功能较集中,服务效率有待提高,跨城客流高度集中于虹桥枢纽、上海站、上海南站等区域级枢纽,松江南、安亭等城市级枢纽功能发挥不足,主城片区、新城、重点镇交通系统发展水平与中心城仍有较大差距。二是枢纽换乘、内外交通系统衔接效率依然不高。三是既有铁路和高铁城际的列车班次密度可能难以适应早晚高峰客流需求,且铁路基准票价水平高于城市公共交通票价。

3. 毗邻地区一体化运营服务、交通衔接需进一步加强

上海市内的轨道交通接驳与江浙两省不同,上海市的班线公交模式线路不享受补贴。根据毗邻公交乘客问卷调查,乘客对票制票价、优惠换乘和发车班次准点率的满意度均较低。三地之间的毗邻公交线路补贴机制、换乘优惠政策、服务标准规范等相关配套政策有待进一步明确。与沪毗邻地区的跨省界交通衔接方面,各城市、区县、街道镇等不同层面相邻板块的报

---

[1] 汪光焘,李芬,刘翔,高楠楠,高渝斐.新发展阶段的城镇化新格局研究——现代化都市圈概念与识别界定标准[J].城市规划学刊,2021(02):15-24.

建项目、实施进展不统一,交界地区的道路网、铁路网等交通互通水平不一致,尚需进一步加强衔接与推进。

(二) 趋势判断

1. 未来上海跨城出行总量稳步增长,通勤出行比例逐步增加

根据上海市第六次综合交通调查,2019 年上海市人员日均出行总量约 5731 万人次,较 2014 年增长 3.3%。其中,对外日均出行总量约 207 万,较 2014 年增长 26%,增速显著高于市内交通出行[1]。后疫情阶段东京都市圈、伦敦都市区的出行调查结果显示[2],都市圈与城市的跨城出行(通勤、商务、休闲等)正逐步恢复,通勤占所有出行目的的比例稳步增加。随着疫情结束、经济复苏,上海跨城通勤出行将处于平稳增长趋势,商务、休闲需求的出行也将逐步恢复。

2. 城际轨道在跨城通勤中的作用将持续增加

东京都市圈形成了由地铁、都市通勤铁路、枢纽体系结合 TOD 土地联合开发构成的轨道通勤体系,各类铁路总长度超过 3000 千米,其中承担中距离交通的通勤铁路超过 2000 千米。基于历次东京都市圈交通调查,东京都市圈铁路分担率一直呈现出增加趋势(2018 年达到 33%)。而上海大都市圈轨道交通(含铁路和轨道交通 11 号线花桥段)分担率目前约为 21%[3]。根据《上海大都市圈空间协同规划》,未来将形成 7500 千米的城际网络,线路密度达到 13 千米/百平方千米,超过东京都市圈 11 千米/百平方千米的现状密度水平,将有力支撑城际轨道作为通勤的主要方式。

3. 上海跨城通勤将呈现圈层化的空间分布特征趋势

从国外发展成效来看,伦敦、巴黎及东京都市圈(区)通过轨道交通网络实现空间拓展,已形成了圈层化的交通出行网络。从国内规划建设来看,各

---

[1] 陈欢,邵丹,程微,等.2020 年上海市综合交通运行年报[J].交通与运输,2021,37(03):102—104.
[2] Greater London Authority. Travel in London reports 2121 [EB/OL]. https://tfl.gov.uk/corporate/publications-and-reports/travel-in-london-reports, 2022 - 9.
[3] 上海市交通委.上海市第六次综合交通调查成果[R].2022 - 2.

地都市圈通勤网络建设基本以圈层化实施推进,如首都都市圈的通勤网络建设主要是"深化通州、大兴、房山等区与北三县、固安、武清等环京周边地区密切合作"①。基于上海跨城通勤在市域、临沪区县、周边城市等不同层面的空间分布现状,上海跨城通勤也将呈现圈层化的空间分布特征趋势。

五、上海跨城通勤策略建议

(一)分圈层差异化明确时空服务目标

面向上海跨城通勤的不同圈层,制定各圈层差异化时空服务需求与目标。第一圈层(0—40千米),主要为市域范围内,以"多层次轨道+多层次道路"服务高频次通勤,实现门到门1小时。第二圈层(40—60千米),主要为市域郊区与临沪区县,以"城际轨道+高快速路"为主,服务通勤和商务出行需求,实现站到站1小时或门到门1.5小时以内可达。第三圈层(60—150千米),以"城际轨道+高速铁路"满足远距离高频出行需求,涵盖通勤、商务、休闲等不同出行需求,实现1小时枢纽到枢纽通达。

(二)加快支撑通勤的轨道通勤体系建设

积极推动轨道交通"四网融合",形成高速铁路、城际铁路、市域铁路、城市轨道交通的多层次轨道交通,功能上各有侧重,共同服务跨城通勤人群出行需求;构建多中心的枢纽体系,充分利用上海站、上海南站、虹桥枢纽等已有站点,提升服务都市圈城际通勤的功能。加快推进东方枢纽建设通车,全面服务长三角区域一体化发展。结合沪通二期、北沿江高铁建设,积极推动宝山站形成向北辐射的枢纽。利用承接普速铁路功能、新建市域铁路线路等契机,加快五个新城"一城一枢纽"建设;鼓励"站城融合",利用枢纽直连、快进快出的优势,提高跨城通勤效率;提升国铁系统服务都市圈通勤能力,发挥上海铁路枢纽功能,研究改善铁路车站的进出站、安检、候车等环节,优化调整列车时刻等。

---

① 北京市京津冀协同办.北京市推进京津冀协同发展2022年工作要点[EB/OL]. https://mp.weixin.qq.com/s?__biz=MzU5ODc1NDY1NQ==&mid=2247519695,2022-4.

（三）强化临沪通勤廊道规划建设

临沪地区是通勤联系最为紧密的区域，重点完善与毗邻县市快速联系的市域铁路层次，加快推进嘉闵线北延、上海示范区线、金山至平湖线（金山铁路西延）等项目建设，推动毗邻区域与上海城际（市域）铁路运营管理"同城同网"；统筹推进上海嘉定、青浦与苏州太昆吴、嘉兴嘉善等毗邻地区的跨省界对接道路规划衔接，对相邻板块对接意见统一的道路同步报建、同步实施，进一步提升交界地区路网互通水平；对于安亭-白鹤-花桥、枫泾-新浜-嘉善-新埭等跨界城镇圈，结合通勤客流特征，因地制宜统筹布局跨界毗邻公交线路，加强协调对接，构建一体化的公共交通体系，提升跨界地区通勤出行主要客流集散点之间的公交出行直达性和便捷性。

（四）建立常态运行的都市圈跨城通勤监测机制

统筹考虑市域和都市圈层面的应用需求，借鉴美国、英国、日本等全国和都市圈出行调查经验，结合统计部门相关调查、大数据分析技术等，由中心城市牵头、周边城市配合的工作机制，构建长期、稳定的联合调查机制和框架体系，持续完善调查数据、结果的发布和共享机制，建立常态运行的都市圈跨城通勤监测机制，全面了解和监测都市圈居民通勤出行特征，进一步支撑上海跨城通勤建设。

六、结语

通勤水平是体现都市圈同城化程度的重要标准之一。各地都市圈都在加快构建高频次通勤交通体系。当前，上海跨城通勤已形成一定的规模体量。未来将持续跟踪分析上海跨城通勤特征与变化趋势，基于实际目标导向与问题需求，进一步深化上海跨城通勤建设的策略建议。

（感谢上海市发展改革研究院、上海市交通发展研究中心、上海市城乡建设和交通发展研究院、中铁上海设计院、申通集团等相关研究团队对本文部分内容提供的数据或建议支持）

参考文献

[1] 北京市京津冀协同办. 北京市推进京津冀协同发展2022年工作要点[EB/OL]. https://mp.weixin.qq.com/s?__biz=MzU5ODc1NDY1NQ==&mid=2247519695, 2022-4.

[2] 陈欢,邵丹,程微,等.2020年上海市综合交通运行年报[J].交通与运输,2021,37(03):102-104.

[3] 方煜,石爱华,孙文勇,赵迎雪.粤港澳大湾区多维空间特征与融合发展策略[J].城市规划学刊,2022(04):78-86.

[4] 高国力,邱爱军,潘昭宇,欧心泉,唐怀海.客观准确把握1小时通勤圈内涵特征引领支撑我国现代化都市圈稳步发展[J].宏观经济管理,2023(01):26-32.

[5] 蒋中铭.东京都市圈轨道交通发展历程、特点和经验[J].综合运输,2021,43(09):119-125.

[6] 上海市交通委.上海市第六次综合交通调查成果[R].2022-2.

[7] 汪光焘,李芬,刘翔,高楠楠,高渝斐.新发展阶段的城镇化新格局研究——现代化都市圈概念与识别界定标准[J].城市规划学刊,2021(02):15-24.

[8] 王德,顾家焕,晏龙旭.上海都市区边界划分——基于手机信令数据的探索[J].地理学报,2018,73(10):1896-1909.

[9] 张沛,王超深.出行时耗约束下的大都市区空间尺度研究——基于国内外典型案例比较[J].国际城市规划,2017,32(02):65-71.

[10] 张艺帅,王启轩,胡刚钰.我国都市圈的概念辨析及发展应用议题探讨[J].规划师,2022,38(08):37-44.

B9 虹桥国际开放枢纽共建下沪苏嘉协同研究

陈 阳 罗 瀛 董韵笛 申 卓 于经纶

（中国城市规划设计研究院上海分院）

摘 要：在双循环新格局下，国家提出建设"虹桥国际开放枢纽"，形成以上海虹桥为核心，联动苏州、嘉兴，向西拓展的一体化地域。作为上海大都市圈邻沪跨界的重点地区，亟待通过枢纽、功能、空间的再组织，共塑对内一体、对外开放的国际竞争新优势。围绕国际化与特色化两条线索，结合协同规划实践，本文提出枢纽门户共建、功能网络分工、空间格局重塑、跨界机制创新四大应对措施，以期为都市圈跨界地区探索开放协同模式提供参考。

关键词：虹桥国际开放枢纽；跨界地区；开放协同

在双循环新发展格局下，国家提出建设"虹桥国际开放枢纽"，形成以上海虹桥为核心，联动苏州、嘉兴，向西拓展的一体化地域[1]，作为驱动长三角新一轮开放协同的"引擎"地区。这个地域并非独立的地理区域，而属上海

---

① 《虹桥国际开放枢纽建设总体方案》中"一核"是上海虹桥商务区，"两带"是以虹桥商务区为起点延伸的北向拓展带和南向拓展带。北向拓展带包括虹桥-长宁-嘉定-昆山-太仓-相城-苏州工业园区，南向拓展带包括虹桥-闵行-松江-金山-平湖-南湖-海盐-海宁，总面积达7000平方千米。

大都市圈邻沪跨界的重点地区,是以枢纽为带动的功能性城市区域(FUR)①,亟待通过枢纽、功能、空间的再组织,共塑对内一体、对外开放的国际竞争新优势。

一、跨界地区开放协同的关键线索:国际化与特色化

(一) 区域开放协同的新趋势

为了应对全球化调整期的内外部矛盾,国际典型的一体化区域开始探索更具国际竞争新优势与地区发展韧性的规划干预。一是关注功能网络的区域化组织,突出核心城市的国际职能及城市节点间的一体化分工。如兰斯塔德规划构建了多个经济中心组成的网络,并突出国际枢纽及门户城市的强化。日本"七全综"提出"对流促进型"国土空间,强调知识、信息空间的网络化及国际对流。二是关注增强地区韧性的包容增长。如芝加哥大都市区、旧金山湾区将更多居住、就业资源向传统弱势地区倾斜。三是注重特色魅力塑造,凝聚国际吸引力。如日本东海道地区通过镰仓、藤泽、箱根等魅力节点串联,培育国际魅力观光区,使当地人均收入与东京相差无几。旧金山湾区圣马特奥、圣卡洛斯、红木城等沿湾地区以新风景孕育新经济,集聚科技、文化创意各类创新型企业。

双循环新格局下,中国规划实践对新逻辑下的区域协同模式进行探索。在功能方面,在全球与区域产业链、价值链重构趋势下,一是更加关注分工网络,突出核心城市的价值攀升与中小城市的多元化、特色化发展并重。二是更加关注科技创新对产业链升级的驱动作用,提出培育知识集群、共建区域创新联盟等策略。三是更加关注开放平台引领作用,提出以自贸区为引擎,建立多区联动的开放合作平台体系。在空间方面,与新的功能分工模式相匹配,一方面,关注多中心、多节点、网络化的空间格局重塑,并突出以轨道为重点的交通网络支撑,促进城市与节点间要素高效流动。另一方面,更

---

① 城市功能地域(Functional Urban Region, FUR)是指功能性的城市经济单元,由一系列高密度人口的城市核心区和相邻的且与核心区有密切社会经济联系并形成功能一体化的外围地区。相较实体地域而言,功能地域的概念更符合未来大都市化和城市群化的发展趋势。经典的城市功能地域有美国的都市区(MA)和欧洲的功能性地域(FUA)。

加关注具有特色化资源的魅力地区崛起,如建设绿心中央公园,建设特色田园乡村魅力节点等。

(二)关注国际化与特色化两条关键线索

在"双循环"新发展格局下,开放协同的战略性区域亟待寻求顺应新发展逻辑的功能与空间组织模式,以实现对外高水平开放、对内高质量一体化。结合相关理论与实践经验,需重点关注国际化与特色化两条线索。

国际化视角下,需要重点关注以内促外的"本土国际化"动力下,与之相适应的区域国际功能、门户枢纽与空间网络的重组。在区域功能组织上,需要破解以往对输入型国际服务功能的过度依赖,培育本土内生、对外输出的高端服务功能,打造"走出去"的国际竞争新优势。在一定区域范围内,培育自主创新的完整链条,带动产业链在国际价值链中攀升;培育高端生产性服务业功能,构筑商务、贸易、航运功能网络;强化双向开放枢纽功能,搭建链接国际与国内两个市场的节点平台。与功能组织演进趋势相匹配,区域内将涌现更多承载国际高端功能或细分领域专业性功能的城市及节点,节点间的"流"联系也趋于紧密与多向化,由此形成多节点联动的网络化空间格局。相应地,区域规划干预一方面更加关注城市功能体系的优化,注重新兴功能节点的培育,特别是链接"两个扇面"的门户枢纽节点的培育;另一方面,更加突出以轨道为代表的区域基础设施网络的建设,以促进节点之间要素高效流动,为区域产业链、供应链、创新链的重组提供强有力支撑。

特色化视角下,需要重点关注基于本底条件的差异性,以专业化长板为引领,实现区域高效分工与合作。在以往国际资本主导的分工中,地域内各城市节点处于以制造为主的类似区段,呈现水平分工特征,面临链条缺失、同质化竞争等问题。新格局下,将重构自主可控、安全韧性的完整产业链与供应链,促进区域内各城市节点趋向按价值区段垂直分工。顺应分工模式的转变,区域内的城市节点从迎合国际资本需求的标准、低廉性资源要素供给,转向挖掘自身资源要素比较优势,填补细分领域的功能空白;形成更加专业化、特色化的功能定位,从而实现以差异化搭接更协同的区域产业链,以多元化缔结更韧性的区域供应链。相应地,在空间上,具备本土特色生态人文资源的魅力地区正成为孕育承载专业化、特色化功能的亮点空间。如知识创新功能青睐滨湖、临湾的风景型地区，文创、时尚功能与江南古镇等历史空间相融合。相应地，区域规划干预更加关注具有本土资源特色的魅力地区，通过风景增值、新经济培育等手段，推动生态"高颜值"与发展"高素质"双提升，最大化发挥魅力地区价值，为创新、时尚、零碳等专业特色功能提供载体支撑，从而带动地区专业化、特色化崛起。

二、开放枢纽共建下的沪苏嘉地区发展特征

(一) 国际化视角：双向开放的区域门户地区

虹桥国际开放枢纽共建背景下，沪苏嘉地区已经开始呈现出双向开放的态势，并正在国际化开放制度方面不断进行创新试验。从"引进来"视角来看，虹桥开放枢纽所在的沪苏嘉地区积极承接进博会外溢，利用进博会的强大影响力拓展了一批国际性有影响力的展会。如中国(嘉兴)跨国采购对接会，2021年有超1300家贸易企业参与，玛氏、班德等多家外企入驻。乌镇成为世界互联网大会永久举办地。苹果、微软、亚马逊、三星等龙头企业在沪苏嘉区域建立孵化平台，依托区域内外资的制造业基础，针对中国市场不断进行合作创新，2021年外企进出口额占比达到80%。苏州部分外企将生产环节转移到东南亚等成本更低国家，而将研发、采购、运营、销售等业务型总部部署在苏州，提供针对性更强的本地化产品和服务，从"卖全球"转向"卖中国"，从"中国制造"转向"为中国制造"。

从"走出去"视角来看，沪苏嘉地区通过自主创新培育，已形成若干走向国际的本土品牌。如苏州本土培育成长起来的纳米产业、人工智能产业处于国际领先水平，成立"苏州制造"品牌国际认证联盟。苏州在微纳柔性制造领域有90%的原创成果销往海外市场，在生物医药领域培育出首获批文的mRNA疫苗，不断打响国际上的苏州制造品牌。嘉兴传统服装、皮革、箱包等优势产业上也在不断升级，从制成品出口向时尚品牌、设计服务"走出去"转型，平湖的箱包、海宁的皮革、桐乡的皮草和羊毛衫，均位列国内出口第一位，让中国原创时尚品牌走向世界。

从承载平台方面来看，"引进来"和"走出去"的双向趋势下，沪苏嘉地区

催生出了一批包括苏州的长三角境外投促中心、苏州国际会展中心、花桥国际博览中心，嘉兴的杭海数字贸易新城、海盐零碳会展中心、海宁会展中心在内的高水平、全球化的功能平台，为区域内的内外贸易互动提供空间承载基础。

从政策创新方面来看，虹桥开放枢纽共建让沪苏嘉地区探索落地了一批高含金量的国际化开放政策，涉及推动总部经济集聚升级、深化服务业领域扩大开放、促进金融与贸易深度融合、优化区域营商环境等多个方面。其中，设立跨区域社会组织、设立招收面向全国的外籍人员子女学校等，在全国都是首次提出，具有较强的示范性。

(二) 特色化视角：南北差异的本底与模式

在新阶段通过不断的研究对比，可以发现虹桥开放枢纽所在的沪苏嘉地区其南北两侧在本底特征与发展模式上存在较大的差异性，需要用特色化的眼光去探寻错位发展的路径。这种差异性可以概括为在人文底蕴、交通基础、产业模式、空间模式四个方面的不一样。

其一，不一样的人文底蕴。在北侧的苏州具有精致典雅的苏州园林，源远流长的水乡文化，呈现出一种精致的园林水乡特征。南侧的嘉兴则得益于杭州湾北岸的风景优势，海湾、湖荡、田园、古镇交相辉映，江南人文与"红色纽带"底蕴悠长，呈现出多元的海风湖韵的特征。

其二，不一样的交通基础。北向拓展带整体轨道层次更丰富，运量更大，轨道线网密度也显著高于南向拓展带；南向拓展带仅有沪昆单通道，轨道结构较为单一，且存在城际层次缺失的问题，城际需求较大，但铁路分担率较低。

其三，不一样的产业模式。从产业园区的规模分布来看，虹桥国际开放枢纽北向拓展带以大型园区为主导，拥有苏州工业园区、昆山经开区等4个国家级园区，工业增加值是南向拓展带的两倍，高新技术企业数量是南向拓展带的四倍。从商务区的规模分布来看，北向拓展带大型总部型商务区居多，且多与重大区域交通枢纽结合，商务办公现状总开发量已高达1亿方左右，300万方以上开发量的商务区多达6个；南向拓展带多为中小型科创、风景游憩型商务区,聚焦科创与专业服务,通过"一区一品"来凸显特色,如金山滨海商务区、鹃湖科技城商务区等。

其四,不一样的空间模式。北向拓展带建设用地基本连绵、开发强度高,且跨区联系紧密,基本呈现出连绵成带的"大城大园"的空间特征。南向拓展带建设空间较为分散,文化、科创、农创、零碳、数字经济多点勃发,如以乌镇、盐官为代表,出现文创产业萌芽,以沪嘉跨界地区的"田园五镇"为代表,出现农创经济萌芽;以海盐海滨未来城为代表,出现零碳经济萌芽等,整体呈现出分散化、簇群化的空间特征。

三、开放协同规划策略探讨

基于"双循环"格局下区域功能与空间组织的模式构想,结合虹桥国际开放枢纽协同规划研究的具体实践,本文试图围绕国际化与特色化两条线索,聚焦功能与空间两大方面,探讨面向"双循环"的区域开放协同规划策略。

(一)完善"超级链接、多网融合"的枢纽门户

借鉴东京大都市圈、大伦敦地区等经验,重点关注轨道交通的直联直通与枢纽体系的多向链接,强化沪昆高铁、通苏嘉高铁、沪苏嘉城际-示范区线、沪杭城际等重点高铁、城际线路,构建"国际级门户枢纽-国家级客运枢纽-区域级客运枢纽-城市级客运枢纽"多层多点枢纽体系,实现"一城一枢纽"与轨道100%覆盖。

强化枢纽协同,打造分工明确的枢纽集群。对于不同等级的枢纽提出产业化引导,共同构建多层次的枢纽网络。国际级门户枢纽重点拓展虹桥枢纽容量,强化城际功能。预留虹桥枢纽城际站点,利用沪杭铁路外环线通道增设城际枢纽,与现有虹桥火车站形成组合枢纽,虹桥火车站重点服务面向全国的中长距离空铁需求,城际站点主要承担虹桥枢纽地区与长三角的城际客流。国家级客运枢纽重点强化苏州北站与虹桥枢纽的功能协同。一方面依托通苏嘉铁路分流虹桥枢纽过境班次;另一方面依托塘河动车所设置,承担部分至国家中心城市间的高铁到发功能,分担虹桥火车站始发终到

压力。区域级客运枢纽重点提升嘉兴南站、昆山南站等站点能级，分流部分虹桥枢纽通过功能，利用杭州-嘉兴-苏州-南通廊道衔接苏北地区。城市级客运枢纽重点支持松江南站、苏州东站、嘉定北站等城际铁路沿线站点，服务所处板块周边地区的城际出行服务，提升都市圈城际覆盖范围。

完善走廊对接，形成多层次一体化轨交系统。国铁干线方面，强化枢纽直连，放大沪苏嘉协同效应。规划6条高铁，即沪昆高铁、沪宁城际、通苏嘉铁路、沪乍杭高铁、北沿江高铁、南沿江高铁，实现核心铁路枢纽间的高效连通，强化虹桥国际开放枢纽的交通门户功能，满足与国家中心城市之间的快速直联需求。城际轨道方面，强化全面对接，打造一体化网络。规划新增4条都市圈城际铁路，即沪苏嘉城际-示范区线、沪杭城际、沪平盐城际铁路、沪嘉乌城际、苏锡常城际、苏淀沪城际，衔接上海市域轨道，实现虹桥国际开放枢纽功能中心直连直通。

（二）完善"三链互促、专业分工"的功能网络

一方面，顺应"从外向驱动向以内促外，从核心外围向节点网络"的国际化发展新趋势，在虹桥国际开放枢纽范围内，聚焦全球城市的贸易、商务、创新等核心功能，进一步完善网络化功能组织模式，以共同支撑国际竞争力。另一方面，关注地域特色化、本土品牌、自主创新等在"本土国际化"中愈发突显的正向作用，规划引导更加水平分工、优势互补的功能网络，在区域内构建更完整、更可控的价值链条，促使生产要素高效流动与配置。

在贸易功能网络方面，共建全球数字贸易港，未来虹桥国际开放枢纽将建设成为数字贸易服务最综合、要素流通最便利、功能平台最完善的数字贸易集聚区。同时，依托嘉兴南、松江、相城、昆山等次级贸易总部，培育引进一批数字贸易机构、数字跨国公司、独角兽企业，与虹桥国际中央商务区积极共建形成数字贸易平台网络。在商务功能网络方面，聚焦枢纽，建设"枢纽上的总部商务区"，形成总部经济集聚区互联互通、协同发展的总部经济商务区布局。各总部经济集聚区错位发展，高端跨国公司地区总部、民营企业总部向虹桥商务区及嘉兴高铁新城、苏州高铁新城等枢纽型商务区集聚。昆山花桥、海宁杭海数字新城、太仓娄江新城等次级节点，重点培育金融中

后台、互联网经济、制造服务业等产业集群化发展,集聚主导产业功能性总部与上下游企业、服务机构。在创新功能网络方面,聚焦沪宁、G60南北两大科创走廊,积极承接高等级科创机构和金融投资机构,培育产研投融合的知识集群。构建"虹桥科创服务-松江、嘉定等创新大脑-嘉兴高铁新城、苏州工业园等孵化中试"的区域创新链。

(三)构建"廊道引领、多点支撑"的空间格局

在虹桥开放枢纽范围内促进城镇节点合理分工与协调发展,关键在于根植地域特征与资源禀赋,优化"廊道引领、多点支撑"的一体化空间格局,以及完善"多网融合"的基础设施网络。

基于"北向连绵成带、南向点状分散"的空间基底特征,引导北向带依托沪宁走廊集聚总部商务、贸易、创新等核心功能,打造复合型功能走廊;依托沿江、苏淀沪廊道构建综合航运、现代物流等功能的对外开放走廊。南向带由陆向湾,培育集聚创新研发、数字经济等功能的G60科创走廊,串联休闲会议、农业展示等特色功能节点的田园人文走廊,以及串联新经济、旅游休闲等功能节点的海湾新经济走廊。

依托苏嘉两地园林水乡、海风湖韵多元富集的生态人文资源,探索通过"共保生态本底—魅力风景营造—培育新兴动能"路径,推动更多魅力地区特色化崛起,形成具有国际吸引力的亮点空间。以守住风景为基础,严守杭州湾28%以上的生态岸线,强化近海海域污染治理,建设绿色海岸带。以风景增值为导向,沿湾建设世界休闲会议目的地及电商产业、原创时尚、零碳产业等新经济节点;田园地区簇群式建设"小镇客厅",营造国际品质、江南韵味的多样性空间,承载文娱、农创、智慧、艺术等多元功能。

(四)探索"双向开放、跨界治理"的机制创新

打破行政界限的高水平协同是促进区域功能与空间重组的重要保障。建议进一步明确产业创新、交通设施、生态治理等方面的协同工作机制。探索建立邻界地区规划协同双边或多边联席会议机制,由市、县、区政府共同

组织邻界地区协同规划的编制、认定和实施。针对跨界协调的重点项目,提出统一规划方案与建设标准,通过项目库及行动计划分解落实。

四、结语

作为"双循环"新格局下长三角高水平开放协同的战略承载区,虹桥国际开放枢纽已呈现出在国际化与特色化双重作用下,功能与空间演进的新态势。本文在构建新格局下区域功能与空间组织新框架的基础上,结合规划实践,试图通过三链互促、专业分工,重塑功能网络;通过多廊串点、多网融合,重构空间格局;通过国际品质、新经济增值,培育魅力空间;通过双向开放、跨界治理,探索机制创新。以期为"双循环"下都市圈跨界地区探索开放协同模式提供参考。

参考文献

[1] 阿金 J.凡德伯格,巴特 L.宾克,林剑云.面向 2040 年的兰斯塔德地区:荷兰政府远景规划[J].国际城市规划,2009,24(2):20-26.

[2] 高伟俊,沈昊,郝维浩,等.日本国土空间规划的研究与启示[J].城市与区域规划研究,2019,11(2):49-63.

[3] 李国平.均衡紧凑网络型国土空间规划:日本的实践及其启示[J].资源科学,2019,41(9):1610-1618.

[4] 李涛,李云鹏,王新军.全球城市区域多中心结构的演化特征、影响因素和政策启示[J].城市发展研究,2020,27(9):49-57.

[5] 熊健,孙娟,王世营,等.长三角区域规划协同的上海实践与思考[J].城市规划学刊,2019(1):50-59.

[6] 郑德高,朱郁郁,陈阳,等.上海大都市圈的圈层结构与功能网络研究[J].城市规划学刊,2017(5):41-49.

[7] 郑德高.经济地理空间重塑的三种力量[M].北京:中国建筑工业出版社,2021.

[8] 郑德高.等级化与网络化:长三角经济地理变迁趋势研究[J].城市规划学刊,2019(4):47-55.

Ⅳ 上海大都市圈专项协同篇

B10　多维协同多镇共构生态旅游度假区的规划战略与实施路径探索

邵祁峰　鲁晓军

（无锡市规划设计研究院）

摘　要：为深入实施主体功能区战略和新型城镇化战略，无锡着力推进全市功能区优化布局和区镇一体发展，依托高能级产业平台，突破性创新体制改革，以功能区建设统筹镇（街）多主体，推动无锡市域内功能性节点更高质量融入长三角区域一体化发展。在此背景下，宜兴依托国家级阳羡生态旅游度假区，整合宜南山区张渚、湖㳇、太华和西渚四镇，实质性推动区镇一体化运行。本研究立足度假区资源禀赋和发展现状，剖析问题，把握趋势，围绕建设"全国一流生态旅游度假区"的共同目标，构建一体化发展路径，并从生态保护、旅游发展、产业经济、服务体系等维度提出专项系统的协同发展策略，共同构建"一本规划、一个目标体系、一个空间格局、一个功能体系、一揽子项目库和一个集成领导班子"，探索多镇协同发展的实施路径。

关键词：宜南山区；全域旅游；区域协同

宜兴阳羡生态旅游度假区（以下简称"度假区"）于2014年正式揭牌，2018年1月获批国家级生态旅游度假区，其核心区位于宜兴南部山区湖㳇镇。为深入实施国家主体功能区战略和新型城镇化战略，无锡提出以高等级产业平台为依托，以全域功能区建设统筹周边镇（街道）多主体一体化发展，通过资源整合来提升区域综合竞争力，推动市域内功能性节点更高质量融入长三角区域一体化发展。宜兴以此为契机，从体制机制和管理事权改革入手，率先推进宜南山区湖、张渚、西渚和太华四个镇区镇一体化运行，目的是希望通过度假区高效产业平台的运行叠加乡镇政府公平社会治理的事权，形成统一、集中、高效的主体功能区，以更高的发展平台、更强的发展能级和更大的发展空间做大做强度假区，更好实现宜兴的区域生态人文价值，全面支撑宜兴区域性国际化中心城市的打造。宜南山区作为宜兴乃至全江苏省生态本底最为优越的区域，一直承担着宜兴水源涵养区、饮用水源地的核心生态屏障功能，也是环太湖区域自然风景旅游度假胜地，受交通条件和环境容量限制，产业功能和城镇建设长期处于乡镇发展形态，近年来虽落地多个重大旅游项目，但景区景点仍处于各自为政的状态，一体化目标的实现将面临效率和公平、个体与整体、保护与发展等资源配置和实施路径上的挑战。本研究以区域治理理论为研究基础，试图探索出"凝聚目标共识—共构空间格局—共谋发展策略—共建近期项目"的一体化协同发展路径。

一、区域一体化格局下度假区发展的核心挑战和趋势判断

（一）核心挑战

1. 区镇一体化体制机制优势的发挥取决于一体化协同发展的内容和路径

宜兴市委、市政府委托度假区管理宜南山区张渚、湖、西渚和太华四个镇，搭建了"度假区管委会＋镇政府"的区域协同治理架构，推动宜南山区多镇协同发展，形成了"一区四镇"全域功能区发展格局，为整合资源要素做大做强文旅产业奠定了基础。区镇一体化机制框架基本建立，但一体化协同发展内容仍有待进一步达成共识。各镇之间仍有执着低效同质竞争的静态路径依赖，与高质量一体化发展要求之间仍有差距，亟待以目标共识和统一行动实现各板块定向转型和协同发力。"一区四镇"功能如何重组？空间如何协同？全域功能统筹发展和各个镇的差异化、特色化错位发展路径将成为度假区亟待理清的重要问题。

2. 实现区域的可持续发展取决于高水平生态保护和高质量绿色发展

随着宜兴打造文化生态国际旅游城市目标的提出，宜南山区已成为区域旅游项目投资的热点板块。2018年雅达小镇和窑湖小镇百亿级旅游项

目相继落地,进一步加速了旅游配套项目的投资强度。但是从2011年以来的落地项目情况来看,呈现出体量偏小、分布零散、封闭运营、旅游带动性不强等问题,存在私有个体假借旅游开发之名侵占公共生态开敞空间的趋势。旅游项目的开发选址往往倾向于水库湖泊、山顶山谷等优质生态景观区域,而这类地区往往是严格保护管控的地区。通过梳理发现,宜南山区禁止类和限制类开发区域包括生态保护红线、永久基本农田、公益林、河湖水利工程管理范围、水源保护地、省级生态空间管控区域、风景名胜区、太湖一级保护区等,面积占比高达46%左右。绿水青山如何变成金山银山？严格生态保护区域在哪里？项目布局在哪里？布局什么类型的项目？布局多少规模？处理好保护和开发的关系,探索建立生态开敞空间项目准入机制,是宜南山区区域治理水平的重大挑战。明确生态保护底线和项目开发上限,是宜南山区实现"资源可持续、发展高质量和开发规范化"可持续发展的根本前提。

3. 建设全国一流生态旅游度假区的成败取决于旅游主业的全域统筹和品牌突破

宜南山区自然山水生态优势明显,人文底蕴深厚,景观资源丰富,各类风景旅游资源共计达400余处,但存在资源"数量多、规模小、分布散和利用不充分"等问题,潜力资源多于成熟资源。旅游资源丰富也带来了宜南山区旅游产业的较早起步,区内包括5个4A级景区和众多运行几十年的传统老景区,但现状发展面临"品牌不显""整合不足""吸引力不强"等困局。从百度、携程搜索量数据统计来看,宜南山区的景区景点用户搜索量和媒体咨询量都远不及周边溧阳、德清和安吉。大部分景区发展较为初级,以休闲观光、民宿农家乐为主,同质化竞争明显,旅游产品以"吃住"配套服务为主,缺乏体验型、参与型、目的地型的特色旅游产品,造成传统景区"留不住人"、游客"花不掉钱"的尴尬局面。虽然雅达小镇、窑湖小镇等一大批重大文旅项目落地未来可期,但目前来看尚未形成有区域影响力的旅游品牌和龙头项目。很长一段时间内,宜兴在周边县市同类区域发展中处于经济领先的位置,相对优越的经济水平客观上造成了前期旅游发展上的长期投入不够和创新不足。纵观溧阳、德清和安吉等城市,都将旅游作为城市重要的发展战略,高度重视全域旅游的整体谋划,但宜南山区长期以来缺乏全域旅游统一运行的旅游发展机制,一定程度上造成各乡镇板块围绕自身优势资源分头发力,景区景点经营主体分散,各自为政,市场竞争力不足。旅游作为度假区发展的主责主业,未来资源如何整合?品牌如何打造?吸引力如何提升?正确回答这些问题是度假区能否真正跃升为全国一流生态度假区的关键所在。

4. 推动全域功能区综合竞争力的提升取决于产业经济的高质量转型发展

尽管宜南山区总体定位以旅游度假为发展方向,但旅游业投入回报周期长,很难支撑度假区作为一级政府的各项运行,产业仍是经济压舱石。事实上,四个乡镇主动推进传统产业绿色转型的步伐始终没有停止过。2018年之前,度假区开山挖矿和化工企业全部实现关停,2021年开展散乱污企业专项清理,目前已形成张渚钢结构、光伏,西渚亚麻和太华镇印铁铸造为主导的制造业体系。相较于宜兴其他板块,度假区产业形态和产出水平均处在乡镇水平,与国家级经济开发区和其他产业强镇差距较大。突出表现为产业用地分布零散,现状工业用地的64.7%位于城镇开发边界外;工业用地产出效益偏低,区内最大的张渚工业园区,亩均工业产值不足宜兴平均水平;企业转型升级动力不足,现有石材加工、亚麻竹木、印铁铸造等传统制造业存在明显的路径依赖,产业升级局限在既有赛道的简单重复扩大;创新资源吸引力不强,尽管引入了长三角智能制造研究院等科创载体和产学研一体链条机构,但实质性产业项目落地目前仍为空白。通过创新驱动实现产业渐进式定向转型,是度假区城乡功能完善和综合竞争力提升的关键。

(二)趋势判断

1. 区域统筹——培育长三角区域一体化功能网络中的特色增长极

阳羡生态旅游度假区位于长三角区域地理中心,地处宜兴、溧阳、广德和长兴三省四县(市)交界处。随着宜长高速和360省道高等级公路的建成通车,其交通区位优势得到了显著增强,基本实现了沪宁杭地区1小时可达和苏锡常城区半小可达,为全面融入长三角区域一体化功能网络奠定了基础。宜南山区作为宁锡常接合片区国家城乡融合发展改革试验区的核心区,应主动跳出乡镇思维,以度假区更高平台统筹内部职能分工,求同存异,差异互补,形成合力,充分利用旅游发展的契机,创新城乡旅功能组织模式和用地空间布局模式,探索城乡高质量融合发展新路径,成为宜兴参与长三角区域一体化竞合的特色增长极。

2. 绿色发展——打造宁杭生态经济带绿色经济发展示范区

宁杭生态经济带是长三角沪宁杭"金三角"的重要一翼、长三角区域一体化发展的生态绿色经济走廊,"绿水青山就是金山银山"生态文明思想诞生于此。阳羡生态旅游度假区位于宁杭生态经济带中段位置,是天目山脉、太湖、皖南黄山三大区域生态核心的交汇点,也是宜兴水源地,保护生态主动引领示范绿色发展是发展的大趋势。2019年《共建宁杭生态经济带行动倡议》提出,宁杭生态经济带重点要探索绿色经济发展新路径,努力打造具有全国重要影响力和示范性的绿色发展增长极,明确绿色集约发展路径,构建山清水秀生态大走廊和长三角地区绿色低碳产业发展新高地。宜南山区作为宜兴融入区域一体化发展的重要节点,当前阶段,应提升度假区在宜兴城市中的整体功能定位,将生态功能与城市功能、战略功能和休闲旅游度假功能整合,成为宜兴绿色经济发展的重要承载空间。

3. 品牌发展——全域统筹整体塑造上海大都市圈品牌旅游度假目的地

国家《"十四五"旅游业发展规划》指出,要实现优质文化旅游资源一体化开发,开展整体品牌塑造和营销推介。《江苏省"十四五"文化和旅游发展规划》提出,要加强区域间文化和旅游融合互动,形成共建基础设施、共推重大项目、共享客源市场、共创知名品牌的联动发展格局。从横向比较来看,宜兴与周边县市相比,未能形成自身的强势旅游品牌,新兴旅游品牌和老牌旅游品牌的影响力和关注度不足。后疫情时代旅游消费市场复苏,差异竞争谋划打造度假区特色旅游品牌至关重要。度假区集聚优势资源参与区域竞合,有条件成为上海大都市圈乃至整个长三角区域的都市后花园。

4. 创新驱动——对接环太湖科创圈以新风景吸引新经济入驻

环太湖区域是长三角的重要战略板块,在人口和经济总量上已经比肩世界级湾区。"两区六市"签署共建环太湖科技创新圈战略合作框架协议，环太湖区域将迈向世界级生态湖区和创新湖区。有风景的地方兴起新经济，美国波兹曼以丰富的自然资源发展创新经济，成为美国西部落后山区成功转型的典范。宜南山区作为无锡太湖湾科创带的西翼，兼具了生态绿色和人文底蕴，初步具备了绿色科技产业发展的基础。当前阶段，宜南山区应不断完善城乡公共服务配套，提升基础设施供应水平，塑造高品质全域空间景观，在绿水青山之间谋求科技创新产业和高附加值产业植入，实现高水平生态保护和高质量绿色发展的产业转型升级。

二、共同目标导向下的度假区多镇共构一体化发展路径

度假区提出规划建设"世界级生态旅游度假目的地"的总体发展愿景，通过凝聚目标共识，达成度假区一体化发展重点和推进时序。在区域治理上综合运用"统而谋之，分而治之；聚焦共识、多元特色"的策略，以重点片区的打造实现区域能级跃升，以系统性的完善实现整体统筹发展，以多元化的特色培育激活各板块全域增长。在规划逻辑上，度假区的重点不在于描绘一个绝对的终极目标蓝图，而是通过凝聚共识建立多镇共构一体化发展路径，实现各板块定向转型，并最终实现全域高质量增长。

（一）集聚资源优先围绕茗岭板块打造区域增长极

茗岭地区依托便捷的交通区位条件和度假区管委会所在地的优势，打造成为度假区行政管理、旅游服务、交通换乘和品质生活的综合服务中心，联动窑湖小镇和张渚南部园田片区，发挥交通优势和资源集聚优势，形成宜长高速茗岭道口交通服务和旅游服务的"双枢纽"，成为度假区参与区域旅游市场竞争的"拳头"产品，打造全国知名的一站式旅游目的地。一是完善旅游综合配套服务，打造茗岭旅游综合体，高水平规划建设旅游配套服务设施；建设旅游集散中心，旅游停车场和旅游公交场站；对接旅游资源引入亲子轻游乐度假项目，建设茗岭度假社区和度假主题酒店。二是保留茗岭历史肌理，有机更新改造茗岭老镇区风貌环境，启动茗岭村旧村改造和城市更新项目，塑造旅游氛围，打造高品质的旅居目的地。三是推动茗岭旅游核心

与张渚南部园田片区联动发展,以园田涧和园田路为轴带,打造农文旅融合发展的园田小镇,建设郊野地质公园,利用园田煤矿存量地块引进主题乐园型度假产品。

(二) 三大板块定向转型,扭转区域发展磁极

度假区地处太湖西岸,覆盖三省交界自然山脉核心区域,是背向城市而面向自然的边缘地带。受山体阻隔,形成了湖(环阳羡湖)、张渚、太华和西渚(环云湖)三大亚地理单元板块。规划提出湖做"精",张渚做"增",云湖做"转"的定向转型总体发展思路。

1. 做"精"湖板块

湖是度假区的核心区,历史上社会经济和文化联系的方向主要是宜兴丁蜀镇,区域内山水风景和人文资源最为丰富,景区景点品质较高,但湖板块生态保护和空间资源限制较大,难以进一步拓展发展空间。未来以东坡阁、阳羡塔、雅达小镇等旅游资源为核心,持续提升康养度假和旅居氛围,结合金沙寺遗址地块建设金沙陶祖公园,不断丰富文化旅游产品。同步推动湖老镇区改造更新,实现公共服务、空间环境和市政基础设施提档升级。

2. 做"增"张渚板块

张渚处于宜南山区中部位置,交通区位便捷,公共服务设施完善,产业基础良好,城镇规模和发展腹地较大,是宜南山区的服务中心和经济中心,板块内的善卷社区依托善卷洞等优势文旅资源成为重要的旅游功能节点。重点发展张渚工业园区,为重大产业项目保障用地空间;推动镇区向南、向西发展,补充镇级公共服务设施和片区级文体中心等特色公共服务设施;推进宜广公路、渚钢路沿线低效工业用地转型升级和功能更新,推进桃溪老镇有机更新。

3. 做"转"云湖板块

西渚、太华围绕云湖景区,主打茶禅、富硒和生态品牌,成为高端度假集聚区。西渚重点塑造云湖沿岸地区,促进旅游业发展。盘活蝶水风情园,植入新的旅游产品和业态,打造禅茶文创特色街区。结合横山村打造高品质旅居社区,建设横山文旅度假小镇。太华环云湖片区加快融入全域旅游发

展格局，利用砺山涧以西、云湖南路两侧存量工业用地，退二进三，建设旅游及配套服务项目。推动太华工业集中区转型升级，退二优二，打造太华富硒康养生命园。发挥太华山红色文化和生态环境资源优势，发展太华山原生态旅游产品。培育白塔、横山、乾元、太华等一批农文旅融合发展的特色村，成为度假区旅游产业发展的重要组成部分。

（三）内融外联构建全域增长发展高地

规划提出"一体两翼、协同走廊"的内融外联全域增长发展方案，区域联动描绘生态经济的"度假区样本"，产业融通塑造共同富裕的"宜兴典范"。"一体"为茗岭阳羡旅游综合服务中心，"两翼"分别为环阳羡湖康养度假集群和环云湖茶禅旅居度假集群。围绕"一体两翼"，形成集群增量化发展空间，构建全域旅游增长极，形成区域旅游市场的触媒点，实现旅游服务精品化。以360省道为产业协同发展走廊，不断增加旅游和产业经济密度。旅游方面，协同走廊串联"一体两翼"核心旅游增长极，自东向西形成特色化旅游产品序列，畅通资源内外循环；产业方面，以绿色科技产业为转型升级方向，打造张渚先进制造产业园、湖𣵠绿色数创产业园、太华富硒生命健康园和西渚特色文创农科园等四大产业园区，夯实全域发展基石。

三、区域治理逻辑下的度假区多维协同一体化发展策略

规划以生态、旅游、产业和服务等四个维度为方向，构建度假区全域一体化协同发展格局。在生态维度上，将承担维护区域生态保护职责的先锋，打造宁杭生态经济带绿色发展标杆区；在旅游维度上，将坚持国际化视野和当地化特色，打造国际化旅居度假新高地，成为中国最度假的地方；在产业维度上，紧扣绿色发展和科技创新，积极培育新经济，建设绿色经济发展试验区；在服务维度上，将探索主客共享的城乡旅融合发展新模式，构建高效便捷、绿色低碳的综合交通体系和绿色智慧、韧性安全的基础设施体系，成为令人向往的城乡旅融合发展的长三角生态人文后花园。

（一）生态维度：先底后图守牢底线，锚固区域生态格局

以宜南山区自然地理格局和山水肌理为本底，构建"一脉四廊、一区八核、四园"的总体生态格局，将生态保护红线、风景名胜区、水源保护地、森林公园、湿地公园、河湖和水利工程管理范围等需要严格刚性保护的空间予以锚固，划定为禁止建设区域，严格禁止一切开发项目建设，仅允许开展生态环境监测、生态修复活动，以及建设部分必要的风景区游览设施、游道和驿站等。抓住度假区规划管理和空间治理的难点，建立一般性开敞空间范围内建设项目的准入机制，通过积极的保护、克制的利用和巧妙的创造，探索出一条"绿水青山就是金山银山"的可持续发展路径。一是从静态蓝图到动态管控，明确建设空间管制类型和管控要求。衔接国土空间规划分区，全域划定禁止建设区、限制建设区和允许建设区；二是规模总量刚性控制，建设项目灵活布点弹性布局。要让度假区建设用地功能和布局形态呈现出城乡旅融合、镇区集中布局与外围点状分散布局相结合的特征，管控一般性开敞空间范围内旅游项目建设用地规模是关键。一是总量要控制。综合运用城乡建设用地增减挂钩、耕地进出平衡、生态产品价值化等多种举措确保规划建设用地总规模不突破国土空间总体规划要求。二是项目要优质。建立产业项目功能业态准入机制，突出"事前评估"和"事后监管"，建立项目全流程筛选评价体系，让真正的好项目落地，避免出现新一轮低效用地空间。三是布局要灵活。要在市级层面建立限制建设区优化调整的部门合力与操作路径，真正好的项目区位，要提前有序征收，预留项目储备地块，结合旅游策划和产业规划，形成产业招商地图。

（二）旅游维度：全域旅游共塑品牌，共绘阳羡山水画廊

旅游是度假区的主责主业，规划采取统分结合、协同共建的策略，推动全域旅游发展。一是差异定位。度假区既要多镇协作共塑区域旅游品牌，也要差异发展准确定位各板块旅游主题和发展方向。规划形成"一核四片区"的旅游发展总体格局：以茗岭旅游综合服务中心为核心，集中资源塑造旅游发展的区域增长极，形成兼具"游、服、商、展、宿"等功能于一体的交通

与旅游"双枢纽";以旅游资源要素最为集中集聚的阳羡湖作为康养度假发展片区,云湖作为茶禅旅居度假发展片区,善卷洞作为文旅体验发展片区,太华山作为富硒深氧度假发展片区。二是共塑品牌,打造"山水画廊·阳羡十景"。"阳羡山水画廊"将作为整合区域旅游资源、统筹旅游产品布局的重要平台,兼具自然山水风光和历史文化底蕴,持续改善沿线环境景观风貌,全面提升旅游度假区氛围。"阳羡十景"是度假区布局重大项目、着力改造提升的重点旅游功能区,将聚焦文旅资源核心价值,丰富旅游产品主题,深化文化品牌内涵,成参与式度假体验项目布局的重点区域。文化赋能激活空间价值,积极申报"阳羡山水画廊世界文化景观遗产"。同时考虑资源整合和协同共建,围绕茗岭中心和阳羡山水画廊,嫁接打造"南线、西线、中线"三条精品旅游线路,营造多样体验的风景道,链接全域旅游资源。三是开展"百村、百园、百景、百站和百道""五百"提升行动。建成一批特色村落、特色农园、特色景点、特色驿站和特色村道,形成串联在旅游线路上的特色旅游节点,引导村民通过"五百"提升行动参与全域旅游发展,将"五百"提升行动作为促进乡村振兴,改善村庄环境,增加村集体收入和农民收入的重要扶持工程。

(三)产业维度:科产文旅联动发展,渐进升级培育绿色产业集群

通过产业区位熵、产出效益等综合评估,分析得出度假区的经济指标仍以制造业为基础,同时围绕深氧、富硒、康养、旅游等,在生命健康和文化活力上显示出较强的区域竞争力,但制造业难以围绕龙头企业形成集群、绿色转型导向明确但实质性推动不足、缺乏农文旅资源整合的产业抓手等问题,也制约着度假区各板块产业的进一步转型升级。基于以上现状,规划以"硬核制造为基石、生命健康展底色、文化活力促文旅"为产业导向,试图通过"新风景—新经济—新生活"的理论路径,推动科产文旅联动发展,促进产业融合发展,培育"科技+绿色"赋能的文旅产业集群,渐进式培育绿色产业集群从而实现产业转型升级。制造业方面,锚定钢结构、光伏光电两大地标产业,延链补链向产业链两端延伸与价值链上游突破,综合运用智慧赋能、场景集成等科技,推动制造业智能化转型和科技成果应用化转化。生命健康

产业方面,打响富硒品牌,擦亮茶禅名片,形成"硒"＋研发、"硒"＋医疗、"硒"＋生活,"茶禅"＋康养、"茶禅"＋活动、"茶禅"＋产品的复合生长产业体系,促进科技研发、生命健康、康养度假等二、三产业联动发展。文化旅游产业方面,依托亚麻、印铁、紫砂等传统优势产业,通过创意设计融汇文艺本色,通过文化会展放大度假旅居辐射磁极,积极发展总部经济、文化创意、研发设计、科技创新、数字文化、会议会展、商务接待等产业。在空间布局上,打通"山-湖-河-涧"脉络,形成"环湖绿廊、辐射蓝道、山涧绿楔、湖畔空间"的生态底板,打造"生态、文化、科创"三元融合的双生态系统,塑造自然生态与创新生态相融合的双生态空间,将最美的山水,最美的度假区,转化为最好的科创地。

(四)服务维度:中心引领主客共享,系统支撑城乡旅功能融合发展

公共服务配套方面,以"更高端、更特色和更均衡"为导向,全面提升度假区的公共服务水平,推动张渚镇向南发展对接茗岭旅游服务核心,突破乡镇模式,构建更高等级和更具特色的片区级公共服务体系,包括文化体育中心、国际医疗养老服务中心、国际学校、大型商业综合体等,形成功能更为完善、设施更为齐全度假区公共服务中心。主客共享,同步构建"分级分类、城乡均等"的,能够覆盖"度假区-城镇社区-旅居社区-乡村社区"的四级城乡公共服务体系,构建"特色多元、旅居一体"的,能够覆盖"茗岭中心-旅游片区分中心-景区景点-风景路驿站"的四级旅游服务体系。综合交通方面,以"高效便捷、低碳绿色"为导向,加强对外交通联系,完善板块间道路系统网络,建立度假区"1＋4"旅游公交绿色交通出行网络体系,打造"登山步道-环湖慢道-乡村游道"等特色慢行道系统,利用慢行道路的建设,将风景路链接的文化旅游资源延伸到山水之间、阡陌田园和村落人家。基础设施方面,建设智慧安全的基础设施系统,坚持绿色生态发展理念,构建智能高效、安全可靠、适度超前的市政基础设施。优化度假区内各类市政设施布局,提高设施配套标准,满足阳羡景区发展需求,夯实市政设施保障基础。强化景区综合防灾体系,开展多维情景风险分析,动态评估识别示范区重点灾害源,预先布控。

四、小结与思考

在融入上海大都市圈和长三角区域一体化发展过程中,如何在立足地域性基础上谋求发展合力,融入区域功能网络体系,提升节点竞争力,是无锡实施全域功能区战略的出发点,也是市域内区镇一体化运行面临的共同思考。作为无锡率先实质性体制机制改革和实体化运作的全域功能区,阳羡生态旅游度假区立足区位优势,彰显生态本色,面向绿色发展,聚焦旅游主业,在建设全国一流生态旅游度假区共同目标引领下,坚持了"统而谋之、分而治之"的区域治理空间战略,探索了生态、旅游、产业和服务四个维度的一体化发展策略与路径,为同类地域空间单元区域协同发展提供了思路。

总体上来看,在区域一体化发展进程中,类似生态旅游度假区等介于城镇空间、生态空间和农业空间的"魅力空间",正在迎来更多的发展机遇。在传统城镇体系、产业体系、创新体系、交通体系和服务体系之外,魅力空间正在成为区域功能网络中的新增长点。尤其在城镇密集的上海大都市圈,因为城镇的充分发育,产业的充分发达,交通的充分互联,让这些位于城乡之间、山水之间、蓝绿之间的魅力空间,得到都市人群的青睐和价值显现的契机。未来,在生态保育和农业生产两个基本功能之外,魅力空间将提供风景观光价值、休闲体验价值、文化传承价值和新经济承载价值,也将在环境上形成新风景,在生活上形成新方式,在文化上形成新体验,在产业上形成新赛道,在职业上形成新场景。这需要规划在价值与理念上始终坚持生态文明导向和可持续发展理念,在逻辑与规则上要探索从图面上的"多规合一"走向发展上的"多维协同、多镇共构"行动一致,在方案与管控上要体现高超的创新设计和柔性渐进的管理方式,真正探索出一条魅力空间高水平生态保护与高质量绿色发展内在统一的可持续发展路径。

B11 南通沿江生态修复的实践——基于长江口地区协同发展行动

邱旸民　李祖良

（南通市规划设计院有限公司）

摘　要： 为落实长江口地区生态协同的规划目标，南通实施了沿江生态修复的项目。编制了多层次沿江岸线交通、生态、产业空间的细化和量化规划。通过"生态+"的发展策略，建设沿江绿色景观带，增加城镇滨江休闲功能；腾退工业岸线；实现沿江地区升级；改善沿江道路交通，促进沿江文化振兴和旅游发展。在生态修复和经济发展两方面取得共赢。生态修复在城、镇、村方面相互协同，实现城乡融合发展，为长江口协同发展树立了典范。

关键词： 生态修复；协同发展；"生态+"

一、背景与定位

为落实"共抓大保护，不搞大开发"的长江经济带发展的国家战略要求，各省市对长江生态环境保护的重视程度也越来越高。南通，位于长江口地区，是长江经济带的重要节点，更是长江生态保护和修复工作的重要区域。南通沿江地区，依托长江的自然优势，以及独特的地理位置，具有重要的城市价值。因此，南通沿江生态修复工作的进展，备受国家和社会的高度关注。

在国家推动长江生态修复的大背景下，南通沿江地区正在实现新的发展定位。南通不仅要成为长江经济带的重要节点，也要积极落实长江口生态保护示范区的相关要求,向长三角展示长江生态修复的成功实践。这是南通的目标,也是南通的责任。

针对长江口地区的生态修复协调,南通市政府牵头,联合上海、苏州、无锡共同制定了《上海大都市圈空间协同规划——长江口地区协调发展行动》的方案。该方案的核心目标是将长江口建设成为世界级的绿色江滩。这是一个全方位、多层次的目标,涵盖了生态、交通、产业和城市四个维度。在生态维度,要保护长江口的繁荣生境,保持长江的生机和活力;在交通维度,要建立高效快速的跨江体系,方便人民的生活和工作;在产业维度,要打造创新活力的智造集群,推动产业升;在城市维度,要塑造江海文化的魅力家园,让长江口地区成为人们心目中的理想安居之地。

南通沿江地区的定位也十分清晰:成为"世界级生态绿色水岸,长江口活力创新走廊"。这一定位集中体现了南通对于长江生态环境的珍视,对于科技创新的追求,以及对于人民生活质量的关注。在此基础上,南通将从"生态修复示范、产业创新转型示范、民生提升示范"三个方面着手,全面打造长江经济带绿色发展示范区。

在南通市政府的引领下,南通各市(县、区)将积极配合,全力推动沿江生态修复工作的深入实施。通过全社会的共同努力,南通在生态修复工作上取得显著的成效,实现了长江口地区的协同发展。

二、规划与实施

(一) 规划范围

南通沿江岸线总长度约216千米,沿江区域包括通州区、崇川区、经济开发区、苏锡通园区、海门区及如皋、启东两市沿江公路至长江岸线围合区域。南通沿江区域总面积约465平方千米(含沿江岛),其中建设用地约167平方千米,占比36%。《南通市沿江空间布局规划》范围涵盖了南通沿江地区的主要区域,是南通沿江生态修复工作中重点修复区域。

南通滨江地区的生态管控要求较高,依据《江苏省生态空间管控区域规划》共有26个生态空间管控区域,包括水源保护区、清水通道维护区、湿地公园、重要湿地保护区、森林公园、生态公益林、自然保护区、特殊物种保护区等。这些生态空间管控区域是生态修复工作中需要重点关注和保护的区域,要求根据不同的生态空间管控区域的特性,制定不同的生态修复策略和措施。

(二) 现状问题

南通段长江生态环境现状存在一些问题,比如生态环境系统退化,湿地减少,生物多样性下降等。为此,该规划提出了一系列的解决措施。希望通过科学、有效的生态修复措施,逐步改善这些问题,恢复南通沿江地区的生态环境,提高生物多样性,保护湿地资源。

从南通沿江开发建设情况来看,生产岸线、生活岸线和生态岸线比例为40∶6∶54。生产岸线比例较高,沿江地区现状还存在着一些化工、印染等园区和企业,如皋港工业园、南通开发区化工园、青龙港工业区和启东生命健康园等园区存在污染的风险。沿江地区产业升级是重中之重。

南通虽然是滨江城市,但滨江不见江,工业码头还占据着大量的滨水空间,沿江人气活力不充足,海门城区、启东城区距离滨江还有一定距离。这些问题影响了南通的城市形象和居民的生活质量。为此,规划需改善南通的滨江环境,提高城市的人气和活力。

南通滨江景观界面除五山风景区外,城区沿江景观风貌欠佳,工业区、仓储区、生活区交杂。沿江地区除沿江公路作为交通性道路外,沿江区域被码头、工厂占据,沿江缺少贯通的景观道路。沿江地区生态景观改善提升是最基础的工作。

(三) 生态基础

南通沿江地区已有一些较好的生态空间,如如皋常青沙的植物园、开沙岛旅游度假区、南通五山风景区、开发区老洪港湿地公园、海门的謇公湖、江海风情园、启东圆陀角景区等。这些生态空间是我们在生态修复工作中的宝贵资源,应充分利用这些资源,提高南通市沿江的生态环境质量。

南通沿江地区也有着丰富的历史文化资源。如"一城三镇"——濠河老城、天生港、狼山位于沿江；海门近代历史遗存青龙港、三厂位于沿江；沿江还有南通港码头等地的工业文化遗产。这些历史文化资源也是规划中需要重点保护和利用的资源，有利于提高南通的沿江文化氛围，提升城市的文化旅游潜力。

(四) 实施方案

为实现长江口地区的协同发展，南通对沿江生态修复工作给予了高度的重视。生态修复工作不仅有助于改善南通沿江环境，还能推动经济的持续发展。南通市政府将沿江生态修复工作纳入长远的发展规划，并通过对沿江岸线、交通、生态、产业空间的细化和量化规划，力求在生态修复和经济发展两方面取得双赢。

具体的规划由南通市政府邀请中国城市规划设计研究院编制。该规划提出了沿江生态提升的战略和空间落地方案。

1. 生态修复

沿江生态修复包括调整"三生"岸线，确保长江水源保护生态江线，减少工业岸线，合理规划工业区和商业区的布局，实现城市片区功能转型。建设绿色景观生态带，结合沿江景观道路的建设，补充沿江生态空间，结合沿江城镇功能转型开展生态修复，提升沿江生态环境保护水平。

2. 产业升级

整治低效污染工业用地，整合沿江产业平台，制定沿江岸线工业企业腾退计划，结合沿江生态修复打造沿江科创带。

3. 空间落实

整个市域沿江空间以沿江美丽景观带（路）为纽带。依据各市（县、区）不同的沿江资源，整合成五个不同的功能主题区域，提出各个重要生态修复节点，指导各市（县、区）生态建设。

各市（县、区）负责各片区实施方案。基于《南通市沿江空间布局规划》，各市（县、区）都编制了自己沿江地区的控制性详细规划，并且同步实现了下列项目：一是打造特色沿江景观带，通过在沿江地区种植树木和植被，改善空气质量，为居民提供更加舒适的休闲环境，完善沿江市民休闲设施，丰富市民的休闲生活;二是贯通沿江景观步行道和骑行道,联动沿江各生态景观区域;三是重点打造沿江特色村庄和特色田园,实现沿江城乡融合发展;四是保护和利用沿江地区的历史文化资源,展示南通的文化特色,同时为游客提供丰富的旅游选择。

在重点修复工程和沿江生态节点的选择上,南通各市(县、区)将根据沿江地区的具体情况,选定一些具有代表性的生态节点进行优先保护和修复,包括各市(县、区)沿江景观道路示范段绿化和步行道建设、老镇更新、度假区提升、工业区腾退等。这些生态节点将作为南通生态修复工作的重点区域,其改善状况将直接影响沿江各片区的生态环境质量。

总的来说,南通沿江生态修复工作的实施方案是全面、科学、细致的,沿江生态修复已初见成效,为南通乃至长江口地区的生态协同发展奠定坚实的基础。

三、"生态+"策略

南通沿江生态修复是一个复杂而细致的过程,它需要将生态、产业、交通、旅游等多个方面的因素融入其中。南通沿江地区正是以这种"生态+"的策略,推动生态修复与产业、交通、旅游等多方面的协同发展。

南通沿江地区"生态+"策略包含以下几个方面的内容:

一是"生态+文化"。在南通沿江生态修复中,南通市政府在沿江生态修复中十分注重对历史保护和文化元素的挖掘,整合沿江生态风貌、人文历史景观资源。例如,加强南通"近代第一城"中的天生港镇、五山公园(狼山镇)、任港古镇、海门青龙港等地的近代历史文化保护,将文化保护与生态修复相结合,融入沿江生态的景观建设。对南通港码头、韩通船厂码头等工业遗产进行了更新改造,使这些遗产成为南通沿江的历史文化景观。这些举措展示了南通沿江从"港口+休闲"到"港口+工业"及未来"生态+城市新客厅"的发展趋势。

二是"生态+旅游"。结合南通沿江生态景观建设,依托南通现有的人文景观生态资源,串联起现有的长青沙生态旅游度假区、开沙岛旅游度假区、濠河、狼山风景区、圆陀角风景区,将如皋、通州的沿江生态休闲资源、

"一城三镇"的历史文化资源、海门沿江绿色休闲运动资源和启东江海文化的田园风光、圆陀角风景区等资源进行整合,打造沿江沿路的多条旅游线路。这些旅游线路既能满足市民的休闲需求,又能吸引外来游客,促进旅游业的发展。

三是"生态＋民生"。在南通沿江地区,南通市政府提出了"退港还城""还江于民"的"生态＋民生"生态保护理念。规划建设了沿江生态公园、生态湿地,以及一系列的运动休闲设施,如休闲步道、体育公园等。利用江堤贯穿成滨江步行道,规划了城市公共活动空间、各类活动场所、文化广场等特色广场和城市公共服务配套设施。这些举措旨在通过沿江生态修复工程,真正造福于民,提高市民的生活质量。

四是"生态＋创新"。为高质量推动沿江地区发展,在沿江生态修复的同时,南通市委、市政府还提出加快南通沿江科创带建设。依托南通沿江重要的科创节点,如通州平潮科技集聚区、謇公湖科教城、南通创新区等实现产业绿色创新。沿江地区的产业提升是沿江地区生态修复的重点。对沿江地区的产业升级规划,主要是腾退存在污染风险的化工、印染企业,盘活低效工业用地,实现沿江工业企业产业升级或实现功能转型为现代服务业。南通沿江地区拥有5个国家级和省级开发区(保税区)以及5个各类规模的园区,这些区域是南通推动"生态＋创新"融合发展的主阵地。

总的来说,南通的"生态＋"策略是全面、科学、实用的。它将生态、文化、旅游、民生、创新等多个方面的因素融合在一起,推动南通沿江地区的全面发展。这种策略既能推动南通沿江地区的生态环境质量的提高,又能推动南通沿江地区的产业、交通、旅游等方面的发展,为南通的长远发展提供了坚实的基础。

四、多层次各区域协同落实

南通沿江生态修复涉及城市、镇区、乡村三个层面的生态修复,其中每个层面的修复侧重点有所不同。

在城市层面,南通中心城区(崇川区、开发区)沿江生态修复主要结合了沿江地区的功能提升和城市更新。例如,任港湾片区对通吕运河口两岸和长江岸线进行整体改造,补齐相关城市功能,提升南通西部片区的活力,打造都市河口、魅力水岸。崇川开发区片区则结合游轮母港的建设,打造国际活力社区。南通开发区规划腾退产业用地,结合过江通道开展"滨江湾"城市更新。苏锡通园区重点打造航母主题公园,打造苏通大桥桥头堡。这些重点项目都在沿江地区规划了生态绿廊,结合城市功能提升、产业升级,宜居社区的开发,重现了沿江生态和环境景观,整体提升了南通中心城区整体形象。

海门开发区以滨江謇公湖为核心,规划了科教湖区,将沿江东布洲长滩生态公园和謇公湖生态核心通过滨水绿廊连接,打造生态、绿色、创新的示范区。海门城区向南拓宽,重点打造"府南片区",构建海门滨江新地标。

在镇区层面,如皋市长江镇和通州区五接镇主要开展了沿长江北支的绿化带建设。通过沿江工业企业的腾退,完善生态旅游建设项目及其配套设施,目标是建成长江生态主题旅游度假区。海门临江镇(新区)生物医药产业园和启东市北新镇启东生命健康产业园重点实施产业转型,打通沿江绿廊和交通道路,实现镇园一体化发展。

在乡村层面,南通沿江生态环境的提升显著推动了沿江地区乡村的全面发展和共同富裕。由于沿江生态景观和沿江景观道路的建设,乡村旅游和产业特色的村庄得以有机地融入沿江旅游线路,并进一步提升了沿江地区乡村的人居环境。

五接镇开沙村乡村振兴得益于开沙岛洲际梦幻岛等旅游项目的建设。临江的为民村着重为产业区配套展开乡村民宿的建设。海永镇永北村以花为媒,打造"花香海永",构建休闲文化和生态农业融合发展的先进村庄。启东白港村的"千里梨香"通过打造"丰水梨"特色产业,以百果园为主题,打造水果特色乡村旅游。启东江阳村以苗木种植为特色,打造农业旅游基地。启东长兴村服务船舶工业区,发展民营企业,建设富裕的先进村庄。

为落实四市共同制定的长江口地区协调发展行动中长江口生态协同理念,在南通市沿江整体生态修复思路的指导下,各市(县区)跨区域的重点节点也编制了相关生态协同规划。为落实崇明国际生态岛的建设,开展了东平、海永、启隆生态协同规划。为整合如皋常青沙旅游度假区和通州开沙岛旅游度假区,开展了两岛的生态旅游协同规划。海门区、启东市沿长江北支的北新、临江和崇明岛的海永、启隆两镇,开展了沿江岸线生态建设和交通协同。

县市镇层面协同的重点是沿江岸线的整合、沿江绿廊的贯通、旅游度假区的整合、沿江及夹江两岸的交通联系。这种多层次的协同规划和落实,将极大地提升南通沿江地区的生态修复质量,促进南通沿江地区的全面发展,加强南通沿江地区的城乡融合及各片区的协同发展,进一步增强南通的城市竞争力。

五、生态修复效益分析

南通沿江地区生态实施项目覆盖了城市、镇区、乡村这三个层面,形成了明显而丰富的生态效益、经济效益和社会效益。这些效益在各自的区域中展现出特点。

在城市层面,生态公园绿道等项目旨在打造城市生态休闲空间。这不仅丰富了城市的公共空间,提供了市民的休闲去处,同时也提升了城市的生态环境,改善了城市气候,提升了城市形象,完善了城市功能。这些生态公园绿道的建设,为南通的城市居民提供了一个更舒适、更健康的生活环境,体现了"人民城市为人民"的规划目标理念,同时增强了南通市的城市吸引力。

在镇级层面,促进了城乡融合发展,加快了沿江城镇的经济发展和人口集聚,通过沿江园区的产业升级,进一步促进了沿江地区镇园一体化发展。镇区风貌和生态的改善,也为沿江城镇的旅游度假、商贸等产业发展提供了机遇。

在村级层面,以乡村振兴战略为基础,推动了生态农业和乡村旅游的发展。这些项目立足于保护和提升农村生态环境,促进了农村经济的发展,改善了农村居民的生活质量,提升了农村的吸引力。在生态农业方面,科学的农业管理和技术的应用,不仅提高了农业的生产效率,也提升了农产品的质量,为农民增加了收入。在乡村旅游方面,通过开发乡村的特色资源,打造特色旅游产品,吸引游客前来旅游,进一步增加了农村的经济收入。在人居环境方面,村庄改善生态环境,提高了农村生活质量。

这些项目在各自的区域中相互支持、协同推进,形成了南通沿江地区生态修复的多元化特色,为长江口地区的绿色融合发展树立了典范,实现了沿江地区的持续发展。

在未来的发展中,南通将继续深入推进沿江生态修复工作,提升长江生态保护修复新成效,树立沿江产业绿色发展新标杆,打造特色示范区建设新亮点。

南通将积极参与长江口地区的协同发展行动,通过在生态修复、产业转型、旅游开发等方面的合作,推动长江口地区的整体发展。这将进一步加强南通与长江口地区其他城市的联系,加强南通在长江口地区的影响力,实现上海大都市圈的协同发展。

参考文献

[1] 大都市圈空间协同规划——长江口地区协调发展行动[R].2022.
[2] 南通市崇川区、开发区、苏锡通园区、通州区、海门区、如皋市、启东市编制的有关沿江地区的相关规划及实施工程方案.
[3] 南通市自然资源和规划局、中国城市规划设计研究院、南通市规划编制研究中心.南通市沿江空间布局规划[R].2022.

B12　长三角生态绿色一体化发展示范区水乡客厅近零碳专项规划研究[*]

伍江[1]　曹春[2]　王信[1]

（1.同济大学；2.上海同济城市规划设计研究院有限公司）

摘　要：作为全国双碳领域首个跨省域的重点功能片区实施性专项规划，《长三角生态绿色一体化发展示范区水乡客厅近零碳专项规划》以将水乡客厅打造成区域"跨域共治、低碳韧性、智慧共赢"的近零碳转型发展新模式典范为发展愿景，明确了水乡客厅近零碳建设的目标定位、重点领域、建设管控与指引、实施机制等内容，确保各层级近零碳规划指标和建设目标的有效实施落地，成为指导水乡客厅建设双碳引领区的行动指南。

关键词：近零碳；专项规划；水乡客厅；长三角生态绿色一体化

为贯彻落实"3060"双碳目标、率先探索双碳举措实质性落地，加快彰显示范区落实双碳战略的集中引领效应，由同济大学伍江教授领衔、多学科团队[①]参与编制的《长三角生态绿色一体化发展示范区水乡客厅近零碳专项规划》（以下简称《水乡客厅近零碳规划》），于2022年8月由长三角生态绿色一体化发展示范区执委会同两区一县政府（上海市青浦区、江苏省吴江区、浙江省嘉善县）联合印发。

在已稳定的《长三角生态绿色一体化发展示范区水乡客厅国土空间详

---

① 项目负责人：伍江；执行负责人：郭茹、王信、曹春；协调负责人：柳剑雄、王志伟、徐斌；主要参与人：戴晓虎、郭理桥、汤朔宁、李健、汪铮、叶超、王韬、杨东海、董楠楠、陈亚辉等。

细规划(2021—2035年)》(以下简称《水乡客厅空间详规》)和水乡客厅城市设计等成果的基础上,《水乡客厅近零碳规划》紧紧围绕水乡客厅生态绿色高质量发展实践地、跨界融合创新引领展示区、世界级水乡人居典范引领区的目标定位,协同两省一市共建近零碳水乡客厅,一体打造长三角区域近零碳引领区和样板间。作为全国双碳领域首个跨省域的重点功能片区实施性专项规划,本规划提出的水乡客厅近零碳建设的目标定位、重点领域、建设管控与指引、实施机制等内容,对都市圈及跨行政边界地区的绿色低碳专项规划具有借鉴意义。

一、水乡客厅的基本情况

为贯彻落实2019年发布的《长江三角洲区域一体化发展规划纲要》,国务院批准了《长三角生态绿色一体化发展示范区总体方案》,提出要高起点规划、高水平建设长三角生态绿色一体化发展示范区;将青浦、吴江、嘉善三地选择三区(县)交汇处5个镇作为先行启动区;并在中间两省一市交界地区开辟了一片"核心中的核心""示范中的示范"——35.8平方千米的"水乡客厅",以最江南的吴根越角,代表沪苏浙皖三省一市的长三角地区,将其打造成为体现示范区生态绿色理念的样板间、探索区域一体化发展的试验田,集中建设生态环保类、产业功能类、人居品质类、基础设施类示范项目,作为近期重点抓手,使得示范区规划理念可见可现。

水乡客厅以长三角原点为中心,北至沪渝高速,南抵丁陶公路-纽扣路,西至汾湖大道,东达金商公路,包括上海市青浦区金泽镇、江苏省苏州市吴江区黎里镇、浙江省嘉兴市嘉善县西塘镇和姚庄镇四个镇部分用地范围,规划总用地3586.37公顷,城镇建设用地838.32公顷,三地各另行机动预留建设用地2公顷,开发强度控制在25%以内。规划总居住人口约4.27万人。

现状的水乡客厅,拥有丰富的代表区域特征的元素:湖塘、河流、圩田、林地与村庄、古镇、新城相互交融,构成江南水乡的独特风景,蓝绿空间占比近80%(见图12-1),生态绿色是水乡客厅的最亮底色和独特基因。

图 12-1　水乡客厅现状农林用地分类

二、规划定位和规划原则

（一）规划定位

规划编制依据《长三角生态绿色一体化发展示范区国土空间总体规划（2021—2035年）》《长三角生态绿色一体化发展示范区先行启动区国土空间总体规划（2021—2035年）》和《水乡客厅详规》等上位规划，充分衔接示范区产业发展、生态环境等专项规划，对接两区一县相关规划，定位为国土空间详细规划层面的专项规划，用以落实、支撑水乡客厅功能定位目标的实现。

作为专项规划，《水乡客厅近零碳规划》的规模、功能、格局等均按照《水乡客厅详规》，并反馈基于双碳发展的空间需求和导控要求，实现两个规划的无缝衔接、高度统一；此外，《水乡客厅近零碳规划》的图则还将作为《水乡客厅详规》的附加图则，体现其法定效力。

（二）规划原则

《水乡客厅近零碳规划》着眼于实施落地，明确提出引领性、系统性和操作性的主要原则，不囿其位，但求其用。在规划目标和重点指标设置、重点领域和示范项目规划等方面，都贯穿了以上原则，既强调示范引领、又注重切实可行，做到刚性和弹性、引导和约束、近期和中远期有机结合。

1. 引领性

以绿色低碳循环发展为导向，对标国际先进标准，充分借鉴国内外零碳区域、零碳社区、零碳项目、零碳技术先进经验和标准，打造国际一流的近零碳规划[①]建设标杆。

2. 系统性

聚焦核心特色，系统谋划近零碳转型路径，充分体现"共商、共建、共治、共享、共赢"的跨区域独有特质，发挥水乡客厅生态绿色基因和江南文化传承，强化降碳增汇，突出近零碳导向下的一体化产业布局、能源转型、技术创新、制度创新等。

3. 操作性

基于上位规划，强化新理念、新方法、新技术、新机制在现有工作基础和资源条件下的系统集成，通过多方协同推动落地实施，为长三角一体化双碳行动提供可复制可推广经验。

三、水乡客厅双碳发展目标

要明确双碳发展规划目标，应明晰水乡客厅的关键排放源、吸收源、发展趋势等情况，明确水乡客厅的双碳发展模式。

（一）碳源碳汇现状和趋势

1. 碳源碳汇现状

从总体净碳排放来看：2020年，水乡客厅碳排放总量约10.30万吨

[①] 参考国内外最新研究成果，近零碳指特定区域净碳排放总量趋近于零的动态过程，也是引领辐射周边区域和促进产业链协同的高质量发展模式，一般可用60％—90％的碳减排率来衡量。

CO_2 当量(其中能源碳排放占比 91%),单位 GDP 碳排放 0.09 吨/万元,人均碳排放量约 6.83 吨/年(按现状常住人口计算);碳汇量约 0.19 万吨(仅考虑森林碳汇)。合计水乡客厅净碳排放为 10.11 万吨 CO_2 当量。对比国内外城市碳排放情况,水乡客厅的碳排放强度较低,人均碳排放适中。

从碳排放分类领域来看:工业领域占比 53.3%;建筑运行领域碳排放占比 34.1%;交通领域碳排放占比 2.3%;废弃物领域碳排放占比 4.2%;农业领域碳排放量占比 6.1%。

综上可见,水乡客厅碳排现状以能源碳排放为主,建筑、交通、环境、能源和产业是本片区对净碳排放影响排名前五的部门领域,其碳源碳汇的发展状态将会影响片区双碳目标的实现。

2. 碳源碳汇情景分析

根据国家"碳达峰碳中和"政策体系要求,结合三级八方相关政策及指南,从国际先进水平对标、国内政策需求、水乡客厅特点三个维度,整体上设计了冻结、渐进转型、中速转型、近零碳转型、近零碳、碳中和等六个情景,采用基于"供应-需求双向混合模型"的碳排放预测方法(见图 12-2)分析预判 2021—2035 年的水乡客厅碳排放变化情况。

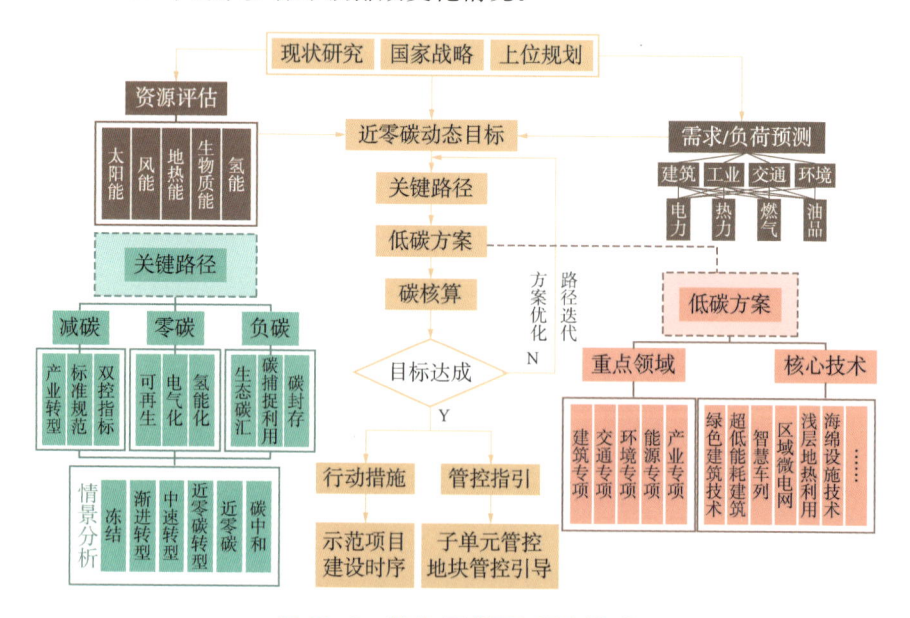

图 12-2 供应-需求双向混合模型

将自上而下的宏观分析与自下而上的部门分析结合,通过与两区一县、水乡客厅规划、相关设计和建设单位的多轮沟通校核,获得不同情景下的碳排放发展趋势(见图12-3)。

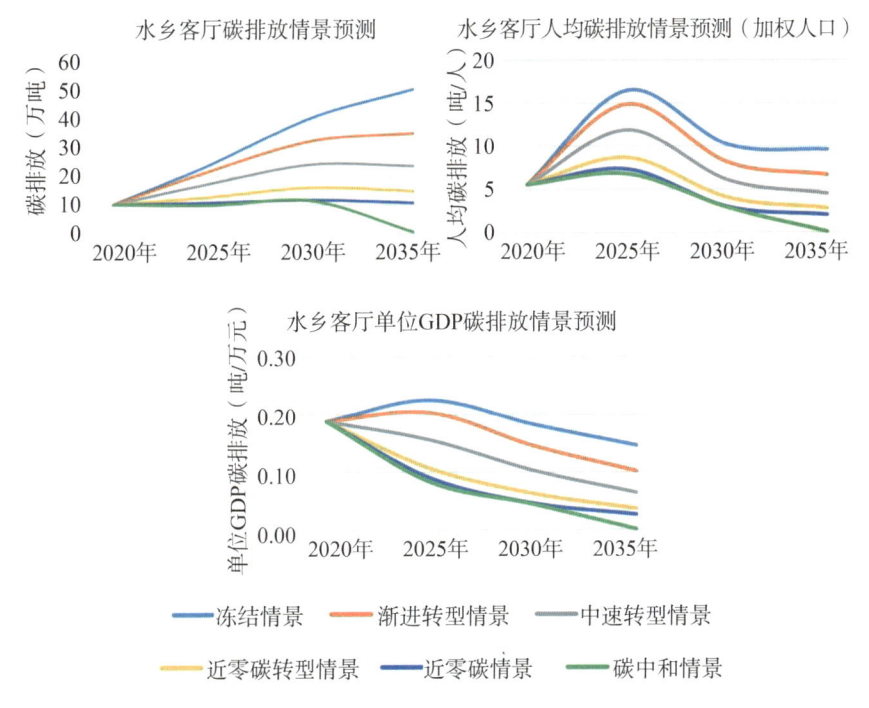

图12-3 水乡客厅碳排放情景预测

结合六个情景分析可知水乡客厅碳排放整体趋势:

(1)水乡客厅区域人均碳排放可提前实现零增长:人均碳排放在2025年达峰。

(2)多数情景下碳排放于2030年达峰,峰值差异大:峰值差异凸显了双碳高质量发展的必要性。

(3)多数情景下碳排放强度呈持续下降趋势:中速转型、近零碳转型、近零碳、碳中和情景下"十四五"碳排放强度下降率分别达18%、41%、57%、63%。

(二) 水乡客厅双碳发展愿景——近零碳发展

在双碳战略背景和水乡客厅功能定位下,结合情景预测分析和实际情况,兼顾经济成本与社会成本,强化新发展理念的综合集成示范,因地制宜地设定发展目标和发展路径,将兼具前瞻性和操作性的近零碳发展作为水乡客厅在多重发展目标、多重约束条件下的双碳战略落地实践,探索实现碳达峰碳中和的本质——高质量发展的新发展路径和模式,加快向"绿"转型,进而为示范区和长三角区域绿色低碳转型发展提供引领和示范。

水乡客厅近零碳发展指通过减源、增汇或替代等途径,实现水乡客厅空间边界内"动态近零"过程(即净碳排放量趋近于零的动态过程);同时引领周边区域和产业链上下游,逐步实现"协同近零"发展(即近零碳一体化发展的系统性协同模式)。通过集中建设碳中和目标引领下的绿色低碳"江南庭院、水乡客厅",协同探索"跨域共治、低碳韧性、智慧共赢"的近零碳转型发展新模式,共同打造长三角绿色低碳理念技术和绿色生产生活方式集中展示区。

(三) 近零碳发展目标

1. 整体目标

到2025年,相比于基准情景的碳减排率达到60%左右,实现人均能源碳排放零增长,单位地区生产总值(GDP)碳排放0.08吨/万元左右;绿色低碳基础设施互联互通,生态系统和交通路网骨架基本成型,重要功能节点建设有序推进,"一点一心"[①]"三园"[②]和蓝环水系基本建成,绿色低碳功能示范效应凸显。

到2030年,相比于基准情景的碳减排率达到70%以上,实现能源碳排放总量零增长,单位地区生产总值(GDP)碳排放0.05吨/万元左右;"三

---

① "一点"即方厅水院,充分挖掘长三角原点的独特内涵,围绕该地理标志打造一处可感知、可体验、可激发一体化认同的标志性功能场所。"一心"即临近长三角原点,是客厅核心区,包括创智引擎、科创学园和会展村苑三大组团,发挥"客厅"作用,布局建设多样的创新聚落空间。
② "三园"即江南圩田、桑基鱼塘、水乡湿地三个主题展示园,以湖荡圩田为基底,将现代绿色生态理念和技术与历史悠久的传统理水治水智慧文化相融合,运用湿地净化、水源涵养、循环农业、圩田再造等技术手段,形成有机融合的蓝绿空间和生态系统,打造世界级湖区的特色景观。

区"[①]基本建成相互辉映且各具特色的近零碳园区,一体化绿色低碳示范性和引领性效果显著。

到2035年,相比于基准情景的碳减排率达到80%以上,在人口和产业活动持续增长的情况下,将碳排放控制在10万吨CO_2当量以内,单位地区生产总值(GDP)碳排放0.03吨/万元左右,达到发达城市低碳发展水平,成为跨行政区高质量一体化发展的近零碳示范窗口与标杆,基本建成碳中和导向下的世界级水乡客厅。

2. 分领域目标

在确定近零碳发展整体目标的同时,明确五大重点领域的分阶段目标(见表12-1)。

表12-1　　　　　水乡客厅重点领域分阶段发展目标

重点领域	实现路径	指标名称	指标类型	分阶段目标		
				近期(2025年)	中期(2030年)	远期(2035年)
低碳节能的品质建筑	三星级绿色建筑	新建建筑三星级绿色建筑比例(%)	约束性	50	50	50
	近零能耗建筑	新建建筑近零能耗建筑比例(%)	引导性	25	30	35
	装配式建筑	新建建筑装配式建造比例(%)	约束性	70	80	90
	既有建筑更新改造	既有建筑绿色更新改造比例(%)	引导性	5	15	25
	建筑可再生能源	建筑屋顶安装光伏面积比例(%)	约束性	40	45	50
绿色人本的智慧交通	绿色交通	绿色交通出行比例(%)	约束性	85/90	85/90	90/100
	人本交通	水陆交通步行换乘距离(m)	约束性	≤50	≤50	≤50
	智慧交通	新增或改建公交站智慧化改造比例(%)	引导性	80	90	100

[①] "三区"即金泽、汾湖、大舜三大功能区,集创新聚落,以存量改造和择址新建相结合的方式,有机嵌入区域级、标志性的创新服务、文化创意、科教研发、生态体验等功能性项目,呈现面向未来的生产生活场景。

续表

重点领域	实现路径	指标名称	指标类型	分阶段目标		
				近期(2025年)	中期(2030年)	远期(2035年)
循环韧性的生态环境	加强水系统低碳韧性	人均综合用水量(平方米/人)	引导性	≤300	≤250	≤180
	推进无废城乡建设	生活垃圾资源化利用率(%)	约束性	80	85	90
	提升生态空间碳汇潜力	生态碳汇提升比例(%)	引导性	4	8	12
高效共享的综合能源	高效的能源体系	可再生能源占能源消费比例(%)	约束性	50	65	80
	智慧的能源体系	能源管理平台覆盖率(%)	约束性	50	80	100
	共享的能源体系	绿色电力占电力消费比例(%)	引导性	50	60	65
		能源CO_2减排率(%)	约束性	60	70	80
生态友好的创新产业	绿色发展	服务业单位增加值碳排放强度(kg CO_2e/万元)	引导性	≤95	≤40	≤20
	结构升级	知识密集型服务业增加值占GDP比例(%)	引导性	40	45	50
	创新驱动	研发费用占地区生产总值比例(%)	引导性	4.5	5.0	5.0

注:85/90:"三区"分阶段目标/"一点一心""三园"分阶段目标;除特别标注外,表中的指标取值均为下限。

四、重点领域近零碳发展路径

(一)低碳节能的品质建筑

基于地域特征,打造"绿色、低碳"的水乡客厅高品质建筑体系,实现深浅有质的"水乡绿"美好愿景。

建筑领域近零碳实现路径包括绿色近零能耗建筑推广、建筑与可再生能源一体化、装配式建筑高效建造、既有建筑更新改造等。主要通过对绿色建筑、近零能耗建筑、装配式建筑、既有更新建筑的分时序推广,控制建筑领域总体碳排放;通过对本体及设备提效减碳技术、可再生能源清洁替碳技术、建筑电气化及柔性储用电技术的分区域应用,减少建筑运行碳;采用工业化装配式建造的新型多元化技术、既有建筑的绿色更新改造技术,对新型结构体系及建筑材料产品进行分类别管控,减少建筑隐含碳。

(二) 绿色人本的智慧交通

以"绿色、人本、智慧"为导向,打造轨道交通为骨干、道路交通为基础、水上交通为特色、新型交通为补充的跨域一体、绿色智慧、协同高效、品质多元的水乡客厅综合交通体系。按需确定交通政策,打造高质量、示范性、引领性交通,满足水乡客厅的复合交通需求。

其中,绿色交通方面主要通过建设"点对点"不经停运输的智慧车列、PRT[1]等中低运量示范线、水陆联动的水上特色交通系统、优化新能源车辆配套设施布局等方式,构建绿色集约的水陆联动出行体系;人本交通方面主要通过构筑基于蓝绿基础设施的近零碳活力交通网络、构建绿色"慢行友好"路网、建设公共交通"微枢纽"等手段,实现以人为本的多网融合协调发展;智慧交通方面主要通过推进智慧交通基础设施建设、共建智慧交通监测和管理系统、建设支持 MaaS[2] 等智慧出行服务系统等方法,推进水乡客厅范围内跨区公共交通"售票一网通、支付一卡通",推动以智增效的出行服务创新应用。

(三) 循环韧性的生态环境

统筹融合减污降碳增汇与生态环境保护,提出韧性循环的水系统、无废城乡建设和高碳汇潜力的生态空间三大路径。

环境领域的近零碳实现措施,主要包括推进源头节水与效率改进、雨水利用与海绵设施建设、水质净化与再生水利用、农业面源排放低碳化治理、水务系统智能管理平台模块建设等,构建绿色低碳韧性水生态系统;加强

---

[1] PRT:Personal Rapid Transit,个人快速运输系统。
[2] MaaS:Mobility as a service,移动即时服务。

垃圾源头减量与资源分类回收、湿垃圾就地处理与循环利用、生物质能资源化协同利用、危险废弃物监管，打造无废城乡资源循环示范区；增加非建设区生态用地，提升生态基底的碳汇水平，构建固碳低碳的城市绿地体系，形成高碳汇潜力的绿色生态空间体系，整体筑牢水乡客厅生态绿色发展基底。

（四）高效共享的综合能源

以一体化高质量供电网为基础构建"高效、智慧、共享"的新型综合能源系统，以"灵活电"承载"水乡绿"，打造绿色低碳综合能源系统。

其中，源侧重点建设分布式可再生能源系统，提效增量，改善功能结构；网侧重点构建"高渗透、高异质、高互联、高互济"的电网、热网、气网系统，集成互联；荷侧以近零碳绿色建筑、近零碳绿色交通为落实点，重点结合智慧能源管理平台，打造各有特色的区块能源荷侧系统，实现能源消耗及碳排放的"可监测、可报告、可核查"，响应提速；储侧重点构建涵盖储电、储热、储冷等多位一体的多元融合储能体系，推动集中式与分布式储能协同发展，支撑"源、网、荷、储"集成互补的能源互联网；用侧通过构建基于CIM引擎及能源数字孪生技术的源网荷储一体化数字管理平台系统，凸显灵活智慧。

（五）生态友好的创新产业

衔接示范区产业发展规划，围绕加快区域一体化发展、推进数字智慧赋能、强化绿色科创攻关、培育生态低碳旅游门户、促进产业居住融合等重点任务，大力发展功能型总部经济、特色型服务经济、融合型数字经济、前沿型创新经济、生态型湖区经济等"五大经济"，形成活力汇聚、融合发展的水乡客厅生态友好型产业格局；统筹水乡客厅各双碳子单元的空间区位和经济功能，构建"全域、一心、三区、多点"的产业空间格局，打造示范区生态友好型产业集聚中心和低碳创新中枢；在绿色低碳循环发展领域形成世界领先的科技原创成果和高新技术企业，培育国际知名的水乡湖区景观和生态创意品牌。

五、近零碳导控体系

（一）近零碳建设导控原则

1. 远近结合，合理弹性

近期重视对现有双碳建设技术的应用，制定并严格落实各项近零碳指标；远期依托未来双碳建设技术的发展，全面实现近零碳建设目标和规划指标。考虑到未来双碳建设技术发展的不确定性，在确保近零碳建设总体目标不降低的前提下，双碳子单元近零碳规划指标可按实施周期适当灵活设置。

2. 政府引导，市场驱动

政府为主引导建设的地块，充分发挥政府对双碳建设技术使用的示范作用，强化政策支持和制度保障。同时，充分发挥市场机制作用，推动市场主体对双碳建设技术的采用。

3. 示范引领，循序渐进

鼓励先行先试，强化试点推进、示范建设，推动一批示范项目的建设，如综合加能站、智慧车列示范线、智能垃圾回收箱房等，形成区域近零碳建设的氛围，促进市场行为跟进。

（二）近零碳建设分层级导控

按照近零碳建设的总体目标，规划建立"水乡客厅单元-双碳子单元-地块"三大层级空间划分、指标管控和空间导控相匹配的传导体系，将近零碳规划建设目标进行逐层分解、逐步落实，确保总体及各层级近零碳规划指标和建设目标的有效传导和落实。

1. 分层级空间划分

在控规单元基础上，统筹考虑各功能片区边界、行政管理边界、骨架路网和水系自然边界等因素，将水乡客厅单元划分为18个双碳子单元。子单元内功能协同发展，利于不同子单元差异化近零碳建设目标制定；用地规模适度，便于近零碳建设的开展与目标的实现。

在此基础上，为指导近期建设，将双碳子单元进一步划分为45个区块、每个区块由若干个街坊或地块组成。通过对单个区块的针对性导控,保障上层级近零碳目标的实现。

2. 分层级指标管控

(1) 指标体系

与空间层级相对应,近零碳发展目标分解的指标传导采用"水乡客厅单元-双碳子单元-近期建设地块"三大层级指标体系(见表12-2)。其中:

表12-2 重点领域近零碳规划分层级指标体系

重点领域	实现路径1	水乡客厅单元层面		双碳子单元层面		实现路径2	地块层面	
		指标名称	指标类型	指标名称	指标类型		指标名称	指标类型
低碳节能的品质建筑	三星级绿色建筑	新建建筑三星级绿色建筑比例	约束性	新建建筑三星级绿色建筑比例	约束性	绿色近零能耗建筑	新建居住建筑能效水平提升比例	引导性
							新建公共建筑能效水平提升比例	引导性
	近零能耗建筑	新建建筑近零能耗建筑比例	引导性	新建建筑近零能耗建筑比例	引导性		建筑信息模型BIM技术应用阶段数量	引导性
							厨房炊事及生活热水用能电气化比例	引导性
	装配式建筑	新建建筑装配式建造比例	约束性	新建建筑装配式建造比例	约束性	装配式建筑	装配式建筑预制率/装配率	约束性
							装配式内装部品应用种类	引导性
	既有建筑更新改造	既有建筑绿色更新改造比例	引导性	既有建筑绿色更新改造比例	引导性	既有建筑更新改造	绿色环保建材应用种类	引导性
							减碳利废建材应用种类	引导性
	建筑可再生能源	建筑屋顶安装光伏面积比例	约束性	建筑屋顶安装光伏面积比例	约束性	建筑可再生能源	屋顶安装光伏面积比例	约束性
							可再生能源应用种类	引导性

续表

重点领域	实现路径1	水乡客厅单元层面		双碳子单元层面		实现路径2	地块层面	
		指标名称	指标类型	指标名称	指标类型		指标名称	指标类型
绿色人本的智慧交通	绿色交通	绿色交通出行比例	约束性	公共交通分担率	引导性	绿色交通	配建充电设施车位比例	约束性
				绿色公交车辆比例	约束性			
				新增车辆新能源分担率	引导性			
	人本交通	水陆交通步行换乘距离	约束性	常规公交站点500米半径覆盖率	约束性	人本交通	生活服务性道路交通静稳化措施设置率	引导性
				道路空间中慢行和绿化空间比例	引导性			
				蓝道站点1000米覆盖率	引导性			
	智慧交通	新增或改建公交站智慧化改造比例	引导性	新增或改建公交站智慧化改造比例	引导性	智慧交通	新增或改建公交站智慧化改造比例	引导性
				停车场智慧化改造比例	引导性		停车场智慧化改造比例	引导性
循环韧性的生态环境	加强水系统低碳韧性	人均综合用水量	引导性	雨水年径流总量控制率	引导性	加强水系统低碳韧性	雨水年径流总量控制率	引导性
				人均日综合生活用水量	引导性		节水器具安装率	约束性
				再生水回收利用率	引导性			
				农田灌溉水有效利用系数	引导性			

续表

重点领域	实现路径1	水乡客厅单元层面		双碳子单元层面		实现路径2	地块层面	
		指标名称	指标类型	指标名称	指标类型		指标名称	指标类型
循环韧性的生态环境	推进无废城乡建设	生活垃圾资源化利用率	约束性	城乡污水处理率	约束性	推进无废城乡建设	新增湿垃圾本地处理点个数	约束性
				生活垃圾资源化利用率	约束性		垃圾分类收集点智慧化改造比例	引导性
				畜禽粪污综合利用率	约束性			
				农作物秸秆综合利用率	约束性			
	提升生态空间碳汇潜力	生态碳汇提升比例	引导性	绿化覆盖率	约束性	提升生态空间碳汇潜力	乔灌木占比	引导性
							绿地空间300米半径覆盖率	引导性
高效共享的综合能源	高效的能源体系	可再生能源占能源消费比例	约束性	生态用地占比	约束性			
				光伏发电量占能源消耗比例	约束性			
	高效的能源体系	可再生能源占能源消费比例	约束性	地热能占能源消耗比例	约束性			
				氢能占能源消耗比例	引导性			
				集中供能比例	引导性			
	智慧的能源体系	能源管理平台覆盖率	约束性	能源管理平台覆盖率	约束性			

续表

重点领域	实现路径1	水乡客厅单元层面		双碳子单元层面		实现路径2	地块层面	
		指标名称	指标类型	指标名称	指标类型		指标名称	指标类型
高效共享的综合能源	共享的能源体系	绿色电力占电力消费比例	引导性	可调负荷占比	引导性			
				绿色电力占电力消费比例	引导性			
		能源CO_2减排率	约束性	能源CO_2减排率	约束性			
生态友好的创新产业	绿色发展	服务业单位增加值碳排放强度	引导性					
	结构升级	知识密集型服务业增加值占GDP比例	引导性					
	创新驱动	研发费用占地区生产总值比例	引导性					

注:约束性指标必须严格实现、完成;引导性指标主要起引领导向作用,在确保水乡客厅的双碳建设目标不降低的前提下,可根据发展要求适当调整。

水乡客厅单元层面:在传导、落实《水乡客厅详规》相关要求基础上,基于水乡客厅单元近零碳发展量化目标,提出人均碳排放、碳排放总量、单位地区生产总值碳排放强度、碳排放强度下降率、碳减排率共5个单元层面总体指标;从五大重点领域出发,制定18个分项指标。

双碳子单元层面:采用碳减排率指标作为双碳子单元层面总体指标,通过强度引导方式进行整体管控;同时根据各子单元开发建设要求并结合实现路径,形成四大重点领域31个分项指标。产业领域指标主要在水乡客厅单元层面进行体系性控制和实现,子单元层面不作具体要求。

近期建设地块层面:充分利用现有双碳建设技术和措施,按三大重点领域近期建设的实现路径,形成20个分项指标。能源领域指标主要在前两个层级进行系统性控制和实现,地块层面不作具体要求。

（2）指标管控

水乡客厅单元层面和双碳子单元层面的管控覆盖全域,指标管控注重上传下导,针对近、中、远三大阶段动态发展需求,明确各指标的控制内容和要求。

地块层面的管控主要针对近期建设区域,以面向近期实施和可验收核查为核心,以地块为基本单位,以区块为编制单元,充分利用现有双碳建设技术,将子单元的近零碳管控与引导要求分解并落实到地块。

3. 分层级空间导控

近零碳发展目标分解的空间传导也采用三级空间导控体系(见图12-4)。

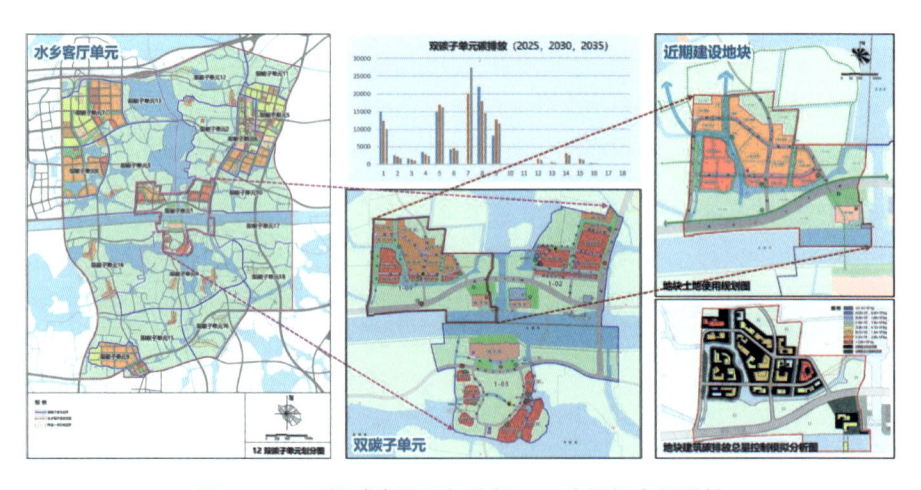

图 12-4 近零碳发展目标分解——分层级空间导控

水乡客厅单元层面的空间导控主要对重点领域的设施进行空间布局分系统导控。

双碳子单元层面的空间导控除对地块进行建设分类外,主要关注双碳基础设施的建设分类空间落位(包括设施名称、数量和所在区块等信息)与相应的建设要求。

地块层面的空间导控通过建筑能耗及运行碳排放动态模拟等方式对建

筑空间形态进行示意性引导(见图12-5),同时明确双碳系统建设的连通引导和双碳基础设施的地块落位。

图12-5 地块近零碳附加图则——建筑能耗、碳排模拟与形态布局示意
（以双碳子单元1-01区块为例）

基于以上三大层级管控体系,《规划》最终形成水乡客厅单元近零碳规划图纸-双碳子单元规划附加图则-近期建设地块近零碳附加图则的图纸图则成果体系。

(三) 近零碳建设指引与示范

以近期实施项目为核心,综合利用现有各种低碳、零碳、负碳相关的技术、方法和手段,就建筑、交通、能源、环境四大重点领域的近零碳建设指引与示范,开展全过程近零碳建设技术指引,并明确了示范性项目内容,有效节能减排、开源增效、强化增汇。

六、结语

《规划》科学研判片区碳排放现状趋势,明确兼具前瞻性和操作性的近零碳目标,识别零碳导向下的规划-建设-运营全过程高质量发展的路径和举措,因地制宜地选定并聚焦区域低碳发展重点领域,大力实施减源、增汇、替代的绿色低碳措施和技术综合集成应用,加快构建多元共治的碳达峰实施机制和面向未来的碳中和技术体系,将为水乡客厅实现近零碳目标打下坚实基础,在长三角、全国乃至全球碳中和领域发挥示范引领作用。

参考文献

[1] 长三角生态绿色一体化发展示范区执行委员会,上海市青浦区人民政府,苏州市吴江区人民政府,嘉善县人民政府,东南大学. 长三角生态绿色一体化发展示范区水乡客厅国土空间详细规划(2021—2035 年)[R]. 2023.

[2] 长三角生态绿色一体化发展示范区执行委员会,上海市青浦区人民政府,苏州市吴江区人民政府,嘉善县人民政府,同济大学. 长三角生态绿色一体化发展示范区水乡客厅近零碳专项规划[R]. 2022.

[3] 国家发改委. 长三角生态绿色一体化发展示范区总体方案[EB/OL]. https://www.ndrc.gov.cn/xwdt/ztzl/cjsjyth1/ghzc/202007/t20200728_1234711.html, 2020-07-28.

[4] 中共中央,国务院. 长江三角洲区域一体化发展规划纲要[EB/OL]. https://www.gov.cn/zhengce/2019-12/01/content_5457442.htm, 2019-12-01.

Ⅴ 上海大都市圈跨界项目实践研究篇

B13 上海大都市圈背景下的沪嘉轨道"一张网"协同发展策略

王迎英[1] 马惠玲[2]

(1. 嘉兴市国土空间规划研究院；2. 嘉兴市自然资源和规划局)

摘　要：随着长三角一体化上升为国家战略，嘉兴全面融入长三角区域一体化发展，以轨道交通快速互联为基础，推进产业功能协同发展，建成长三角重要的中心城市。面对新形势，嘉兴着眼区域、市域、片区三个层次，以协同示范区线和上海南枫线的沪嘉市域铁路为例，充分对接上海都市圈轨道体系，探讨通过规划共绘、功能共育、特色共塑、设施共建、开发共谋、客流共引、运营共创等理念，有序推进市域轨道分级分类、综合开发建设，融入上海大都市圈城际"一张网"，助推两地同城化。

关键词：大都市圈；市域轨道一张网；协同发展

一、沪嘉轨道协同发展现状

(一) 低密度的单一廊道

上海大都市圈北侧(沪苏)已形成高密度的复合廊道，包括京沪铁路、京沪高铁、沪宁城际、沪通铁路等多层次轨道系统，高铁、城际、普铁共同服务北向拓展带多层次出行需求，轨道交通服务层次更丰富、运量更大。但上海大都市圈南侧(沪嘉)仅有沪昆高铁、沪昆铁路，缺少城际铁路为代表的区域轨道交通系统，需要利用国家级大通道服务于区域内中短距离的交通需求。2019年，苏州铁路客运量达4884万人，而嘉兴仅有1759万人。随着沪嘉城际出行需求快速增长,现有轨道交通系统难以支撑。沪嘉间轨道交通层次少,仅有的国家级高速铁路沪昆高铁、普通铁路沪昆铁路,承担多种距离复合化出行,服务功能混杂,城际间中短距离需求无法满足。

(二)跨界实施问题突出

轨道交通的跨界协同问题仍然突出。杭州湾北岸重要空间板块缺少轨道交通支撑。沿海的嘉兴科技城、滨海新区、尖山等重点板块无轨道服务,规划沪乍杭铁路方案难以落地。沪乍杭铁路受上海、杭州对铁路诉求与定位不同影响,功能和线位无法确定,迟迟无法开工建设。沪嘉乌城际铁路直连上海南、松江南等重要交通枢纽的方案尚未确定。另外,规划沪杭城际预留廊道方案也还未确定。

二、沪嘉轨道协同发展目标思路

从世界都市圈的发展规律来看,轨道交通体系对都市圈的客流运输、保证基本通勤圈的高效运作起到重要的作用。都市圈轨道交通系统构成都市圈的基本骨架,保障都市圈内日常的平稳运作和稳步发展。为此,嘉兴提出快速推进市域轨道交通建设,传承"优化轨道网+延伸缝合城际网",实现"区域一体融合"和"市域强心强轴"发展双赢的目标思路,构建"高速铁路-城际铁路-城际/市域轨道"多层次、一体化轨道体系,支撑嘉兴"外融、内聚、强心"发展策略,推动嘉兴高质量发展。

(一)强化枢纽提级,构建开放的枢纽体系

通过构建差异化错位发展的枢纽体系,协调不同枢纽之间的功能定位,布局符合枢纽功能定位的交通网络,满足多样化交通需求。随着通苏嘉甬铁路规划和建设,嘉兴将成为国家级沪昆廊道、区域级通苏嘉甬廊道的交汇点,促使嘉兴南站成为"十字型"区域高铁枢纽。嘉兴南站由现状的4台8线扩建至10台26线,新增通苏嘉甬铁路、沪杭城际、沪乍杭铁路、沪嘉乌城际铁路,提升嘉兴南站地区对外交通可达性。铁路发送量由现状569万人

次/年提升至远景3000万人次/年。铁路1小时可达覆盖范围与虹桥相当，至上海、杭州、苏州、宁波的主要枢纽时间由现状的1—2小时缩短至1小时内，高速铁路200千米覆盖杭州、宁波、苏州、南通、金华、湖州。

(二)强化层级轨网，构建高效同城化网络

构建"高速铁路-城际铁路-城际/市域轨道"多层次、一体化轨道体系，打造"轨道上的嘉兴"。一是直通沪嘉战略要地的高铁网络，形成"沪昆高速铁路、沪乍杭铁路、通苏嘉甬铁路""两横一纵"高速铁路网络，分别衔接虹桥、长三角生态绿色一体化发展示范区、临港自贸区、浦东机场/上海东站等区域发展要地。二是覆盖区域发展核心的城际铁路网络。提供多层次、多速度轨道交通，满足不同出行目的交通需求，构建5条向心线和3条外围线的"棋盘放射"网络。5条向心线路构成通勤圈。其中，沪嘉乌通道连接嘉善、嘉兴南站、嘉兴机场及乌镇等主要区域，并预留连接上海市域轨道的通道条件；沪苏嘉通道主线连接西塘(示范区)、嘉兴中心城、嘉兴南站及海盐中心城，支线连接西塘(示范区)、嘉善及平湖中心城，该通道预留连接上海市域轨道的通道条件；苏嘉平通道连接王江泾、秀洲、嘉兴中心城及平湖中心城，该通道预留连接苏州市域轨道的通道条件；杭海嘉通道进一步延伸杭海城际至嘉兴中心城，连接余杭、海宁、嘉兴南站、嘉兴中心城及新塍镇；同时向南延伸至南北湖区域。杭桐嘉通道连接桐乡、嘉兴机场、嘉兴中心城、嘉善中心城，该通道预留连接杭州市域轨道的通道条件。3条外围线路落实上位规划，提升市域连通度。其中，沪平盐通道经上海金山、平湖站、海盐至海宁；水乡旅游线连接盐官、斜桥、桐乡、乌镇、南浔等重点旅游地区；杭海桐通道连接萧山、海宁、桐乡、德清。

(三)促进跨界轨道同步建设、同式运营

健全跨区域轨道交通协调推进机制，统筹前期设计、建设、管理、资金、建设时序等工作，实现跨区域轨道交通同标准、同时序、同运营。这包括同标准制定线路走向、轨道制式、设计速度；同时序进行规划、开工、建设工作；

线路建设前协调,同运营组织模式。丰富铁路运营组织模式和票制服务方式,提升轨道交通服务品质和运行效率。预留城际/市郊铁路站台越行线,开通大站快车、普通列车等运营模式,根据实际客流需求分区段多交路运营,提升轨道交通运行效率。提供沪嘉同城化轨道交通出行计划,安检互信、联程联运、信息共享,共推轨道交通实现公交化运营,引入铁路月票月卡制度,乘客无须购票候车。

三、沪嘉市域铁路规划建设目标

沪嘉市域铁路包含嘉善至枫南市域铁路和嘉善至西塘市域铁路两部分。嘉兴至枫南市域铁路自嘉兴南站至枫南站,向东接入上海枫泾站,与上海南枫线衔接,线路全长约 35 千米,设车站嘉兴南站、曹庄站、科技城站、湘家荡南站、七星站、归谷站、嘉善站(与西塘线共站)、枫南站 8 座,包含地上、地面、地下车站。嘉善至西塘市域铁路自嘉善站至水乡客厅站,南端嘉善站与枫南线衔接,北端水乡客厅站与城际铁路上海示范区线衔接,线路全长约 20 千米,设车站嘉善站、中新产业园站、姚庄站、西塘站、祥符荡站 5 座,包含地上、地下车站。

通过规划共绘、功能共育、特色共塑、设施共建、开发共谋等措施,实现沪嘉轨道协同发展。

(一) 强化规划共绘

与上海大都市圈轨道体系统一谋划,在上海大都市圈维度,融入城际"一张网",助推两地同城化。西塘线接入长三角一体化示范区至虹桥国际开放枢纽,引入人才资源和旅游客流,提高一体化示范区同城化、通勤化服务质量;枫南线接入南枫线直连上海自贸区新片区。枫南线向东由枫泾站对接上海市域南枫线,承接新片区优势资源,跨境贸易服务功能,创造新的经济增长点。未来依托西塘线、枫南线,将极大提升嘉兴的战略地位,极大提升沪杭经济走廊、跨界协同区内的人员流动规模,集聚创新功能,强化沿线通勤与产业的双向联系,促进嘉兴融入长三角区域一体化,走向高质量发展新格局。

（二）强化功能共育

与上海大都市圈内示范区线、南枫线的功能衔接。充分考虑到示范区线作为长三角数字干线，推进生活数字化、治理数字化，协同打造一流新型基础设施的数字创新发展带。西塘线聚焦科创产业、做精生态文旅，与示范区线共建"科创活跃走廊"。综合考虑南枫线产业根基、海岸生态和江南特色，外链国际、内联区域，推动长三角高度一体化发展，助力打造未来南上海城市新轮廓。枫南线聚焦科创服务、做强创新智造，与南枫线共建"科创智造湾区"。

（三）强化特色共塑

整体定位为"长三角绿色科创服务走廊"。西塘线突出绿色人文专列特色；枫南线突出沪嘉科创城际特色。结合各个站在城市中的区位、地区功能布局，以及与周边建成区域在交通、功能、设施等方面的联系强弱，以TOD原则进行站点分级分类，差异化引导站点区域综合开发，形成"枢纽站-中心站-组团站（产业组团站、生活组团站）"的站点体系，确定两个枢纽站（嘉兴南站、嘉善站），突出嘉兴南站的创新共享、站城一体，打造长三角核心区高能级综合枢纽，突出嘉善站作为与老城联动发展的引擎，打造活力商务与旅游服务中心。科技城站、西塘站作为两个中心站。其中，科技城突出科技创新、研发创新，是承接长三角科创功能的未来城区。西塘突出科创、文旅，打造创新展示窗口和品质服务湖岛。八个组团站，包含四个产业组团站（湘家荡南站、归谷站、中新产业园站、祥符荡站）和四个生活组团站（曹庄站、七星站、枫南站、姚庄站）。

（四）强化设施共建

结合站点功能与产业方向，解析产业人群、商务人群、初创人群、科创人群、居住人群、本地人群、度假人群等7大人群画像特征，定制化配置适合不同人群特征的公服设施及站点定位，精准匹配多样化的生活圈。其中，综合型社区生活圈集聚大型综合服务设施，产业型社区生活圈补充全时活力的公共服务设施,生活型社区生活圈以15分钟生活圈为原则布局全龄友好的服务设施。匹配客流规模,结合交通预测模型及承载能力评估,针对站点与公共交通等多种类型有效接驳,精准化配置承载人口容量的交通等基础设施,加强城际轨道交通向腹地的延伸通道。

(五) 强化开发共谋

充分发挥轨道交通对城市未来发展的带动作用,构建新时代以公共交通为导向的开发发展格局。推动轨道交通可持续高质量发展,打造功能综合化、开发立体化、出行便捷化的以公共交通为导向的城市活力节点。强化规划用地结构和土地利用优化,以站点为核心,突出用地功能的复合性和与片区发展相匹配的开发强度,加强整体空间设计引导,特别是结合不同区域要求,实现景观协同、特色鲜明、错落有致的风貌特色,充分吸收属地开发意愿和近期项目落地需求,策划谋划一批带动站点周边发展的项目及业态。鼓励轨道交通站点周边适当高强度开发和功能复合,确定核心区300米范围、300—800米区间,以及800—1 500米区间的开发强度引导。

(六) 强化客流共引

嘉兴铁路客流由嘉兴市内部城乡客流及嘉兴至金山、嘉兴至示范区方向客流组成。嘉兴将按照客流方向、站点区位、腹地服务规模进行客流比例分配,合理预测市域铁路线各站点的初、近、远期的客流规模,结合组团起终点客流方向,提出内部组团客流占比,实现客流之间的城际交换。

(七) 强化运营共创

按照各自站点定位、规模等级、客流预测,以及现状发展基础等,着眼于片区发展战略和举措,统筹考虑整条轨道线的建设运营和沿线地区的城区开发运营,从轨道建设激发沿线地区战略价值跃升、沿线地区综合开发支撑轨道运营等角度,对整条线路和沿线地区的战略定位、发展路径、产业导入、人才导入、城区开发和城轨一体化运营进行全面引导。

B14　打破行政壁垒　打造"无界园区"
——来自苏州工业园区的实践探索

胡海波　杨　志　王子强　顾志远

（江苏省规划设计集团）

摘　要： 在区域一体化发展和苏州市内全域一体化战略引领下，苏州工业园区积极探索协同创新的跨界合作模式，深入推进阳澄南岸创新城、吴淞湾未来城、界浦河高端制造带等一系列跨界协同载体建设，深化推进苏相、苏虞、苏通等一批跨区共建园区，通过更广阔的空间协同和发展联动破解空间资源要素的瓶颈制约，建立经济区和行政区适度分离、投入共担收益共享的机制，打破行政壁垒，促进各发展主体协同发展，以发展空间重构，推动创新资源重组，打造"无界园区"，推广复制"园区经验"，提升苏州工业园区辐射更广阔区域的服务能级。

关键词： 苏州工业园区；跨界协同；一体化

苏州工业园区作为中国和新加坡两国政府间的重要合作项目，于1994年2月经国务院批准设立。中新两国政府成立联合协调理事会协同推进园区开发建设，全方位引入以新加坡为主的先进国家成功发展经验，并与中国国情、苏州地方特色紧密结合，坚持新型工业化、经济国际化、城市现代化互动并进的发展路径，经过近30年的努力，初步建立了与国际接轨的管理体制和运行机制，经济社会发展取得令人瞩目的成就，开创了中外互利合作的新模式，被誉为"中国改革开放的重要窗口"和"国际合作的成功范例"。

一、从"引进来"到"走出去"的战略选择

随着苏州工业园区的蓬勃发展,自2006年起,"园区经验"开始走出苏州,苏宿工业园区、苏通科技产业园、苏滁现代产业园、中新嘉善现代产业园等一个个以园区为模板的合作园区先后投入建设,"飞地经济"不断开花结果。

(一)呼应国家发展战略

所谓"飞地经济"是指在行政上互不隶属的两个及以上地区,打破行政区划界限,以各类开发区为主要载体,在平等协商、自愿合作的基础上,以生产要素的互补和高效利用为直接目的,在特定区域合作建设开发各种产业园区,通过规划、建设、管理和利益分配等合作和协调机制,实现互利共赢的区域经济发展模式。2015年12月,国家发改委发布《关于进一步加强区域合作工作的指导意见》,提出支持有条件地区发展"飞地经济"。2021年3月,国家"十四五"规划纲要提出鼓励探索共建园区、飞地经济等利益共享模式。苏州工业园区正是在这样的国家战略背景下,推动跨地域的合作开发,促进生产要素跨区域流动和地区间资源互补与协调发展,为构建"双循环"新发展格局探索路径。

(二)破解空间资源瓶颈

苏州工业园区行政辖区面积278平方千米,历经近30年的开发建设,已基本按照规划建成,新增建设用地资源瓶颈突出,依赖增量空间要素投入谋求经济增长的传统路径已无法持续,必须转变发展思路,谋划高质量发展路径,破解制造业所需的土地、人力等资源约束。苏州工业园区在资金、技术、人才、项目、管理运营等方面积累了丰富的比较优势,需要寻求在土地、人力资源和市场等方面具有优势的"飞地",跨越行政管辖边界进行合作,通过规划、建设、管理和利益分配等协调机制,实现互利共赢。

(三) 放大园区带动效应

苏州工业园区作为全国开放程度最高、发展质效最好、创新活力最强、营商环境最优的区域之一,在国家级经济技术开发区综合考评中实现七连冠,跻身科技部建设"世界一流高科技园区"行列。为了推动区域一体化发展格局的加速形成,需要苏州工业园区在更宽广的范围发挥辐射带动作用。

二、区域协调发展背景下的"飞地"合作模式

纵观苏州工业园区多年来在"飞地经济"方面的探索,大体可归纳为政府援建、企业主导、综合协作三种模式。

(一) 政府援建模式

为响应国家对口支援、东西协作、南北共建等工作要求,苏州工业园区先后与江苏宿迁、新疆霍尔果斯、宁夏银川等地开展了共建园区的合作。以苏宿工业园区为例,这是江苏省内第一家获批的省级共建园区和高质量发展创新试点园区,也是全省唯一一家创建成为省级开发区的南北共建园区。在历年江苏省共建园区考核中,苏宿工业园区始终保持第一,成为江苏省乃至全国推动协调发展、实现共同富裕的先行示范区和典型案例。

1. 管理体制方面

苏宿工业园区借鉴中国和新加坡合作建设苏州工业园区的成功经验,运作以苏州为主,依托苏州工业园区进行开发建设。其管理机构包括三个层级:一是联合协调理事会。作为高层协调机构,联合协调理事会前期由两市市长共同担任联合主席,2019年10月起升格为由两市市委书记共同担任联合主席、两市市长共同担任联合常务副主席。联合协调理事会对苏宿工业园区发展的重大问题和重要工作进行决策。二是双边工作委员会。双边工作委员会由两市分管副市长牵头,苏州工业园区党工委、管委会主要领导和两市开发建设有关部门主要负责人参加,协调处理开发建设中的重要问题,对联合协调理事会负责。三是苏宿工业园区党工委、管委会。作为宿迁市委、市政府的派出机构,苏宿工业园区党工委代表宿迁市委、市政府行

使苏宿工业园区内党的领导、经济管理及其他相应的行政管理权限。

2. 建设运营方面

苏宿工业园区实行"封闭运作、充分授权"的管理模式。2007年5月，宿迁市人民政府印发文件，授权园区管委会行使发改、国土、规划、建设等12个部门的相应管理权限。2019年机构改革以后，宿迁市人民政府重新授权园区管委会行使发改、资规、建设等16个部门的市本级权限，为园区的高质量发展赋予机制动能。顺畅高效的体制机制是园区快速发展的重要支撑和保障，也是营造园区良好发展环境的关键所在。

(二) 企业主导模式

苏州工业园区发展过程中，培育了一批产业园区开发建设和运营的市场主体，成为对外辐射、投资合作的重要载体，如中新苏州工业园区开发集团股份有限公司(简称"中新集团")。中新集团由中国、新加坡两国政府于1994年8月合作设立，作为园区开发主体和中新合作载体，为苏州工业园区开发建设作出了重大贡献。2019年，中新集团在上海证券交易所挂牌上市。中新集团不断借鉴创新、复制推广中新合作的成功经验，聚集园区开发运营的核心资源要素，强化高水平产城融合的战略平台建设，持续夯实园区开发运营领军企业地位。目前中新集团在长三角地区已经投资合作了南通苏锡通科技产业园区、中新苏滁高新技术产业开发区、中新嘉善现代产业园等园区。

表14-1　　　　　　　中新集团投资园区及比重一览表

序号	园区名称	开发主体及比重
1	南通苏锡通科技产业园区	中新集团51% 南通开控39% 江苏农垦10%
2	中新苏滁高新技术产业开发区	中新集团56% 滁州城投44%
3	中新嘉善现代产业园	中新集团51% 嘉善国投49%

1. 管理体制方面

中新嘉善现代产业园是长三角一体化上升为国家战略后首个跨区域合作的重大平台,由中新集团和嘉善县人民政府合作共建,实行"双主体"运营管理机制。中新嘉善现代产业园党工委和管委会作为管理主体,全面负责园区行政管理工作。

2. 建设运营方面

中新嘉善现代产业园开发公司作为开发主体,由中新集团和嘉善国投共同出资组建,以中新集团为主具体运作,提供规划咨询、产业招商、软件转移、运营管理等服务。中新集团和嘉善县政府之间是对等关系,有别于以往产业集聚区政府主导再下设开发公司的从属关系,形成了市场主导、政府支持、优势互补、运转高效的开发运行机制。

(三) 综合协作模式

2020年,苏州市委、市政府从进一步优化资源要素配置、发挥工业园区和相城区两区比较优势、推进市域统筹发展出发,决定在体制机制层面进一步深化苏相合作,制定相关政策性文件及工作方案,正式揭牌"苏州工业园区苏相合作区"。通过打破传统行政边界,苏州工业园区苏相合作区(以下简称"苏相合作区")探索行政区与经济区适度分离的开放运营模式,既借鉴园区先进经验、承接园区优势资源,又背靠相城区赢得的多重战略机遇叠加优势,致力于打造成为苏州市域一体化协调发展的标杆,建设高端制造业集聚区。

1. 管理体制方面

苏相合作区以"苏州工业园区全面主导、相城区全面推进"为实施路径,经济社会发展总体纳入苏州工业园区管理体系,民生事务保障总体纳入相城区管理体系。苏相合作区党工委、管委会作为苏州工业园区派出机构,全面负责党的建设和经济社会发展各项任务,并受委托管理相城区漕湖街道。苏州工业园区已赋权苏相合作区第一批76项经济管理事项,下放规划建设、经济发展、行政审批等条线多项业务审批职能。

2. 建设运营方面

由苏州工业园区大型综合国企——新建元控股集团主导,并联合苏州城投集团、相城城投集团共同出资设立苏相合作区开发有限公司,作为开发建设主体,全面承担苏相合作区基础设施建设、公建配套开发及资产运营。

三、市域一体化背景下的跨界协同演进

改革开放以来,苏州各板块竞相发展,形成了"组团集聚型"大都市区的城市形态,各板块综合实力显著增强、有机联系日益紧密,但同质竞争、重复建设、系统性不强等问题也必须正视。为此,苏州通过强化全市域统筹,以产业空间重构带动创新资源重组、实现城市品质重塑,从而达到既充分调动各板块积极性,又增强整体合力的目的。具有产业创新集群优势的苏州工业园区,在苏州市域一体化发展的背景下,将进一步在区域空间协同中发挥中心辐射引领作用,通过与邻近地区在城市核心功能和生态交通等支撑体系的全面协同和衔接,双向赋能,带动区域发展能级的再次提升。

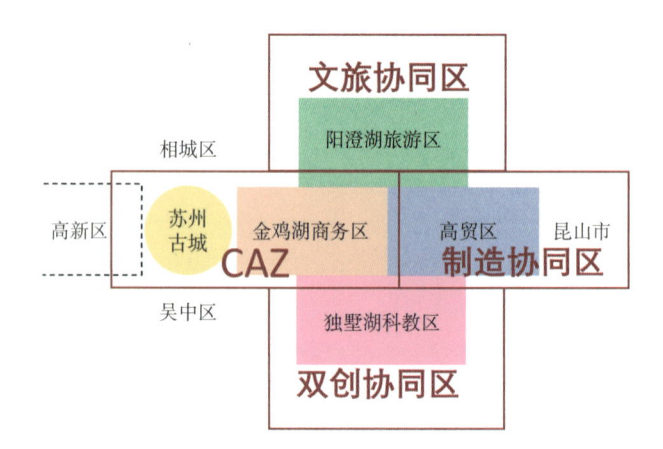

图 14-1　苏州工业园区邻界空间缝合示意

(一)邻界空间缝合策略

1. 向西缝合古城,建设苏州中央活力区

围绕传统、现代两个中心的缝合,金鸡湖商务区与姑苏区共同组成苏州中央活力区,依托城市轨道网络联动古城文化与商业中心、金鸡湖 CBD、城铁站商务区等高等级城市商业商务功能区,形成具备区域辐射能级的高端综合服务中心。在与姑苏区东侧邻界地区,探索协调机制,有序启动城市更

新,加快临界地区的缝合与织补。发挥姑苏区文化区位优势和园区经济区位优势,探索两区平台共建、资源共享,实现互动、互补、互融发展。

2. 向南创新联动,建设创新创业功能协同区

联动吴中区建设创新创业功能协同区,助力吴淞江科创带建设,重点突出苏州东站的带动作用,打造吴淞湾未来城,依托月亮湾、桑田岛等重要功能节点,统筹科教创新区、甪端新区、胜浦以及金光产业园,打造"市域一体深度融合的创新联动区、世界一流高科技园区的科学策源区、产城协调发展的未来样板区"。积极推动产业、创新、公共服务与基础设施供给等多维度的联动与融合。加强协同区内的产城融合,以智能化、国际化的配套服务提升区域整体活力。

聚焦服务能级更高、科创策源能力更强、区域合作更紧密等目标,依托苏州东站片区提升公共服务设施能级,面向创新人才的特色化需求,打造集站房、商业、酒店、办公研发、住宅于一体的综合服务中心。依托桑田科学岛提升科创策源能力,围绕桑田科学岛推进"一区两中心"(国家生物药技术创新中心、国家第三代半导体技术创新中心、国家新一代人工智能创新发展试验区)建设,对标世界级一流科创岛,打造面向未来的科学家小镇。依托科教创新区(东区)加强区域合作,积极推动片区成片开发建设,打造具有区域影响力的智慧型、复合式、生态化高端智造园区。

3. 向东集聚提升,打造先进制造业协同发展区

统筹高贸区与昆山西部的制造业空间管理,打造"界浦河高端制造带"。联动昆山合力打造自贸区门户,建设虹桥国际开放枢纽的专业、专精服务先进制造的国际贸易协同发展区。促进产业链、创新链在协同区内实现链接与延伸,共同强化苏州先进制造业的根植性。

为昆山高新区和苏州工业园区高贸区企业生产提供高质量的云端服务和配套服务,以产业、交通、服务缝合界浦河两岸区域,为双城融合、协同发展提供多维度支撑。打破行政界线,一盘棋谋划,以界浦河为界,优化管理范围,协同开展界浦河两岸环境整治和空间协调。

4. 向北整合湖区,整体打造阳澄湖品牌

加强统筹协调,促进环阳澄湖板块一体化联动发展,加强环湖的系统谋

划、统一规划,以发展空间重构,推动创新资源重组,实现城市品质重塑。由全市统筹建立"阳澄湖协同发展机制",整合环湖三个旅游度假区为一个有机整体,共同打造阳澄湖品牌,进一步提升国家级旅游度假区能级和影响力。加快阳澄南岸创新城建设,以"产业升级"为新契机、以"现代服务"为新动能、以"数字科技"为新赛道,打造环阳澄湖一体发展引领区、长三角总部经济协作联动区、园区产城更新升级样板区。

(二) 邻界空间治理升级

以加强苏州工业园区和吴中区的跨界协同为例,苏州市出台了《关于推进苏州市独墅湖开放创新协同发展示范区建设的若干意见》,在原来独墅湖科教创新区的基础上加上甪直、郭巷,设立苏州市独墅湖开放创新协同发展示范区(以下简称"苏州独墅湖示范区"),由苏州工业园区和吴中区两区属地管理、协同推进为主体架构。

1. 管理模式方面

参照苏州工业园区行政区划内板块,苏州独墅湖示范区整体纳入苏州工业园区管理体系,由苏州工业园区管委会全面行使经济、社会管理职责。民生事务保障类事项,在动迁完成后,也一并委托苏州工业园区管委会实施管理。

2. 规划建设方面

授权苏州工业园区编制苏州独墅湖示范区范围内的控制性详细规划、修建性详细规划和各类专项规划,并将苏州独墅湖示范区内土地供应、规划建设审批、不动产登记和各类市政设施建设等事务的审批管理权纳入苏州工业园区管理,审批流程按苏州工业园区现有规定执行。

3. 产业协同方面

紧密对接苏州工业园区科创资源、产业资源和服务资源,加强与各类产业载体合作,强化苏州独墅湖示范区与苏州工业园区联动发展,探索"总部+基地""研发+制造""孵化+产业化"等产业协同模式,辐射带动吴中区提升产业能级,建立苏州独墅湖示范区与吴中区其他园区的交流机制,做好产业发展规划衔接。

四、总结与展望

"飞地经济"是实现区域协调发展的有效模式,对促进均衡发展、实现共同富裕意义重大,同时也是苏州工业园区拓展发展空间、形成综合比较优势的现实选择,能通过更广阔的空间联动突破瓶颈制约,形成更突出的新发展优势。

随着《上海大都市圈空间协同规划》的推进实施,跨界协同机制的建立尤为重要,应针对不同合作领域、不同空间层次探索多主体、常态化的协同机制,促进区域一体化高质量发展。

参考文献

[1] 胡航军,张京祥.创新型反向飞地——飞地经济模式的跨梯度创新发展[J].城市规划,2022,46(09):30-39.

[2] 刘巍巍.资源"破壁"苏州"市内飞地"展翅翱翔[N].经济参考报,2022-04-06(008).

[3] 孙漩.苏州工业园承接产业转移的推进路径及经验启示[J].商场现代化,2017(04):144-145.

[4] 徐蕴清,窦西其,陈雪.国际知识转移视角下的跨区域飞地合作——苏州工业园区从飞入到飞出的知识转移和迭代[J].城市发展研究,2022,29(12):62-71.

[5] 杨玲丽."制度创新"突破产业转移的"嵌入性"约束——苏州、宿迁两市合作共建产业园区的经验借鉴[J].现代经济探讨,2015(05):59-63.

B15　城市滨水地区多层次协同规划探索
——以苏州大运河文化带为例

曹子威　张　昊　李忻泽

（苏州规划设计研究院股份有限公司）

摘　要：城市滨水地区的高质量发展一直是区域一体化战略实施与城市转型发展的重点与难点。本文以苏州大运河文化带为例，在综合分析大运河苏州段空间特征及与城市多元功能关系的基础上，尝试通过构建三个层次的协同规划体系，包括宏观层面的全域统筹战略谋划、中观层面的重点河段详细规划和微观层面的重要节点行动计划，系统探索城市滨水地区空间规划编制的思路与方法。

关键词：城市滨水地区；多层次协同规划；苏州大运河文化带

一、研究背景

伴随生态文明建设的深化实施与区域一体化战略的加快推进，各级政府对滨水地区的发展日益重视。相较于常规的空间规划，滨水地区的规划编制难度更大，既需要全盘考虑常规空间规划中的各类问题，更需要协调水域与陆域、岸线与腹地、上游与下游等多方面内容。从规划的实施层面来看，滨水地区的规划普遍牵涉多个行政区板块，有必要从较大的空间尺度来进行整体统筹与多方协调，这也往往会导致规划的宏观性较强而实施性偏弱。将偏宏观的规划期望精准传导至实施层面，协调各个行政主体形成发展合力，强化规划的落地性，亦是难点所在。本文以苏州大运河文化带为例，尝试通过构建多层次协同规划的方式，探索城市滨水地区空间规划的编制方法。

二、大运河苏州段的基本特征与规划认识

(一) 基本特征

大运河苏州段始于苏州与无锡交界的五七桥,南至江苏与浙江交界的油车墩,全长约178千米,包括96千米的京杭大运河主河段以及合计82千米的古运河段。大运河苏州段纵贯整个苏州中心城区,沿线自北往南穿越了相城区、高新区、姑苏区、吴中区和吴江区等五个板块。在时间维度上,大运河苏州段历史悠久,最早源于春秋时期伍子胥主持建筑阖闾城,相伴苏州城已有2500多年的历史,在漫长的治水营城过程中,与苏州城的关系不断演化、发展,孕育了大跨度的城水共生史。在空间维度上,大运河在苏州不是远离城市独自流去,也不是匆匆穿城而过,而是绕城缓行,使得城市与河道接触面最大化,运河通过护城河及水门与苏州古城水系融为一体,城市若在运河怀抱之中。其所带来的发达水系交通,为苏州古城与市镇的经济繁荣、商贾云集、人文荟萃奠定了坚实基础。

规划建立了全局分析的视野,从生态、交通、经济和人文等方面,剖析大运河与苏州城市的多维度功能关系。

1. 生态关系

对于国家来说,大运河南北横跨浙江、江苏、山东、河北四省及天津、北京两直辖市,连接钱塘江、长江、淮河、黄河和海河五大水系,是国家重要的"生态调节线",承载着保障南水北调东线工程水质安全的战略使命。对于苏州来说,大运河联通太湖、城市四角山水生态绿楔与江南水乡带,与苏州本土山水生态资源紧密交织并融为一体,成为一条纵贯城市南北、穿越城乡全域的骨干生态廊道。当前,大运河对于城市的生态功能价值日益突出,在多个规划里都提出了依托大运河打造生态廊道的要求。

2. 交通关系

大运河苏州段所处的长江三角洲太湖下游地区地势平坦、河荡密布,保证了运河航道终年运输通畅。大运河与天然的江河湖海构成了一个以大运河为骨干、腹地极为深广、四通八达、多层次的水运交通网络,对外沟通了长江、太湖和钱塘江三大河湖水系,又通过吴淞江、太浦河,联通上海并直达海

外;对内将太湖流域星罗棋布的湖泊河荡和纵横交错的水乡河网、古城古镇水系连成一片,构成发达的内河水网系统。虽然晚清以后伴随现代化运输方式的兴起,运河漕运逐渐衰落,但进入工业化时代后,对于资源、市场两头在外,能源及原材料输入量大,交通运输负担沉重的江浙地区来说,大运河航运在能源、建材等附加值较低的重货运输方面依然具有不可替代的比较优势。大运河苏州段是目前中国大运河通航条件最好、货流强度最大的三级绿色航运示范段。每天通过的船只 6 000 艘以上,年断面货流密度约 1.3 亿吨。

3. 经济关系

大运河促进了经济文化的发展,孕育了特有的运河文明。一方面,大运河促进了苏州商贸快速发展。苏州成为南来北往人员、物流的重要集散地和中枢地,苏州古城逐步发展成为江南经济中心。另一方面,大运河促进了沿线一批古镇的繁荣,大运河带动沿线城镇商品经济的发展和兴盛,推动城镇规模扩张,城镇职能转变,形成专业化的城镇区域职能分工。近代以来,苏州大运河通江达海的便利交通条件促进近代工业沿运河得以迅速地发展,加快推动了苏州工业化的进程。当前,大运河又成为培育文创、科创、游憩等新兴功能的重要景观媒介。

4. 人文关系

京杭大运河是世界文化遗产。大运河苏州段串联起苏州古城和沿线众多各具魅力的古镇、古村,构成了苏州城镇村对外联系的纽带,促进人口向苏州城镇集聚,促进南北多元文化交融,也是苏州文化对外输出的窗口,形成极具地域特征的"吴文化"。在城河千年相伴相生的过程中,孕育了众多的历史资源,留下了丰富的文化遗产。其中,尤以大量聚落型文化遗产,包括古城、古镇、古村和历史街区等,最具有代表性,集中反映了苏州独特的"河、城、古镇"一体的运河城市风貌。苏州是大运河沿线 30 个城市中,唯一以"古城概念"申遗的城市。

(二) 规划认识

大运河苏州段历史悠久,城河关系广泛而密切。当代的大运河沿线是苏州承载城市生产、生活、生态功能的重要空间。但从目前的开发情况来看，大运河苏州段的滨水空间开发利用仍较为粗放。一方面运河沿线分布有大量低效的工业与物流用地，岸线占用较为普遍，另一方面，运河沿线空间环境品质不佳，高度、形象风貌等缺乏协调，公共空间贯通性差。总体来看，苏州大运河的滨河岸线消极利用，滨河空间缺乏活力，未充分发挥对城市公共空间塑造与人居生活品质提升的支撑作用。

规划需要在充分认识大运河多元特征的基础上，协调上下游、左右岸的多方空间主体与各类空间要素，综合考虑生产、生活、生态、文化、交通等各类空间诉求，在具有唯一性的滨河空间里进行系统谋划与合理安排，因此需要兼顾整体协调性与实施可操作性。这一特点决定了大运河苏州段的空间规划具有多尺度的内容复杂性。通过梳理以往规划可以发现，大运河苏州段相关规划众多，但是多为局部性的理想化城市设计或单一条线的专项规划，缺少整体性的认知与把控，并且实施效果也较差。

三、多层次协同规划探索

以大运河苏州段为例，针对城市滨水地区的复杂特性，构建基于宏观、中观和微观三个层次的协同规划体系。通过不同层次、不同深度的规划手段来协调解决不同层面的空间问题，重点强化多个层次规划之间的目标一致与内容传导，从而打通从整体到局部、从规划到实施的全路径。

（一）宏观尺度——全域统筹导向下的战略谋划

在该层级的规划中，对苏州178千米的大运河沿线空间进行全域谋划。在充分认识苏州大运河特征的基础上，落实国家大运河文化带建设的总体要求，提炼苏州大运河在国家大运河文化体系中的独特价值，突出苏州大运河城河共生的空间特色与生产、生活、生态融合的多元功能，明确总体发展目标与全域空间格局，并强化多个系统的协同支撑。进一步地，基于各个河段的特色，分段提出规划目标与场景方案，并对下一层次的规划提出引导性要求。

1. 明确总体发展目标

落实习近平总书记提出的"要把大运河文化遗产保护同生态环境保护提升、沿线名城名镇保护修复、文化旅游融合发展、运河航运转型提升统一起来"的指示精神,彰显苏州"'河、城、古镇'一体的运河城市风貌,与运河相伴相生"的地域特色,规划提出将苏州大运河打造为"最精美生态长廊、最精致文化长廊、最精心旅游长廊、最精彩创新长廊"的总体目标。在梳理整合沿线空间资源的基础上,通过"串珠成链"的方式,强化节点联动与成片打造,构建"一核、十八片、六段、百点"的苏州大运河文化带总体结构。

2. 优化功能体系布局

从生态、文化与创新三大功能出发,优化苏州大运河整体功能布局。

在生态功能方面,整体保护大运河沿线生态资源,以大运河为骨架,连接太湖生态绿心、四角山水生态绿楔、江南水乡带生态湿地,形成点、线、面的有机结合的苏州大运河蓝绿生态网络格局。

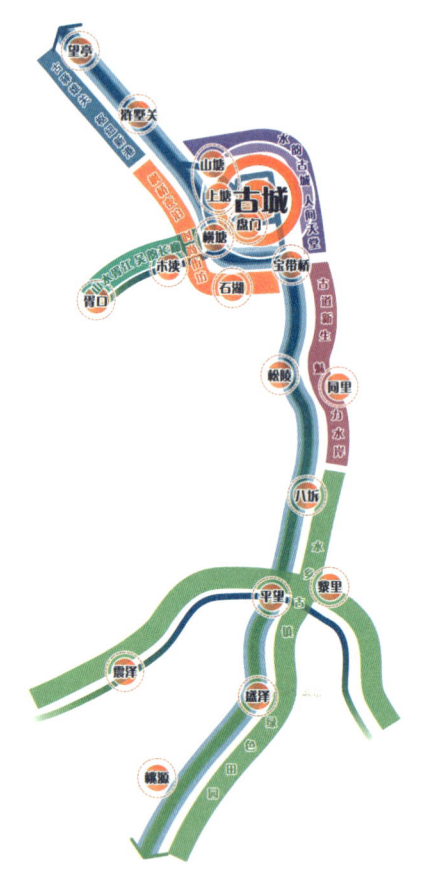

图 15-1 大运河苏州段总体结构

按照大运河主河道及不同支流的等级,明确生态空间的管控要求,加强沿河重要生态斑块的保护。按照老城区、新城区、产业区和郊野区的分类,分段明确大运河滨河景观带建设的要求,强调各区采用因地制宜的建设方式,重点实现主城区滨河生态空间全线贯通。

在文化功能方面,梳理挖掘沿线历史文化资源,形成分级分类保护利用体系,加强对世界文化遗产、文物保护单位、城镇村历史聚落的整体性保护。在此基础上,构建"一体两翼、多点支撑"的大运河文化旅游总体格局,将"澹台湖-宝带桥"片区打造为集中展示苏州大运河文化的核心片区,联动古城及周边旅游资源,打造大旅游片区;北翼依托浒墅关-望亭镇,打造苏州大运河西北翼的文旅服务中心,联动虎丘、山塘、枫桥、寒山寺等,形成以运河门户为主题的大运河旅游片区;南翼依托平望镇,打造为苏州大运河南翼的文旅服务中心，串联周边古镇，形成以江南水乡为主题的大运河旅游片区。

在创新功能方面，强化滨水特色环境对创新功能的引育，依托主城区内的古运河沿线和中环内的新运河沿线，分别打造魅力文创水轴与活力科创水轴，促进各类创新要素向滨河地带集聚。引导运河沿线传统生产加工和仓储物流功能向外围区域疏解，加快运河沿线乡镇老旧工业区改造。协调制造业空间布局，推动运河沿线货运码头整合，发展公共作业区，建设国内多式联运示范港口。明确运河沿线土地用途管制的要求，对中心城区内严控大工业、大物流，要求产业载体以科研办公与文化创意为主，引导建设高品质的产业楼宇，促进大运河沿线风貌重塑；郊区适当布局工业用地和物流仓储用地，打造现代制造业集聚区。

3. 加强岸线管控与系统支撑

根据上位规划、现状土地利用与规划优化方向将大运河岸线分为文化岸线、生活岸线、生产岸线、科创岸线和生态岸线五大类，从使用功能、滨水界面、开发强度等方面，提出差异化的引导要求，并从交通提升、人居改善、形态塑造与设施改造等方面，统筹明确大运河苏州段沿线重要支撑系统的相应布局要求。

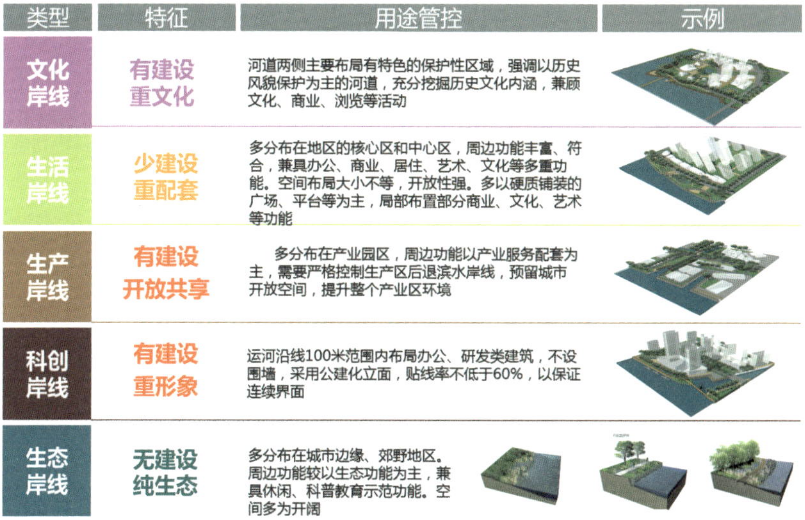

类型	特征	用途管控	示例
文化岸线	有建设 重文化	河道两侧主要布局有特色的保护性区域，强调以历史风貌保护为主的河道，充分挖掘历史文化内涵，兼顾文化、商业、浏览等活动	
生活岸线	少建设 重配套	多分布在地区的核心区和中心区，周边功能丰富，符合，兼具办公、商业、居住、艺术、文化等多重功能。空间布局大小不等，开放性强。多以硬质铺装的广场、平台等为主，局部布置部分商业、文化、艺术等功能	
生产岸线	有建设 开放共享	多分布在产业园区，周边功能以产业服务配套为主，需要严格控制生产区后退滨水岸线，预留城市开放空间，提升整个产业区环境	
科创岸线	有建设 重形象	运河沿线100米范围内布局办公、研发类建筑，不设围墙，采用公建化立面，贴线率不低于60%，以保证连续界面	
生态岸线	无建设 纯生态	多分布在城市边缘、郊野地带。周边功能较以生态功能为主，兼具休闲、科普教育示范功能。空间多为开阔	

图15-2　大运河苏州段岸线分类管控引导

4. 分段引导与规划传导

根据苏州大运河沿线各区域的功能特色与资源分布特征,打破行政区边界进行分段统筹,实现空间重组与资源重构。基于运河历史文化传承及空间布局协调优化的导向,规划形成六个各具特色的运河分段,明确各段总体功能定位,并从文化保护、场景展示、布局优化等方面,对详细规划提出传导要求。

以大运河觅渡桥-八坼大桥段为例。该段运河联系古运河与新运河,跨越姑苏区、吴中区和吴江区三区,虽然沿线分布有宝带桥、古纤道等重要的运河历史文化遗产资源,但在过去一直是各板块背对背发展的边缘消极空间,各板块对运河沿线空间的开发各自为政,现状岸线多被存量工业用地占用,公共空间严重缺失,运河两岸风貌不佳,文化感知较为薄弱。针对这些问题,规划提出打破三区边界,对该段运河进行整体性规划,重点以城市更新推动滨水地区功能升级,塑造科技、人文与生态相融合的大都市滨水创新区。通过分片区的布局优化引导,培育数字科创、休闲文创、智能制造和宜居生活四大功能,打造跨区融合的活力创新水岸。

(二)中观尺度——跨区协同导向下的详细规划

该层次在落实宏观层面规划要求的基础上,强化对特定河段的跨区统筹与分要素协同布局,形成对于运河沿线滨河空间开发建设具有直接指导意义的空间方案。以大运河觅渡桥-瓜泾口段详细规划为例,根据大运河苏州段整体统筹发展要求,该段运河定位为苏州运河文化展示核心与创新经济走廊。为实现这一目标,需协调姑苏、吴中与吴江三个相关板块,依托觅渡桥至瓜泾口段运河沿线优良的产业基底、优越的生态条件、特色的历史文化资源,在城市更新的需求下,开展详细规划研究。

1. 精准定位与功能策划

依据上位规划,结合现状研究,充分挖掘历史文化价值强化与功能特色,细化明确三大总体定位,包括展现城市创新活力的经济水脉、感知姑苏水城意蕴的生态长廊、唤起历史记忆共鸣的文化看台,同时确定该段运河三大主导功能,包括科创交往、智创研发、文创休闲。

2. 布局优化与更新引导

对照总体功能定位，通过创新产业赋能、生态城河共栖、人文价值体现与交通体系支撑等四大布局策略，总体形成北承苏州古城历史文脉，南接吴淞江科创带战略空间，产城融合、产研交互、产景交融的大运河创新创业示范水岸。在产业方面，围绕大运河构建科创产业发展走廊，梯度打造多个创新载体空间，共同形成运河沿线特色产业片区，涵盖科创交往、智创研发和文创休闲三大主题产业功能。在生态方面，围绕滨水岸线构建景观绿廊，形成多个特色景观节点，强化公共休憩功能，构建"多点引领、串珠成链"的公共空间体系，以点串线、以线带面促进滨江空间品质提升。在文化方面，基于现有文化遗存，构建文化载体空间，进行文化纪念、展示和活化利用，形成运河沿线独具场所感的空间体验。在交通方面，重点优化交通组织，加强轨道交通链接与贯通运河步行道，营造水岸慢行环线。进一步地，系统梳理运河沿线地块使用情况，综合研判明确地块"留改拆"更新引导方案，形成用地布局详细方案。

图15-3 大运河（觅渡桥-瓜泾口段）慢行系统规划

3. 形象塑造与亮点打造

统筹考虑大运河觅渡桥至瓜泾口段整体空间效果，综合运河沿线空间、界面高度视廊、节点天际线多维意向要素,从融汇历史文化和面向未来发展两个维度出发,对滨水岸线空间进行重点场景识别和分段景观引导,形成跨区协调的运河景观风貌。针对三处重点区域,打造系列亮点空间:一是围绕大运河与苏申外港交汇处布局滨水科创和苏港创智核心,打造展现富有韵律、大气舒朗的门户形象;二是围绕澹台湖周边区域,结合工业遗存更新活化,构建澹台湖文创街区和热电厂创意港,打造运河沿岸创新复合空间;三是围绕尹山湖立交区域打造旗舰科创门户和2.5产业园,构建多元科创聚落,塑造城市窗口形象。

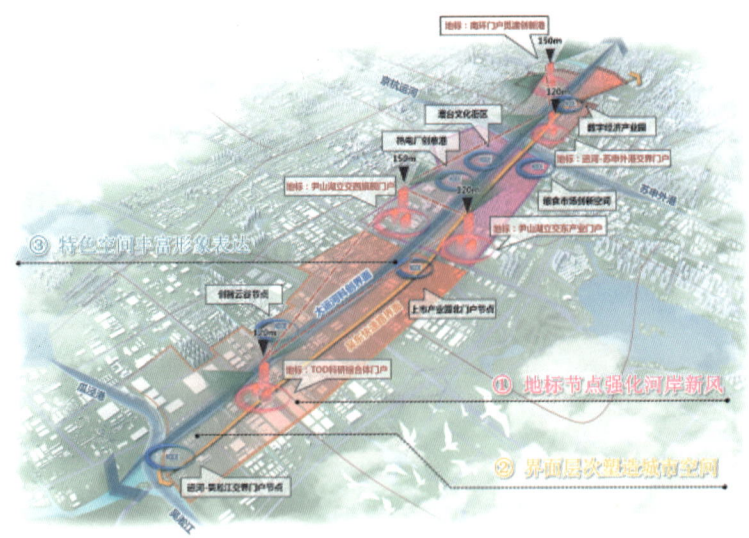

图15-4 大运河(觅渡桥-瓜泾口段)空间风貌引导

(三) 微观尺度——多方协作导向下的行动计划

该层次聚焦重要节点,是规划实施落地的关键所在。以大运河觅渡桥-宝带桥段建设行动规划为例,该段运河长度三千米,是大运河觅渡桥-瓜泾口段详细规划中确定的先行启动示范节点。规划通过分析地块产权主体的更新诉求,结合各类项目实施轻重缓急,统筹安排建设时序,将宏观及中观层次的规划意图方案,转化成项目化的具体行动方案。

1. 细化地块研究,制定一地一策方案

根据该段大运河的详细规划方案,对每个涉及地块进行产权排摸,并与涉及企业逐一沟通,结合规划方案、产权归属及企业诉求等情况,划分更新单元合理安排不同的整治提升计划。区分企业自主更新或政府主导开发两种差异方式,明确各更新单元的更新实施路径。深化各更新单元的更新方案研究,逐个地块明确使用功能、开发强度、高度控制、滨河绿化退线宽度等具体要求。

图 15-5 大运河(觅渡桥-瓜泾口段)某地块开发引导示意

2. 形成年度实施计划

为推进拆迁整治和土地收储,积极推动企业自主更新为科创载体导入提供保障,同时全力打造大运河景观带建设,明确地块拆迁、项目建设与产业招商的年度实施计划。拆迁方面,根据各单元的更新实施难度与迫切性,排定年度拆迁计划。建设方面,以项目化开展地块城市更新工作;统筹开展宝带桥-澹台湖国家文化公园建设提升、运河东岸景观提升等景观设计与建设工作；结合详细规划方案启动开展交通路网评估及优化工作，同步深化道路工程设计方案，为近期更新项目的实施做好前期准备。招商方面，完成产业策划，明确发展定位，同步开展运河沿线产业地块的招商工作，并对自主更新的产业载体提出监管要求。

四、结论

城市滨水地区是推动区域协同发展与城市高质量发展的重要战略性空间。本文以苏州大运河文化带为例，通过构建宏观、中观和微观三个层次的协同规划体系，探索城市滨水地区的规划编制方法。因滨水地区具有高度的空间复杂性和矛盾性，在规划实施过程中，需要进一步加强多方协调，探索建立以空间规划为龙头、多方协同参与的机制。

参考文献

［1］王国平，等.苏州运河史［M］.苏州：古吴轩出版社，2021.

［2］吴晓，王承慧，王艳红.大运河遗产保护规划（市一级）的总体思路探析［J］.城市规划，2010，34(09)：49-56.

［3］吴晓，王凌瑾，强欢欢，宁昱西.大运河（江苏段）古镇的历史演化综论——以江苏历史文化名镇为例［J］.城市规划，2019，43(4)：93-106.

［4］中共中央办公厅，国务院办公厅.大运河文化保护传承利用规划纲要［EB/OL］. https://www.gov.cn/xinwen/2019-05/09/content_5390046.htm.

Ⅵ 上海大都市圈市域一体化协同篇

B16　常州东部地区空间协同发展规划研究

屠泳博　钱舒皓

(常州市规划设计院城乡发展所)

摘　要：常州东部地区战略地位突出、经济基础雄厚，是"苏南模式"的重要发源地，也是常州深入落实长三角一体化国家战略要求、融入上海大都市圈、联动锡澄的关键地区。本规划通过区域链接、产业同频、中心组合、生态创新等空间协同战略，推动常州东部地区成为锡常一体发展的桥头堡，成为常州融入区域格局、探索新发展路径、实现空间高质量发展的重要抓手。

关键词：都市圈；空间协同；东部地区；高质量

一、常州是上海大都市圈的重要组成

常州围绕"国际化智造名城，长三角中轴枢纽"目标，立足其位于长三角几何中心特点，强化"一点居中、两带联动、十字交叉、米字交汇、左右逢源"区位优势，深化"532"发展战略[1]，进一步主动谋划、主动对接，加快推进全市融入上海大都市圈，打造长三角增长极中的新支点和上海、南京都市圈传动轴，强化区域协同创新，共营长三角创新高地，共建长三角交通枢纽，共保长三角绿色家园，共享长三角休闲高地。

---

[1] "532"发展战略，即建设长三角交通中轴、创新中轴、产业中轴、生态中轴、文旅中轴"五个中轴"，高标准打造长三角产业科技创新中心、现代物流中心、休闲度假中心"三个中心"，不断提升城乡融合发展示范区、统筹发展和安全示范区"两个示范区"建设水平。

二、东部协同,加快融入上海大都市圈步伐

常州东部地区战略地位突出、经济基础雄厚,是"苏南模式"的重要发源地,是常州深入落实长三角一体化国家战略要求、融入上海大都市圈、联动锡澄的关键地区。2022年以来,《上海大都市圈空间协同规划》《苏锡常都市圈发展行动方案》先后发布,促进常州东部的协同发展成为常州融入区域格局、探索新发展路径、实现空间高质量发展的重要抓手。为此,常州自上而下启动《常州东部地区空间协同发展规划》,谋划常州东部未来发展战略。

(一)常州东部概况

常州东部主要为天宁区和经开区全域,面积约336平方千米,现有常住人口109万、户籍人口71万,2021年GDP为1889亿元,人均GDP17.33万元。常州东部地区的开发强度较高,工业空间主导,建设用地占全域比重达54.35%,工业用地(含集体土地)占总建设用地比重为39.08%,国土空间总体呈现用地破碎、产城混杂、镇村交错等特征。

(二)东部协同价值与意义

第一,推动常州东部协同,有利于充分整合东部有限的产业空间,加快融入上海大都市圈的世界级产业集群,支撑常州产业中轴建设。长期以来,常州东部地区面向上海的区位优势未能充分发挥,与上海先进产业的联动不足。目前,上海大都市圈正在进入新一轮的产业迭代升级期,新能源、生物医药等新兴产业快速壮大,人工智能等未来产业蓄势待发。常州东部必须紧抓战略机遇,打破现状产业空间破碎、产业门类分散的困局,重点加大空间整合力度,为新兴产业落地提供规模化的可用空间,深度融入上海大都市圈的世界级产业集群。

第二,推动东部协同,有利于整合中心功能和区域廊道,在锡常澄同城化发展中占得先机,支撑常州交通中轴建设和中心城市能级提升。上海大都市圈内的跨界一体化正在向纵深发展,常州与无锡之间已经呈现出仅次

于沪苏之间的同城化态势。但与无锡毗邻地区相比,常州东部地区在城市功能、经济体量、综合品质等方面均相对偏弱,在进一步的同城化趋势下必然面临着被"虹吸"的风险。因此,常州东部地区必须打破产城混杂的布局模式,打通城市向东拓展的区域廊道,提升面向区域的中心能级,才能在锡常澄全面同城化中有益互动。

第三,推动东部协同,有利于修复常州"四角山水"生态格局,促进东部转向生态创新的新路径,支撑常州生态中轴和创新中轴建设。以长三角生态绿色一体化发展示范区、常州两湖创新区、无锡太湖科创湾为代表,长三角地区正在全面进入生态创新引领的新阶段。东部地区作为常州的"四角山水"之一,通江达湖,山水兼具,拥有锡常澄交界区的最美风景,但由于城乡建设的无序拓展,面临着山体破坏、湿地萎缩、山水廊道被阻断等问题,生态价值无法充分转化。东部地区必须共同修复被破坏蚕食的山水林田湖系统,才能充分放大自身的生态优势,实现路径转型,全面融入长三角生态创新的新时代。

(三) 东部协同目标定位

打造深度融入上海大都市圈、全面落实"532 战略"、有力支撑"新能源之都"建设的"新苏南模式"示范区。通过实施区域链接、产业同频、中心组合、生态创新等空间协同战略,将常州东部地区建设成为:开放融合的协同样板、未来前沿的智造基地、活力多元的区域中枢、山水交融的最美水乡。

(四) 东部协同重点战略

1. 协同战略一:区域链接,协同打通"X"交叉的两大区域走廊

落实上海大都市圈的空间要求,以区域轨道快线为引领,着力贯通沪宁走廊与南沿江走廊两条区域走廊,为常州链接上海大都市圈夯实基础,为促进锡常澄同城化提供战略支撑,为常州城市功能东拓打开发展空间。

大力夯实"沪宁走廊",实现多通道联系,重点升级锡常协同。依托沪蓉高速、东方路东延,提升北线通道,对接无锡新城区;依托大运河、漕上路东

延,优化中线通道,对接无锡主城区;依托苏锡常轨道快线建设、G312改造等,加快强化南线通道,促进常州两湖创新区与无锡太湖科创湾的区域联动。积极提升"南沿江走廊",强化常澄通道,推动常澄中心直联。依托沪武高速和南沿江城际铁路,积极谋划沿江都市快线建设,贯通天宁大道与江阴大道对接,打通常州城市主中心与江阴城市主中心的直联对接通道,促进常州两湖创新区与江阴绮山湖科创谷、霞客湾科学城的区域联动,构筑常澄协同发展轴。

2. 协同战略二:产业同频,协同构筑联动沪苏锡澄的两大圈层

充分发挥常州东部的区位优势,紧跟上海大都市圈的产业前沿趋势,探索"上海策源、常州转化"的产业协作新路径,推动新城圈层和镇村圈层走上差异化的产业协同路径,实现与上海等核心城市在产业创新上的"同频共振"。

促进"新城圈层"优势产业与上海研发源头区的优势联动,强化产业主赛道。加强园区增量建设空间统筹,促进经开区轨道装备、新能源设备与天宁区三新经济等优势产业融合升级,重点提升新能源、交通装备、新材料、电子信息、时尚健康等战略产业,共同培育领军型链主企业,打造东部产业中枢。推动"镇村圈层"充分承接、利用上海的技术策源能力,加强在地转化,培育产业新赛道。主动对接上海的先导产业和未来产业,包括集成电路、生物医药、人工智能、未来空间等。加大镇村园区改造升级力度,提供低成本、适度规模化的产业空间,重点导入未来能源、集成电路、人工智能、生物医药等面向区域的未来产业。

3. 协同战略三:中心组合,协同培育辐射锡常的活力城区

落实常州中心城区空间布局的上位要求,依托大都市圈区域走廊,大力推动常州主城功能向天宁新城延展,协同培育东部城市副中心。打造面向锡常、带动东部转型的城市功能新高地。

推动天宁新城与东部副中心协同构筑"活力城区",全面提升东部城区服务能级。协同构筑"公共服务+生产服务+商业服务+科技服务+生态休闲+文化娱乐"的多元复合功能区,东部副中心以综合服务、产研转化、生态休闲、文化娱乐、先进制造功能为主,建设宜居宜业宜游的高品质活力城市副中心。天宁新城以金融商务、特色研发、生态休闲、智能制造功能为主,

打造"三新"经济引领的科创孵化新城。以"TOD（轨道引领）＋EOD（生态引领）"模式，引导东部副中心与天宁新城空间组合、联动发展。调整7号线地铁走向，向北连接5号线，加快东部都市快线建设向南联通苏锡常快线，通过轨道网络串联东方新城、未来智慧城、宋剑湖生态新城、凤凰新城等重点片区，依托站点提升功能，促进产城融合。织补蓝绿空间，联通水系网络，重点加强"丁塘河-塞马河-革新河-宋剑湖"的水系联通，结合滨水空间植入服务功能，构建"活力水廊"。通过轨道引领、蓝绿活城，打造高能级、高标准、高品质的组合型中心区。

4. 协同战略四：生态创新，协同构筑一带一核的生态创新空间

以生态系统的协同修复为引领，重现东部地区山水林田湖交融的山水胜景，促进自然风景与科技创新、文化休闲、交往会展等功能融合发展，以风景重塑激活东部地区的创新发展。

协同打造联动两湖创新区和江阴科创核的常澄生态创新带。依托常澄百里浅山和新沟河水系，整合经开区的中央生态走廊、天宁的黄天荡湿地与江阴的山林风情带，构建联通区域的山水生态走廊。在此基础上，依托浅山陇绵、湿地湖链串联各类生态创新空间，依托宋剑湖生态新城、经开区生态

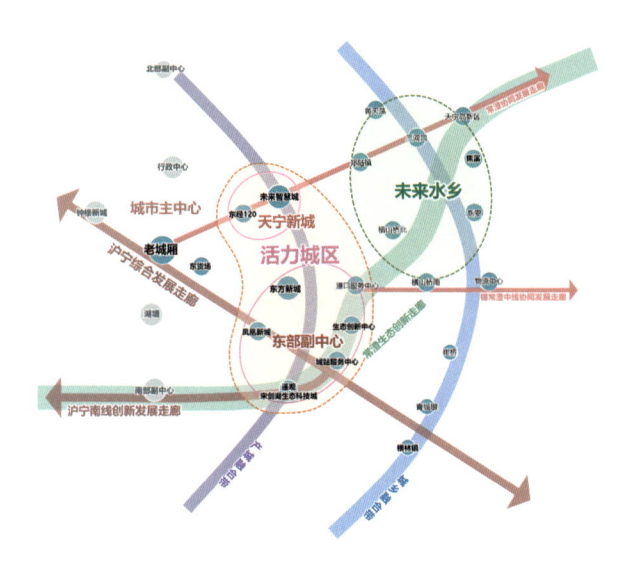

图 16-1 常州东部空间协同结构

创新中心、天宁高新区等重要节点,提升科技创新和文化交往功能,贯通两湖创新区与江阴科创核心区,打造常州与江阴联动发展的生态创新大走廊。协同打造面向常澄的生态创新核心区"未来水乡"。对标长三角生态绿色一体化发展示范区的水乡客厅建设经验,整合郑陆镇、横山桥镇的浅山、黄天荡湿地等生态文化节点,加快推动镇村存量建设空间更新改造,培育创新驱动的科创聚落和水乡单元,构筑山水交融、城乡交织、田园交错、产研交互的"未来水乡",成为体现本土山水特色、容纳和谐生境、提供游憩佳境、共聚创新环境的生态创新核和苏南模式新样板。

(五)东部协同近期行动

明晰各级事权,建立分级分类的近期工作协同框架。其中,常州市级重点工作包括:统筹两区资源,协同推进未来水乡、活力城区两大区域发展;推进锡常协同发展先行区建设。天宁区主要职责为,继续推进天宁未来智慧城、天宁省级高新技术开发区建设;常州经开区主要职责为,加快推进常州东部副中心运河北翼、宋剑湖生态新城建设。

(六)东部协同政策支撑

主要建议有参照中德、中以创新园等模式,支持东部两区协同打造国际合作园区;支持东部地区与上海合作建立双向"飞地"模式,形成"基础研发在上海,创新转化在东部"的协作关系;将东部地区确定为"融入上海大都市圈示范区,新能源之都应用示范区",并制定配套支持政策;加快推动东部地区镇村工业园区改造,率先开展东部地区低效用地再开发专项规划,全面盘活存量建设用地。

三、县区积极行动,推动协同发展先行区建设

在常州东部协同战略的引导下,近年来,由常州天宁区发起,自下而上地与常州经开区、无锡江阴市,组成"战略联盟",细化战术研究工作,开展《锡常协同发展先行区空间规划》,为区县间的协同发展提供区域样板。本

规划属于"陪伴式规划",从2021年3月开始酝酿。经两市市委书记认可后,三地拟携手打造"锡常协同发展先行区",并于2022年6月签定了《锡常协同发展先行区战略合作协议》。在三地的共同努力下,2022年7月,省发改委正式印发的《苏锡常都市圈发展行动方案(2022—2025)》中增设了"支持江阴市、常州天宁区、常州经开区建设锡常协同发展先行区"内容,为三地项目对上寻求政策支撑打开了通路。

锡常协同发展先行区范围为常州市天宁区、经开区全域及其毗邻的江阴市临港开发区、澄江街道、南闸街道、月城镇、青阳镇、徐霞客镇、祝塘镇,总面积约850平方千米。此范围对于常州而言,一方面可借用泰州-常州高速(靖澄常宜高速即常州东高速),构筑"江苏中轴"发展簇群,实现锡常泰跨江联动发展;另一方面,此范围是"苏南模式"的起源地,更是面向上海的桥头堡,经济韧性强,因此具有"促进江苏中轴崛起,推进苏南模式再发展"的重大区域示范意义,是书写中国式现代化,回应新时代高质量发展的最好画卷,更是常州市打造"国际化智造名城,长三角中轴枢纽"的"东部战场"。

(一)共构先行区五大空间协同策略

突出先行区空间结构重点,形成"两城辐射、'井字'互融,多点并举、'组团'协同"的格局。谋划"生态、交通、产业、文旅、设施"五个方面的战略发展方向,争取省级相关支持政策。具体为:(1)构建生态协同战略,着力沿江生态环境保护,共构区域生态及郊野公园网络,共保区域生态安全,形成苏南地区独树一帜的生态绿色廊道。(2)构建交通协同战略,尽早实现基础设施互联互通。(3)构建产业协同战略,以长江和"江苏中轴"发展簇群为依托,加快形成区域内外"十"字双循环带,构建以国内大循环为主体、国内国际双循环相互促进的新发展格局。聚力创新驱动,优化形成"点核互动、互为支撑"的创新布局。(4)构建文旅协同战略,建设"北部长江都市旅游带-南部大运河历史文化旅游带-中轴美丽乡村旅游带"绿色文化旅游走廊,实现文化旅游资源共建共享。(5)构建配套协同战略,创新公共服务一体化管理机制,加快三地政务服务对接共享,实现优质教育资源共享、高新人才子女就学政策互认,优化创新人才招引服务。

（二）推进三类近期协同项目

建议近期重点围绕"交通互联、生态文旅、产业创新"推进建设一批具有区县协同示范意义的重点项目。

一是交通互联示范。（1）支撑"中轴崛起"，加强省、市发改、交通、资规、住建部门的沟通协调，推动东高速项目设计和建设，结合片区发展及早谋划道口布局，尽早于江阴境内启动跨江四通道建设。（2）大力推进常州东部的快速路、主干路的互联互通，加快青洋北路北延、新堂路-天宁大道-江阴大道、东方二路-暨南大道、漕上路-中惠大道等道路的设计与建设。（3）稳定示范区内地铁轨道、市域市郊快线的规划；谋划区域公共交通体系，实现互通互联、换乘便捷、多城一网、一卡通达的"半小时通勤圈"。

二是生态文旅示范。（1）立足长江大保护，加强两市多地发改、水利、资规、住建、环保等部门的沟通协调，协同做好长江、新沟河、三山港、锡澄运河等连通水系和河流疏浚工作；对临界地区的山体协同修复，对山脉沿线低效用地退出或集约再利用，靓化区域生态本底，共同构建区域山水生态及郊野公园网络。（2）加强国家、省、市发改、文旅部门协调，立足大运河文化带，持续推进常州老城厢复兴工程、运河产业文化活化工程、焦溪古镇保护和申遗工程。立足良渚文化，加强对长江-太湖流域良渚前后期间寺墩、圩墩、高城墩、青墩的研究和保护利用，与杭州的世界文化遗产良渚古城遗址共构世界良渚文化聚落，丰富上海大都市圈的文化内涵。

三是产业创新示范。加强省、市发改、工信、资规以及各属地产业园区管委会的沟通协调。（1）打造中轴上的产城融合示范工程。常州城区以丁塘港-大明路为轴，重点支撑天宁未来智慧城发展，谋划常州东部副中心。常州乡镇地区则以"跨江四通道、江阴港、东高速、S232"为依托，连接江阴临港开发区、常州天宁省高新区（筹）、常州经开区产业重镇，共构锡常澄跨江产业中轴，形成若干区域制造业协作集群和上海大都市圈智能智造产品基地。（2）打造苏南集约型园区示范工程。通过创新政策，积极淘汰一批低效企业，推进一批乡镇传统产业上楼，高效利用土地资源。（3）共建协作型物流示范工程。推动港口物流产业发展，争取舜北码头等设施共享江阴港口保税优惠政策；谋划常州东部物流中心，与无锡物流产业互补发展。（4）共建合作制度示范工程。谋划区域内多个政企校产学研合作项目；两市各地统一设置招商底线门槛，统一共享上级优惠政策，统一设置企业退出标准；实施跨区域人才互认，载体互享机制。

两市多地应以机制创新、协同高效、共享共建、资源优化为导向，联合呼吁、持续发力，争取上海大都市圈、江苏省的更多优惠政策、更多优选项目，共同塑造"绿色发展新高地、文旅融合新标杆、和谐宜居新典范、制度创新试验田"，为区县间的协同发展提供样本示范。

B17　沪浙合作视角下宁波市余慈地区统筹发展策略研究

张能恭　倪敏东　王　沛　范　文　朱黎明

（宁波市规划设计研究院）

摘　要：宁波是环杭州湾湾区、上海大都市圈的重要成员，也是宁波都市圈的中心城市。宁波余慈地区是面向沪浙合作、环杭州湾湾区经济的桥头堡，更是宁波重要的战略空间和经济增长点。区域一体化背景下，余慈地区统筹发展是打造高质量的湾区经济和上海都市圈功能性节点的基础支撑，也是宁波围绕"翠屏山中央公园"建设现代化滨海大都市战略的核心举措。新形势下宁波市委、市政府进一步转变发展思路，基于环杭州湾湾区和现代化滨海大都市视角，提出包括功能协同、空间融合、交通互联、设施共享、文化共创等几个方面统筹发展策略和工作机制方面的建议，为区域高质量协同发展，加快建设现代化滨海大都市提供参考与借鉴。

关键词：沪浙合作；余慈统筹；跨域协同；治理创新；现代化滨海大都市；发展策略

党的二十大报告中提出"深入实施区域协调发展战略、区域重大战略、主体功能区战略、新型城镇化战略，优化重大生产力布局，构建优势互补、高质量发展的区域经济布局和国土空间体系"[①]。粤港澳大湾区、长江经济带、

[①] 习近平.高举中国特色社会主义伟大旗帜　为全面建设社会主义现代化国家而团结奋斗——在中国共产党第二十次全国代表大会上的报告[R].2022-10-16.

长三角一体化等国家战略相继出台，区域高质量和协调发展是新的时代要求。近年来，在长三角一体化背景下，上海与浙江在多方领域开展了深入合作，沪浙两地一衣带水、毗邻而居，两地在经济发展、人才吸引、辐射能力、国际竞合等方面全国领先。当前两地战略目标互补契合，上海大都市圈提出"建设卓越的全球城市区域，成为更具竞争力、更可持续、更加融合的都市圈"的总体发展愿景[①]。浙江省第十四次党代会提出要谋划实施大湾区建设行动纲要，是将全省资源要素配置进一步聚焦环杭州湾区域，推动上海大都市圈建设向浙江辐射延伸的核心战略举措[②]。

宁波余慈地区地处上海大都市圈南翼、环杭州湾湾区腹地、沪杭甬中心位置，包含慈溪、余姚两个县级市和宁波前湾新区一个产业功能区，总面积约3200平方千米，是沪浙合作和环湾经济的桥头堡，也是当前宁波全面融入区域一体化发展极为重要的区域。新形势下统筹余慈地区发展在区域层面对于完善上海大都市圈南翼节点功能、打造环杭州湾湾区产业经济带具有重要意义，在上海大都市圈层面对于宁波打造长三角区域中心城市、高水平对接大上海、唱好杭甬"双城记"、推动宁波都市圈同城化发展具有重要作用，在市域层面也是新一届宁波市委、市政府站位新时代，努力推进两个"先行"、打造"六个之都"，准确把握区域发展大势，全面开启建设现代化滨海大都市新征程的一项重大战略部署。

本文从沪浙合作的背景框架入手，分析宁波余慈地区在区域中扮演角色和职能，基于环杭州湾湾区和现代化滨海大都市两个视角，从功能、交通、设施、生态等维度研究新时期余慈统筹的内涵、路径和策略，以期为国内相关城市跨区域协同发展提供参考。

一、余慈地区发展概况与统筹历程

（一）区域发展概况

余慈两地历史上同属一县，"地域相连、产业相近、人缘相亲、文化相

---

① 上海市人民政府，江苏省人民政府，浙江省人民政府.上海大都市圈空间协同规划[R].2022.
② 郭亚欣，秦诗立，胡思琪.浙沪合作共建杭州湾经济区的路径研究[J].湾区经济研究，2018(05).

融",从解放前至今共经历过四次行政区划调整,分分合合,又相互交融,为统筹发展奠定了基础。余慈两地也是中国县域经济发展最成功的区域之一,改革开放40余年来,依托区位条件和独特的资源禀赋,经济总量、人口积聚、产业能级全国领先,为宁波在新时代背景下城市空间北扩奠定了扎实基础,综合实力一度位居全国百强县前列。2022年在全国百强县排名中慈溪、余姚分列第6、第12位[1]。2022年两地GDP总量4 035.2亿元,约占宁波市的四分之一,常住人口312万人,约占宁波市的三分之一,近20年人口增量近100万[2],均位列宁波各区县市前两位。两地在几十年快速发展进程中三大优势凸显:第一,良好区位是核心优势。地处环杭州湾湾区之心,是宁波融入长三角、对接大上海、打造现代化滨海大都市的重要支撑。第二,雄厚产业是支撑优势。两地现有11万家企业,近一半(44%)规模以上企业设置研发机构,有产值超亿元特色产业群近50个,国家级单项冠军超20家,国内大型制造中心15个。第三,深厚文化是底蕴优势。史前文化、运河文化、青瓷文化、阳明文化、红色文化等璀璨夺目,拥有世界文化遗产大运河(宁波段)1处、国家级文保单位11处、中国历史文化名镇名村3处。

(二) 统筹发展历程

宁波历届市委、市政府都高度重视余慈地区发展,余慈统筹也经历了长期的、系统性的谋划。2003年《环杭州湾地区城市群空间发展战略规划》发布,作为省级层面的重大规划,首次战略性提出"余慈统筹"的概念。2006年,宁波市委、市政府做出统筹余慈地区发展、建设宁波都市区北部中心城的重大决策,同年颁布了《统筹余慈地区发展规划纲要》并同步制定、印发相关配套政策文件,成立工作领导小组和办公室,编制《余慈中心城总体规划(2006—2030)》,余慈统筹的概念不断深化,并且真正在空间上进行统筹布局。2015年,余慈统筹的概念被纳入两地总体规划,在职能分工上实现了相互错位、共同发展,两地初步达成了统筹共识。2018年,启动《北部副城空间发

---

[1] 资料来源:中国中小城市发展指数研究课题组、国信中小城市指数研究院发布的《2022年中国中小城市高质量发展指数研究成果》。
[2] 数据来源:宁波市第六次、第七次全国人口普查主要数据公报。

战略及前湾新区空间规划》编制，进一步深化了余慈作为宁波"北部副城"的发展定位。2022年初，宁波市委、市政府重提"余慈统筹"，这是推动宁波滨海大都市空间重塑、功能重组、实现全域都市化的又一重大战略举措。

从近20年的进程来看，余慈统筹总体取得了一定成效：区域经济更加活跃，发展质量不断提升，创新能力不断加强，产业合作与民间交流不断深化，交通往来更加顺畅，设施服务更加完善，相关规划不断磨合。但与规划愿景仍有一定差距，统筹范围较局限、统筹诉求不一致、统筹政策不完善、统筹规划不到位、统筹机制不通畅等问题亟待解决。

二、新形势下余慈统筹的要求与内涵

（一）新形势下发展要求

1. 区域一体化背景下跨区协同发展的要求

顺应国家战略和时代趋势，余慈地区在融入长三角一体化、上海大都市圈、环杭州湾大湾区的进程中，责有攸归，积极作为。上海大都市圈提出"1-3-6-12-19"的分工体系，即上海1个顶级全球城市，宁波是3个综合性全球城市之一，将与上海共同组织全球核心功能，携手迈向全球城市"第二方阵"；宁波的余姚、慈溪作为全球功能性节点，承担全球特色功能[①]。未来余慈两地需要加快统筹融合以适应区域发展环境，一方面要融入湾区发展、深化沪浙合作，余慈地区要协同中心城区共同参与环杭州湾和上海大都市圈区域职能分工，强化沪甬、杭甬产业优势互补与产业链合作和整体布局，打造成为长三角中心区及周边相对欠发达地区合作发展的重要中枢支点和核心承载地。另一方面在宁波建设现代化滨海大都市，推动全域功能一体化布局的过程中，余慈地区要以"翠屏山中央公园"为深度融入的纽带，进一步链接宁波中心城区，形成北部千万人口大都市格局，实现整个宁波城市能级的提升。

2. 余慈地区自身县域经济转型发展的内生需求

随着经济向高质量发展阶段转变，余慈两地发展也面临一些问题，如：用地零散低效、产业附加值不高，传统制造业转型面临瓶颈；高质量发展短

---

① 上海市人民政府，江苏省人民政府，浙江省人民政府.上海大都市圈空间协同规划[R].2022.

板凸显,缺少湾区高能级创新平台和市级功能性资源导入;城区面貌和品质不佳,人才吸引后劲不足;基础设施建设滞后,区域链接力度不够,重大枢纽和两地之间的联系通道缺乏衔接;对于跨区域的重大高能级设施如高压及危化管线、邻避基础设施、供水供气管网等统建力度不够等。在此背景下,两地以往县域经济发展模式有转型发展的内生迫切需求。

(二) 新形势下统筹内涵

新形势下的余慈统筹应探索适合两市一区发展的新路径和新模式,较以往时期相比,更加注重统筹内涵的升级。在统筹理念和视角上应从以往"余慈统筹协调"逐步向"融入湾区、北翼一体"转变,具体有以下三方面特征:

1. 关注更大区域协同的统筹

过去二十年过多关注余慈自身的统筹,在当前宁波加快建设现代化滨海大都市的总体要求下,应转换统筹视角,聚焦长三角区域、环杭州湾和上海大都市圈等区域层面,强调余慈地区与中心城区的统筹,协同中心城区进一步提升宁波的城市能级,在融入长三角一体化、唱好杭甬"双城记"的进程中承担更为重要的区域职能。

2. 推动更高效资源配置的统筹

余慈统筹的核心和关键是资源要素的高效配置。构建北部大都市区面向湾区的多层次、一体化的综合交通网络,强化"北向融沪"和"西向接杭"的门户通道,统筹余慈地区公路、轨道交通与市级网络的衔接,进一步优化余慈内部交通网。构建跨区域、一体化的市政基础设施体系,推进余慈内部重大基础设施的衔接和升级。构建共享共用、城乡均等的公共服务体系,加强市级资源的导入,优化区域公服设施配置,明确余慈(前湾)公服设施配置导向,鼓励三地公共服务资源的流动和共享。

3. 实现更高品质生活的统筹

顺应高质量发展主线,进一步提高城市能级,在发展路径上从县域经济逐步转向都市经济。余慈城区要聚焦城乡品质提升,围绕余姚高铁站、慈溪新城河、慈溪高铁站周边,提升余姚城北、慈溪城北、城东板块的发展能级,高标准打造宁波北部活力区和沪浙合作创新区。以全域国土空间综合整治为契机,开展低效用地"腾笼换鸟",推进城乡风貌融合,加快余慈老城区有机更新,科学布局三生空间,从原先扩张、粗放式发展转向精明增长。

三、沪浙合作视角下余慈统筹策略

在区域层面,通过余慈统筹在区域格局中彰显区位优势,协同宁波中心城区融入长三角,共同增加宁波的区域影响力;在宁波市域层面,形成以"翠屏山中央公园"为纽带的都市核心区,纵深推进余慈与中心城区同城化发展,增强余慈城区对中心城区的向心力;在余慈内部层面通过交通快联、设施共享、产业协作增强两市一区的内聚力。

以下分别从环杭州湾湾区以及宁波现代化滨海大都市两个视角分别提出余慈统筹的发展策略。

(一)环杭州湾湾区视角

1. 推进湾区交通领域合作

以"面向区域、快速融湾、互联互通、高效智慧"为目标打造宁波北翼门户枢纽。一是畅通北部门户通道,构建沪杭甬一小时便捷通勤圈,在环湾层面完善"十字型"双高网络,加快打造以通苏嘉甬铁路为代表的北向通道,先期谋划沪甬城际、沪甬二通道等沪甬跨湾通道的重要组成部分,加强杭甬客专、杭甬高速复线(杭绍甬智慧高速)等为代表的西向通道。构建轨道上的长三角一系列重大基础设施,重点推进宁波至余慈市域铁路建设,谋划余慈至上虞城际铁路,加强快速路、主干道、轨道等跨区基础设施的互联互通,支撑甬绍同城化发展。加强环湾物流通道和设施建设,支撑湾区重大产业链协同布局[1]。因地制宜发展多制式轨道交通,强化与湾区外围组团的通勤联系,打造一体化便捷的湾区交通互联互通网络。

2. 集聚湾区创新资源导入

协同打造高能级创新平台。积极开展"沪甬、杭甬、甬绍"等区域合作,

---

[1] 郭亚欣,秦诗立,胡思琪.浙沪合作共建杭州湾经济区的路径研究[J].湾区经济研究,2018(05).

推动环杭州湾产业带与上海产业重构战略协同,以临港新片区为核心协同前湾新区、钱塘新区、乍浦经济开发区、绍兴滨海新区、舟山群岛新区共建环湾产业带。以前湾浙沪合作发展区为核心载体,承接上海产业创新功能溢出,整合宁波西枢纽、甬江科创区的创新资源,推动创新成果的本地孵化,共建共享区域创新体系,推动重点领域关键共性技术的研发供给、转移扩散和首次商业化,推动两地中小企业精准对接上海优质研发资源,促进传统制造业的转型升级[1]。

3. 加强公服设施共建共享

推进医疗重点合作平台建设。加强两地医疗领域协作交流,促进优质医疗资源互通,采用加盟医联体、设立基地、技术合作中心、专病、专科联盟等多种协作模式新谋划推进一批沪浙合作医疗机构落户余慈。搭建沪甬产教融合服务平台。鼓励余慈本地企业加强与上海高等院校、科研院所、重点实验室等开展技术合作,推进浙沪高校一流学科合作,拓展和巩固"长三角高校合作联盟",新增一批对标国际一流、体现湾区特色的专业型大学和开放式学院。推动沪浙文体旅融合发展。积极开展沪甬两地文化交流和文创产品推介,助推阳明、海丝、河姆渡等文化名片走向世界。

4. 推动生态环保共治共保

加强杭州湾海域综合治理。推进沪、甬、嘉、绍杭州湾流域污染防治攻坚,深入打好蓝天、碧水、净土保卫战。突出生态环境修复和流域治理,注重生态系统和生物多样性恢复,在合作领域、制度创新、项目合作、协作机制等方面进一步统筹,共同打造跨区域海域保护样板[2]。统筹推进跨区海岸带保护与修复,加快推进安澜海塘工程、杭甬运河等重大水利工程建设。

(二)现代化滨海大都市视角

立足新时期,把握新内涵,针对宁波建设现代化滨海大都市进程中的余

---

[1] 柯敏,张博闻,周璐,张庆麟,罗煜.宁波前湾沪浙合作发展区建设路径[J].科学发展,2023(02).
[2] 柯敏,张博闻,周璐,张庆麟,罗煜.宁波前湾沪浙合作发展区建设路径[J].科学发展,2023(02).

慈统筹问题提出5个方面的统筹实施策略①。

1. 协同互补的职能分工体系

以完善"滨海大都市全域功能体系"为目标,在职能分工上体现突破行政壁垒的协同与联系,强调行政区功能化,在全市"一盘棋"功能布局中,余慈地区整体定位为"现代化滨海大都市未来的战略增长极和高质量区域协同发展示范区",承担宁波区域九大职能中五个重要职能即"先进智造引擎、科创转化基地、区域合作门户、综合服务新城、人文交流中心"。到2035年,重点打造余、慈两个现代化综合性城区和前湾新区一个现代化产业大平台,三地在职能分工上强调错位互补,在发展导向和人口集聚上各有侧重。其中慈溪将围绕高铁站、浙沪合作创新区等高能级平台,加快推进一批现代服务业集聚区落地,形成"北部商务活力中心",在区域格局中凸显沪浙合作、北部综合性交通枢纽和沿湾产城融合示范等职能;余姚依托自身区位、四明山、河姆渡、姚江-运河等一批特色资源,形成"北部创智文化中心",凸显杭绍甬一体化、彰显中华文明魅力的、四明山区域生态融合的三大门户作用;前湾新区依靠自身产业基础形成"北部智能制造中心"凸显在滨海产业大平台中的引领作用。

2. 高效集约的空间组织模式

在宁波市域层面推动北部空间重构,通过翠屏山中央公园的打造将生态屏障转化为深度融入的纽带,形成以宁波中心城区、余慈城区为主的北部千万人口大都市格局,进而实现"余慈统筹、北翼一体"。其中,中央公园承担都市融合、生态融合、交通融合、文化融合等核心功能;中心城区是经济、人才、科创、服务的主要承载地,承担开放合作、辐射周边的核心职能;余慈城区协助中心城区共同承担区域合作、先进智造和科创转化等重要职能。

在余慈内部层面打造"一轴三带多组团"的都市格局,实现三地"串联协同"。其中,"一轴"为南北向面向长三角的融湾发展轴;"三带"为东西向支撑滨海大都市的环湾产业带、沿湾城镇带和沿江文化带;"多组团"为以翠屏

---

① 上海市生态环境局,浙江省生态环境厅,等.上海市长江口-杭州湾海域综合治理攻坚战实施方案[R].2022-10-24.

山为核心的生态网络下有机分布的9个城镇组团,打造"3+6"组团模式,包括慈溪、余姚、前湾3大中心组团,观海卫、掌起-龙山、中意-泗门、周巷-姚北、运河-姚江、四明山等6个区域组团,形成多层次、网络化、分工协作的城市组团功能体系。

以三大战略性统筹平台作为近期融合的重点。一是构建滨海产业大平台,以前湾新区为核心引领全市产业转型升级,推动高端产业往滨海方向集聚。二是打造环中央公园经济圈,引领周边城镇格局和生态格局的优化,以翠屏山为核心,链接东钱湖-象山港,形成错落有致的北翼生态网络和城镇格局。三是建设沿江文化大走廊,建立统一协同的文脉品牌,沿姚江-运河区域统筹布局新经济空间。

3. 互联互通的综合交通网络

宁波市域层面实现余、慈高铁枢纽15分钟内可达,谋划完善二级轨道网络,共同形成宁波北复合枢纽。一是构建环翠屏山区域便捷交通网,以双快体系实现重点片区直连直通。二是依托公园大道、宁波大道、东海大道实现余慈片区与三江口、甬江科创区、西枢纽等区域40分钟内可达。三是以骨架干道为基础,构建"四横九纵"的余慈一体化路网格局,畅通区域内部通道。四是打造"一港、三中心"的高效创新货运服务体系,开辟七姊八妹岛港区,谋划建设慈溪、慈东、余姚集装箱堆场、停车场与海关监管仓,重整宁波北部航运交通枢纽。

4. 共建共享的设施配置机制

构建协调共享的市政体系。加强空间管控,优化长输油气管网和高压管网布局,加快第二气源建设,跨区统筹区域变电站选址。构建多元一体的水资源系统,推进区外引水,推进余慈跨区水库群联网联调工程。打造韧性城市,建立污水厂互联互通机制,统筹环卫终端设施和垃圾处置设施。

构建"3480"公共服务体系。统筹引导3大市级公共服务设施中心。慈溪形成北部"商务活力公服中心",优先布局以转化研究为主的工科类科教园区,建设高标准的商务会展、商业服务、综合性医院等设施;余姚形成北部"创智人文公服中心",优先布局以基础研究为主的综合类高教园区和市级文化设施的导入;翠屏山区域形成"生态文旅公服中心",布局以河姆渡、阳明、大运河文化等为代表的文化设施。建设4类先导性公共服务中心，优化完善前湾滨海城、周巷-姚北、观海卫、泗门等组团的公服设施配置，打造80多个基础型15分钟社区生活圈，实现公共服务全覆盖。

5. 共创共融的文化生态建设

共建现代化滨海大都市人文地标，充分挖掘余慈优质历史文化遗产资源，聚焦河姆渡国家遗址考古公园、大运河国家文化公园2个世界级文化地标，越窑博物馆、四明山红色文化馆、阳明文化基地3个国家级文化地标，彰显史前文化、海洋文化、红色文化、阳明文化等，整合提升翠屏山、四明山区域自然和历史文化资源，倾力打造彰显文化自信、展现时代气度的跨区域标志性文化设施，彰显滨海大都市禀赋魅力。

以"人与自然和谐共生"为目标，坚持生态优先、绿色发展，加强余慈地区与宁波全市联动。推进市域生态环境共治共保，统筹规划余慈地区生态廊道建设、姚江流域水环境综合治理、四明山区域生态修复和生物多样性保护。构建通山达海的生态网络，优化以翠屏山、大运河为核心的都市网络化的生态结构。

四、总结与建议

余慈地区统筹不仅是做大做强湾区经济的战略支撑，也是实现余慈地区高质量发展的战略机遇，更是做大做强宁波北翼增长极的战略举措。通过余慈统筹，到2035年，沪浙合作进程明显加快，区域竞争实力明显加强，辐射带动能力明显增强，统筹融合发展格局全面形成，成为区域高质量发展的核心战略节点。为更好地实施统筹提出以下三方面建议：一是创新统筹协调工作机制。建立多主体、多层次的协调机制，强化统筹过程中重难点问题的联合调研、分层研究、协同解决、监督检查等；健全统筹调度、专题会商等工作机制；创新完善规划审批机制等。二是构建区域协同的规划体系。突出《上海大都市圈空间协同规划》在区域愿景目标、职能定位、重大行动计划等战略谋划层面的战略引领，有序衔接"宁波都市圈"等区域规划，强化《宁波市国土空间总体规划》法定规划刚性传导，推动两市一区国土空间总体规划融入区域及市级规划协同体系，推动余慈重大片区、重要专项等规划纳入市级统筹。三是探索项目统筹管理机制。探索环杭州湾跨区域线性工程、重大产业布局、市政邻避性设施和大型公共服务设施统筹机制，尽快启动余慈地区重大项目建设。

参考文献

［1］宁波市自然资源和规划局，宁波市规划设计研究院. 宁波市国土空间总体规划（2021—2035）［R］. 2022‐11.

［2］宁波市自然资源和规划局，宁波市规划设计研究院. 宁波余慈地区统筹规划研究［R］. 2022‐11.

［3］汪朝霞，盛佳慧，冷炳荣，易峥. 都市圈圈层与范围划定方法及重庆实践研究［J］. 规划师，2023(04).

Ⅶ 国内外都市圈比较篇

B18　基于人口流动视角的宁波都市区一体化发展测度研究

丁于钊[1]　赵佩佩[1]　黄　峥[1]　赵艳莉[2]　王先鹏[3]
(1. 浙江省国土空间规划研究院；2. 宁波市自然资源和规划局；
3. 宁波市自然资源和规划研究中心)

摘　要：宁波都市区是浙江省四大都市区之一，其优化发展对于浙江省参与全球区域竞争、完善长三角南翼经济布局具有重要意义。为更精准识别宁波都市区一体化发展情况，本文综合运用百度迁徙、手机信令等大数据技术手段，从人口流动的视角对其一体化水平进行测度。研究发现：宁波都市区外部联系强于内部联系，都市区内部一体化发展有待加强；现状交通网络对人口跨区域流动支撑不足；宁波舟山跨城通勤联系不强，以市域内部流动为主；宁波整体呈现"一核多极"网络化的职住通勤结构；余慈一体化特征显著；舟山以市辖区内部通勤为主，呈现明显的单中心模式。在此基础上提出基于交通设施改善和体制机制完善的宁波都市区一体化发展策略建议。

关键词：人口流动；宁波都市区；百度迁徙；手机信令；一体化发展

2017年10月，党的十九大报告提出以城市群为主体构建大中小城市和小城镇协调发展的城镇格局。2018年11月，长江三角洲一体化发展上升为国家战略。在此背景下，浙江省提出"四大"建设战略，并明确以杭州、宁波、温州等四大都市区建设作为推进省域一体化发展和城镇群建设的主形态。宁波都市区作为浙江"一湾双核"的核心之一，是浙江省参与全球区域竞争，打造长三角"金南翼"的重要抓手，也是上海大都市圈的重要组成部分。近年来,为了推进都市区高质量一体化发展,浙江省、宁波市相继出台了《浙江省大都市区建设行动计划》《宁波都市区规划纲要》《宁波都市区建设行动方案》等一系列政策文件,以指导宁波都市区发展建设。

不过,从现实来看,宁波都市区由宁波、舟山、台州三个地市的市辖区及周边县市组成,其都市区内部联系较杭州、南京等长三角其他都市圈而言相对松散,且整体尚处于都市圈发育的初级阶段。从既有研究来看,目前关于都市区、城市群一体化发展的研究大多聚焦于长三角、京津冀等宏观区域,对都市区内部的一体化研究尚不充分。在研究视角方面,大多基于经济产业、交通联系等方面对区域的总体发展情况进行分析,从人口流动角度进行的定量分析较少。为此,本文以宁波都市区为对象,综合运用百度迁徙、手机信令等大数据技术手段,从人口流动的视角对宁波都市区的一体化发展水平进行综合测度,以期更为精准和深入地分析都市区内部人口流动联系,找出其联系的主要方向、联系强度及存在的短板,从而为相关政策制定和规划决策提供技术支撑。

一、研究对象、数据和方法

(一)研究区域概况

宁波都市区包括宁波、舟山、台州市域行政范围,陆域面积2.13万平方千米。2021年,宁波、舟山、台州三市联合印发《宁波都市区建设行动方案》,提出构建"一主一副四片两带"的空间结构。其中,"一主"为甬舟主中心,"一副"为台州副中心。

2021年宁波都市区常住人口1249.3万人,较2020年增长22万人,常住人口城镇化率71.93%,GDP总量22084.69亿元,常住人口总数和GDP总量在浙江省四大都市区中排名第二,分别占全省的19.1%和29.9%,已成为推动浙江省高质量发展的重要增长极。

本研究以宁波都市区为对象,以宁波市域、舟山市域为重点研究范围,以长三角南翼主要城市(上海、杭州、湖州、嘉兴、绍兴、宁波、舟山、台州、金华、丽水、温州)为区域研究范围。

(二) 研究数据与方法

研究基于人口流动的视角,综合运用百度迁徙地图、交通可达性分析和移动手机信令等大数据手段,对宁波都市区的一体化发展水平进行测度分析。

百度迁徙数据:借用百度慧眼中的百度迁徙地图,选取 2021 年 6 月份作为研究时段,对长三角南翼主要城市间跨区域人口迁徙情况进行分析,通过百度迁徙地图中的迁徙规模指数和人口迁入比例[①]数据对各城市间的人口迁徙规模情况进行量化(选取 6 月 1—30 日的迁徙数据,结合工作日、双休日取平均值进行计算)。

交通可达性数据:通过 Open Street Map 官网下载中国地区的最新路网矢量地图,并从宁波、舟山两市官方平台获得现状航道数据。以宁波、舟山两地的现状路网、航道数据为基础,借助 GIS 平台建立甬舟交通网络数据库。将宁波市政府和舟山市政府作为目标节点,结合道路交通规范确定各条公路的通行速度,通过 OD 成本矩阵计算,进行基于最小阻抗的交通可达性分析,判断宁波、舟山两市交通往来的便捷性程度。

手机信令数据:选取移动手机信令数据对宁波、舟山市域的职住通勤情况进行深入分析。以 2021 年 6 月为研究时段,统计分析该月宁波市、舟山市各县市区居住人口、工作人口以及相应的职住通勤情况。截至 2021 年 6 月,中国移动在宁波和舟山区域的用户份额约为 78%。本文所涉及的移动手机信令数据均基于该比例进行扩样,下文不单独指出。

二、宁波都市区人口流动测度分析

(一) 基于百度迁徙的都市区跨区通勤研究

1. 与长三角南翼主要城市的跨区域通勤情况

从长三角南翼范围(浙江、上海)来看,主要城市跨区域通勤联系最紧密的是上海与嘉兴(0.88)、上海与杭州(0.8),而上海与宁波(0.41)仅为前两者的二分之一(见图 18-1)。

[①] 迁徙规模指数的数据基于百度地图慧眼的百度迁徙网站,迁徙规模指数可以反映迁入或迁出人口规模,城市间可横向对比;人口迁入比例指的是从某地迁入当前区域的人数与当前区域迁入总人数的比值,不同城市之间的人口迁入比例不可横向对比,但可通过迁徙规模指数折算后进行比对。

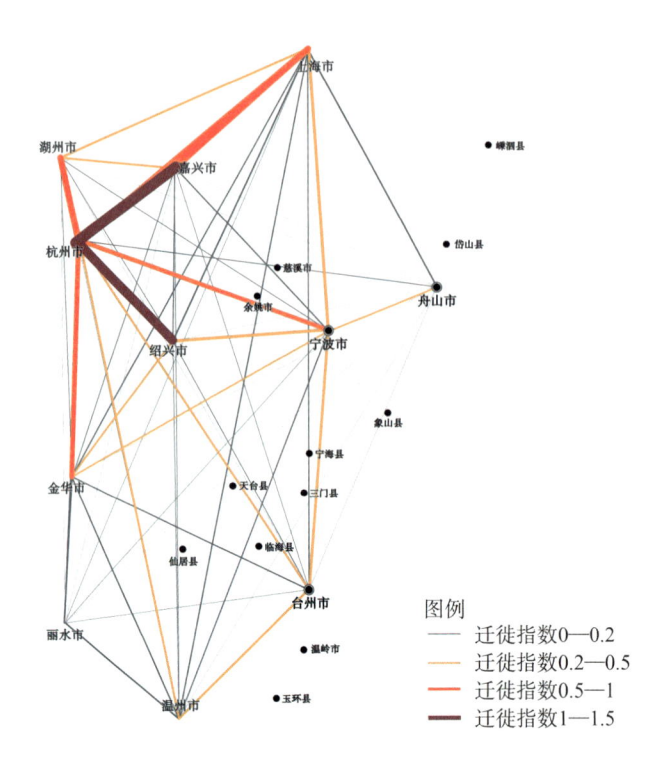

图 18-1　长三角南翼主要城市平均每日跨区域通勤情况（2021年6月）

就宁波的跨区域通勤情况分析看，宁波与杭州、上海、绍兴等地的联系更为密切，而宁波都市区内部（宁波与舟山、台州）的联系则相对不足，宁波与浙中、浙西南等地的联系则比较疏远（见表18-1）。

表 18-1　宁波与长三角南翼主要城市之间的迁徙联系规模指数（2021年6月）

城市组	迁徙规模指数
宁波—杭州	0.57
宁波—上海	0.41
宁波—绍兴	0.41
宁波—台州	0.37
宁波—舟山	0.24
宁波—金华	0.22
宁波—嘉兴	0.16
宁波—温州	0.14

续表

城市组	迁徙规模指数
宁波—湖州	0.08
宁波—丽水	0.04

注：根据百度迁徙地图，选取时间为2021年6月1—30日，结合迁徙规模指数和人口迁入比例取平均值进行计算。

2. 宁波都市区内部跨区域通勤状况

首先，从甬舟台日流入人口比例来看：日流入舟山人口有22.83%是来自宁波，日流入台州人口有16.97%来自宁波；日流入宁波的人口8.06%来自台州，5.56%来自舟山（见表18-2）。具体而言，舟山、台州日流入宁波人口约占全国流入宁波人口的13.62%；宁波、台州日流入舟山人口约占全国流入舟山人口的25.58%；宁波、舟山日流入台州人口约占全国流入台州人口的18.04%。

表18-2　宁波都市区各城市日人口流动占比（2021年6月）

目的地/出发地		出发地(%)		
		宁波	舟山	台州
目的地	宁波	—	5.56	8.06
	舟山	22.83	—	2.75
	台州	16.97	1.08	—

其次，从甬舟台跨区域人口流动规模来看：宁波与台州间沟通联系（0.37）大于宁波与舟山（0.24），也大于舟山与台州（0.02）；舟山和台州之间的迁徙规模指数仅为0.02，不足宁波与舟山间的1/10（见表18-3）。

表18-3　宁波都市区各城市日迁徙联系规模指数（2021年6月）

目的地/出发地		出发地		
		宁波	舟山	台州
目的地	宁波	—	0.12	0.18
	舟山	0.12	—	0.01
	台州	0.19	0.01	—

注：以宁波舟山为例，舟山→宁波迁徙指数为0.12，宁波→舟山迁徙指数为0.12，则甬舟之间沟通联系综合指数为0.24。

最后，从工作日和周六周日的差异来看：双休日都市区内人口日均流动规模大于工作日，与工作日相比增长了16%。如工作日宁波与舟山间的迁徙规模指数为0.23，双休日则为0.29。具体而言，与工作日相比，周六、周末全国流入宁波的人口中，来自舟山和台州的比例有所升高；周六、周末全国流入舟山的人口中，来自宁波和台州的比例有所降低；周六、周末全国流入台州的人口中，来自宁波的比例有所升高，来自舟山的比例有所降低（见表18-4）。

表18-4 宁波都市区各城市工作日和非工作日日人口流动占比（2021年6月）

目的地/出发地		出发地					
		宁波		舟山		台州	
		工作日	周六、周日	工作日	周六、周日	工作日	周六、周日
目的地	宁波	—	—	5.41%	5.98%	8.00%	8.21%
	舟山	22.87%	22.72%	—	—	2.81%	2.57%
	台州	16.64%	17.87%	1.08%	1.06%	—	—

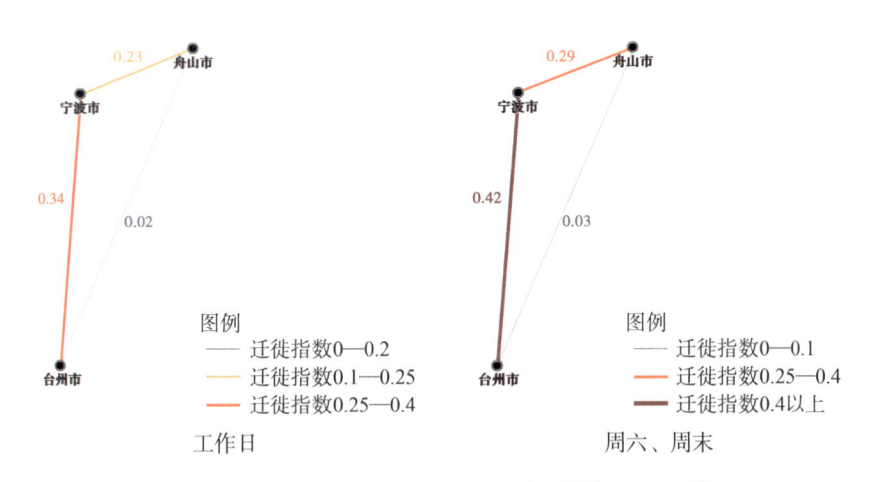

图18-2 宁波都市区各城市间平均跨区域通勤情况（2021年6月）

3. 甬舟两地跨区域通勤状况

2021年6月，舟山日均流入宁波的人口约占全国流入宁波人口的5.56%；宁波日均流入舟山的人口约占全国流入舟山人口的22.83%。

基于百度迁徙地图，宁波舟山间的迁徙规模指数约为0.24，宁波舟山之间的流动规模占两地对外沟通联系总量的8.73%。

(二) 甬舟地区交通可达性分析

交通网络是人口流动的基础条件，同时人口流动的趋势也会促进交通网络的发展，两者相辅相成。本研究通过对甬舟地区的交通网络进行交通可达性分析，进一步验证宁波都市区内部人口流动情况和发展趋势。

从宁波、舟山市中心交通等时圈分析结果看，现状市中心一小时通行圈覆盖率较高（达到85%以上）的区域为宁波市的鄞州区、北仑区、镇海区、江北区，以及舟山市的定海区（见表18-5）。通过七普人口数据对比分析，这几个区的人口数量和密度相对较高，同时是甬舟两市相邻近的区域。

表18-5　现状甬舟市中心一小时交通圈覆盖率分析表

区	县	区域面积（平方千米）	七普人口			现状一小时通行圈	
			人数（万人）	占全市人口比重（%）	人口密度（人/平方千米）	面积（平方千米）	区域覆盖率（%）
宁波市	鄞州区	802.10	158.82	16.9	1980	762.71	95.1
	海曙区	595.44	104.13	11.1	1749	381.67	64.1
	北仑区	615.07	82.94	8.8	1349	554.83	90.2
	奉化区	1277.70	57.75	6.1	452	756.34	59.2
	镇海区	237.20	53.18	5.7	2242	225.66	95.1
	江北区	208.16	48.89	5.2	2349	197.94	95.1
	慈溪市	1324.31	182.95	19.5	1381	477.70	36.1
	余姚市	1444.27	125.40	13.3	868	572.14	39.6
	宁海县	1837.45	69.60	7.4	379	268.11	14.6
	象山县	1394.98	56.77	6.0	407	58.44	4.2
舟山市	定海区	574.52	50.00	43.2	870	494.90	86.1
	普陀区	462.10	38.29	33.1	829	181.20	39.2
	岱山县	326.62	20.80	18.0	637	21.65	6.6
	嵊泗县	97.13	6.69	5.8	689	0.00	0.0

从空间分布上看，宁波市中心一小时通行圈总体呈现中心放射形态，而

舟山市中心一小时通行圈则呈现带状蔓延(见图18-3)。这两个通行圈表现出互相融合的态势,融合区域与两地人口流动的方向是匹配的。这表明在地理格局和地形地貌的制约下,交通网络(道路网及航道)的格局基本成型,并受到要素流动方向的引导而得到强化。

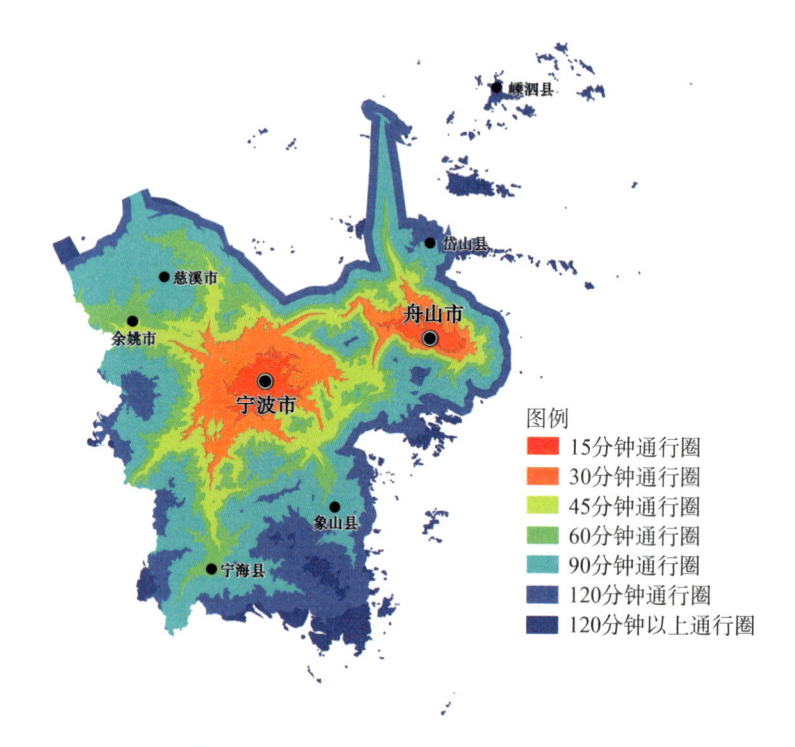

图18-3 现状甬舟市中心交通等时圈分析

(三)基于移动手机信令的甬舟地区职住通勤分析

首先,在居住及工作人口分布方面,2021年6月甬舟区域的居住人口和工作人口分布热力图如图18-4、图18-5所示。具体而言,该月宁波市全市居住人口为963.21万,工作人口为1006.95万,慈溪市、鄞州区、余姚市、北仑区为宁波市居住人口、工作人口最多的区域(见表18-6),居住人口合计占全市居住人口的61.35%、工作人口合计占全市工作人口的62.15%。舟山市全市居住人口为107.7万,工作人口为115.72万,绝大部分居住人口和工作人口均聚集在定海区和普陀区(见表18-7),居住人口合计占全市居住人口的63%、工作人口合计占全市工作人口的63.8%。

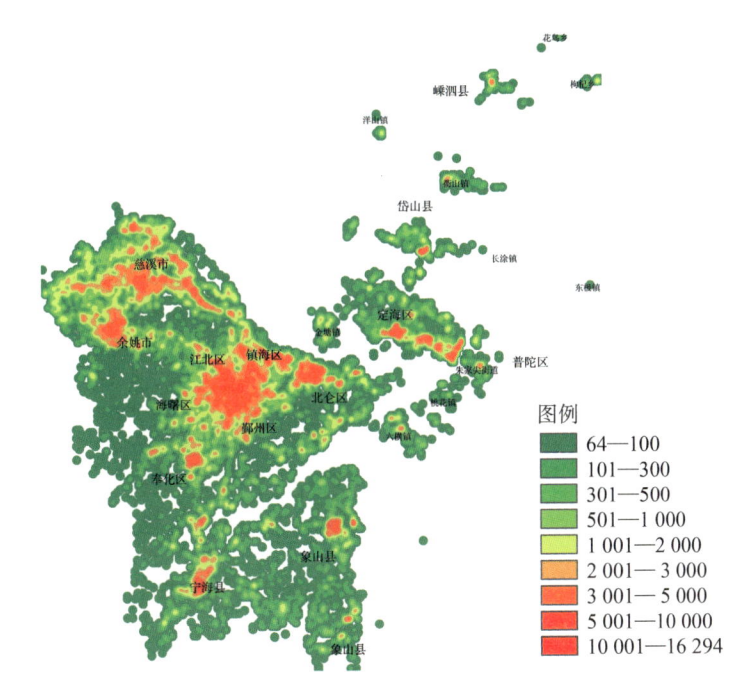

B18　基于人口流动视角的宁波都市区一体化发展测度研究 /301

图 18-4　甬舟地区居住人口热力分布（2021 年 6 月）

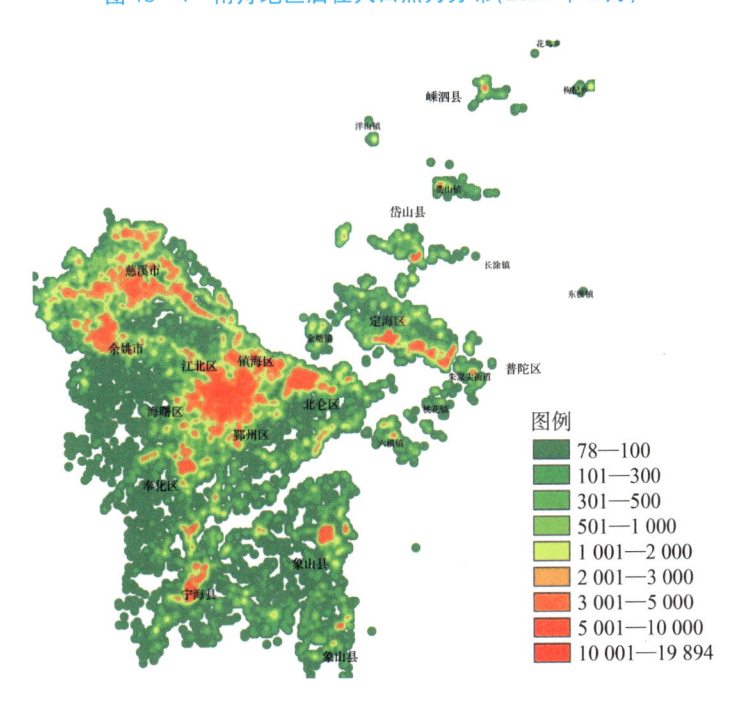

图 18-5　甬舟地区工作人口热力分布（2021 年 6 月）

表 18-6　宁波市各县市区居住人口及工作人口情况(2021 年 6 月)

所处区域	区县名称	居住人口(万人)	居住人口占比(%)	工作人口(万人)	工作人口占比(%)
市辖区	北仑区	103.86	10.78	108.05	10.73
	江北区	52.24	5.42	54.63	5.43
	海曙区	91.76	9.53	89.13	8.85
	鄞州区	169.15	17.56	186.91	18.56
	镇海区	61.49	6.38	63.25	6.28
	奉化区	53.03	5.51	55.68	5.53
外围县市	余姚市	120.91	12.55	126.06	12.52
	宁海县	65.26	6.78	67.86	6.74
	慈溪市	197.08	20.46	204.77	20.34
	象山县	48.43	5.03	50.61	5.03
	总计	963.21	100.00	1006.95	100.00

表 18-7　舟山市各县市区居住人口及工作人口情况(2021 年 6 月)

所处区域	区县名称	居住人口(万人)	居住人口占比(%)	工作人口(万人)	工作人口占比(%)
市辖区	定海区	50.33	46.73	53.48	46.22
	普陀区	35.21	32.69	35.91	31.03
外围县市	岱山县	17.32	16.08	20.37	17.60
	嵊泗县	4.84	4.49	5.96	5.15
	总计	107.7	100.00	115.72	100.00

其次,在职住通勤方面。2021 年 6 月,甬舟两地工作日日均通勤总量为 2964451 人次。其中,宁波市域日均通勤总量为 2723481 人次(居住地在宁波所发生的通勤总量),占比为 91.87%;舟山市域日均通勤总量为 240970 人次(居住地在舟山所发生的通勤总量),占比为 8.13%。宁波市域 2723481 人次的总通勤量中,慈溪市日均通勤量最多,鄞州区次之,余姚区再次;舟山市 240970 人次的总通勤量中,定海区日均通勤量最多,普陀区次之,舟山市辖区通勤量占通勤总量的 80.08%。从单次通勤时间来看,甬舟两地居住和工作人口同城平均通勤时间均约为 45 分钟,45 分钟以内覆盖人口数均约为 60%,两地跨城平均通勤时间约 95 分钟;从单次通勤距离来

看,甬舟两地居住和工作人口同城平均通勤均约为3.5千米,幸福通勤空间范围①(即6千米以内)覆盖人口数均超过80%。

三、人口流动视角下宁波都市区培育中存在的主要问题

(一)宁波都市区外部联系强于内部联系,宁波都市区内部一体化有待加强

从宁波与周边主要城市迁徙联系规模指数的排名情况看,前三名分别为杭州、上海和绍兴,宁波都市区内部的台州和舟山分列第四和第五名。这表明宁波与上海、杭州这些经济较为发达城市的交通往来和人口流动更为密切,而宁波都市区内部主要城市之间的联系相对较弱,尤其是宁波与舟山之间的联系尚弱于宁波与台州的联系。

同时,在所有的跨城(地级市)流动中,杭州都市区内各城市间的跨城流动占该都市区流动迁徙总量的38.13%,而宁波都市区内各城市间的跨城流动仅占该都市区流动迁徙总量的16.42%。可以看出杭州都市区内部的人口跨区域流动远远高于宁波都市区,杭州都市区内部跨区域流动更为频繁。

以甬舟之间的同城化联系与上海-苏州、广州-佛山等同城化区域进行对比分析,甬舟间迁徙规模指数为0.24,上海、苏州间为3.2,广州、佛山间为2.2;从各同城化区域内部流动规模占同城化地区对外沟通联系总量的比值来看,甬舟地区为8.73%,上海与苏州间为25.07%,广州、佛山之间为38.03%。甬舟地区无论是流动规模,还是流动比例,均远远落后于其他两个同城化区域。

(二)现状交通网络对人口跨区域流动支撑不足

从宁波市一小时通勤圈的形态看,往慈溪、余姚、象山、宁海等方向呈指状延伸;而往舟山方向则呈扇形展开(见图18-6)。从舟山市一小时通勤圈的形态看,总体上呈狭长带状,向宁波方向指状延伸(见图18-7)。可以看

---

① "通勤距离"与幸福体验息息相关。通勤距离短的居民有更合理可控的通勤时间和更多样的交通选择,有更好的通勤体验。本研究结合宁波和舟山通勤实际情况,将小于等于6千米的通勤距离定义为幸福通勤距离。

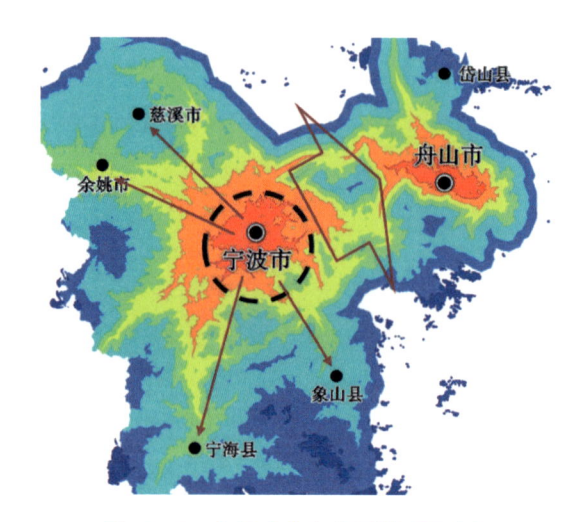

图 18-6　宁波市中心交通等时圈分析

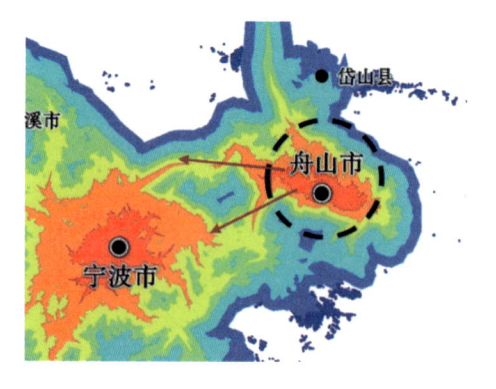

图 18-7　舟山市中心交通等时圈分析

出,无论宁波还是舟山,相邻区域交通网络的便捷性和密度更高。

同时,从宁波市和舟山市通勤圈的融合情况看,两地一小时通勤圈的外缘基本融合;半小时通勤圈的外缘也十分接近,最短距离约 20 千米。

以上分析表明,甬舟两地之间的交通网络为促进两地人口流动提供了必需的条件,并表现出两地同城化发展已呈现出一定的态势。

甬舟地区的交通路网格局受到地形和海域的制约十分明显,目前只有海陆各一条通道。甬舟两地通行圈最接近的位置在甬舟高速公路跨海大桥上。该通道以高速公路为主,也是目前陆运交通唯一通道,未来再进一步提升通行速度的可能性已经很小。甬舟两地通行圈另一处较为接近的位置在舟山海峡,为舟山鸭蛋山至宁波白峰车客渡航,是陆运交通的重要补充。

因此,在无法改变现有交通网络的情况下,对加强包括甬舟两地在内的宁波都市区人口流动和联系是难以实现的。

(三)甬舟地区以市域内部流动为主,但宁波和舟山呈现不同的职住通勤特征

1. 宁波舟山跨城通勤联系不强,以市域内部流动为主

根据移动手机信令数据,2021年6月宁波和舟山两市工作日日均通勤总量为2964451人次。在两地所有的职住通勤行为中,以市域内部流动为主,宁波和舟山间的日常跨城通勤极少,工作日平均仅有211人次,不足两地通勤总量的万分之一。甬舟两地各县市区跨区职住通勤情况如图18-8所示。根据与宁波、舟山相关政府部门的座谈,主要原因在于交通通道单一

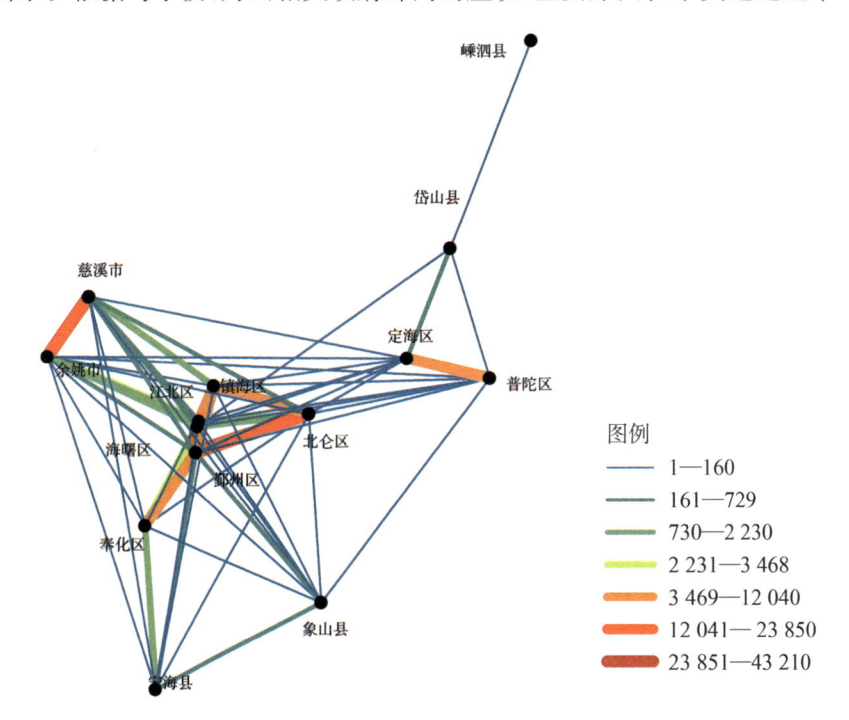

图18-8 甬舟两地各县市区间跨区职住通勤联系(2021年6月)

和舟山跨海大桥收费不合理。除海运交通外,目前宁波市和舟山市之间仅有1条跨海通道(舟山跨海大桥),两地间的交通联系绝大部分依托于该通道;舟山跨海大桥单次通行收费100元,对宁波和舟山两地市民无优惠,如工作日通勤自驾往返宁波、舟山两地,则仅单日过路费就需200元,月度通勤成本过高。

2. 宁波:呈现"一核多极"网络化的职住通勤结构,余慈一体化特征显著

2021年6月份,宁波市居住人口工作日日均发生2 723 481人次职住通勤。其中,宁波市域内通勤2 723 339人次,与舟山市的跨城通勤142人次,以市域内部流动为主。在宁波市域内的通勤行为中,有55.73%的通勤行为为市辖区内部通勤,有43.52%的通勤行为为外围县市间的通勤,仅有0.75%的通勤行为为市辖区和外围县市的通勤,说明宁波市辖区和外围县市间的通勤联系尚不密切。

对居住地在宁波人口的跨区通勤情况进行分析,可以发现跨区通勤主要发生在市辖区与市辖区、余姚与慈溪以及余姚与市辖区之间(见图18-9、图18-10),在通勤联系上总体呈现"一核多极"网络化的发展特征("一核"指宁波市辖区,"多极"指余姚和慈溪),差异于传统中心地理论中的"点-轴""核心-边缘"体系。这与部分学者认为"长三角空间组织同时具有场所空间和流动空间双重特征"的结论相符。具体而言,发生在宁波市域内的跨区通勤,主要集中在海曙区、鄞州区、江北区三地以及余姚和慈溪间的双线通勤互动,TOP 5的热门跨区通勤流动线路为海曙→鄞州、鄞州→海曙、江北→鄞州、鄞州→江北以及海曙→江北,慈溪→余姚和余姚→慈溪分别排第九和第十。同时可以发现,奉化区虽已并入宁波市辖区,但和宁波主城间的沟通联系仍有待加强,宁海、象山两县和宁波主城以及周边县市的日常通勤联系较为薄弱。

3. 舟山:以市辖区内部通勤为主,市辖区与外围县市的通勤联系较弱

2021年6月,舟山市居住人口工作日日均发生240 970人次职住通勤。其中舟山市域内通勤240 901人次,与宁波市的跨城通勤69人次。在舟山市域内的通勤行为中,有79.99%的通勤行为为市辖区内部通勤,有

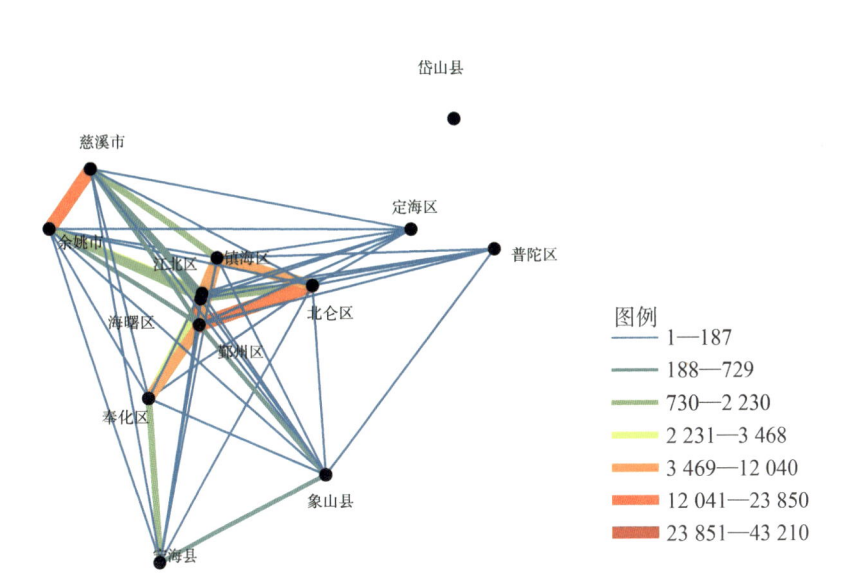

B18 基于人口流动视角的宁波都市区一体化发展测度研究 /307

图例
1—187
188—729
730—2 230
2 231—3 468
3 469—12 040
12 041—23 850
23 851—43 210

图 18-9　居住地在宁波人口的跨区职住通勤联系(2021年6月)
注:该图仅展示各县市区间跨区的职住通勤联系,各县市区内部的通勤情况未展示。

居住地	同城通勤									跨城通勤				工作地
象山县	18	42	9	22	125	13	2	297	1	121 330	2			
慈溪市	160	7	427	183	337	1 551	16 536	2	538 810	2	2			
宁海县	54	2 230	25	43	152	15	3	156 389	3	289				
余姚市	43	20	2 470	1 642	398	87	335 701	2	15 782	3	2			
镇海区	7 750	122	8 809	2 764	12 040	129 940	96	19	1 698	15	26	1		
鄞州区	22 926	6 896	22 109	38 153	392 616	11 357	406	183	507	218	30	2		
海曙区	1 905	3 468	21 255	187 643	43 210	3 197	1 335	52	336	51	8	1		
江北区	2 103	448	100 859	20 226	23 850	9 112	2 152	28	729	23	8	1		
奉化区	131	136 164	363	3 204	6 604	107	23	2 230	16	46				
北仑区	272 663	120	1 658	1 243	21 279	7 336	44	55	187	35	41	18		
	北仑区	奉化区	江北区	海曙区	鄞州区	镇海区	余姚市	宁海县	慈溪市	象山县	定海区	普陀区	岱山县	嵊泗县

图 18-10　居住地在宁波各县市区人口的职住通勤情况(2021年6月)

19.87%的通勤行为为外围县市间的通勤,仅有326人次(0.14%)的通勤行为为市辖区和外围县市的通勤。这说明舟山市域内居住人口的职住通勤主要还是发生在市辖区(普陀区、定海区)内,同时受海域分割和现状交通限制,市辖区和外围岱山县、嵊泗县的通勤联系极少。

对居住地在舟山人口的跨区通勤情况进行分析,可以发现跨区通勤主要发生在市辖区内,在通勤联系上呈现出明显的单中心模式(见图18-11、图18-12)。具体而言,发生在舟山市域内的跨区通勤,TOP3的热门跨区通勤流动线路为普陀→定海、定海→普陀,以及定海→岱山。前两条线路的日均通勤人次分别为9 336和8 451。定海→岱山线路虽然排名第三,但通勤人次只有185,仅占普陀→定海线路通勤量的20%。

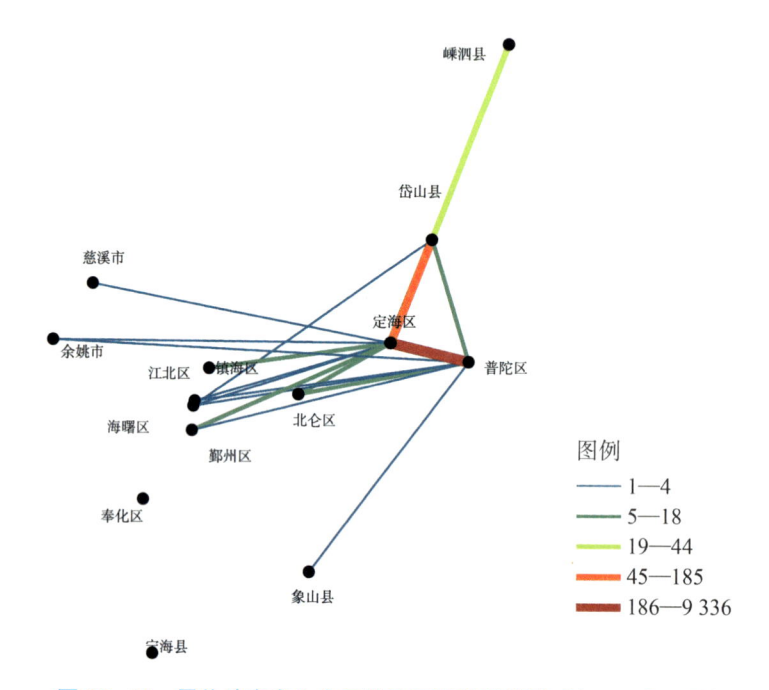

图18-11 居住地在舟山人口的跨区职住通勤联系(2021年6月)

注:该图仅展示各县市区间跨区的职住通勤联系,各县市区内部的通勤情况未展示。

居住地	同城通勤				跨城通勤								
嵊泗县			38	6651									
岱山县	117	10	41145	44			1						
普陀区	9336	67253	14	0	13	1	1	1	1			3	
定海区	107657	8451	185	0	18		3	4	12	7	3	1	
	定海区	普陀区	岱山县	嵊泗县	北仑区	奉化区	江北区	海曙区	鄞州区	镇海区	余姚市	宁海县	慈溪市	象山县	工作地

图18-12 居住地在舟山各县市区人口的职住通勤情况(2021年6月)

四、宁波都市区一体化发展建议

(一) 协同构建区域快速交通网络

由于宁波与台州之间的高速公路网络已经相对成熟,而宁波、舟山、上海的交通联系是宁波都市区交通网络的主要短板。因此,建议未来以甬舟交通一体化建设为核心,协同构建区域快速交通网络。具体而言:

第一,在宁波大都市区构建"一主-三连-一环"的区域快速交通网络结构。一方面预留沪甬舟跨海大通道,加强宁波都市圈向北与上海的复合交通廊道联系;另一方面,结合交通联系方向和交通等时圈分析结论,在空间毗邻地区构筑"北线""中线""南线"三条快速交通通道,联系宁波和舟山主城区,远景构筑甬舟高速环线。

第二,减免甬舟跨海大桥通行收费,或对甬舟两地汽车牌照出台优惠政策,降低甬舟两地通勤费用成本。

第三,在舟山海峡两侧新建客运码头,完善甬舟水路联系通道,为两地市民提供多种出行方式选择。

(二) 谋划公共服务领域同城化合作和体制机制创新

本研究认为一体化的核心在于人,需关注人本视角和市民需求,以甬舟两地城市公共服务均衡普惠、整体提升为导向,重点谋划体制机制创新和公共服务领域的深入合作,加快都市区内部城市公共服务、社会保障、社会治理的一体化进程。具体包括同城化待遇机制(户籍限制放宽,教育医疗、购房租房同等或接近同等待遇)、资源共享机制(都市圈公交一卡通、公服设施共享、医保社保数据互通)、公众参与机制、规划协同机制(总体规划协同、毗邻地区详细规划协同)等。

五、结论与建议

本研究从人口流动的视角对宁波都市区一体化发展情况进行测度发现:宁波都市区外部联系强于内部联系,都市区内部一体化发展有待加强;

现状交通网络对人口跨区域流动支撑不足;宁波、舟山跨城通勤联系不强,以市域内部流动为主;宁波整体呈现"一核多极"网络化的职住通勤结构,余慈一体化特征显著;舟山以市辖区内部通勤为主,呈现明显的单中心模式。

当前,长三角地区网络化发展的态势愈发明显,上海、南京、杭州等传统中心城市均开始在区域交通条件、创新创业服务、高端商业贸易等领域发力,试图在未来区域竞争格局中谋求更大机遇,围绕中心城市的各大都市区建设也具有重要的战略作用。宁波都市区是浙江省四大都市区之一,其优化发展对于浙江省参与全球区域竞争、完善长三角南翼经济布局具有重要意义。

不过,从上文分析来看,宁波都市区一体化发展程度仍然不高,宁波作为都市区中心城市的引领作用仍有待提升。未来应分别从协同构建区域快速交通网络和优化区域一体化体制机制建设两大方面发力,进一步整合资源,形成集群竞争优势,显著提升宁波都市区核心城市的区域职能和辐射能力,同时加强宁波都市区内部人流、物流、信息流联系,形成真正具有实际意义的"宁波都市区"。此外,受相关数据获取的制约,本研究重点聚焦于宁波和舟山之间,有关都市区层面更为体系化的全面梳理分析还有待继续完善。

参考文献

[1] 蒋自然,曹卫东,王成金,等.基于势能联系模型的区域潜在经济关系研究——长三角26个城市的实证分析[J].地理科学,2020,40(12):1967-1977.

[2] 李世奇,朱平芳.长三角一体化评价的指标探索及其新发现[J].南京社会科学,2017(07):33-40.

[3] 李哲睿,甄峰,傅行行.基于企业股权关联的城市网络研究——以长三角地区为例[J].地理科学,2019,39(11):1763-1770.

[4] 刘志彪,孔令池.长三角区域一体化发展特征、问题及基本策略[J].安徽大学学报(哲学社会科学版),2019,43(03):137-147.

[5] 全波,李鑫.面向京津冀一体化的天津区域交通发展策略研究[J].城市规划,2014,38(08):15-22.

[6] 施澄,田琳,程遥.短期人口流动视角下的长三角城市群空间组织研究——基于手

机信令数据对出行数据识别的实证[J].城乡规划,2020(06):105-115.

[7] 王垚,钮心毅,宋小冬.基于城际出行的长三角城市群空间组织特征[J].城市规划,2021,45(11):43-53.

[8] 王垚,朱美琳,王勇,等.全球功能要素流动视角下长三角城市群空间组织特征与规划响应[J].规划师,2021,37(17):59-67.

[9] 吴群刚,杨开忠.关于京津冀区域一体化发展的思考[J].城市问题,2010(01):11-16.

[10] 叶磊,段学军,吴威.基于交通信息流的长三角地区网络空间结构及其效率研究[J].地理研究,2016,35(05):992-1002.

[11] 赵玉萍,汪明峰,唐曦.长三角一体化背景下的城市空间联系与规划——基于风险投资活动的研究[J].城市规划,2020,44(06):55-64.

B19 南京都市圈交通发展战略研究

於昊 彭佳 吴爱民

（南京市城市与交通规划设计研究院股份有限公司）

摘　要：南京都市圈战略地位重要，在面向高质量发展、提升整体实力和竞争力进程中，需要加强都市圈交通发展战略谋划，适应新时期区域一体和同城交通发展态势，推进都市圈交通网络融合化、交通运行一体化、交通服务同城化。本研究通过分析南京都市圈交通发展成就与面临挑战，从开放、集约、协同、高效、绿色五个维度，制定交通规划战略目标并构建指标体系，提出网络融合、体系共建与同城服务等方面的六大战略任务。

关键词：都市圈；综合交通；发展战略；网络融合；体系共建；一体服务

一、研究背景

2021年2月，国家发展改革委批复同意了《南京都市圈发展规划》，这是第一个由国家层面批复同意的都市圈发展规划。从1986年"南京区域经济协调会"至2000年南京都市圈概念正式提出，再到2021年南京都市圈进一步扩容增员，回顾20年来的发展历程，南京都市圈在经济协调、产业统筹、空间协同、交通一体、协商共建等方面始终走在前列。

迈向新时代，南京都市圈区位进一步得到增强，是承东启西、辐射中西部的重要门户型都市圈，区位优势明显。当前，南京都市圈已呈现较清晰的圈层特征，城市间人流、物流、资金流流动更加密切。新的规划对产业协作、一体化同城化也提出更高要求，本研究将探索南京都市圈如何构建面向全球的交通枢纽体系,更广泛地参与国际竞合和推进双循环发展;构建结构合理、功能完善、运行高效的交通体系和运输网络,实现南京都市圈内部交通设施快连快通、交通服务一体化同城化建设等重要课题。

二、南京都市圈交通发展特征

交通一体化是经济一体化、空间一体化的基础和前提条件,实现紧密高效的交通联系是都市圈发展的必由之路。历经20年发展,南京都市圈的交通需求、交通联系日益旺盛。以高速骨干铁路、高速公路、机场和长江黄金水道为主的综合交通网络对城市产业发展、商务联系引导支撑作用显著,城市间呈现出高频次、短距离、规律性的都市圈出行特点。

(一)南京都市圈发展概况

根据《南京都市圈发展规划》,南京都市圈由以江苏省南京市为中心、联系紧密的周边城市共同组成,面积2.7万平方千米,常住人口约2000万。规划拓展范围为南京、镇江、扬州、淮安、芜湖、马鞍山、滁州、宣城8市全域及常州市金坛区和溧阳市,总面积6.6万平方千米。南京都市圈社会经济与人口发展的特征之一是经济发展水平较高。2021年南京都市圈实现地区GDP4.67万亿元,人均地区生产总值超过13万元,占全国比重为4.1%,占长三角的16.9%。特征之二是覆盖人口众多,城镇化水平发达。2021年南京都市圈常住人口达3548.3万人,常住人口密度为544人/平方千米,其中宁镇扬地区人口密度最大。2021年南京都市圈城镇化率达74.0%。

(二)南京都市圈交通发展成就

一是通达全球的综合交通枢纽及航线初步建成。南京都市圈国际航空航线开辟稳中有进,覆盖国际及港澳台地区41个城市;港口集装箱航线通达性不断提升,形成了近洋航线直达日本、韩国主要港口,远洋航线对接上海、宁波,辐射全球的网络布局;国际班列稳步推进,陆续开通了南京至欧洲7条班列、"芜西欧"等中欧班列。

二是辐射影响长三角乃至全国的能力不断提升。南京都市圈对外铁路运输网络日趋完善,与全国及长三角基本实现高快速铁路通达,构建形成以南京为中心的"一环、两跨、八线"铁路网格局,基本覆盖了主要对外联系方向,"米"字型干线铁路网络基本成型;南京都市圈公路网通达性显著增强,与连云港、南通、上海、杭州、常州、芜湖、马鞍山、合肥、蚌埠等主要方向实现全面连通。

三是交通网络与运输服务水平不断提高。南京都市圈干线铁路连通率为74%,南京与镇江、扬州、芜湖、马鞍山、滁州等市实现高铁或动车1小时直达。首条跨市轨道S6宁句城际率先实现都市圈轨道共建;南京都市圈相邻城市之间基本形成以1条以上高速公路联通,若干条高等级公路为补充的干线公路体系。客货运输服务不断优化,陆续开通空巴联运、高铁接驳、旅游包车等定制运输服务。

四是毗邻都市区同城化通勤出行服务逐步实现。南京都市圈毗邻地区已贯通高等级道路69条,其中南京与周边城市毗邻道路贯通34条,初步实现互联互通格局;南京与周边城市累计开通毗邻公交线路35条。其中,南京通往镇江、扬州、滁州、马鞍山、宣城等5个毗邻地区线路有19条;与南京毗邻的12个县(区)中已有10个县(区)开通与南京的毗邻公交,覆盖率达83.3%。

(三)南京都市圈交通发展挑战

一是中心城市核心枢纽能级不强,国际性有待提升。禄口国际机场客运吞吐量和出入境客流量两项航空服务指标均弱于同级别城市,国际航线结构尚待优化,机场集疏运方式单一、空铁联运尚未实现,对都市圈城市辐射主要以公路联系为主。港口方面,区位优势未充分发挥。江南岸港口资源丰富,但跨区域合作开发机制需加强,缺乏统筹协调;南京港外贸吞吐量不如南通港、太仓港,增速仅为镇江港的1/4、江阴港的1/10、沿江港口平均增速的1/2。中欧班列发展相对滞后,铁路货运量排名靠后,缺乏规模较大的多式联运枢纽,中欧班列运行总量在江苏占比仅为13.06%,规模效益还有待提升。

二是区域通道辐射链接存在短板,空间发展不均衡。对外高铁大通道仍需补强，以南京为中心的都市圈与海西城市群、中原城市群、渤海湾地区尚未实现直通的高铁联系。铁路货运通道不足，部分线路资源紧张，西向货运通道较少，与中西部地区联系不足。

三是交通设施供给协同弱，网络化水平不高。南京都市圈内部设施供给侧协同和运营侧网络化存在短板。结构性方面表现为公路水路联系较强，但市域（郊）铁路S线联系弱、效率低，平均满载率低于15%，运营速度、上座率有待提升；体系性方面表现为枢纽之间功能协调弱、合作弱、联运弱；组织性方面表现为断头路、瓶颈路、路网等级不对应等；部分高速公路、国省干道交通饱和度偏低，存在供给失衡状况。

四是毗邻都市区协商共建发展慢，同城化需再加速。南京都市圈城市间通勤规模相对较小，与南京跨界通勤联系较为紧密的镇江、马鞍山、滁州等毗邻都市区的用地布局与交通协同发展水平亟待提高。市域（郊）铁路与都市通勤圈构建差距明显，代表都市圈特性的通勤交通尚处于初期自发模式，产业融合、通道建设仍有待强化，跨域设施与服务分割，圈层构建、枢纽引流及集约化出行模式尚需引导。

三、南京都市圈交通发展战略目标

（一）南京都市圈交通发展趋势

南京都市圈地理位置连南接北、承东启西，是长三角带动东西部地区发展的重要传导区域，是长三角世界级城市群的重要发展极。

第一，南京都市圈区位优势明显，处于京津冀-长三角主轴、长三角-成渝主轴、长三角-粤港澳主轴交会处，应积极响应国家战略要求，更高质量发展综合交通体系，支撑都市圈整体竞争力和国际影响力的提升，重点构建国际性综合交通枢纽，开通国际航空航线、近远洋海运航线、国际铁路班列。

第二，《南京都市圈发展规划》明确未来南京都市圈空间格局为一极两区四带多组团，需关注南京都市圈多层次交通网络对空间格局的引导。一是结构优化，以"八向"区域大通道强化"四带"发展轴，提升区域辐射能级，以"十廊"交通走廊引导南京都市圈层面空间结构优化；二是功能提升，积极发展南京都市圈轨道交通网络，提升骨干道路与航道功能；三是网络融合，在中心城市主要放射骨架廊道基础上,结合区域交通通道建设,积极培育加强"多组团"之间相互联系,形成南京都市圈基础设施网络化格局。

第三,南京都市圈同城化地区是未来南京都市圈发展的重点,面对日益增长的同城化客、货运输需求,如何打造人享其行、物畅其流的交通运输服务体系是关键问题。一是推进各种运输方式的融合发展,推进交通基础设施网络和服务网络、信息网络的融合发展,推进南京都市圈各市交通协调发展,推进交通运输与旅游业、现代制造业、快递物流业、现代物流业的融合发展。二是加强高质量发展,推进安全发展、智慧发展、绿色发展,提升交通运输的服务水平。

第四,南京都市圈生态本底资源极其丰富,构建低碳绿色的都市圈综合交通体系与模式是永恒的主题。重点构建以轨道等公交枢纽为核心的城镇空间布局,推动"轨道上的都市圈"的建设。发展集约式公共交通、新能源交通,促进交通模式向绿色、低碳的交通出行模式转变。

(二)南京都市圈交通发展愿景与目标

南京都市圈交通发展战略愿景是:共建国际门户交通枢纽群、共融现代化综合立体网络、共享高质量一体运输服务。

面向2035年,力争建成"开放、集约、协同、高效、绿色"的一体化现代综合交通体系。

表19-1　　　　　　　南京都市圈交通发展2035年主要指标

指标属性	指 标 内 容	目 标 值
开放	国际航线数量	≥100条
	禄口国际机场旅客吞吐量全球排名	前50名
	重要贸易国家和地区民航通达率	90%
	国际航空客运量占比增加	>25%
集约	主要客流走廊轨道交通覆盖率	100%
	重要枢纽港城、站城融合发展比例	100%
	重要贸易国家和地区海运通达率	100%
	重点港区铁路进港率	100%

续表

指标属性	指标内容	目标值
协同	轨道交通线路区县覆盖率	100%
	都市圈骨干通道协同发展	100%
	打通跨界断头路、瓶颈路段扩容	100%
	都市圈各城市至南京1小时通达率	100%
高效	40千米圈层1小时通勤出行可达占比	≥95%
	高等级公路网15分钟可达	100%
	物流费用占地区生产总值比例	<8%
绿色	都市圈各城市交通碳达峰	2030年
	主要客流走廊轨道交通出行分担率	≥50%
	都市圈各城市中心城区绿色出行分担率	≥75%
	交通基础设施绿色化建设比例	≥95

（三）规划思路

面向不同空间层次（长三角及周边区域、南京都市圈、跨界协作都市区），对应不同空间尺度及运输服务目标，提出相适应的交通服务、枢纽体系、网络通道等要求。

第一，长三角及周边区域，构建更具链接力、连通度的枢纽机场、国家级高铁枢纽、区域港口群，构建、对接、融合区域交通运输大通道，提升南京都市圈国际、国家层面的竞争力，实现中心城市1小时站-站通达。

第二，南京都市圈层面，构建服务层级更加明确的枢纽体系及多层次交通网络，完善对空间组织模式的引导，实现至中心城市1小时门-站通达。进一步优化主要枢纽区用地功能配置，确保主要枢纽区可享受同城化服务。促进多式联运，优化运输结构优化，实现低碳绿色发展。

第三，跨界协作都市区层面，着力破解当前南京都市圈毗邻的城镇组团地区交通链接不足的问题，优化城市客运换乘中心与公共中心体系协同关系，构建以轨道交通跨界通勤为主体的绿色出行示范区。统筹南京都市圈货运物流配送节点布局，构建都市圈绿色配送体系。

表19－2　　　　南京都市圈分层次交通体系发展视角及关注重点

空间层次		长三角及周边区域	都市圈	跨界协作都市区
空间尺度		300千米	100千米	40千米
研究视角		长三角国家战略,区域一体化	提升都市圈整体实力和竞争力	空间、产业、交通紧密协作区
交通特性		1日商旅交流圈,至中心城市1小时站-站通达	半日便利生活圈,至中心城市1小时门-站通达	紧密通勤圈,至中心城市1小时门-门通达
关注重点	枢纽体系	推动国际门户枢纽能级提升,提升都市圈全球链接力	枢纽体系、服务层级和组织模式优化,提升辐射水平	城市客运换乘中心与公共中心体系协同优化,用地联动开发
	通道网络	畅通区域交通运输大通道,提升城市群内联外通水平	骨干交通通道网络化架构,提升空间效率和韧性,衔接重要节点	多层次交通网络互联互通与贯通运营,重视指状廊道引导发展
	运输服务	国际国内旅客运输可达性与便利性	城际间出行一体快速畅达,全域公交服务	高品质同城化、通勤化绿色出行服务
		航空货运、中欧班列、近远洋航线规模效率提升	多式联运、都市圈一体化物流平台与物流服务	同城化运输、绿色配送

四、南京都市圈交通发展战略任务

(一)共筑国际门户枢纽群

南京都市圈加快构建功能互补、互联互通、协同共享的都市圈国际门户枢纽群。提升中心城市空港、海港、陆港能级和地位,推动"三港联动";禄口空港积极参与共建长三角国际航空枢纽群,依托高铁网、轨道网和高速公路网提升辐射力和可达性,与南京都市圈各城市空港构建层次丰富的空港枢纽群;提升国际性航运物流中心地位,共建江河海联动航运中心,一体化配置南京都市圈港口资源,积极推进南京港与中上游港口城市间外贸中转业务,加强城市间口岸合作,形成更强的南京都市圈港口群辐射能力。统筹高铁枢纽体系建设,实现南京都市圈高铁服务全覆盖;积极拓展亚欧国际班列规模,主动推动"一带一路"共建。

（二）共筑八向骨架大通道

强化八向骨架大通道建设，加强铁路、公路、航道统筹规划建设，形成以南京为中心，以沪宁、宁杭、宁宣黄、宁安九、宁合、宁蚌、宁淮连、宁通等"八向"为射线的大通道，强化与京津冀、上海都市圈、粤港澳大湾区、成渝地区双城经济圈等国内主要城市群、都市圈的联系。每条通道由至少以1条高速铁路、1条普速（或城际）铁路、1条高速公路、一条国道为骨干以及长江、芜申运河等骨干航道组成。

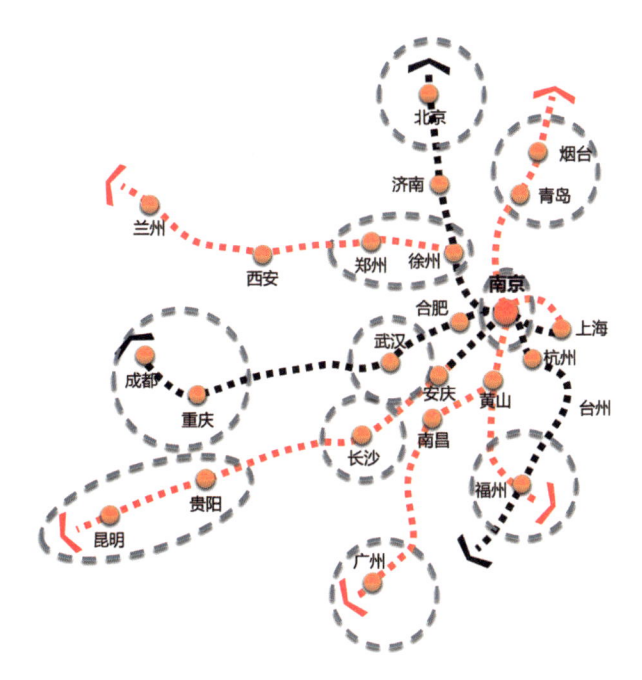

图 19-1 南京都市圈八向骨架大通道构想示意

（三）共建轨道上的都市圈

统筹干线铁路、城际铁路、市域（郊）铁路、城市轨道建设，强化不同模式轨道交通换乘衔接，优化轨道枢纽站点布局，全面提升轨道交通服务水平，逐步形成以轨道交通为主的公共交通出行方式，打造互联互通、便捷通勤的轨道上的南京都市圈。

一是加快推动轨道交通"四网融合"。加强一体化衔接，鼓励多线多点换乘，完善多种交通方式无缝衔接，统筹协调系统制式，推动具备条件的跨线直通运行,推动轨道交通网络、通道、枢纽融合。

二是加快推动主要枢纽站城一体化发展。以南京都市圈内主要枢纽站为重点,健全枢纽与周边用地协同发展机制,促进枢纽和城市功能融合,强化枢纽片区中心能级,打造站城融合新增长极。

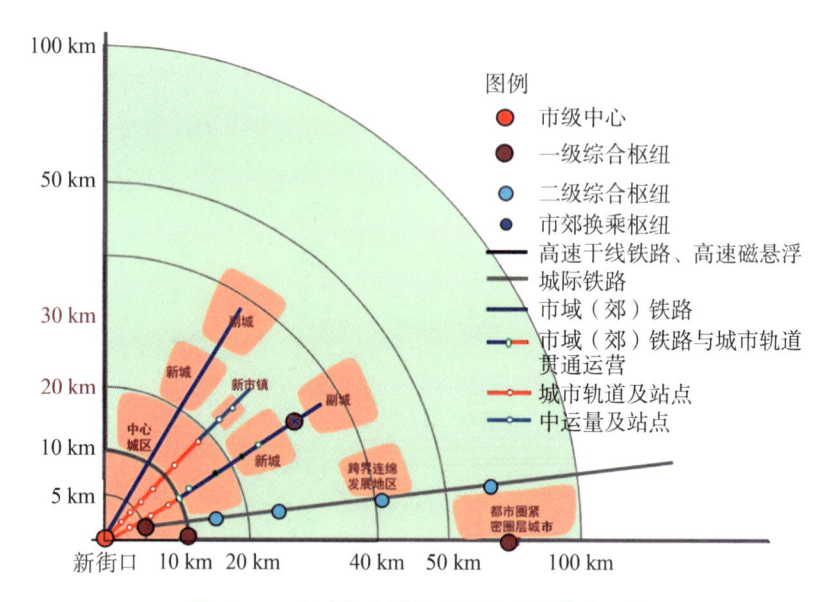

图 19-2 南京都市圈轨道交通发展模式示意

(四)完善综合立体交通网

发挥南京都市圈公铁水空管多种运输方式齐备的优势,构建完善的南京都市圈综合立体交通网,提升综合物流运输效能,为高端电子、先进制造业、高端装备、重要能源化工等国际性、区域性运输需求旺盛的产业创造更具优势的发展条件。

一是充分发挥南京都市圈河流密布、航道天然成网的独特优势,推动南京都市圈海港、江港、内河港分工合作、协同发展,提升水水、铁水联运水平,提升集装箱铁水联运比重,大力降低南京都市圈物流运输碳排放和运输成本,支撑打造南京都市圈国际性航运物流中心体系。

二是布局完善"环+放射"骨架公路网络,构建南京都市圈环线高速公路,串联广域空间,实现环内交通的网络化、复合化、绿色化、智慧化、一体化发展,按需推动高速公路繁忙路段扩容改造,持续提升南京都市圈放射走廊通行能力。

三是深化中心城市跨界毗邻地区通道衔接,消除"断头路"。南京都市圈跨界组团主要分为两种类型,分别是城镇组团跨界地区、郊野组团跨界地区。两种类型在用地布局特征、交通需求特征上有显著差异。

城镇组团跨界地区的用地布局呈现连绵化发展趋势,组团间城镇开发边界间距较小甚至无缝衔接;组团间以通勤、商务客流为主,应当依托南京都市圈放射性交通走廊,按照一个城镇组团的结构深化交通网络构建。郊野组团跨界地区的用地布局呈现跳跃式发展特征,组团间以大量生态空间隔离,以休闲、旅游跨域客流为主,应注重共同保护山水资源,组团联系以高等级道路为主,以风景路为主服务美丽乡村、风景区。

表 19 - 3　　　　　　南京都市圈跨界组团分类特征分析

组团类型	城镇组团跨界地区	郊野组团跨界地区
用地布局特征	城镇建设连绵化发展	组团跳跃式发展,组团间大量生态空间隔离,组团间相对独立
交通需求特征	组团间通勤、商务客流为主	休闲、旅游客流为主
典型地区	仙林-宝华、龙潭-下蜀-高资、汤山-句容-黄梅、湖熟-郭庄、滨江-慈湖	龙袍-枣林湾、浦口-乌衣-汊河
设施规划配置原则	组团间开发边界间距小于2千米,应加强路网衔接,在骨架干路贯通基础上,进一步增强次级路网衔接	组团间开发边界间距超过2千米,应注重共同保护山水资源,组团联系以高等级道路为主,以风景路为主服务美丽乡村、风景区

综合考虑跨界地区人口分布、建设用地、功能定位、组团间距类型,确定不同等级组团之间关系类型,分为强强、强弱、弱弱联系,差别化制定通道布局模式指引。

表 19 - 4　　　　南京都市圈典型跨界组团间道路设施配置指引

南京	其他城市	组团间距	组团关系	设施配置
仙林	宝华	连绵	强强	高等级通道＋布局合理的城市道路
汤山	句容、黄梅	连绵	强弱	高等级通道＋布局合理的城市道路

续表

南京	其他城市	组团间距	组团关系	设施配置
汤泉	南谯	跳跃	弱弱	高等级通道+保障通达的低等级道路
顶山	汊河	跳跃	弱弱	高等级通道+保障通达的低等级道路

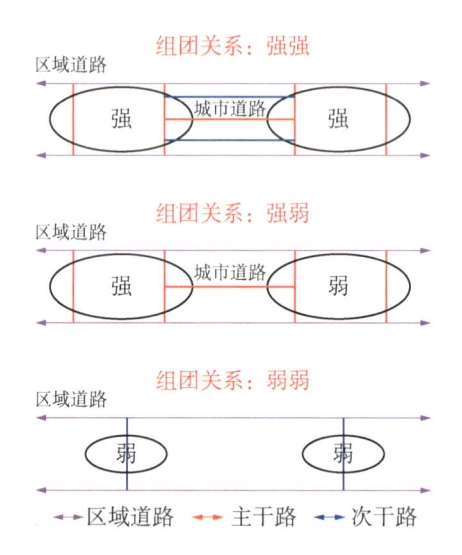

图19-3 南京都市圈跨界地区组团间道路设施配置指引

(五)共享同城化出行服务

建立都市圈"十廊放射"复合交通走廊,依托走廊复合一体化的铁路与城市轨道、一体化的公路与城市道路,强化南京与周边城市的联系,支撑南京都市圈区域交通融合与经济发展,引领主要城镇空间沿十向"指状"走廊集聚轴向组团发展。

推动南京都市圈城际公交网加密和换乘中心构建,逐步优化城际客运票价体系,全面推行联网售票一网通和交通一卡通。深入推进"多网融合",打造"全域公交",推进"轨道交通、中运量公交、常规公交、城际公交、弹性公交"全域全覆盖的一体化公交服务体系。

推动公路客运高效衔接,构建南京都市圈环线高速公路,积极推进环内高快速一体化路网及同城化生活圈建设;打造"通道+枢纽+网络"物流运行体系,大力发展铁水、公铁、空铁、江河海联运和"一单制"联运服务,构建同城化物流圈。

促进交通旅游深度融合,依托长江、各地名河、名湖、名山等丰富的蓝绿资源,共同打造一批高品质休闲度假旅游区,开展多种形式的旅游联合推广活动。协同打造南京都市圈旅游绿道系统,包括镇江、扬州、南京、马鞍山、芜湖沿长江绿道共建,南京、句容接边地区名山、名水绿道共建等。

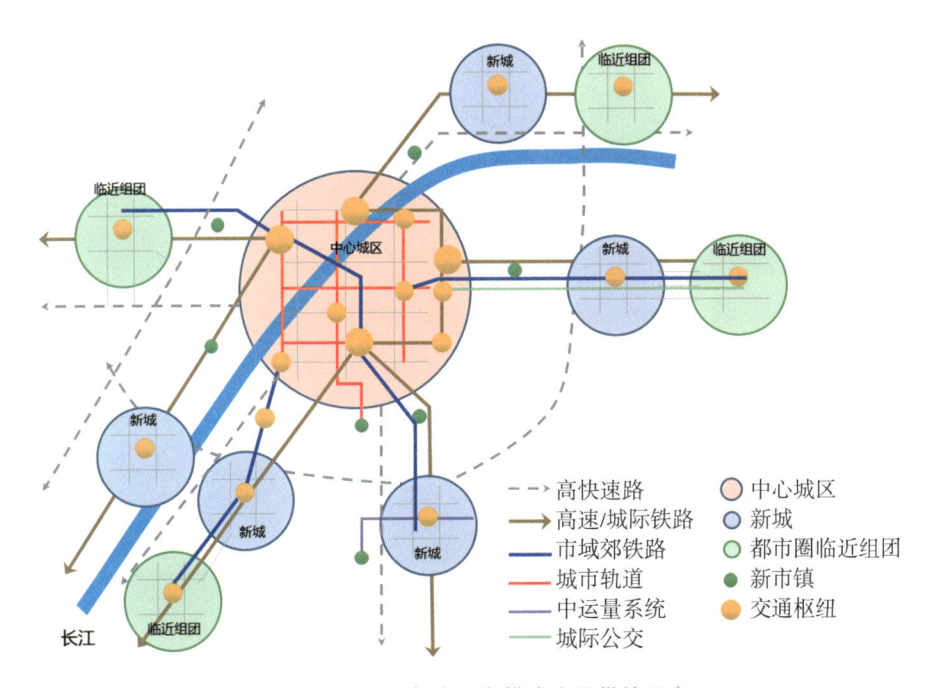

图 19-4　南京都市圈多模式交通供给示意

(六) 共商制度化发展机制

完善制度机制是南京都市圈交通高质量发展的保障,南京都市圈需进一步强化资源统筹整合,依托南京都市圈党政联席会议,定期会商沟通,研究解决南京都市圈交通一体化进程中跨区域重大规划编制、重大项目建设、重大政策协同、体制机制创新等问题。深化拓展多形式多层级协商沟通,细化目标任务,确保规划落地实施,滚动编制近期行动计划及年度工作要点,以项目为抓手,明确阶段性目标和责任分工,推进规划落地实施。建立南京都市圈交通系统动态评估工作机制,适时开展中期评估和建设项目后评估,根据规划落实情况及时动态调整。

五、结语

都市圈一体化发展,交通一体化先行。通过协同推进,加强互联互通,实现"一圈同城",畅通对外联系,努力打造"畅达都市圈",把南京都市圈建设成为具有全国影响力的现代化都市圈,助力长三角世界级城市群发展,为服务全国现代化建设大局作出更大贡献。

参考文献

[1] 邰俊成,彭佳,徐闯闯.一体化趋势下的南京都市圈综合交通体系构建研究[J].交通与港航,2018,5(05):41-47.

[2] 邰俊成,徐闯闯,彭佳.南京都市圈一体化背景下市郊铁路发展研究[J].交通与港航,2018,5(02):30-35.

[3] 官卫华,叶斌,周一鸣,王耀南.国家战略实施背景下跨界都市圈空间协同规划创新——以南京都市圈城乡规划协同工作为例[J].城市规划学刊,2015(05):57-67.

[4] 罗崴,於昊.南京都市圈交通一体化发展策略研究——以滁宁为例[J].交通与港航,2018,5(06):45-49.

[5] 杨涛,邰俊成.铁路高速化时代的都市圈轨道交通线网战略研究——以南京都市圈轨道交通线网战略方案研究为例[J].现代城市研究,2010,25(06):25-29.

[6] 於昊,彭佳,侯现耀,陈玮,梁浩.宁镇扬一体化综合交通运输体系发展研究[J].交通与港航,2018,5(02):24-29.

B20 新时期深圳都市圈发展趋势与交通发展策略

李锋 江捷 王晓 龙俊仁 周金健

（深圳市城市交通规划设计研究中心股份有限公司）

摘　要：本研究梳理都市圈形成与发展的历史进程、内生动力与战略意义，导出都市圈"产业-空间-人口-交通"分析框架。以深圳都市圈为例，剖析都市圈及核心城市产业结构、分工与布局演变和岗位集聚与扩散情况，探究都市圈协同发展基本模式与空间范围。分析深圳都市圈各城市、各组团人口分布及变化趋势，把握深莞惠地区人口高密度连绵发展的重要特征，并结合对核心城市不同区域住房供给总量与结构的分析，以及深圳都市圈各类人均对居住的需求，推导深圳都市圈住房供需、分布矛盾与职住分离特征，进而导出未来深圳都市圈尺度下的通勤、城际非通勤两大类出行需求变化及其对交通体系的要求。在此基础上，提出深圳都市圈不同空间尺度下的出行时空目标和品质化服务标准，构建以多层次轨道交通为主体、外围轨道交通枢纽为锚点、跨界干线道路无缝衔接为补充的深圳都市圈快速交通体系。

关键词：都市圈；交通规划；跨圈层出行；需求分析

一、都市圈发展认知与交通分析框架

国家发展改革委《关于培育发展现代化都市圈的指导意见》《2021年新型城镇化和城乡融合发展重点任务》，以及自然资源部《都市圈国土空间规划编制规程(征求意见稿)》等指导都市圈发展的政策文件相继发布,建设现代化都市圈成为中国推进新型城镇化的重大战略。2020年末全国城镇化率超过60%,预计2050年将达到80%,中国大城市普遍进入都市圈发展阶段,亟待充分发挥中心城市辐射带动作用,促进中心与外围地区的一体化发展。

都市圈是城镇化发展到一定阶段的产物,是人口经济增长的重要载体。国际大都市普遍经历了从城市独立发展到都市圈演进的过程。伦敦、巴黎、纽约、东京等大都市圈,基本上都是在所在国家城镇化率超过50%以后,逐渐形成了以中心城市为核心,包括周边部分区域,面积1万—2万平方千米范围的都市圈(半径50—80千米)。东京、巴黎、首尔都市圈都分别以4%、2%和11%的国土面积,集聚了所在国家28%、18%和50%左右的人口总量,产生了33%、30%和47%左右的经济总量。

表20-1 国际大都市圈主要指标对比

名称	面积（平方千米）	人口（万人）	岗位（万个）	GDP（万亿美元）	人均GDP（万美元）
东京都市圈	16 382	3 600	1 850	1.335 1	3.7
纽约都市圈	32 630	2 188	934	1.83	8.4
巴黎大区	12 012	1 210	630	0.8	6.6
大伦敦	1 572	768	510	0.34	4.4

中心城市产业升级和外溢是都市圈形成的内生动力。一是依据区位、政策、资源禀赋,中心城市不断壮大,快速集聚人口,城市持续扩张;二是中心城市人口密度过大、土地等要素价格提升,促使高附加值产业升级;三是中心城市低附加值产业和非核心功能跨越行政边界向外溢出,都市圈内部城市产业分工体系逐步成熟与合理化,按照地域价值和成本差异推在都市圈范围合理分工协作。

表20-2 都市圈产业空间圈层化布局特点

圈层	产业布局特点
市中心	依赖于人才与面对面沟通;金融、商贸、总部经济等高附加值产业

续表

圈　层	产业布局特点
30 千米圈层	研发型轻型制造、市场营销、孵化中试等小规模高价值生产、服务环节
50 千米圈层	都市型工业、制造及管件部件生产、物流配送与仓储等生产环节
80 千米圈层	布局大规模的加工制造及组装集成环节

遵循都市圈发展基本逻辑，本研究建立"产业升级-空间重组-人口变迁-交通组织"四维互动的都市圈交通分析框架，把握产业、人口、空间演进趋势及结构性特征，创新交通发展模式与策略。

图 20-1　都市圈产业-空间-人口-交通分析框架示意

二、深圳都市圈产业、人口、居住与出行变化趋势

（一）产业变化趋势

深圳第二产业占比维持在 40% 上下，高于其他一线城市（北京 16%、上海 27%、广州 26%），以高附加值的高技术产业、新兴产业和先进制造业为主，正大力发展战略性新兴产业（新一代信息技术产业、高端装备制造业、绿色低碳产业、生物医药产业、数字经济产业、新材料产业、海洋经济产业），2020 年战略性新兴产业增加值占 GDP 比重约为 37%。

根据运营商收集信令数据、建筑普查数据、统计年鉴数据等多源综合研

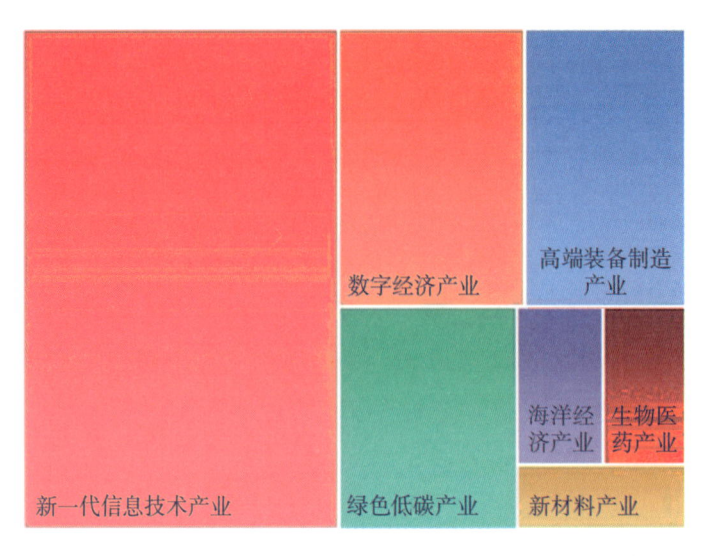

图 20-2　2020 年深圳市战略性新兴产业增加值比例示意

判,2019 年深圳市岗位总数为 1 150 万个,原特区内岗位密度为 0.9 万/平方千米,约为原特区外岗位密度 0.5 万/平方千米的 1.8 倍;全市办公、商业及工业岗位的占比分别为 40%、25%、35%,高附加值岗位向原特区内集聚,并沿东西发展轴带逐步扩展。

近年深圳企业外地购置土地以临深地区为主(占比近 60%,其中东莞30.5%,惠州 28.4%),企业生产制造部门部分外迁,深莞惠之间产业分工逐步展开。东莞松山湖、惠州仲恺、大亚湾等高新区为产业主要承接地,以通信电子设备、电气机械、专用设备等制造行业为主,深圳都市圈产业融合及分工协作持续增强。

新一轮国土空间规划背景下,深圳都市圈核心区由原特区内扩展到机荷高速以内地区,包括多个总部经济、现代服务业、科技创新主题的重点片区,高附加值产业将进一步集聚。外围地区岗位增长以制造业为主,同时在前海扩区等政策支持下,也可能出现部分高附加值岗位进一步外溢的情况。

(二)人口变化趋势

深圳都市圈人口快速增长,当前深圳市人口增速高于周边城市。深圳

"3+2"都市圈（含深莞惠河汕）人口由 2010 年的 2 612 万增长至 2020 年的 3 958 万,增幅达 51.5%。深圳市域内人口由 2010 年的 1 042 万增长至 2020 年的 1 756 万,增幅约为 68.5%；增长主要集中在龙岗、宝安等原特区外,增幅达 87.7%,高于全市平均水平。

深莞惠地区呈现人口高密度连绵发展特征。其中,15 千米范围（深圳中心城区）基本完成开发,呈现全域高密度,南山中心等区域人口密度已超过 2 万人/平方千米；30—50 千米范围（外围及临深地区）大部分完成开发,呈现组团集合高密度,长安-沙井、观澜-凤岗、坪山-惠阳等密度超过 1 万人/平方千米；在 50 千米以外广域地区,莞城、惠城等周边城市中心组团呈现局部高密度开发,人口密度接近 1 万人/平方千米；其余区域开发密度与人口密度相对较低。

人口结构方面,深圳人口平均年龄由 2010 年的 30.8 岁提高至 2020 年的 33.8 岁；60 岁以上人口比例由 3% 增至 5.36%,预计 2035 年达到 14%。家庭户户均人口由 2010 年的 2.11 人/户增至 2019 年的 2.77 人/户。有孩家庭中二孩率比例接近 50%,显著提升。

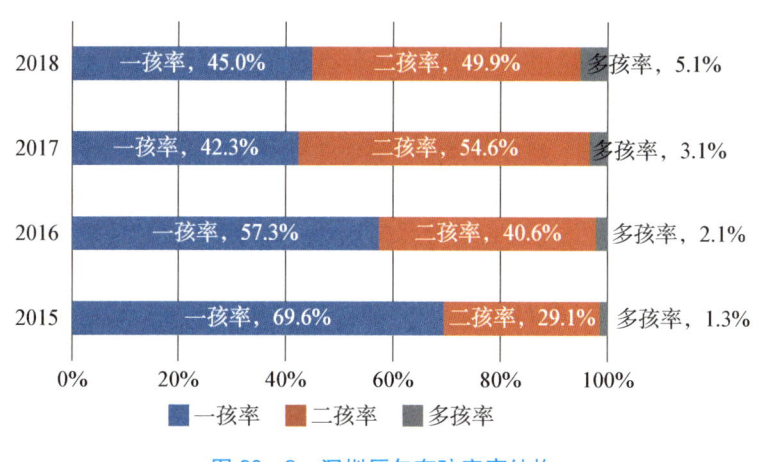

年份	一孩率	二孩率	多孩率
2018	45.0%	49.9%	5.1%
2017	42.3%	54.6%	3.1%
2016	57.3%	40.6%	2.1%
2015	69.6%	29.1%	1.3%

图 20-3 深圳历年有孩家庭结构

深圳中高层次人才比例增加,收入水平增长带动和时间价值提升。根据深圳居民出行调查（抽样）,本科及以上从业人员比例从 2016 年的 16.5% 提升至 2019 年的 29.6%。户均年收入 20 万元以上的比例由 2016 年的

20%上升至2019年的33%。深圳居民平均出行时间价值由2016年的43.2元/小时上升至2019年的56.9元/小时。

图20-4 深圳户均年收入分布

(三) 居住变化趋势

深圳住房供给总量较为充足,但存在结构性不平衡。全市现有住房约1 082万套,其中城中村住房约507万套,占比高达47%,商品房及政策保障性住房仅占22%。"7090"政策背景下,大部分商品房面积不超过90平,城中村住房套均面积更低。2017年全市租房人口占比约80%,远高于纽约(69%)、旧金山(64%)、伦敦(51%)等国际大都市。

深圳未来商品房和保障性住房供给快速增长,但总量仍然受限。至2035年,深圳将新增建设筹集各类住房共170万套,其中人才住房、安居型商品房和公共租赁住房总量不少于100万套,商品房及政策保障性住房占比将由22%增至33%。各类人群住房购置需求旺盛,对住房品质要求逐渐提高。典型人群之一是单身或青年白领,以短期租房为主,未来大部分有购房意愿。在2019年置业客群中,26—35岁占比约51%。典型人群之二是有孩家庭。超过30%二孩家庭存在置换新房需求,90—120平方米户型(三、四房为主,满足二孩、三代同堂家庭居住)成交量由2016年的22%增至2019年的37%。典型人群之三是成熟家庭,主要的考虑是第二居所和未来休闲养老需要。

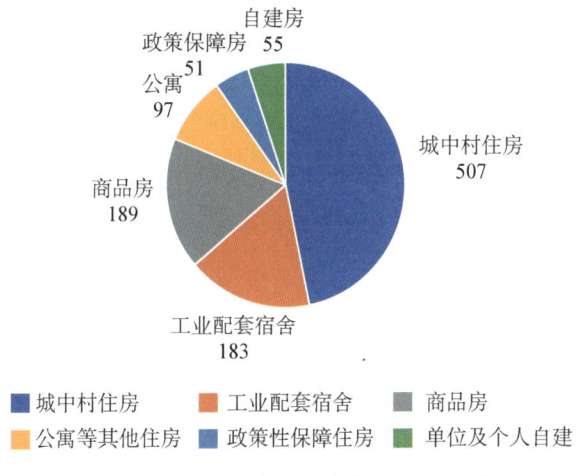

图 20-5　深圳市存量住房数量结构(万套)

(四) 圈出行变化趋势

1. 向心通勤

深圳中心城区通勤范围不断扩张，跨原二线关、跨市域边界出行持续增长。2005—2019年跨原特区全天机动化出行量增长超200%，出行空间范围向深圳特区外快速扩张，2020年中心城区的通勤范围已拓展至机荷高速以北的第三圈层乃至临深边界地区。

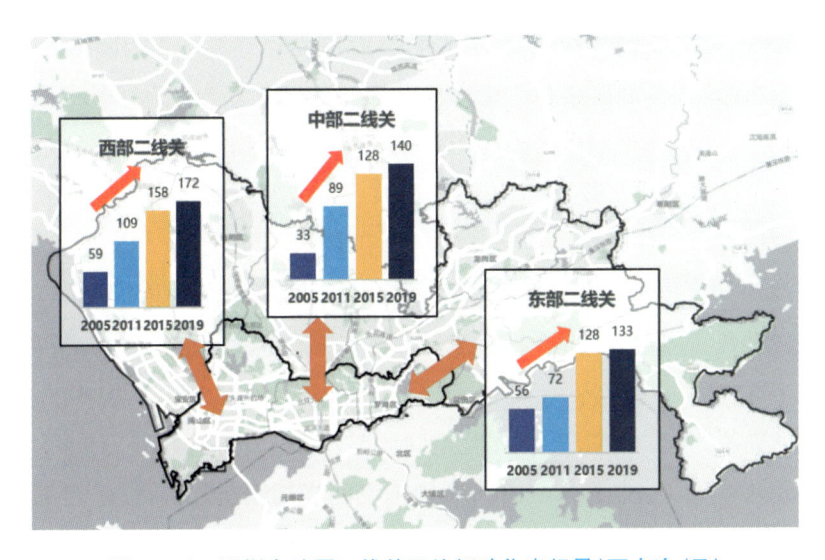

图 20-6　深圳市跨原二线关日均机动化出行量(万人次/日)

深圳通勤人口的通勤范围与公共交通1小时可达范围的高度一致,呈现1小时通勤时间紧约束特征,88%通勤人口通勤时间在1小时以内(北京、上海、广州分别为73%、83%、87%),基本符合"1小时通勤定律"。

2. 深莞惠跨市出行

深莞惠三地之间初步形成一定规模的常态化跨市交通联系。其中,深莞跨市交通联系相对较强,跨市出行总量约120万人次/日;深惠跨市交通联系规模不足深莞的二分之一,跨市出行总量约52万人次/日。

深莞、深惠通勤出行主要集中在沙井-松岗-长安、坑梓-秋长、平湖-凤岗等边界地区跨界街镇之间,跨市通勤人口分别占总量的18%、17%和8%。其中,至深圳中心区的跨城通勤比例较低,仅占跨城通勤总量的10.3%,远低于广州(50.5%)、上海(29.6%)。

3. 对外非通勤出行

深圳到东莞中心城、惠州机场、广州中心城以及珠江西岸中山、珠海等湾区核心节点的非通勤出行需求较高。其中,与东莞、惠州非通勤出行需求约为70万人次/日和47万人次/日;与湾区核心节点非通勤可达性基本在1—2小时以内,可以满足商务、旅游出行半日或当日往返需求。

三、面向未来出行的深圳都市圈空间范围识别

(一) 定义研究与政策导向

都市圈"由"大都市区"概念演化而来。"大都市区"(Metropolitan District)这个概念最早由美国在1910年作为人口统计区而提出,经过上百年研究论证与发展实践,逐步成为强调核心城市及周边邻接地域通勤联系的地域概念。

2019年,《国家发展改革委关于培育发展现代化都市圈的指导意见》(发改规划〔2019〕328号)首次赋予了都市圈的官方政策内涵,指出都市圈是城市群内部以超大特大、城市或辐射带动功能强的大城市为中心,以"1小时通勤圈"为基本范围的城镇化空间形态。自然资源部相继出台《市级国土空间总体规划编制指南》《都市圈国土空间规划编制规程(征求意见稿)》(行业标准)等政策文件,从指导国土空间规划编制工作的角度明确了"1小

时通勤圈"对都市圈范围与定义的重要意义。

表 20－3　　　　　　　　　　都市圈概念发展演进

相关概念	提出者	提出时间	主要定义与核心指标
标准大都市区	美国协调委员会	1949 年	一个或多个相连的中心县,中心县里至少有一个人口超过 5 万的城市,外围县市与中心县之间存在着较强的社会经济联系,外围到中心城市的通勤率为 15%—40%
		2010 年	人口超过 1 万的城市区域以及用通勤表征的与城市区域之间具有密切社会经济联系的外围郡县,通勤率门槛为 25%
都市圈	日本行政管理厅统计标准部	1960 年	以中央指定市为中心城市,人口规模在 100 万以上,并具有人口规模超过 50 万人的城市紧邻,外围地区到中心城市的通勤人数不低于本身人口 15%
	日本总务省	1975 年	大都市圈(MMA)的界定要求为东京都及其他政令指定市,15 岁以上人口中至中心城市的通勤率/通学率达到 1.5%
	中国学者	20 世纪 90 年代	由一个或多个核心城市,以及与这个核心具有密切社会经济联系的、具有一体化倾向的邻接城镇与地区组成的圈层式结构

表 20－4　　国家层面政策文件普遍以 1 小时通勤圈定义都市圈基本范围

部门(年份)	来源文件文件	都市圈定义
自然资源部（2021）	《都市圈国土空间规划编制规程(征求意见稿)》（行业标准）	以超大、特大城市、辐射带动功能强的大城市或具有重大战略意义的节点城市为中心,以 1 小时通勤圈为基本范围的城镇化空间形态。其中,以超大、特大城市(城区常住人口 500 万人以上的城市)为中心的都市圈,称为"大都市圈"
自然资源部（2020）	《市级国土空间总体规划编制指南》	以中心城市为核心,与周边城乡在日常通勤和功能组织上存在密切联系的一体化地区,一般为 1 小时通勤圈,是带动区域产业、生态和服务设施等一体化发展的空间单元
国家发改委（2019）	《国家发展改革委关于培育发展现代化都市圈的指导意见》	城市群内部以超大、特大城市或辐射带动功能强的大城市为中心,以 1 小时通勤圈为基本范围的城镇化空间形态

（二）基于职住平衡与产业协同的都市圈范围

把握通勤出行这个都市圈出行的主要形势与核心内涵，可从职住平衡角度，识别中心城区潜在通勤空间。按照深圳2035年租房比例下降至60%情景（包括城中村旧改），预计深圳将出现约110万套住房供给缺口，由莞惠、中山等临深区域补充，住房平衡范围将扩展至莞惠中珠的临深40—50千米范围，形成基于住房平衡的通勤圈。

把握产业协同这个都市圈协同发展的内生因素，可识别与中心城区强产业关联空间。创新活动更加依赖面对面交流，总部-分支机构、产业上下游之间往来联系需求进一步增强，在珠三角绿心以南地区高度建成的情况下，深圳部分产业为寻找低成本、低密度发展空间，正逐步沿交通走廊向绿心以北地区外溢，形成70—80千米范围内的强产业关联空间。

（三）政策性"飞地"新区

全面深化改革背景下，深汕特别合作区体制机制调整优化，由共建"飞地"转变为"深圳第11区"，距深圳中心城区约130千米，将在交通、产业、环境等多种要素驱动下，形成紧密的"双城"联系。深圳、河源两地共建深河产业园、深河科技园等重要产业发展平台，距深圳中心城区约150千米，将承接深圳电子信息、精密机械制造、战略性新兴产业等项目，未来将进一步探索建立"深河特别合作区"。

四、深圳都市圈交通发展策略

（一）总体目标

构建轨道为主、复合贯通的深圳跨区域综合交通体系，全面融入粤港澳大湾区综合立体交通网，使轨道交通成为深圳都市圈最便捷可靠的出行选择；构建畅达、集约、韧性的城市道路网体系，引领都市圈交通一体化发展，保障客货运输高效安全和社会经济高质量运转。

针对40千米通勤圈层、70千米产业圈层150千米飞地的通勤、产业等不同联系特征，我们分类研判出行需求、服务要求和时间目标。

表 20-5　　　　　　　　　　深圳都市圈各圈层时空服务目标

圈层	空间尺度	通勤需求	产业需求	服务要求	时间目标
第一圈层	0—40千米	刚需住房平衡通勤出行	产业紧密协同	大运量、高频次、广覆盖	门到门小于1小时
第二圈层	40—70千米	第二居所平衡周末、假期出行	商务业务出行、产业集群融合	大中运量、多样性、准时可靠、半日往返	站到站1小时，门到门1.5小时以内
第三圈层	70—150千米	飞地具有通勤需求，其他区域通勤需求较小	强经济联系	多样性、准时可靠、当日往返	枢纽到枢纽1小时，门到门2小时以内

(二) 40千米通勤圈交通发展策略

深圳都市核心区在岗位高集聚情景下，对外通勤辐射将进一步加强。2035年跨市通勤进入深圳都市核心区预计突破120万人次/日（双方向），进入核心区比例超过40%。40千米通勤圈内的超大规模、超长距离、超高频次通勤出行要求以"多层次轨道+干线道路"为主体，服务门到门1小时通勤出行；要求加快推进市域（郊）铁路规划建设，推动深圳城市轨道交通线路向外延伸，实现跨深莞、深惠线路的贯通运营。

一是坚持"快线优先"。优先推动轨道快线主骨架建设，强化外围长距离出行的轨道交通竞争力，与既有轨道交通线路构成"快慢有序、内密外疏"的复合走廊，促进都市中心区和都市圈外围圈层居民通勤出行可达性的均衡发展。

二是推动深圳与周边地区干线道路一体化布局与衔接。推动深莞惠交界地区路网全面对接，贯通快速路、打通断头路。完善深莞惠交界地区道路一体化规划建设机制，加强规划对接、建设时序对接、技术标准对接、管理服务对接。推动跨市道路的同步规划、同步建设、同步运营，为跨界生活居民提供"有车生活"选项。

(三) 70千米产业圈交通发展策略

70千米产业圈内以产业联系驱动的出行为主，同时兼顾第二居所通勤需求，要求以"城际轨道+高快速路"为主体，分类有序服务多元化长距离快速出行、兼顾通勤出行。以东京都市圈为例,60—80千米范围内的通勤出行主要由轨道承担,占比80%以上;商务出行主要由小汽车承担,占比达56%。深圳都市圈需拓展1小时通勤圈,加强与东莞、惠州、珠江西岸等地区重点功能组团之间1小时通达。

一是规划"五横四纵"深圳都市圈城际铁路网络。大力推动深圳都市圈城际铁路建设,促进区域发展要素沿城际铁路集聚,强化深圳与东莞、惠州、珠江西岸的产业集群中心联系,实现1小时站到站通达。

二是创新深圳都市圈轨道一体化发展机制。深化跨市城市轨道交通立项审批、投资建设、综合开发、协同运营等体制机制改革。与临深城市共同探索建立完善城际铁路、市域(郊)铁路以及跨市城市轨道交通等线路的建设资金和运营补贴分担机制。

三是推动轨道交通四网融合与一体化运营。强化城际铁路、市域(郊)铁路与城市轨道交通的兼容性设计,为后期的公交化运营升级改造预留条件。推动多模式轨道交通运营服务"一张网"建设,实现设施互联、资产互持、票制互通、安检互认、信息共享、支付兼容。利用厦深铁路、赣深高铁、深茂铁路等干线铁路的富余能力开行市域(郊)列车。

四是构建深莞惠一体化快速路网络。推进深圳市快速路向莞、惠两市延伸,加强深、莞、惠城市主、副中心以及产业园区的快速交通联系。在原特区外新增东西贯通的高快速路,满足宝安、龙华、龙岗及坪山等外围组团之间的中长距离客货运输需求。加快推动回购高速公路的市政化改造。完善蛇口半岛的快速路体系,打造服务广深科技创新走廊的滨海快速通廊。

(四)150千米经济圈交通发展策略

150千米经济圈内,政策性"飞地"与中心城区具有紧密的"双城"联系,存在较大的周末通勤出行需求和产业联系。深汕合作区与深圳交通需求将从现状1.5万人次/日增加至2035年10.4万人次/日,增长590%。出行特征将从低频、低时间价值出行转变为高频、高时间价值出行。

一是依托时速250千米、350千米高速铁路系统,提供"点对点"城际出行服务,满足"1小时枢纽间通达"的远距离、较高频"双城"生活和产业联系需求。打造2小时交通圈，强化深-汕发展轴、深-珠发展轴、深-广发展轴以及深-惠-河发展轴的快速轨道交通联系，实现至湾区主要城市1小时直达，至广东省内地级城市2小时通达。

二是加快粤港澳大湾区、深圳都市圈高速公路建设。构建布局完善、复合集约的跨江通道，预留稀缺性战略通道资源，促进珠江东西两岸融合发展，在空间资源稀缺的轴带上，推动交通走廊的公铁复合化、立体化建设。推动新增深圳至河源、深汕特别合作区的高速新通道，促进深圳与深汕特别合作区、汕尾、河源等地区高效直通。

五、总结与展望

"产业升级-空间重组-人口变迁-交通组织"的多要素协同分析框架抓住了都市圈交通的本源和本质需求，指导形成基于分圈层、分类别出行需求研判的都市圈交通发展策略体系，助力深圳都市圈综合交通协同发展。

在分圈层设施体系逐步完善的基础上，后续应继续坚持供给侧结构性改革，把握从"增量发展模式"到"增量补充＋存量优化"发展模式的转变，在多样化运营服务、交通-空间耦合与综合开发、运营与服务双向智慧赋能等方面重点发力，不断培育深圳都市圈交通高质量发展新动能。

B21　爱丁堡-苏格兰东南部城市区域发展战略与一体化举措

陈　睿

（上海社会科学院）

摘　要：本文基于爱丁堡和苏格兰东南部（ESES）地区发布的《爱丁堡和苏格兰东南部区域空间战略》与《爱丁堡和苏格兰东南部区域繁荣框架2021—2041》，分析该地区的区域发展战略、空间规划和一体化举措。ESES地区作为苏格兰的核心地区，是当地主要的人口和经济集聚区，其规划文件对于中国区域与城市规划及区域一体化进程可提供一定的经验借鉴。规划文件中提出该地区发展的愿景是成为欧洲的数据之都，构建一个蓬勃发展、韧性、创新的社会，并打造一个复兴的、韧性的和无障碍的ESES地区。该地区的一体化举措也围绕着数据驱动、可持续交通、创新创业支持、能源改革等方面展开，并通过打造互通互联区域和区域联合协议的方式促进区域一体化。

关键词：发展战略；空间规划；区域一体化

爱丁堡和苏格兰东南部（ESES）地区于2020年9月和2021年6月相继发布《爱丁堡和苏格兰东南部区域空间战略》与《爱丁堡和苏格兰东南部区域繁荣框架2021—2041》，分别就该地区的空间规划和发展战略定下基调与框架。爱丁堡和苏格兰东南部地区，主要包括爱丁堡市、东洛锡安市、法夫市、中洛锡安市、苏格兰边境和西洛锡安市。该地区是苏格兰的核心经济区，拥有约140万人口。上述规划文件旨在为地区的经济复苏和稳定发展提供指导。

一、爱丁堡和苏格兰东南部区域概况与主体发展框架

爱丁堡和苏格兰东南部地区在区域发展框架中提出了该区域的发展愿景:"我们的目标是成为欧洲的数据之都。我们将确保这种社会和经济效益扩展到所有人。社区的所有部门都将有机会发展消除社会平等的关键技能。我们将保护我们的环境并充分利用我们珍贵的建筑和自然资产,确保爱丁堡和苏格兰东南部城市地区实现向净零经济的公正过渡。我们的机构,无论是过去的还是现在的,都将产生积极的成果,从而提高我们在地方、国家和国际上的声誉。"

(一) 构建蓬勃发展、韧性和创新的未来社会

新冠疫情的挑战凸显了韧性的重要性,蓬勃发展旨在解决不平等问题。随着数字化革命的推进,需要利用数据驱动创新计划的投资,发掘社区和企业的创新精神。

1. 蓬勃发展

蓬勃发展旨在以环境可持续的方式在该地区更均匀地传播利益和繁荣,以确保实现包容性增长、社区财富建设、社区福祉和减少不平等。

(1) 通过治理、投资和机构组织支持经济活动,提高经济福利水平。

(2) 通过教育和技能培训扩大劳动力市场,以满足当前和新兴的业务以及未来的增长部门需求。

(3) 支持多样化、广泛和有弹性的经济基础,包括广泛的工作类型和劳动力,直接转向净零,以及本地生产和供应链。

(4) 提供新的零碳住宅,维护和改造现有住宅,是改变我们的行为,以支持向零碳经济过渡的核心。

2. 创新发展

创新对于开发新的解决方案来应对该地区面临的挑战和机遇至关重要。在爱丁堡和苏格兰东南部地区,差异化机会是数据。它对未来的经济增长、社会变革和公共服务至关重要。

(1) 形成区域技术生态系统合作,以促进地区发展和国际增长接轨。

(2) 推进公共、私营和学术部门之间的合作,应用数据科学方法,开发可持续的新商业运营模式。

(3) 通过数据驱动为预防、治疗、健康和护理服务提供方法。

(4) 创新创造面向未来的基础设施、交通网络和公用事业网络。

3. 韧性建设

地区必须具有韧性,并对变化做出反应,包括技术变革、气候变化所带来的机遇和挑战,以及公民对于公平和稳定工作的需求引致的对新技能的需求。

(1) 协调国家重要交通项目,联通其他城市、地区和市场。

(2) 推进更公平的经济增长分配,如增强地区经济多样性,推进数字连接、鼓励低碳出行,打造韧性社区。

(3) 通过总体规划推动主要开发项目或新城镇的建设,并通过国家、区域和地方层面的协作团队交付主要的国家和跨境交通项目。

(4) 通过推行战略性公共交通项目、增加劳动流动性、援建弱势社区、规划轨道交通等措施增进区域流通性。

(5) 通过可持续的现代建筑方法、推进能源的回收利用与再生能源开发等措施推进可持续发展。

(二) 打造复兴、韧性和无障碍的区域

《爱丁堡和苏格兰东南部区域空间战略》的推出主要从空间规划层面达成三个目标:地区复兴、韧性区域和无障碍区域。

1. 地区复兴

地区复兴是实现需要完成解决不平等、经济复兴和环境改善三个子目标。解决不平等的主要途径有加强连通性、加强就业相关供给和培训、推进数字联通、提高可持续住房等措施。经济复兴则是为经济更新和潜在再开发机会提供充足的就业土地,充分利用数字驱动资源,以及支持关键交通走廊。环境改善则是充分利用广泛的农村和滨海资源,构建城市绿色和蓝色网络,打造高质量的城市与区域环境。

2. 韧性区域

韧性区域的着力点是应对气候变化和设立保护区。其中应对气候变化的措施包括管理洪水和海平面上升、改进建筑设计、打造区域能源网络以及推广新能源等。设立保护区主要是应对快速扩张的城市和住房规模,对于列入名录的建筑物、保护区、城镇中心、开放空间和绿色网络进行保护。

3. 无障碍区域

无障碍区域旨在提高区域连通性、协调基础设施供应,以及保障可持续性住宅用地。区域连通性重在打造完整的交通网络,包括城市与农村的连通、海上和陆地的连通。基础设施方面主要是协同各部门并保障连通性基础设施的可持续供应,此外还要增加数字网络的基础设施的投资和建设。可持续性住宅即保证住房用地的可持续供应,促进棕地开发和配套设施的建设。

二、爱丁堡和苏格兰东南部区域的战略举措与空间安排

(一) 主要战略举措

在蓬勃发展、创新和韧性的整体框架下,将相应的 9 个重大举措总结为区域繁荣矩阵,如表 21-1 所示。

表 21-1　　　爱丁堡和苏格兰东南部地区区域繁荣矩阵

重大举措	欧洲的数据资本	区域的再审视	可持续交通
	● 农业科技和医疗保健 ● 金融科技 ● 跨部门的数据驱动创新 ● 基础设施应用	● 可持续途径 ● 社会和商业 ● 街道重建 ● 区域空间战略	● 铁路网 ● 韦弗利转型(Waverly transformation) ● 区域公共交通 ● 活跃出行(Active travel)
	重塑福斯	可持续的旅游与文化	企业支持
	● 自由、绿色的福斯港规划 ● 重建爱丁堡海滨 ● 重建科肯齐和布德维尔	● 区域旅游网络 ● 公平工作原则 ● 爱丁堡节日文化	● 创新生态 ● 支持年轻人 ● 提高福利水平

续表

配套技能	重塑医疗保健系统	锚定体系
● 未来技能 ● 数字技能 ● 解决短缺 ● 雇主技能	● 亚瑟研究院 ● 高级护理研究中心 ● 爱丁堡生物区 　（BioQuarter） ● 区域合作伙伴	● 地区影响力 ● 可持续就业 ● 声誉拉动
启动器	基础设施 人员和组织	

1. 数据驱动地区

爱丁堡和苏格兰东南部地区的愿景是成为欧洲的数据之都，这意味着在数据整理、部署、吸收和技能等方面需要大量投入，以支持地区的部门和创新生态系统。

（1）提供主要的农业技术项目，配合亚瑟研究所的健康创新活动等更广泛的生物项目。

（2）支持金融科技网络多样化，优化金融服务。

（3）将数据驱动创新项目嵌入旅游业和先进制造业等关键领域。

（4）优化世界级数据基础设施投资的使用。

2. 可持续发展的新方法

近几十年的工作及出行动态损害着当地社区和可持续发展目标，新冠疫情的流行改变了工作和通勤方式，对于生活质量、流动性和低碳的需求愈加显著。整个地区将采用20分钟社区的概念，配合空间规划和交通政策，以减少对旅行的需要，并在需要的地方，使流动性尽可能接近净零碳。

（1）在温奇堡和布林德维尔等战略地点试验新社区的可持续方法。

（2）在当地中心和关键交通交汇地点发展"靠近家庭枢纽"。

（3）重建街道，创新性重复利用现有的基础设施。

（4）发展区域空间战略，使这些方法成为法定基础。

3. 可持续交通战略

可持续交通是国家和区域交通战略的关键方面，通过如跨界主动交通连接、提供公共交通等方式,减少汽车依赖和不可持续的基础设施,并为交通不便利的地区提供可靠的交通服务。

(1) 铁路网是城市区域内外交通流动的关键推动因素。加强连通性、扩大容量和确保供应对一个可持续的出行网络至关重要。

(2) 将韦弗利站转变为城市和国家的门户,为改善客运服务和火车运营提供基础,并支持该地区核心的经济增长。

(3) 在扩大现有网络的基础上,发展区域公共交通网络,结合城市绕道的升级,以促进更大的公共交通优先级。

(4) 构建能为所有公民提供服务的活跃出行网络。

(5) 有针对性的公交优先措施,促进模式转换,增加公交客流量,减少拥堵,有助于应对气候应急。

4. 福斯:绿色工业和再生技术的范例

让福斯成为全国可再生能源投资的重点,以及欧洲领先的海滨地带。

(1) 推进福斯港的开发与公共/私营的投递业务,将自由与绿色港口项目进一步拓展。

(2) 重建爱丁堡滨水区。

(3) 提议重建前科肯齐发电站,包括布林德维尔斯的主要开发项目。

5. 可持续旅游和文化

爱丁堡和苏格兰东南部地区是欧洲重要的文化目的地之一,需要基于本地的文化特色发挥当地的旅游文化价值及其国际影响力。

(1) 设计和提供城市区域旅游支持网络。

(2) 优化爱丁堡作为该地区和国家门户的作用,以确保发现该地区提供的所有机会。

(3) 确保爱丁堡艺术节在环境、社会和创造性方面保持世界领先地位。

6. 支持创新创业

新冠疫情催生了新的企业形式,需要统一国家和地方的规则,使其启动和扩大过程更加有效。

(1) 确保创新生态系统具有一定的功能性——包括企业、高校和商业增长机构等,使各主体其能够有效获得资金和经验建议。

(2) 重新设计商业支持体系,使其能够更加支持年轻人的创新创业活动。

(3) 探索健康经济原则,在新冠疫情后推进新的经济模式。

7. 调整技能体系

调整职业技能体系使其最大限度地促进包括绿色经济在内的新兴部门和技术的发展和实现就业,并支持那些受新冠疫情影响的人(特别是年轻人),以确保可持续就业。

(1) 推进继续教育,确保该地区的关键部门能够塑造技能需求和项目。

(2) 在高中推进数字技能项目的教学。

(3) 通过地方和国家干预解决区域经济增长领域的技能短缺问题。

(4) 加强雇主训练,使得雇主的项目能够提高现有劳动力的技能。

8. 面向全民的医疗保障

在爱丁堡生物区等地区计划建立一个国际医疗保健创新网络,并进一步维持和建立活跃和健康的社区。

(1) 以亚瑟研究所为核心,帮助了解和推进全球健康。

(2) 高级护理研究中心为需要的人提供世界级的数据驱动护理。

(3) 生物区作为工业界、学术界和健康专家的创新机构。

(4) 理事会、卫生委员会和第三方部门在为当地社区创造福祉方面建立更牢固的区域伙伴关系。

9. 最大限度发挥"锚定机构"的作用

通过发挥国际知名机构在地区的锚定作用,为地区建设提供助力。如大学和学院在吸引人才和技能训练方面发挥关键作用。

(1) 采购与采购政策需要确保对当地的经济贡献。

(2) 就业政策需要确保这些机构能够作用于那些远离劳动力市场的群体。

(3) 确保这些机构是城市地区、国家和世界的灯塔。

(二)主要城市空间规划

爱丁堡和苏格兰东南部地区包括爱丁堡市、东洛锡安市、法夫市、中洛锡安市、苏格兰边境和西洛锡安市。空间战略旨在协调各区域的共同开发，提高开发效率，减轻住房等相关基础设施的交付压力，优化现有资产的利用效率，同时确保干预措施能够增强可持续性和潜力，以适应气候变化影响和促进社区更具韧性的成长。各城市的区域空间战略重点和空间安排如表21-2所示。

表21-2　爱丁堡和苏格兰东南部区域主要城市战略重点与空间安排

聚焦地区	区位	战略重点	空间安排
爱丁堡	区域中央	1. 实现碳中和发展目标； 2. 通过改善连通性激发经济社会潜力	1. 建设社区，促进棕地开发； 2. 支持铁、有轨电车网络、公共汽车运输等交通设施的建设； 3. 注重开发滨水区和绿化带，挖掘其连通性、娱乐休闲及粮食安全等战略潜力
东洛锡安	区域东部	围绕布林德维尔、科肯齐的战略地点，以及气候变化区域，实现国家应对气候变化的重大突破	1. 稳定住宅用地开发，推进可持续、包容、健康和低碳的开发与发展； 2. 托内斯核电站计划于2032年关闭，需制定稳妥的能源过渡计划； 3. 保障区域内大量优质农业用地的开发利用
苏格兰边境	区域南部	实现包容性经济增长、可持续发展和解决现有的经济脆弱性	1. 扩建交通枢纽，完善交通网络； 2. 持续投资和改善互联网基础设施建设； 3. 保护和开发区域内高质量的自然、建筑和文化遗产
中洛锡安	区域中央	1. 支持和促进其现有的城镇中心发展来保持中洛锡安的地位； 2. 保证具有区域意义的关键开发项目的推进	1. 保证住房、火车站、学校和社区等基础设施项目的稳步推进； 2. 促进中洛锡安科学区的持续发展； 3. 保持城市特色，采取措施强化绿化带，构建跨区绿化网络
西洛锡安	区域西部	围绕沿关键交通路线的战略增长走廊规划建设	1. 加强公共交通建设，包括铁路、火车站、交通配套设施以及低碳出行的线路规划； 2. 继续发挥利文斯顿作为城镇中心的作用，并推广建设新的中心城镇

续表

聚焦地区	区位	战略重点	空间安排
法夫	区域北部	充分利用漫长的海岸线和战略性交通路线	1. 最高水平战略投资建设邓弗姆林开发区 2. 圣安德鲁斯战略增长区将在高质环境中提供混合用途开发,包括能源、粮食、科研等 3. 继续促进法夫战略增长领域的长期计划增长,实现对交通、供水、排水和教育等实体和社区基础设施的投资 4. 在福斯港、法夫中、东部的增长集群研发可再生能源创新、氢能和区域供热等绿色科技

(三) 区域一体化举措

1. 打造互联互通区域

由苏格兰东南部交通局协调规划国家重大交通项目,包括铁路、公路、海运、航空、国家战略走廊、边境铁路等。推行战略性公共交通项目和优先计划,以迅速为该地区提供更大的连通性,并为具有挑战性的国家目标作出贡献,例如在未来十年内将汽车行驶千米数减少20%。增加劳动流动性的措施,特别是针对弱势社区居民的,主要是通过建立一个完全协调、综合、灵活和可负担的跨地区的交通网络,减少不平等。围绕国家运输战略,在新的战略地点及其人口中心,提供就业、培训、健康医疗等一系列基础设施和配套服务,帮助其融入现有区域城镇体系。

2. 区域联合协议

由爱丁堡和苏格兰东南部城市地区协议联合会负责协调,制定并协调实现包容性增长目标,解决区域增长缓慢和不平衡、技能差距和不平等,以及交通、住房和其他连通性问题。从研发创新、就业创造、交通运输、文化和住房五个方面设定包容性增长方案,在为各地区统一发展目标的同时,协调相关项目的开发与运行,如区域住房计划、数据驱动创新(DDI)计划、区域综合就业能力和技能(IRES)方案、国家交通战略等专项计划或项目。

三、对中国区域与城市规划的经验启示

(一) 设立包容性增长目标,完善社会福利机制

包容性增长是在经济发展的同时兼顾社会平等与福利,是寻求社会和经济协调发展、可持续发展的增长方式。区域在规划发展愿景与目标的同时,应当制定与优化系统性包容性增长目标。对于住房供应(尤其经济适用房供应)、技术创新、技能培训、文化创造、交通运输等与社会可持续发展紧密相关的内容都可以作为包容性增长目标的主要参考指标。

(二) 规划"活跃出行"线路,从生活层面推进低碳

活跃出行原指以步行、自行车等体力方式为主的出行方式完成短距离路程,可泛指低碳出行。减少汽车依赖是减能减排、实现碳中和目标的重要途径,对于缓解城市拥堵也具有重要意义。可以以社区为单位,在城乡环境中所做的工作的基础上,建立一个全面的区域安全网络,并在可能的情况下划定隔离线,以鼓励最可持续的交通方式。同时,进一步增强公共交通供应,加强城乡之间的连接性,发挥公共交通的普惠性质。

(三) 培养"锚定机构",发挥机构带动作用

锚定机构(Anchor Institutions)指拥有较高影响力的机构,如高校、研究所、龙头企业等。这些机构立足于本地,提供就业、技能、教育,并起到声誉拉动等作用。"锚定机构"往往是地区制定战略的重要的基础参照物,可以基于"锚定机构"发展配套体系,搭建上下游端口,推进相应的集群建设。这样地区的发展规划能够有的放矢,提高运行效率,降低操作成本。如围绕教育科研机构能够打造产学研平台;龙头企业可以引领产业集群建设,并通过进一步的声誉带动,以乘数效应推进地区发展。应优化跨部门、跨地区的协调机制建设,实现各机构之间的有效对接,降低交流成本。

(四) 基于区域联合协议推进一体化进程

区域联合协议是推进一体化进程的重要手段,可通过制定区域内的联合协议,明确研发创新、就业、交通、文化、生态等各项区域内发展总目标,划定权责范围,协调区域内各主体的利益诉求和职能分配,制定并推进相应的发展项目的计划和实施,尤其在数据创新驱动、要素市场流动、社会保障体系和生态治理等容易产生利益冲突的内容上制定符合共同利益的实施方案。基于区域联合协议,推进一体化示范区建设,在示范区内形成相对成熟可供参考的一体化经验,能为更大范围的一体化措施提供可行性参考。

参考文献

[1] Edinburgh and South East Scotland City Region Deal. Edinburgh and South East Scotland Regional Prosperity Framework (2021—2041) [EB/OL]. https://consultationhub.edinburgh.gov.uk/bi/prosperity/supporting_documents/RPF%20Consultation%20Report%20%20V8%20FINAL%20FV.pdf, 2021.

[2] Edinburgh and South East Scotland City Region Deal. Regional Spatial Strategy for Edinburgh and South East Scotland City Region [EB/OL]. https://scottishborders.moderngov.co.uk/documents/s45959/Item%20No.%2011%20-%20Appendix%202%20South%20East%20Scotland%20IRSS.pdf, 2020.

[3] Edinburgh and South East Scotland City Region Deal Joint Committee. City Region Deal Benefits Realisation Plan [EB/OL]. https://democracy.edinburgh.gov.uk/documents/s25995/5.3%20Benefits%20Realisation%20Plan%20with%20appendices.pdf, 2020.

B22 约翰内斯堡大都市圈面向 2026 的一体化发展战略

冯佳敏

（上海社会科学院）

摘　要：约翰内斯堡在 2040 城市发展战略的基础上提出了 2021—2026 年的五年期综合发展计划，以应对新冠疫情后的城市发展。该计划构建了四个主题的复原力模型，用以实现城市韧性下的重建、繁荣和转型，并给出一个新的区域空间发展框架，迈向空间公正的城市。本文在分析该规划的基础上，提出了新冠疫情后时期区域一体化发展的建议。

关键词：疫情后时期；区域一体化发展；城市韧性

约翰内斯堡是南非的经济中心城市，在整个非洲的社会经济发展中都有着重要的地位。2019 年暴发的新冠疫情对南非和该市的经济和社会都造成了深刻的影响。南非 2020 年国内生产总值下滑 7%，为自 1946 年以来最大年度降幅。近期，约翰内斯堡为应对新冠肺炎疫情的冲击，并实现 2040 城市发展战略（Joburg 2040 Growth and Development Strategy，GDS）提出的建设"宜居、活力和竞争力"的包容性国际大都市目标，提出了 GDS 基础上的 2021—2026 年综合发展计划（Integrated Development Plan 2021 - 2026，IDP 2021/2026），以遏制城市地区衰退，促进经济转型和包容性发展，建设一个更有韧性的城市。

一、2021—2026年综合发展计划的基础依托

约翰内斯堡2040战略(GDS)是实施2021—2026年综合发展计划的基础,包含四项主要成果,以及相应的具体措施和要素。

成果1:提升生活品质,建设以发展为基础的包容性社会。包括社会贫困、粮食安全、自我可持续发展、居民的健康状况、预期寿命等多方面内容。

成果2:提供一个韧性、宜居和可持续的城市环境,使城市基础设施支撑低碳经济。包括住房、生态交通、能源、卫生和信息等多领域。

成果3:成为一个充分就业和充满竞争力的经济体,激发个人潜能。包括推动就业密集型的经济增长、支持非正规和微型企业的发展、提高经济竞争力、建设一个空间公正的综合型城市。

成果4:建设一个高效积极的政府,带动区域发展并具备国际竞争力。期望建成一个高效能、进取型、反应型、关怀型的政府,城市的企业、组织、个人充分发挥各自的潜力,与城市的发展和空间建设有机结合。

二、2021—2026年综合发展计划实施战略的关键内容

(一)疫情后综合发展计划复原力框架

针对疫情后的城市发展需求,约翰内斯堡提出了2021—2026年综合发展计划复原力模型,将其作为实施五年期的综合发展计划的关键步骤,将约翰内斯堡2040战略的主要成果分解为现实且可实现的目标。

2021—2026年综合发展计划复原力模型提供了四个主题方向,以实现城市韧性下的重建、繁荣和转型。

1. 后疫情时期的城市重建

该方向是约翰内斯堡2040战略成果2的延伸,要求约翰内斯堡形成在水、能源、废物、交通、住房,以及应对气候变化风险等方面的新的管理模式;同时居民也将改变生活方式,节约资源,共同建立一个更好的疫情后环境。该主题期望实现的关键问题包括建设新一代基础设施,维护居民健康,提高食品安全,采用智能技术,加速服务交付,完善城市安全和灾害准备。

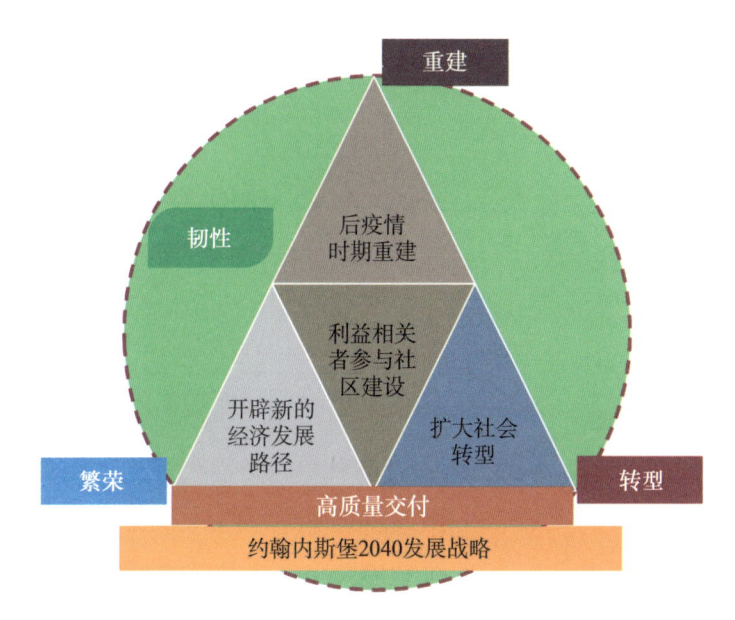

图 22-1　2021—2026 年综合发展计划复原力模型

2. 开辟新的经济发展路径

该方向是约翰内斯堡 2040 战略成果 3 的延伸，意味着约翰内斯堡的经济将具有生产力、竞争力和创新性。约翰内斯堡把资源用于推动经济发展，创造就业和贸易机会；约翰内斯堡将对企业具有持续的吸引力，建设成为国内和全球可持续私人投资的热门之地。该主题期望实现的关键问题包括参与第四次工业革命，开发并采用人工智能和智能系统，建设有利的环境，创造就业机会，支持企业发展，开发下一代技能，提升全球经济竞争力。

3. 扩大社会转型

该方向是约翰内斯堡 2040 战略成果 1 的延伸，通过提供必要的平台和条件，帮助个人和社区摆脱贫困，提高生活质量。约翰内斯堡把资源部署到最脆弱的地区，布局新一代基础设施，建立广泛并富有支持性的社会安全网络，为个人和社区提供短期救济，建设一个具有包容性的城市。该主题期望实现的关键问题包括解决贫困、不平等问题，使居民公平地获得住房、交通服务，建设社会经济支持系统，提高社会凝聚力，解决药物滥用问题。

4. 利益相关者参与社区建设

该方向是约翰内斯堡2040战略成果4的延伸,良好的城市治理需要有效的行政管理,也需要法治、问责制、可及性、透明度、可预测性、包容性、公平性和参与性。约翰内斯堡支持公民参与城市发展战略的实施,同时各社区通过逐步提升服务,建设成为一个综合和富有活力的空间。该主题期望实现的关键问题包括基于社区的规划,实施区域发展模式,建设伙伴关系联盟,通过智能的方式沟通和参与社区建设,共同产生服务交付。

(二) 优先实施内容

1. 增强城市财政的可持续性

其一,针对当下城市的财政支出比例不够合理问题的解决方案。自2016年以来,约翰内斯堡财政支出中资本支出的比例越来越低。2015年约翰内斯堡资本支出与运营支出的比率为22∶78,预计未来十年将稳步恶化至10∶90;运营支出中很大一部分属于消费支出,并未用于增加服务。未来将科学制定全市基础设施的预算支出,提高维护和维修的比例;通过市场需求和规划共同确定采购计划,同时提高采购合规性;提高招标流程的平均周转时间,确保供应商在30天内完成付款。

其二,针对当下的财政收入管理效率低下问题的解决方案。2017年约翰内斯堡流动资产低于流动负债;2019年纽约市的债务回收期为40天,可疑债务人的准备金占比高达88%。同时,城市公共业务缺少有效的运营方法,造成财政收入损失;由于缺少自动化支付系统,城市供水亏损率由2016年的23%上升至2019年的25%,比同类型行业亏损率高出7个百分点。未来将引入电子平台,提高消费者体验;完善信用管理,实施债务清偿计划,建立支付文化;改进物业费率和估值管理。

此外,约翰内斯堡还发布了财政发展计划(Financial Development Plan,FDP)。作为一项十年滚动计划,其目标是提供短期、中期和长期的指导原则,为高层财务决策制定框架,以实现城市的长期目标,保证财政可持续性,提供优质公共服务和基础设施投资。

2. 建立综合可持续的社区

(1) 规划、住房和内城发展

约翰内斯堡提出发展五大综合生活空间的目标。紧凑型城市(Compact city)：结合密度、多样性、邻近性和可达性，减少时间和距离成本。包容性城市(Inclusive city)：通过土地用途多样化，减少社会、空间和经济不平等促进社会融合，确保为所有人提供均衡的服务和机会。互联型城市(Connected city)：完善实体和虚拟的基础设施建设，从以公共交通为导向的开发转向街道和社区的全面连通发展。韧性城市(Resilient city)，加强城市边界发展，建设开放空间系统作为保护缓冲区，保护绿色基础设施、高农业潜力地区和生物多样性资源，促进能源可持续利用。生成型城市(Generative city)：将投资重点放在具有经济增长和创造就业潜力的优先转型地区，同时增强公共空间发展，促进社会、环境和经济的可持续性。

约翰内斯堡重视非正式住区的改造。通过推广基本的水、电和卫生服务，升级、维护和更新现有基础设施，鼓励就地改善非正式住区，在曾经资源匮乏的地区建立更可持续和宜居的住区。

约翰内斯堡提出内城复兴计划。推出《内城住房实施计划》，通过政府和私营部门合作，将"不良建筑"释放给私营部门，改造成低成本住房，并达到建筑修复的目的；同时开展社会住房项目，将市属建筑改造为社会租赁房和临时应急住房。

(2) 交通

约翰内斯堡的郊区住宅和非正式住区不断增加，这需要提供安全和可靠的公共交通。包括持续发展 Rea Vaya 快速公交项目，将 Metrobus 打造成为高效、环保和数字化的公共交通服务提供商。

(3) 社会经济发展

其一，扩大社会福利计划。约翰内斯堡以数字化的方式，给予最弱势公民的一揽子福利；符合条件的公民可以获得免费的基本服务，如垃圾处理、水、污水处理和电力。

其二，人人享有健康生活计划。通过延长诊所营业时间、增加非正式住区的医疗服务数量、推广电子医疗等方式,确保约翰内斯堡的每个人都能获得高质量的初级保健服务。

其三,技能发展计划。通过开展多样化的活动,促进青年获得优质教育,同时与各部门合作开展技能培训,增加就业。项目包括鼓励体育及娱乐发展,如土著运动会、舞蹈和体操;健康环境计划,让年轻人参与到城市绿化和废物管理等项目;艺术、文化和遗产推广计划,为年轻人提供剧院等文化设施,以发展他们在艺术和文化领域的才能,等等。

3. 创造就业机会

其一,扩大公共工程计划(EPWP)。通过开展对社会有益的活动,使参与者获得培训和工作经验,同时为失业者提供临时工作机会,增强社会凝聚力;其中部分扩大公共工程计划将采取国家青年服务计划的形式展开。

其二,振兴乡镇经济计划。创造就业机会,与国家财政部合作,分析现有工业园区产业,保留和扩大靠近乡镇和非正式定居点的就业;建立行业协会,结合现行产业规划,协助构建利益相关者的行业协会;开办商业论坛,建立本地商业网络,获得更大的政策激励和市场支持。

其三,技能培训计划。通过公共和私营部门合作,为青年创造实习和学习机会。如青年工匠培训计划,由相关部门和高等教育机构合作,提供手工艺培训,对完成培训的学员提供就业渠道;该项目同时建立了在职培训平台。

4. 更安全的城市

约堡城市安全战略(Joburg City Safety Strategy),旨在通过社会共同努力改善城市安全。该战略共设有三个目标,每个目标都分别对应着一个灾害和风险管理框架。主要目标为:

其一,建设一个监管良好、反应迅速的城市。该目标重视执法、灾害和应急管理。将加强规章制度建设,完善城市功能规范;通过交通管理、执法和教育,确保安全的交通和出行;减少犯罪;改进应急响应;改善风险和减灾与管理。

其二,建设一个安全可靠的城市环境和公共空间。该目标重视环境预防。将通过情景式的犯罪预防和社会干预来发展安全的城市环境;同时将在各级规划中实现安全准则的制度化,如空间发展框架、战略区域框架、辖区计划、住区和区划范围等。

其三,建设一个有信息、有能力、有活力的社区。该目标重视社会犯罪预防。将通过有针对性地预防风险,并保护青年和儿童,建立起知情和健康的社区;改善服务提供方式和服务观念,保证服务质量;减少腐败,鼓励群众反馈,加强道德和纪律部门的处理能力。

5. 积极参与的公民

积极参与的公民群体是健康民主和强大且充满活力的社区的基础,其中的重要举措就是基于社区的规划(Community Based Planning)。约翰内斯堡的公民参与不再以选区为基础,而是改革为以资产为基础的社区发展,并将社区规划纳入2021—2026年综合发展计划,形成一个更多中心的模式。

以资产为基础的社区发展是一种思维方式和发展方法。从本质上讲,它承认人是资产,重视由内而外的发展。其目的是在提供服务的过程中促进共同生产,鼓励以社区驱动的方式创造社会资本。

6. 可持续发展

约翰内斯堡不再将自然环境作为一种原始资源,而是强调城市在不增加资源消耗的情况下提高公平和可持续性,尤其关注环境可持续性和气候变化。

环境可持续性战略(Environmental Sustainability Strategy)确定了一系列环境问题,将其看作是变化的关键驱动因素,从而将环境可持续性融入城市核心功能。主要关注如何减少自然资源的消耗;减少碳排放,从而减轻极端天气事件的影响;最大限度地减少环境污染;以及保护城市的自然环境。

气候变化行动计划(The Climate Change Action Plan,CAP)在2012年能源与气候变化战略和行动计划(ECSAP)以及气候变化战略框架(CCSF)的基础上形成,促进气候变化应对的制度化和主导性,即减少温室气体排放的同时,适应气候变化的影响。

7. 智慧城市

新冠疫情在带来城市冲击的同时,也带来了创造"新常态"的新动力,由

此诞生了新的智慧城市综合实施计划,包括10大智慧城市催化计划:

(1) 互联约堡。通过在公共场所提供免费Wi-Fi、扩大光纤网络以及推广家庭互联网等方式,消除数字鸿沟。

(2) 第四次工业革命(4IR)全市技能发展计划。目的是建立未来的劳动力,创建4IR下的未来城市,包括机构功能智能化、提供培训课程、创造就业机会等。

(3) 智慧公民。开展广泛的数字扫盲,包括支持4IR教育,提高认识和创建平台,提高数据和设备访问频率;鼓励以公民需求为中心提供服务,以技术推动公众积极参与。

(4) 安全约堡。使用无人机、摄像头、传感器等智能警务来保护城市的资产、基础设施、居民和游客;同时通过协调各部门,在社区内营造一种信任和守法的氛围。

(5) 共同生产的创新途径。将研究、创新和技术的理念融入城市运行,使社区从被动接受城市服务转变为协作和参与,建设一个创新和共同生产的学习型城市。

(6) 统一数据和信息门户。开发一个集中的数据管理和治理系统,建立行政、战略和运营层面的治理结构,根据数据反馈作出及时的科学决策。

(7) 绿色、韧性、可持续的约堡。关注城市基础设施、能源、水、废物、食品和气候变化,让城市有能力应对未来不可预测的各种灾害。

(8) 数字约堡和智能治理。运用前沿技术搭建数字政务平台,打造一个全天候运行的便利城市。

(9) 智能化整合节点经济、服务和空间。将促进城市和城市经济的包容和公平的空间发展,包括大型空间项目、智慧旅游、智慧节点,以及城市内城和中央商务区的美化等。

(10) 智慧交通。建立一个与其他全球主要城市相媲美的高效绿色的公共交通系统,发展多样化的交通方式,采用数字化平台等方式提高客户满意度。

三、疫情后区域空间发展框架:迈向空间公正的城市

(一)区域空间发展框架目标

约翰内斯堡的空间发展框架的核心目标是创建一个空间公正的城市,以空间转型为前提,建立动态的空间战略规划模型。

该框架希望解决如下问题:自然环境和绿色基础设施的压力增加;城市扩张和碎片化;空间不平等和就业与住房的不匹配;空间的排斥与脱节,如高潜力未充分利用的地区(采矿带和 Modderfontein 地区)、脱节的街道网络(高死胡同比率和低交叉口密度)、低效的居住密度和土地利用情况。

(二)空间愿景:紧凑的多中心城市

传统的多中心城市(见图 22-2)具有强大的核心,通过高效的公共交通与经济副中心相连。核心周围住房密度较高,并随距离增加,住房密度逐渐降低。

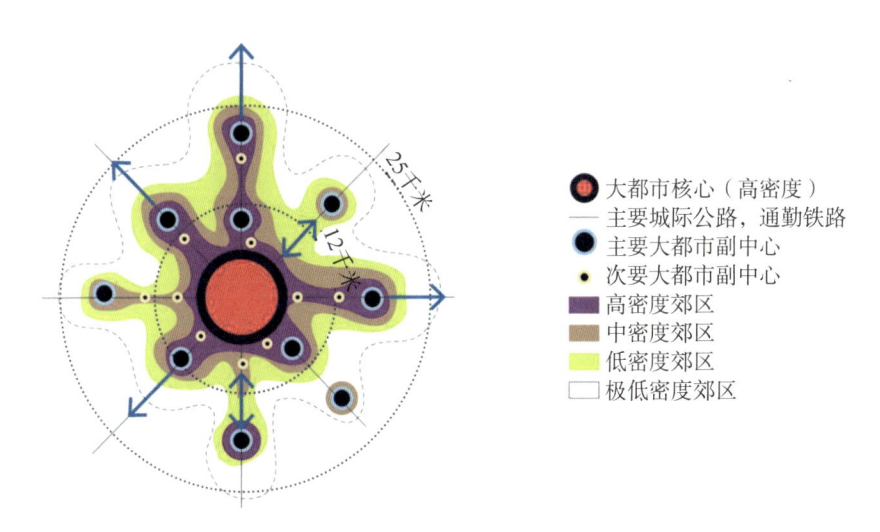

图 22-2 传统的多中心城市模型

资料来源:Urban Morphology Institute,2015。

约翰内斯堡目前的空间布局与这种模式完全相反,不同类型的土地分散,人们居住在远离工作机会的地方(见图 22-3)。大都市的核心区并没有

发挥其应有的强大的结构性中心作用,高密度住宅区与城市经济中心分离。这种发展模式导致了高昂的社会、经济和环境成本。

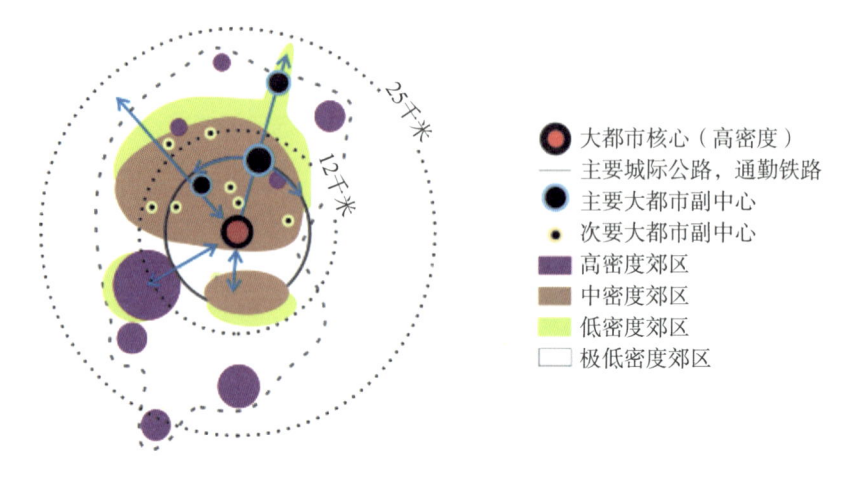

图 22-3 约翰内斯堡目前"倒多中心"的城市结构

资料来源:UMI,2015。

约翰内斯堡提出的紧凑多中心城市模式希望将目前的城市结构,调整为一个在社会、环境和财政上更可持续、更高效、更公平的城市。通过公共交通,创建密集的大都市中心和次中心,使每个中心周围都有高密度住宅区和混合用途区,住宅密度随距离增加而下降。从而能够最大限度地发挥城市现有节点结构的潜力,同时解决空间不平等和长通勤距离问题,促进建设一个居住更加密集、空间更加公正的城市(见图 22-4)。

约翰内斯堡将采取如下策略打造紧凑的多中心城市。第一,增加住房供应,加强内城及其周边地区的经济活动,提高土地用途多样化程度,以及将核心南部扩展到特夫方丹。第二,引入高效、安全、可负担的公共交通系统,有效连接城市核心和次中心。第三,在确定的发展走廊上实现密集化和多样化的发展。第四,对城市经济节点及其周边地区进行混合用途和高密度住宅开发。第五,建设综合性郊区,在高密度、边缘化的住宅区引入地方经济活动中心和更好的服务,尤其是在混合用途节点和公共交通站周围地区进行更高强度的开发。

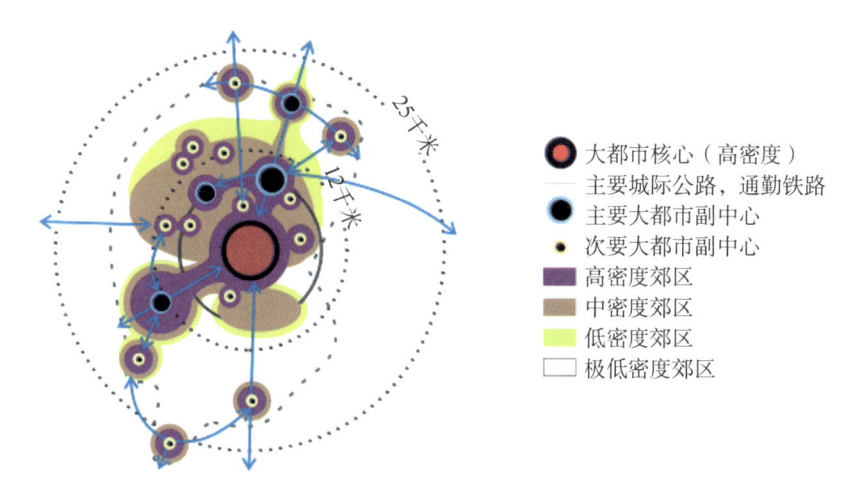

图 22-4　约翰内斯堡未来城市模型:紧凑的多中心城市模式

资料来源:IDP 2021—2026。

四、对中国区域发展的启示

(一)高水平空间整合构建区域发展新格局

当前,整合空间的制约越来越大,城市与区域的更新发展比初建更为重要,城市更新规划需要高水平的空间整合,形成合力推动区域协调发展。一方面城市内部要促进城市空间紧凑化发展,提升空间利用效率,增强对腹地辐射作用。在面对重大风险时,相比松散铺开的结构,紧凑的空间结构可以形成更大的"推力"。但对于超大城市,应进行多中心城市改造,减少社会经济资源的过度集中,促进基本公共服务均等化,提高城市资源承载力,加强城市安全性。

另一方面要强化城市群内城市间分工协作,提升城市群区域整体发展质量;城市间有序的合理分工、紧密协作的"一体化"运行体系,可以超越单个城市的资源配置能力,更节约土地和能源,更具有效率和活力。

(二)完善区域差异化的产业布局和政策扶持机制

在抗击新冠疫情的过程中,国家和城市纷纷将资源部署到最脆弱的地区。在疫情后时期也可以实行差异化的产业布局和政策扶持。

着眼于全国产业布局，在国家和区域层面进行适当的分散统筹，重视区域层级性。在国家和区域尺度上呈现"大分散"的特点，增强产业链、供应链的可替代性，避免冲击下的"断链"风险，增强区域经济韧性；在城市尺度上呈现"小集聚"的特点，利用规模效应，增强城市实力和竞争力。

顺应区域经济发展不平衡的态势，充分发挥各地比较优势，识别先行战略区和特殊类型区，增强区域抗风险能力。先行战略区作为创新要素集中区域，要继续加大自主创新支持力度，通过提升区域创新能力和竞争力，提高区域发展韧性；特殊类型区可以探索承接产业转移的新模式，通过推动产业强链、补链、建链，打造区域协同配套、完整可靠的产业链，为风险冲击下的国家经济发展提供强有力的后盾。

（三）构建区域空间网络结构

通过加强城市网络联系，提高区域韧性。城市的发展是不断与外界进行要素交流的过程，随着城市间互动变得越来越频繁，网络关系成为促进城市、区域发展和促进空间重构的动力。城市网络结构的演化不仅要扩大空间范围、增加内部要素，更重要的是促进区域功能结构升级，完成从量变到质变的转化。

构建区域空间网络需要考虑区域边界问题，使得制度边界、经济边界和社会边界相互匹配。这需要合理打破自然地理或行政边界的阻碍，促进资源要素自由流动和合理配置；同时要注意修复市场分割导致的区域割裂，协调好空间重叠区域的功能定位。通过加强该区域与其他地区的互动，实现空间有效扩展。

参考文献

[1] City of Johannesburg Metropolitan Municipality. City of Johannesburg Integrated Development Plan 2021－2026 [EB/OL]. https://www.joburg.org.za/documents_/Documents/2021-2016％20Final％20IDP/2021-26％20FINAL％20IDP％2021May％202021.pdf, May 2021.

[2] City of Johannesburg Metropolitan Municipality. Joburg 2040: Growth and

Development Strategy [EB/OL]. https://www.joburg.org.za/documents_/Documents/Joburg％20GDS％202040/Joburg％202040％20GDS％20Low％20Res.pdf, April 2020.

［3］约翰内斯堡:非洲金砖国家城市的可持续发展之路[EB/OL].https://mp.weixin.qq.com/s?__biz＝MzAxNTIxNzE1NQ＝＝&mid＝2651422797&idx＝1&sn＝0d8aaa335a07340cb7b518c2c13fffc8&chksm＝807a4721b70dce3783ebf06b2ef32a91b47f4d8a8f56d489f2d3cf63731565c25468bcce0959&scene＝27.

B23　大曼彻斯特规划"人人共享"的都市圈空间

余全明

(上海社会科学院)

摘　要:基于《人人共享:联合开发规划文件——博尔顿、伯里、曼彻斯特、奥尔德姆、罗奇代尔、索尔福德、塔姆塞德、特拉福德、维冈》,本文探讨了大曼彻斯特空间发展融合新趋势。该文件不仅提出要改善大曼彻斯特社区就业机会,推动住宅布局合理化,振兴绿色空间,重塑城镇,还提出了大曼彻斯特的新愿景:成为世界上最适合长大、成长和变老的地方。在分析该报告的基础上,提出了未来中国都市圈可持续和韧性建设的建议。

关键词:大曼彻斯特;可持续;韧性;空间

2021年8月,大曼彻斯特[①](Greater Manchester)发表了《人人共享:联合开发规划文件——博尔顿、伯里、曼彻斯特、奥尔德姆、罗奇代尔、索尔福德、塔姆塞德、特拉福德、维冈》(*Places For Everyone: Joint Development Plan Document — Bolton, Bury, Manchester, Oldham, Rochdale, Salford, Tameside, Trafford, Wigan*)。该文件提出了"人人共享"都市圈空间的联合发展计划。该计划旨在改善大曼彻斯特的社区就业机会,推动住宅布局合理化,振兴绿色空间和重塑城镇。该文件还提出了将大曼彻斯

---

① 大曼彻斯特包括博尔顿(Bolton)、伯里(Bury)、曼彻斯特(Manchester)、奥尔德姆(Oldham)、罗奇代尔(Rochdale)、索尔福德(Salford)、塔姆塞德(Tameside)、特拉福德(Trafford)、维冈(Wigan)。

特变为世界上最适合居民长大、成长和变老的都市圈。因此,大曼彻斯特将是一个可以让孩子获得人生最佳开端的地方;一个让年轻人获得超越期望的灵感的地方;一个让居民拥有温馨的家、充实的工作、无出行压力的地方;一个充满创意和发明的地方;一个人们拥有健康的生活、老年人得到妥善照顾的地方;一个处于气候变化行动前沿、拥有清洁空气、自然环境优美的地方;一个可以倾听居民声音和共塑未来的地方。

一、大曼彻斯特"人人共享"都市圈空间的目标

为实现世界上最适合居民长大、成长和变老的都市圈愿景,大曼彻斯特提出了 10 个目标。

一是满足住房需求。大曼彻斯特将增加各种类型住房数量,多元化住房组合。

二是创造可供选择的社区。大曼彻斯特计划在核心增长区和市中心集中兴建住宅,并将新建住宅集中在公共交通枢纽 800 米范围以内,同时限制高风险地区住宅数量。

三是确保大曼彻斯特经济繁荣昌盛。首先,大曼彻斯特优先使用棕地,确保有足够的土地来支撑经济发展。其次,大曼彻斯特推进就业多样化。最后,大曼彻斯特发展高价值产业集群,包括商业、金融、物流等专业服务,营造良好创新环境,改善物流体系。

四是充分发挥国内和国际资产潜力。大曼彻斯特未来重点发展核心增长区、曼彻斯特机场等关键地区经济;改善中心城镇、码头、机场等基础设施;充分利用文化和教育等优势;提升交通方式的可持续性;增加居民在关键地区的就业机会;确保基础设施满足关键地区人口、经济增长需求;强化留学生吸引力。

五是减少不平等,促进繁荣。大曼彻斯特为居民提供技能培训和就业机会;优先发展可达性较好的地区;建设包容和无障碍的运输网络;加强大曼彻斯特北部竞争力;为最贫困人群提供医疗服务,由此推动贫困人群病房数量降低 10%。

六是促进人员、商品和信息的可持续流动。大曼彻斯特将加强运输网

络,推动可持续交通枢纽800米范围内的新开发项目;确保新发展项目鼓励、推广、改善交通方式,使之可持续;扩大交通网络,覆盖可持续和包容性增长的新领域;充分利用国家和地区对交通基础设施的投资;加强高质量数字基础设施建设。

七是确保大曼彻斯特成为一个更具韧性且碳中和的都市圈。为实现2038年碳中和目标,大曼彻斯特推广可持续的发展模式,减少出行需求,实现清洁空气计划;降低汽车依赖;为清洁车辆提供基础设施和场地;提高能源效率,推广可再生和低碳能源。

八是改善自然环境和共享绿色空间。大曼彻斯特将加强特殊景观、绿色基础设施、生物和地质多样性;优化通往自然环境和绿地的道路;提升绿色空间在加快气候恢复和防范洪水风险方面的作用。

九是确保资源和社会基础设施的可用性。大曼彻斯特将确保社区和企业得到基础设施的支持;改善关键地区的数字、能源、电信、交通和水等的容量和覆盖情况;确保社会基础设施(包括学校、卫生、社会护理、体育和娱乐设施)满足新发展需求。

十是改善社区健康和福祉。大曼彻斯特将提供满足社区需求的医疗保健服务;增加社区获得健康食品的机会;推行公共交通、自行车和步行等可持续性的交通方式,降低碳排放和减少空气污染;最大限度地发挥自然环境和绿地的作用;协调地方和大曼彻斯特的健康战略。

二、大曼彻斯特"人人共享"都市圈空间的战略

大曼彻斯特战略的核心是实现包容性增长,让每个人共享日益繁荣的经济,主要有三个方面:充分发挥关键地区的优势;消除贫富差距;应对气候变化。其一,充分发挥关键地区优势。为了保持长期繁荣,大曼彻斯特需要充分利用其关键地区优势,最大化关键地区的增长潜力。其二,消除贫富差距。大曼彻斯特的经济增长集中在三个地区,即曼彻斯特、索尔福德、特拉福德,关键空间和资产大多集中在大曼彻斯特中部地区。中心地区经济发展极为繁荣,而中心地区周边则聚集了大量的贫困地区。大曼彻斯特迫切需要解决增长不平衡问题。其三,应对气候变化。大曼彻斯特发展将以适

当的密度进行,提供配套绿色基础设施。同时,在可达性最佳的地点确保较高的人口密度,并鼓励人们采取步行、自行车和公共交通工具等出行方式,减少对汽车的依赖。

大曼彻斯特空间战略旨在实现高水平经济增长,为包容性增长和繁荣提供支撑。核心增长区域集中了大量的优势企业,是市场最为活跃的部分。核心增长区不仅是提升国际竞争力的关键,而且为较贫困社区提供就业机会,有助于实现包容性增长。中心城区提供一系列住房,满足居民主要的工作、教育和便利设施的需求,降低出行需求。这要求大曼彻斯特完善公共交通,确保大曼彻斯特居民可以轻松地获得工作、教育、医疗等服务,且不会加剧交通拥堵。中心城镇是大曼彻斯特重要的交通门户。中心城镇采用可持续的交通方式,不仅可以增加利用中心城镇设施的人数,还可以增加客流量,提升城镇活力,推动中心城镇的经济发展。因此,中心城镇公共交通将承担重要角色。

保护并加强绿色基础设施网络是实现大曼彻斯特战略的关键。绿色基础设施不仅可以提高生活质量,支持经济增长,还是大曼彻斯特栖息地网络的关键组成部分,并承担着降低洪水风险、提供娱乐服务和固碳等功能。可持续和综合运输网络是确保大曼彻斯特紧密链接的关键。交通运输网络能够确保企业充分利用大曼彻斯特的劳动力市场,提升贫困社区居民就业机会。

三、大曼彻斯特"人人共享"都市圈空间的可持续和韧性建设

大曼彻斯特"人人共享"都市圈空间的可持续和韧性建设旨在保护并提高关键环境资源利用率,循环利用废弃物,减少废物产生量;采用可持续的建筑技术,应对并适应气候变化,减少碳排放,实现大曼彻斯特2038年的碳中和目标,以有益于所有居民的方式支持高水平经济增长;提供可持续发展模式,最大限度地减少出行和对汽车的依赖。

大曼彻斯特通过综合行动积极妥善应对气候变化问题。首先,大曼彻斯特积极采取行动,遵循碳中和路径,控制二氧化碳排放量,并启动缓解计划以减少碳排放,包括大幅提升太阳能光伏能源的规模、减少家庭热量需

求、降低公共和商业楼宇的供暖和制冷需求、降低碳密集型气体的使用、推广生物燃料、推广低碳运输等。其次,绿色增长是推动经济可持续发展的重中之重。通过投资新型公共交通、建立新的能源中心和分散的供热基础设施、推广自然环境固碳方案、增加可再生能源的发电量,大曼彻斯特能够大幅降低碳排放,避免未来可能产生的巨额改造费用。最后,热能网络具有实现大幅减排的潜力,并具有促进低碳部门增长的巨大潜力。转向低碳经济不仅催生了新的行业和技术,还产生了新职业、技能和专门知识的需求。

大曼彻斯特的一个目标是成为世界上韧性最强的地方之一。首先,大曼彻斯特拥有复杂的水文网,水文网延伸到周边甚至更远的地区。这意味着不能从单一地区出发进行水利规划,而是进行整体水利规划。因为一个地方的降雨和活动会对其他地方的水环境产生重大影响。大曼彻斯特采取广泛的措施,包括水道改造、减少污水溢出、改善土地管理、改善地表水管理、预防洪水风险。其次,清洁空气对大曼彻斯特极为重要。大曼彻斯特将采取全面措施来改善空气质量,特别是住宅、学校、游乐场、绿色基础设施网络等的建设。最后,实现循环经济和零废物经济是实现绿色大曼彻斯特城市的关键。这包括:制定和实施大曼彻斯特资源战略,减少废物产生,提高资源效率;确保所有新开发项目的设计都包含存储空间,以便有效回收;发挥现有基础设施处理废物的作用;使用可持续的设计和施工技术来减少碳排放,减少和回收废物,最大限度地降低用水量。

四、大曼彻斯特"人人共享"都市圈空间的工作和生活

大曼彻斯特制定了本地产业战略,阐明了将如何利用其独特的优势和机遇,并激发居民的创造力来创建一个数字化的绿色都市圈。为此,大曼彻斯特为地方产业战略设置了两个目标。一是提升全球竞争优势。二是加强经济基础。首先,大曼彻斯特将保持高水平的经济多样性;推进高价值行业的集群发展;充分利用非核心区域的作用;把握全球向低碳经济转型的经济机遇,提供有助于吸引并留住技术工人的高质量、可持续的生活环境;推动当地就业增长,通过适当的规划义务和其他机制签订当地劳工和培训协议;最大限度地发挥关键地区的增长潜力,同时确保投资增长,提高北部地区的

竞争力，实现整个非核心区域的包容性增长。其次，大曼彻斯特将提供充足的就业场所，使其在质量和位置等方面具有多样性，以便改善居民的就业机会，实现高水平的经济增长，解决不平等问题。最后，大曼彻斯特将在2021—2037年期间，提供至少190万平方米的无障碍新办公楼，鼓励翻新现有办公设施；提高至少333万平方米的工业和仓储空间；兼顾制造业和中小企业分布、交通和物流枢纽布局等，灵活布局新工业和仓储场地。

尽管大曼彻斯特拥有多样化的住房和住宅社区，但是仍然有大量居民难以获得可负担住房。首先，大曼彻斯特计划在2021—2037年期间，至少交付164 880套住宅，或每年平均约交付10 305套，并确保新住宅空间分布符合"人人共享"都市圈空间的战略。其次，大曼彻斯特不仅将大幅提高获得可负担住房的能力，还将加快建设经济适用房，增加低成本市场住房的供应，为低收入家庭提供多样化的选择。大曼彻斯特将确保新住房的价值和使用期限的多样化组合出现，确保满足所有家庭的需求和愿望。最后，新住宅开发项目将兼顾绿色交通方式和绿色基础设施，改善住宅的可达性和景观。

五、对中国都市圈空间整合的启示

第一，加快综合交通网络建设，提高交通可达性。加大对交通基础设施建设投入，加快构建综合交通网络。加快都市圈内部交通基础设施建设，积极完善都市圈内的综合交通系统建设，提高各地区的通达性。积极推进数字基础设施在综合交通系统中的应用，提升通行效率。积极推广绿色技术在交通设施中的应用，提升有关交通的节能减排的能力。

第二，合理布局住宅、工作场所、学校等场所，推动都市圈可持续发展。推动住宅、工作场所、学校、公共交通等合理化布局，增加经济适用房供应，降低低收入群体的生活成本。积极推动800米范围公共服务设施建设，鼓励就近就业和共享公共服务。结合地方经济发展优势，提供多种类型的就业机会，并提供知识和技能培训，提升劳动力技能水平，推动劳动力多样化。

第三，推动绿色基础设施建设，提升都市圈韧性水平。积极推动绿色技术在基础设施中的应用，提升减排能力。加强对河道、污水管道、土地的管理,降低洪水、污水溢出、滑坡等自然灾害的风险。积极完善热网改造,提高能源利用效率,降低热量逸散,进而降低碳排放。提高资源利用效率和废物循环利用水平,加强资源回收。

参考文献

[1] GM Government. Greater Manchester Local Industrial Strategy [EB/OL]. https://www.greatermanchester-ca.gov.uk/media/2132/gm-local-industrial-strategy-web.pdf, June 2019.

[2] Greater Manchester. Greater Manchester Housing Strategy 2019–2024 [EB/OL]. https://www.greatermanchester-ca.gov.uk/media/2257/gm-housing-strategy-2019-2024.pdf, June 2019.

[3] Greater Manchester. Places For Everyone: Joint Development Plan Document — Bolton, Bury, Manchester, Oldham, Rochdale, Salford, Tameside, Trafford, Wigan [EB/OL]. https://www.greatermanchester-ca.gov.uk, August 2021.

[4] Greater Manchester. The Greater Manchester Joint Minerals Plan [EB/OL]. https://www.greatermanchester-ca.gov.uk/media/1995/the_minerals_plan_april_2013_final.pdf, April 2013.

B24 美国典型都市圈"健康公平"导向的规划特点与实施策略

陈 睿

（上海社会科学院）

摘　要：本文基于美国健康区域规划交流会发布的《通往健康公平之路》，探讨美国的典型都市圈健康公平规划对中国的启示。该报告基于美国的十个都市圈的健康公平战略规划的经验，将其按照要素层面、地区层面、跨地区层面、国家和全球层面以及文化观念层面进行分类论述，并将其作为健康公平规划的主体框架，总结健康公平的实现路径。该报告中提及的十个都市圈包含了大中小城市及农村地区，各个维度皆有翔实案例分析，其中对不同地区的都市圈、不同维度的健康公平规划的经验分享对中国建设健康城市、铸造健康公平社会有着较好的借鉴意义。

关键词：健康公平；都市圈；战略规划；实现路径

2021年9月，美国健康区域规划交流会（Healthy Regions Planning Exchange）发布了《通往健康公平之路》（*Pathways to Health Equity*），对美国十个区域的"健康公平"规划的实施及面临的挑战进行了研究和梳理。研究区域包括美国一些最大的大都市圈（芝加哥、洛杉矶、旧金山湾区和纽约）、中型都市圈（布法罗、匹兹堡、新奥尔良、双子城和波特兰），以及南达科他州雷谷松岭保护区的农村地区。该报告通过研究这十个地区健康公平实践过程中所面临的结构性挑战，为各地区实现健康公平目标提供经验借鉴。

一、城市"健康公平"的主体框架

该报告研究的各个地区在推进健康公平时,规划和实施主体有所不同,有卫生部门、交通部门等政府部门,也有非政府组织的主导或参与。且各地区或机构的侧重点也有所不同,有的专注于特定的挑战,如实现住房和公共交通的公平配置。有的机构专注于解决所在社区、城市、县或地区面临的交叉问题。各城市或地区对于推进健康公平的规划实施主体与具体措施如表24-1所示。

表24-1　　　　　　　各城市或地区的推进健康公平的措施

地　区	规划主体	规划方案
布法罗(Buffalo)	大布法罗尼亚加拉地区交通委员会（Greater Buffalo Niagara Regional Transportation Council）、布法罗地方倡议支持公司(LISC Buffalo)、布法罗居民住房可持续协会(PUSH Buffalo)	通过种族平等的内部培训,以及与有色人种社区建立伙伴关系,推进以公平公共交通为导向的发展过程
芝加哥(Chicago)	芝加哥公共卫生部（Chicago Department of Public Health）、伊利诺伊州公共卫生研究所（Illinois Public Health Institute）和都市圈规划委员会（Metrolitan Planning Council）	将健康和种族平等影响评估纳入芝加哥全市规划流程,通过分区和土地使用政策改善健康和公平结果
洛杉矶(Los Angeles)	社区交通联盟(Los Angeles Alliance for Community Transit)、社区电力集团（Community Power Collective）和洛杉矶县公共卫生场所计划(LA County Department of Public Health PLACE program)	审查洛杉矶地铁的预算优先次序,通过促进社区主导的再投资以得到最优化的交通建设方案
俄勒冈州马尔特诺玛县（Multnomah County, OR）	马尔特诺玛县卫生部(Multnomah County Department of Health)	联合公共卫生和交通部门协调政策、战略和资金,实现更安全的街道设计以减少交通死亡人数(尤其是在有色人种社区)
新奥尔良(New Orleans)	路易斯安那州公平住房行动和运营恢复中心（Louisiana Fair Housing Action Center and Operation Restoration）	通过立法和行政政策,改善有犯罪记录和驱逐记录的人的住房获取和健康结果,并建立一个网络以支持受监禁影响的人

续表

地　区	规划主体	规划方案
纽约-新泽西-康涅狄格都市圈（New York-New Jersey-Connecticut Metro Region）	区域规划协会（Regional Plan Association and Make the Road）	从健康和种族平等框架中倡导人人享有住房机会；确保无证件人员能够参与到各种项目；支持反歧视组织合法化以及有"正当理由"的驱逐立法
松岭保护区（Pine Ridge Reservation）	雷谷社区发展公司（Thunder Valley Community Development Corporation）	制定和加强区域公平倡议，以解决系统性贫困和消除保留地的健康和经济差距
匹兹堡（Pittsburgh）	匹兹堡公共交通和山区协商组织（Pittsburghers for Public Transit and Hill District Consensus Group）	研究和倡导与改善公共交通相关的土地使用政策；为匹兹堡的弱势群体提供住房，为其提供更有利于健康的环境
旧金山湾区（San Francisco Bay Area）	旧金山湾区规划和城市研究组织（SPUR）、城市栖息地（Urban Habitat）	分析停车和开发数据库，用以管理停车位供应；为资源贫乏社区的交通建设提供资金
双子城（Twin Cities）	—	广泛吸收居民的声音和需求，通过各种调查以及出版物等形式传播思想观念，倡导健康公平，并呼吁民众敢于自我突破、参与革新

区域健康体系的建设涉及政策、治理、社会、经济等多个维度，且多个维度之间互相关联，共同塑造了每个个体的健康水平。因此健康公平体系的构建需要以跨部门的形式进行，需要综合考量影响健康公平的政治、经济、社会要素。制定健康公平规划可分为以下层面：

（1）确认影响健康公平的具体要素，如教育、住房、空气和水质等。

（2）基于不同社区、区、市的具体情况，结合健康公平的影响因素，制定总体战略。

（3）借助区域联盟和基础设施规划等工具实现多元化的跨区域战略规划。

（4）充分利用地区的经验，构建更大的经验网络，制定全国乃至世界范围的战略或政策。

（5）在健康公平规划的工作推进中应当充分体现包容性特点，对于不同的思想文化、种族阶级要有相应的适应性办法，最终形成一个折中的、广泛适用的健康公平路径。

二、推进城市"健康公平"的主要维度

（一）要素层面：决定居民健康状况的主要因素

美国疾病预防控制中心（CDC）认为，健康的社会决定因素包括人们的出生、生活、年龄、学习、工作、娱乐和信仰等，这些因素会广泛影响人们的健康和生活质量。美国疾病预防控制中心将这些决定因素归为五类：医保水平、经济稳定性、教育水平、邻里和建筑环境，以及社会和社区环境。

美国新泽西州的特伦顿家庭事业（Home Works Trenton）是一家非营利组织，其宗旨是"通过提供支持性和教育性的居住环境，激励来自边缘化社区的年轻女性发挥潜力并积极改变周围的世界"。其具体举措是通过对特伦顿地区的高中女生提供寄宿和课后规划，对于当地公立学校的健康职能缺失作出职能补位，将教育与日常健康要素相联系，并保证参与项目的女生能够享有足够的资源。这些举措取得了良好的成效。

要素层面的规划有以下特点：其一，研究问题与健康状况之间存在既定联系。其二，研究问题可以以某种形式量化。其三，拥有精准的目标人群。

（二）地区层面：聚焦地区内部的健康公平问题

地区性整体策略旨在解决社区乃至全市层面影响健康公平的问题，如住房质量和可负担性、公共交通可达性以及公共安全等。此类问题关系密切且较难解决，需要城市规划和社区组织的综合统筹，同时需要长期稳定的合作关系、强有力的领导能力，以及外部专家的建议。政府机构或大型社会组织如基金会、劳工组织、企业等都是获取此类资源的渠道。

科罗拉多州丹佛市（Denver, Colorado）着力实现从单一策略向整体策略的转变，使社区能够解决多种健康决定因素。丹佛住房管理局（DHA）制

定了一种综合的健康公平方法,以"集体视角"动员所有政府机构,以实现多部门、多要素的协同作用,使其从单一的管理城市公共住房职能转变为满足城市社区综合需求。

其主要方式之一是在提供经济适用房的同时,在住房周边以合作方式设置咖啡馆等食品店,为社区住户提供健康饮食,以及工作岗位和相应的技能培训;之二是引入百货商店,提供健康实惠的家庭主食和新鲜农产品;之三是改善交通条件,促进社区文化中心建设;之四是成立机构为青年和成年人提供客户服务、零售管理等方面的培训和实习,拓宽周围居民的就业渠道。

制定地方性整体性策略有以下特点:其一,首先需要明确具体的实施地区,一般对象是社区、行政区到整个城市地区;其二,了解该地区能反映健康、经济和生活质量的具体问题与相应指标,例如失业、住房成本、发病率、无障碍公园数量等;其三,确定政策实施的目标群体,如社区内的低收入家庭;其四,联合多渠道解决具体问题,如根据需求人口开设医院。

(三)跨地区层面:跨地区、多部门协同的"健康公平"规划

由于就业市场、住房市场和基础设施系统在一个更大的区域范围内运作,因此针对性的计划、地方化的战略,以及区域内稳定的合作伙伴,可以使规划实施更加有效。健康公平实现的前提是能够实施跨区域协调和多部门联动,之后通过建立明确的健康和公平指标来为政策提供信息,从而进一步筛选政策实施的目标地区。

健康公平政策的优先次序可以通过多种方式实现,包括在综合规划中按"健康公平"指标分配资源,或以环境审查工程对不平等现象进行干预。除了市政当局或区域实体的干预,还需要社区的专业知识支持,以最大化政策实施效果。

普吉特海湾(The Puget Sound)地区在这个方面提供了一个模板,即如何在跨区域规划中使政府投资注重健康和公平。普吉特海湾地区委员会为华盛顿地区多个市、区、县制定区域规划,包括住房、经济发展、流域和水资源规划,以及该地区的增长管理。该委员会制定了一套"全社区规划工具

包"帮助地方将规划和健康、公平、可持续结合到一起,并用"单独工具包"推进健康社区规划与公平社区参与。

跨地区战略规划针对的是跨行政区的问题,如公共交通网络;其目标问题可以在地理的多尺度测量,如各个社区的一小时通勤圈内的优质就业点;政策的目标人口是跨越地理和人口边界,如所有的居民和企业都能够享受到住房和经济政策。最后联合多部门实施具体方案,例如交通系统的建设需要联合交通部门、市政机构和社区组织。

(四) 国家和全球层面:对全国乃至全世界产生影响

国家和全球政策同样能对塑造健康和公平的社区环境产生影响,如1970年的《清洁空气法案》便是典型的国家政策影响健康环境的案例。根据联合国环境规划署的数据,到2020年,该法案已挽救超过23万人的生命。地区内部和地区之间的紧密联系构成的国家范围的网络基础,为联邦层面的重大决策实施提供前提条件。国家政策方案在地方的实施可以获得直接和明显的效果,通过赋予社区参与者自治权利,为其他地方提供更多的经验探索。

位于墨西哥湾沿岸的非政府组织——远南方环境正义中心(Deep South Center for Environmental Justice)的主要工作,是通过知识科普、社区培训,以及组织制定环境政策等方式,改善弱势社区的生活水平。墨西哥湾因为台风和原油泄漏等自然或人为灾害,生态系统脆弱,需要制定相应的管理和恢复方案。首先,通过"社区模式"引导高校和科研机构直接以社区当地环境为对象进行研究,在此过程中向地区年轻人科普环境相关知识,引导和激励更多的人从事环境的相关工作。其次,通过全国范围的环境相关课题研究提供信息与解决方案,扩大其领域内的影响力,联合多所高校和社会组织组建研究气候变化与健康公平的联盟。此外,远南方环境正义中心也与南非和智利等较边缘化的国家建立联系,旨在增强这些国家或地区的环境建设工程。

国家与全球层面的政策有以下特点。其一,对象是国家及全球层面的问题,如加强城市对气候变化的抵御能力。其二,问题可衡量,但高度复杂,需要大量的数据、调查、报告和技术手段方可呈现。其三,研究对象在某种层面上影响几乎所有人,如生活在极端恶劣气候区的人们集体迁移至较安全和舒适的地区。其四,方案的实施需要投入大量资源并且需要价值观一致的合作伙伴,如应对气候变化需要世界各国家和地区之间的通力协作。

(五)文化与观念层面:协调不同民族和文化背景的利益诉求

意识形态和文化观念是影响健康公平规划的重要的结构性因素,这些因素往往具有长期性和稳定性特征,但并非一成不变。某些情况下,在健康公平规划的进程中需要对这些系统性和结构性问题进行改变,否则受影响群体无法获益,无法体现规划的普惠性。在多民族、多元化的文化背景下,需要有针对性地提高各民族及文化主体的自治权及拓展协商渠道。这个层面的政策措施是实现"公平"的重要环节,重视各种不同的乃至边缘化群体的声音,才是改革成功的前提。各城市与区域针对文化观念转变的不同侧重工作如下:

在旧金山湾区、洛杉矶、布法罗和纽约地区,健康公平项目主要针对住房不稳定、流离失所、交通条件差等问题,并且通过分享知识、纠正错误信息并逐步扩大组织活动,达到改变人们思想观念的效果。

在双子城、匹兹堡、新奥尔良和松岭地区,整体策略是广泛吸收居民的声音和需求,通过各种调查以及出版物等形式传播思想观念,倡导健康公平,并呼吁民众敢于自我突破、参与革新。

在芝加哥和穆尔特诺玛县,主要以复合型区域策略将城市规划与公共卫生联系在一起,并消除地区的种族主义影响。

文化观念层面的政策规划有以下特点。其一,研究对象是国家和全球层面的问题,如种族主义和种族歧视问题。其二,研究对象极具复杂性很难估量,如每个个体都有独特的发展经历。其三,研究对象是影响巨大且广泛存在的问题,但很难直观理解,如隐藏在生活各处的种族偏见问题。其四,规划和实施的机构拥有重要地位和强大影响力,使其足以能够推动文化和观念的转变。

三 对中国城市健康公平建设的启示

新冠疫情对中国的经济社会运行和国民生命健康产生了持久的冲击，社会对健康公平的需求日益凸显，城市与区域的规划必须进一步考虑健康公平的重要性。美国的健康公平规划对中国的城市健康事业发展有如下启示。

（一）抓住健康公平核心影响因素

经济收入、医疗保障、教育水平、住房环境是影响健康公平的核心要素。持续提高经济水平与优化分配，保证医疗资源的合理配置与医疗保障的覆盖范围，提高教育资源的投入和质量，保障住房供应和改良住房及社区环境是未来推进健康公平的主要工作内容，应对于不同地区所面临的不同问题提出相应的针对性方案。

（二）建立健康公平交流合作平台，完善信息流动机制

健康公平的规划及实施一般涉及多学科、多领域内容，并且往往需要区域内外各部门、上下级之间的通力合作，之间充斥着大量信息流动，因此建立各规划和实施主体之间的常态化信息交流机制、拓宽交流渠道，有十足的必要性。此外，也应当增加规划受众的信息沟通渠道，实现信息的双向获取，使受众更容易了解规划内容与实施情况，规划者也方便收集民众需求。

（三）以社区为单位提供知识分享和技能培训，引导社会资本进入社区

社区是城市社会运行的基本单位，在社区健康治理上应充分发挥中国基层自治的优势。一方面进行有目的性的健康知识科普，加强普及公共卫生与健康知识教育，引导城乡居民改变不科学的健康观念，树立良好的健康意识，形成健康的卫生和生活习惯，比如注重合理膳食、营养，加强身体锻炼等等。另一方面，应该在社会上形成一种健康投资的文化，引导社会资本和

科研项目进入,同时为社区民众提供继续教育的渠道。

(四) 关注城市边缘群体的生存环境与健康公平

美国的多种族、多元文化背景与中国的情况有所差异,但中国城市中的边缘化和弱势群体的健康公平问题也亟待关注。除了不同地区之间、城乡之间存在较大差异,单一城市内部也存在城中村、城市贫困等现象,大城市的外来人口是否能获得公平合理的医疗资源、住房资源和教育资源,城市治理能否快捷高效的吸纳这些群体的声音,对于健康公平的推进起到十分关键的作用。

参考文献

[1] Hanno H, et al. Striving for health equity: the importance of social determinants of health and ethical considerations in pandemic preparedness planning [J]. International Journal of Public Health, 2022(67):1604542-1604542.

[2] Regional Plan Association. Pathways to Health Equity [EB/OL]. https://rpa.org/work/reports/ pathways-to-health-equity, Nov 2021.

[3] Urban Insitute. Leveraging the Built Environment for Health Equity [EB/OL]. https:// www. urban. org/research/publication/leveraging-built-environment-health-equity.pdf, 2020.

B25 大温哥华地区推进城市可持续发展与韧性建设的规划策略

陈 睿

摘 要： 大温哥华区域局于 2022 年 2 月发布了《都市圈 2050 区域发展战略》。该报告主要围绕可持续发展与韧性建设规划温哥华地区未来的发展目标。城市的韧性表现为城市可持续发展能力、抵御冲击的能力和复原能力，包含经济、社会、生态等多维度建设。该报告以推进社区功能多元化、可持续型经济、环境保护和风险抵御、保障住房供应以及可持续型交通建设作为韧性建设的主要手段和目标，以实现地区整体发展的可持续性。在分析该报告的基础上，本文对未来中国的韧性城市建设提出几点思考。

关键词： 区域发展战略；可持续发展；韧性建设

大温哥华区域局(Metro Vancouver)于 2022 年 2 月发布了《都市圈 2050 区域发展战略》(Metro 2050 Regional Growth Strategy)。大温哥华区域局是一个由 21 个城市、一个选区和一个原住民条约组成的联盟。大温哥华区域局的工作主要围绕三个方面开展：一是作为地区联合会，主持在区域一级讨论重大问题的主要政治论坛，并促进成员之间的合作，以在区域一级提供最佳服务。二是提供核心公共服务。如提供与饮用水、垃圾废料处理等相关的区域公共服务，提供公园和经济适用房等区域公共设施，并且充当选区地方政府的角色。三是区域规划。针对空气质量、区域公园、保障性住房、区域经济繁荣和区域应急管理等方面进行规划和监管职责。

大温哥华区域局的工作核心是提高大温哥华地区的区域韧性，以战略规划作为主要指导方针,提出各项专项规划和策略,为各个地区及其长期财务计划提供战略方向。

一、主要挑战与目标

针对温哥华地区快速增长的人口,大温哥华区域局将促进宜居性和可持续发展作为主要工作目标。为实现这些目标,其未来的区域战略规划将朝以下方向:

第一,提高宜居性和可持续性以适应人口增长。人口的快速增长意味着土地需要承载更高的发展密度,因此土地的使用需要趋于多样化,通过规划提高公共交通效率,改善公共服务的经济性,提高当地企业和零售服务的活力,促进创建充满活力的中心文化和社区活动,并保持有吸引力的城市环境。

第二,建立韧性、健康和完整的社区。使用当地商店、个人服务、社区活动、娱乐、绿地、就业、文化、娱乐以及安全有吸引力的公共设施可以改善社区健康、社会联系和韧性。

第三,确保人人享有住房。住房的供应关系到社会和经济福祉,需要强有力的区域政策措施增加各种形式和期限的住房供应,并减轻住房市场的压力。

第四,保证经济繁荣。区域增长战略的一个目的是在整个区域内为新兴产业和主导产业提供充足的创新就业机会和商业空间,为企业的研发、孵化和加速、生产和出口等过程提供支持。

第五,推进社会公平。大温哥华地区的关键社会公平问题包括:获得绿色空间、就业和交通;住房充足性、适宜性和可负担性;气候变化和自然灾害的影响;以及重建造成的流离失所影响等。

第六,与原住民和解。与地区原住民协商共建,了解所有相关方的利益需求与困难挑战,确保区域发展可以包容所有居民。

第七,保护环境。强调保护、连接和增强生态系统,整合跨部门、跨区域的区域政策有助于应对环境保护的挑战。

第八,为气候变化做准备和应对自然灾害。未雨绸缪应对气候变化和自然灾害。如避免将新的定居点和基础设施安置在已知风险地区。对于已存在于风险区的定居点，应致力于减轻灾害对居民的生命和财产的风险。

第九，保护农业用地，确保粮食生产。当地新鲜食物的持续生产有助于确保粮食供应和经济弹性，对其他相关利益也有所保障，如生态系统服务。土地投机和农业用地非农化的压力威胁着地区农业的复原力，因此需要有效的政策指导保护农业用地。

第十，改善交通流动性并减少拥堵。以可持续发展模式设计基础设施和交通格局，支持创建完整可步行的社区，以推进公共交通为导向，通过增加停车要求、交通收费等方式管理交通方式。

第十一，改变世代偏好和行为。对不断变化的世代偏好和行为认知将通过改善和保留劳动力招聘来支持更好的长期规划以及区域繁荣。

二、主要策略方案

（一）建设紧凑型的城市地区

1. 划定城市遏制边界

通过划定遏制边界，限制城市的扩张，并且在边界内提供高效的基础设施以及公共服务。城市遏制边界有助于保护农业和农村用地等重要土地，使其免受分散发展模式的影响；还能通过引导减少汽车出行，减少温室气体排放，促进低碳绿色。

2. 重点发展城市中心和交通密集区

优先将增长重心放在城市中心和交通密集地区。一是使用金融工具和其他激励措施来支持城市中心的主要商业、办公、零售和机构发展的选址。二是从公交客流密集的区域中选择重点开发区，确保增长被引导到具有高质量和高流量的位置，确保最大程度地整合土地和交通资源。通过支持公交、地铁等低碳交通方式，减少人们出行的必要距离，同时提高基础设施的投资效益，一方面可以减少温室气体排放，另一方面可以促进社区的多功能发展，使这些社区可以支持一系列服务和便利设施。

3. 发展韧性、健康、互联的完整社区

创建功能完整的社区，尤其是在该地区的城市中心，由政府牵头为社区提供齐全的服务和便利设施，包括艺术、文化、娱乐、社会服务、卫生和教育

等,确保社区的功能完整性和多样性,居民可以在社区内通过步行和公共交通满足他们的大部分日常需求。

4. 保护农村土地不受城市发展的影响

农村土地位于城市遏制边界之外,对之采取与城市不同的发展模式。城市遏制边界将城市与农村隔离开,确保对自然资源、农村和农业地区的保护,在紧凑的城市区域中便于发挥污水处理、交通和其他公共服务的规模效益,同时减少不必要的碳排放。

表25-1 紧凑城市社区的绩效指标

目标层	准则层	指标层
紧凑的城市社区	城市遏制	城市遏制边界内土地面积总数和变化
		边界内住宅单元总数和变化
		用于保护农村、农业和在自然保护区的污染处理申请总数和变化
		绿地面积总数和变化
	核心地区的增长	位于城市中心和公交密集地区的住宅单元总数和变化
		位于城市中心和公交密集地区的就业人口总数和变化
	社区完整性及健康程度	由土地利用组合、商业容积率、交叉口密度、住宅密度和人行道完整性组成的步行性指数
		城市中心和公交密集区的社区服务和公共设施的总数和变化

(二) 推进可持续型经济

1. 促进土地开发模式匹配经济多样化

高等教育、医疗机构、购物街、零售中心、商业园区和交通枢纽等重要基础设施,支撑着城市中心的就业活动和工业发展,它们具有不同的位置要求和属性。这些设施的发展须支持当地的经济和就业,依赖于交通网络和社区设计,并对其产生影响。此外,推进就业邻近化使得就业机会更靠近居住密集区及公交或地铁站点,将有助于社区的功能完整性建设,减少地区的社会不平等,并且有助于推进绿色出行减少碳排放。

2. 保障产业用地供应,提高利用效率

产业用地的规划可以保障地区经济发展和就业,也可以通过降低通勤和货物运输成本来优化企业和居民的收入,对于提高经济多样性和经济韧性起到关键作用。考虑到产业用地的脆弱性,需要制定政策保护和适当利用该地区有限的工业和工作用地,同时还考虑工业活动的未来、温室气体排放,以及气候变化的影响。

3. 保障农地供应,增强农业活力

保护农业生产用地对于农业产业发展和地区复原能力有着重要影响。通过与农业土地委员会合作,以应对来自住宅、工业和商业用地竞争性需求的持续挑战。加强跨辖区合作,优先保护用于粮食生产的农田,同时限制农业用地的非农化。同样重要的是需要通过鼓励新市场和扩大当地食品的分销渠道来加强农业经营的经济活力。

表 25-2 可持续经济的绩效指标

目标层	准则层	指标层
可持续经济发展	核心地区(城市中心和公交密集区域)的就业	就业总数和变化
		按部门划分的就业总数和变化
		办公楼面积及变化
	农业用地	农业土地储备中土地利用率
	通勤可达性	通勤平均行驶千米数
		通勤的平均分钟数
		按交通方式划分的平均行程长度
	工业和就业用地	已开发和空置的工业和就业用地面积和变化

(三)保护环境并应对气候变化和自然灾害

1. 加强自然保护区建设

自然保护区是整个地区重要的生态和休闲资产。对这些资产的保护和管理将确保它们保持生产力、韧性和适应性,为人类和野生动物的生存提供重要的生态支持。一方面继续加强污水、垃圾处理,避免污染蔓延;另一方面加强辖区之间的合作,建立统一的生态自然资源的监测评估系统,防止生

态系统损失和土地碎片化。

2. 加强生态系统的恢复、保护和生态系统之间的链接

建立生态系统保护的集体愿景,承认自然生态资源对于人类福祉的重要作用。通过共同努力保护、增强和恢复生态系统,将绿色空间战略性地连接成一个区域范围的网络,以便更好地设计生态系统服务和野生动物的活动范围。加强城市地区绿化覆盖也将通过拦截雨水、缓解城市热岛效应和改善健康结果来提高社区的复原力。

3. 以节能减排为目标设计土地使用、基础设施建设和人类住区模式

区域增长战略的一个重要目标是减少温室气体排放和 2050 年实现碳中和。正如区域增长战略中的其他战略所述,这可以通过三个关键方式实现:推进有利于可持续增长的交通发展模式,通过鼓励更高密度的建筑形式和多单元开发实现进一步节能减排,推进自然保护区和农业用地等固碳地区的保护开发。

4. 以应对气候变化和自然灾害为目标设计土地使用、基础设施建设和人类住区模式

气候变化的主要影响是气温升高、积雪减少、海平面上升、夏季干旱期延长,以及秋季、冬季和春季降水。大温哥华地区还面临多种自然灾害,其中许多因气候变化而恶化。因此在规划中需进一步将应对气候变化和自然灾害列入评估体系中,土地使用、定居模式、交通和其他公共基础设施朝向更具有韧性和复原力的方向规划和发展,从而最大限度地降低风险。

表 25-3　环境保护和应对灾害的绩效指标

目标层	准则层	指标层
环境保护和应对气候变化、自然灾害	生态系统安全	自然保护区面积及变化 绿化覆盖率及变化 敏感或脆弱生态区域的面积及变化 敏感或脆弱生态区改良比率
	温室气体减排	区域温室气体排放总量和变化 自然区域的碳储存吨数,包括农村农业用地、自然保护区等

(四)提供多样化和负担得起的住房选择

1. 扩大住房供给并满足多样化需求

住房多样性是指满足各种规模、收入、年龄和能力的家庭所需求的住房类型和使用期限。扩大住房供给满足不断增长的住房差异化需求,提高了该地区的负载能力、社会公平性和复原力。通过提供对区域人口统计、家庭特征和市场状况的分析,协助各个辖区制定住房战略或行动计划,并与各个辖区合作审查和完善当地住房优先事项、政策和住房需求。

2. 扩大租赁住房供应,保护租户权益

专门建造的出租房屋是住房系统的重要组成部分,为许多不能或选择不购买房屋的居民提供使用权保障。私人租赁市场也是这个住房租赁市场的重要组成部分,能提供更多的租赁住房选择,如二级套房、巷道/长途汽车房和出租公寓。增加出租房屋供应,保留现有出租房屋,更新老化出租房屋,同时尽量减少重建和翻新对现有租户的影响,从而保持可负担性,进一步增加该地区每个人获得可负担住房的机会。

3. 满足低收入家庭和经历或面临无家可归风险的人群的住房需求

低收入家庭和人口在该地区的住房需求最为迫切。通过与联邦政府和各地区的合作,提高公共住房投入以确保所有人都能公平地获得住房。满足社区中最弱势群体的住房需求可以带来许多共同利益,包括积极的健康成果和提高社会凝聚力。

表 25-4　　　　　　　　住房保障的绩效指标

目标层	指标层
住房保障	核心地区新建和重建单元中的经济适用房占比 住房和交通费用支出占家庭收入的百分比

(五)支持交通的可持续发展

1. 协调土地使用和交通,鼓励公交、自行车和步行等绿色出行方式

通过连接社区与主要交通网络,同时投资改善现有社区交通条件,支持区域建设,达到协调交通和土地使用的目标。随着时间的推移,这将形成一种区域增长模式，目的地之间的距离越近，易达性越高，开车的需求就越少。这种以公交为导向的增长模式的好处包括：减少温室气体排放；形成完整、紧凑的社区；更多的体力活动和健康改善；降低运输成本；更具韧性的经济；更多的就业机会、社区设施，以及多样化和可负担的住房。

2. 协调土地使用和运输，以畅通客运、货运以及相关服务的流动

公路、高速公路、港口码头、铁路、水道、机场等交通设施在支持区域经济、推进区域增长和区域链接起到关键作用。为了充分利用货物运输系统，需要保护产业用地和运输通行权，并且最大限度地减少对社区的影响，减少温室气体排放。在基础设施扩建的同时优化管理方案，特别是对道路扩建的管理。

表 25-5　　　　　　　　　　　交通可持续发展的绩效指标

目标层	准则层	指标层
交通可持续发展	出行方式选择	按交通方式划分的出行总量和变化 所有交通方式中使用步行的居民占比 主动投保车辆数量和人均量及变化
	道路和车辆使用	各交通工具年行驶千米总量和人均量及变化

三、对中国推进城市韧性建设的经验启示

（一）推进社区建设紧凑化，实现社区功能多元化

社区是区域或城市社会运行的基本功能单元，在有限的空间范围内充分发挥社区的功能作用，有利于城市或区域整体的结构稳定性。中国的城市人口规模和人口密度明显高于温哥华地区，因此需要精细化的规划和管理。在划定的社区范围内充分利用社区空间资源，实现医疗、教育、商圈、公园等基本公共便利设施的覆盖，能够满足社区居民的绝大部分生活和娱乐需求，在社区内部实现基本稳态。此外，社区内部稳态不代表与外界隔绝，还需要进一步加强社区与外部尤其是城市核心区域的联系，通过交通网络建设和投资引导等方式在空间层面和经济层面上畅通其内外的流动性。

(二) 关注城市弱势群体,保证居民住房拥有率

住房问题是重要的民生问题,保障普通市民的住房拥有率,对构筑社会韧性有着重要影响。一方面,保证住房供应以满足现有的和未来的住房需求,通过制定具体的住房战略支持整个地区的住房政策。另一方面,鼓励扩大租赁住房供应,减轻现有租赁住房的损失,保持租赁住房的更新,保障租户权益。此外,提倡资本和运营资金进入非营利性住房部门,并全面提供永久性、负担得起的支持性住房。对于城市中购买能力较弱的边缘群体要增强关注,以经济适用房和廉租房的形式为其提供可负担的住房。

(三) 精细化土地利用,提高土地利用效率

明确各个区域的发展定位,落实土地使用规划,是各个区域充分发挥各自职能,保持可持续发展的重要前提。在城市核心地区(城市中心和交通、居住密集区)支持多样化的商业和产业部门,一方面保证就业增长,另一方面调整就业空间布局,使其更靠近市民居住地,进而提高经济和交通效率。鼓励产业集约化,在特定的产业用地内鼓励现有企业扩张和新企业入驻,进一步提高土地利用效率且避免影响其他专用土地。对于不适宜集中在城市核心区域的各类用地,如医院、学校、福利院等公共性、福利性机构设施,要更加强调其普惠性和关联性。对于农村农业和生态地区用地,因其敏感性和脆弱性,工作重点应侧重于提高其复原力和长期保护。

(四) 注重系统多元协同运作,强调大数据研究支撑

城市韧性建设包含经济韧性、社会韧性、生态韧性等多个目标,每个目标都涉及不同的专业部门乃至多部门的联合运作。在统一的战略指导下,加强多部门之间的相互协调,减少不同组织之间相似或重叠的资源投入。更重要的是,要将不同层级的规划及不同层级和领域的组织、个人纳入统一的目标统领下,多元协同参与,形成合力,建设"有韧性"的城市。此外,城市韧性研究不仅需要众多部门的协同参与,还需要有庞大的基础数据支撑,以基础设施状况、产业分布、人口特征、住房类型、历史灾害等大数据为基础,

通过现状分析、情景模拟来提出韧性城市的规划方案。

参考文献

［1］ Metrovancouver. Board Strategic Plan 2019 - 2022 Update May 2021 [EB/OL]. http://www. metrovancouver. org/about/aboutuspublications/BoardStrategicPlanUpdateMay2021.pdf, May 2021.

［2］ Metrovancouver. Metro 2050 Regional Growth Strategy [EB/OL]. http://www. metro-vancouver. org/services/regional-planning/PlanningPublications/Metro2050. pdf, Feb 2022.

［3］ 朱正威,刘莹莹,杨洋. 韧性治理:中国韧性城市建设的实践与探索[J]. 公共管理与政策评论,2021(3).

图书在版编目(CIP)数据

上海大都市圈蓝皮书.2022—2023 / 熊健主编.—
上海：上海社会科学院出版社，2023
 ISBN 978 - 7 - 5520 - 4237 - 5

Ⅰ.①上… Ⅱ.①熊… Ⅲ.①区域经济发展—研究报
告—上海—2022—2023 Ⅳ.①F127.51

中国国家版本馆CIP数据核字(2023)第181707号

上海大都市圈蓝皮书(2022—2023)

主　　编：熊　健
副 主 编：孙　娟　屠启宇
责任编辑：应韶荃
封面设计：黄婧昉
出版发行：上海社会科学院出版社
　　　　　上海顺昌路622号　邮编200025
　　　　　电话总机 021 - 63315947　销售热线 021 - 53063735
　　　　　http://www.sassp.cn　E-mail: sassp@sassp.cn
照　　排：南京前锦排版服务有限公司
印　　刷：上海万卷印刷股份有限公司
开　　本：720毫米×1000毫米　1/16
印　　张：25
字　　数：379千
版　　次：2023年11月第1版　2023年11月第1次印刷

ISBN 978 - 7 - 5520 - 4237 - 5/F・746　　　定价：198.00元

版权所有　翻印必究